Kleinräumige Siedlungsachsen
Zur Anwendung linearer Siedlungsstrukturkonzepte

CIP-Kurztitelaufnahme der Deutschen Bibliothek

Kleinräumige Siedlungsachsen:

Zur Anwendung linearer Siedlungsstrukturkonzepte. —
Hannover: Schroedel, 1980.
    (Veröffentlichungen der Akademie für Raumforschung
    und Landesplanung: Forschungs- und Sitzungsberichte; Bd. 133)
ISBN 3-507-91703-3

VERÖFFENTLICHUNGEN
DER AKADEMIE FÜR RAUMFORSCHUNG UND LANDESPLANUNG

Forschungs- und Sitzungsberichte
Band 133

Kleinräumige Siedlungsachsen

Zur Anwendung linearer Siedlungsstrukturkonzepte

HERMANN SCHROEDEL VERLAG KG · HANNOVER · 1980

Zu den Autoren dieses Bandes

Hans Kistenmacher, Dr., 45, Prof. für Regional- und Landesplanung an der Universität Kaiserslautern, Ordentliches Mitglied der Akademie für Raumforschung und Landesplanung und Leiter des Arbeitskreises „Zur inneren Struktur von Entwicklungsachsen"

Gerhard Boeddinghaus, Dr.-Ing., 48, Ltd. Regierungsbaudirektor, Institut für Landes- und Stadtentwicklungsforschung des Landes Nordrhein-Westfalen

Heiner Dürr, Dr., 40, Privatdozent, Geographisches Institut der TU München

Dieter Eberle, Dr., 35, Akad. Rat, Fachbereich Architektur / Raum- u. Umweltplanung / Bauingenieurwesen der Universität Kaiserslautern

Wolfgang Eckstein, Dipl.-Ing., 45, Baudirektor, Leiter der Verkehrsabteilung im Planungsreferat der Landeshauptstadt München

Klaus Richrath, Dr.-Ing., 42, Arch., Akad. Oberrat, Institut ORL, Fak. Architektur, Universität Karlsruhe

Rolf Romaus, Dipl.-Psych., 43, Geschäftsführer der Gruppe für Sozialwissenschaftliche Forschung, München

Manfred Sinz, Dipl.-Ing., 32, Projektleiter, wiss. Angestellter der Bundesforschungsanstalt für Landeskunde und Raumordnung, Bonn

Best.-Nr. 91 703
ISBN 3-507-91 703-3
ISSN 0344-0311

Alle Rechte vorbehalten · Hermann Schroedel Verlag KG, Hannover · 1980
Gesamtherstellung: Schweiger & Pick Verlag, Celle
Auslieferung durch den Verlag

INHALTSVERZEICHNIS

Seite

Hans Kistenmacher, *Kaiserslautern*	Vorwort	VII
Hans Kistenmacher, *Kaiserslautern*	Aufbau und Anwendung kleinräumiger Siedlungsachsen	1
Gerhard Boeddinghaus, *Dortmund*	Siedlungsachsen in der vergleichenden Modellbewertung	21
Heiner Dürr, *München*	Achsen im Aktionsraum privater Haushalte — Zur planerischen Bedeutung empirischer Befunde aus dem Bereich der Achse Ingolstadt-München	55
Wolfgang Eckstein und *Rolf Romaus,* *München*	Die Problematik von Siedlungsachsen vor dem Hintergrund empirischer Daten zum Standortverhalten privater Haushalte am Beispiel Münchens	91
Dieter Eberle, *Kaiserslautern*	Regionale Siedlungsachsen: Vom abstrakten Siedlungsleitbild zur differenzierten Weiterentwicklung der Siedlungsstruktur — Empirische Befunde und planungspraktische Perspektiven am Beispiel der Siedlungsachsenkonzeptionen im Mittleren Neckar-Raum und im Rhein-Neckar-Raum	137
Klaus Richrath, *Karlsruhe*	Siedlungsachsen und Siedlungsstruktur — Zur Kritik kleinräumiger Achsenkonzepte am Beispiel des Raumes Karlsruhe	177
Manfred Sinz, *Bonn*	Zur planungspraktischen Weiterentwicklung und Umsetzung der großräumig bedeutsamen Achsen in der Raumordnung	235

Mitglieder des Arbeitskreises
„Innere Struktur von Entwicklungsachsen"

Professor Dr. H. Kistenmacher
Dipl.-Ing. G. Bahr
Professor Dr. K. Borchard
Dr. G. Boeddinghaus
Dr. H. Dürr
Dr. D. Eberle
Professor Dr. K. Ganser
Dr. R. Gruber
Dr. W. Hartenstein
Professor Dr. K.-H. Hübler
Dipl.-Ing. G. Kappert
Dr. V. Frhr. von Malchus
Dipl.-Ing. H. Witt

Der Arbeitskreis stellt sich als Ganzes seine Aufgaben und Themen und diskutiert die einzelnen Beiträge mit den Autoren. Die wissenschaftliche Verantwortung für jeden Beitrag trägt der Autor allein.

Vorwort

Der Arbeitskreis „Innere Struktur von Entwicklungsachsen" legt in dem vorliegenden Band den 2. Teil seiner Untersuchungsergebnisse vor. Die bereits in der ersten Veröffentlichung zur Achsenthematik (Band 113 der Forschungs- und Sitzungsberichte der Akademie für Raumforschung und Landesplanung) vorgenommene begriffliche Präzisierung dessen, was mit „Entwicklungsachsen" pauschal umschrieben wird, erwies sich, wie die weiteren Beratungen im Hinblick auf eine systematische Durchdringung der Zusammenhänge zeigten, als sinnvoll. Sie fand inzwischen auch in stärkerem Maße in die Planungspraxis Eingang. Dieses Begriffsverständnis liegt den Beiträgen zu dieser Veröffentlichung zugrunde.

Danach erscheint als Oberbegriff die Bezeichnung „Achse" anstelle des in vieler Hinsicht mißverständlichen Begriffes „Entwicklungsachse" sinnvoller. Gleichzeitig erfolgt die nähere Kennzeichnung von Achsen als Planungsinstrument bzw. -element ohne umfassenden raumstrukturellen Leitbildcharakter. Darauf aufbauend wird eine Gliederung in großräumig orientierte Verkehrs- bzw. Kommunikationsachsen sowie in kleinräumige, auf Nahverkehrssystemen aufbauende Siedlungsachsen bzw. Verdichtungsbänder vorgenommen, wobei nicht übersehen werden darf, daß in der Planungspraxis teilweise Zwischenformen bzw. Überlagerungen von Siedlungs- und Verkehrsachsen vorzufinden sind.

Während in der ersten Achsen-Veröffentlichung des Arbeitskreises im Rahmen von Konzeptvergleichen sowie grundlegender Untersuchungen zur theoretischen Begründung und der instrumentellen, planungspraktischen Verwendbarkeit von Achsensystemen, vor allem die großräumigen Verkehrsachsen, im Vordergrund standen, bezieht sich der vorliegende Band hauptsächlich auf die kleinräumigen Siedlungsachsen bzw. Verdichtungsbänder. Er knüpft dabei an zwei bereits in der ersten Achsen-Veröffentlichung publizierten Beiträgen zum letzteren Achsentyp an, wobei vor allem auf die dort bereits erfolgte Darstellung der Hamburger Achsenkonzeption hinzuweisen ist. Ergänzend dazu beziehen sich die hier zugrunde gelegten Beispiele auf süddeutsche Verdichtungsräume, nämlich München, Stuttgart und den Rhein-Neckar-Raum.

Parallel zu den Untersuchungen des Arbeitskreises erfolgte eine beratende Mitwirkung im Strukturausschuß der Ministerkonferenz für Raumordnung bei der Behandlung von Achsenfragen. Diese fand u. a. in den während dieser Zeit fertiggestellten Entschließungen zu den Ordnungsräumen und zum ländlichen Raum einen positiven Niederschlag.

Ein gesonderter Beitrag befaßt sich mit den großräumigen Verkehrsachsen. In ihm werden die methodischen Fortschritte dargestellt, die bei den an die ersten Achsen-Veröffentlichung anknüpfenden Bemühungen um eine Weiterentwicklung und inhaltliche Ausfüllung des Achsenkonzepts erzielt werden konnten. Diese gingen vor allem vom Verkehrsausschuß der Ministerkonferenz für Raumordnung mit der Zielsetzung aus, zu einer verbesserten raumordnungspolitischen Einflußnahme auf die Bundesverkehrswegeplanung 1980 zu gelangen. Die 1976 vom Arbeitskreis vorgelegten Untersuchungsergebnisse wurden dabei größtenteils aufgegriffen.

Trotz intensiver Bemühungen in jüngster Zeit konnten das Ineinandergreifen von Planungswissenschaft und Planungspraxis und die gegenseitige Befruchtung noch nicht so weit verbessert werden, daß nunmehr ein allgemein befriedigendes Zusammenwirken erreicht worden wäre. Dies erweist sich auch insofern als schwierig, als eine in sich eng verknüpfte Problemverarbeitung erforderlich ist, bei der analytische und handlungsorientierte Forschungsansätze ineinandergreifen müssen. Da sich die Tätigkeit des Arbeitskreises „Innere Struktur von Entwicklungsachsen" angesichts seiner planungspraktisch orientierten Zielsetzung in diesem Spannungsfeld bewegte, soll auf die dabei gewonnenen Erkenntnisse kurz eingegangen werden.

Zunächst ist generell festzustellen, daß planungspraktisch direkt verwertbare Ergebnisse auf den bisher üblichen Wegen der Raumforschung, selbst wenn dabei sehr eng an das bisherige planerische Geschehen angeknüpft wird, kaum in befriedigender Weise erzielt werden können. Untersuchungen am „grünen Forschungstisch" vermögen in die praxisrelevanten Zusammenhänge der

Raumplanung nur sehr unvollständig einzudringen, selbst wenn sie auf der Grundlage profunder Literatur- und Methodenkenntnisse erfolgen. Die darüber hinaus notwendige Informationsgewinnung erweist sich als recht schwierig und kann über herkömmliche Befragungsverfahren allein nicht gelöst werden, zumal sich dagegen in der Planungspraxis eine zunehmende, durchaus verständliche Ablehnung breitmacht. Auf der anderen Seite vermögen Erfahrungsberichte aus der Planungspraxis, selbst wenn sie „wissenschaftlich angereichert" sind, meist nur eine eng begrenzte Erkenntnisbasis zu vermitteln.

Da einem allgemein stärkeren personellen Austausch zwischen Planungspraxis und Wissenschaft schwer überwindbare institutionelle Grenzen entgegenstehen, kommt es vor allem darauf an, möglichst günstige Arbeitsbedingungen für ad hoc zu bildende gemischte Forschungsgruppen zu schaffen. Dem zur Bearbeitung der Achsenthematik in dieser Richtung unternommenen Versuch innerhalb des Arbeitskreises war nur ein teilweiser Erfolg beschieden. Erhebliche Restriktionen, vor allem im zeitlichen Dispositionsspielraum („wissenschaftliche Nebentätigkeit"), führten dazu, daß die ursprünglich vorgesehene und in den ersten Arbeitsphasen auch wirksam praktizierte enge Kooperation zwischen „Praktikern" und „Wissenschaftlern" nicht in vollem Umfang durchgehalten werden konnte, da erstere ihre Mitwirkung einschränken mußten. Die Einbeziehung und wissenschaftliche Umsetzung planungspraktischer Erkenntnisse ließ sich daher nicht in allen Punkten in dem gewünschten Umfang realisieren, was bei der Themenstrukturierung, der Akzentuierung einzelner Fragestellungen und den vorgenommenen Wertungen in einzelnen Beiträgen teilweise spürbar wird.

Der Arbeitskreis „Innere Struktur von Entwicklungsachsen" hat mit dieser Veröffentlichung seine Tätigkeit abgeschlossen. Wenn auch das Forschungsfeld nicht in seiner ganzen Breite bearbeitet werden konnte, so dürfte es doch gelungen sein, die wesentlichen definitorischen und konzeptionellen Fragen hinreichend zu klären und weiterführende Vorschläge zu erarbeiten. Die Planungspraxis kann daraus, wie es erfreulicherweise schon in größerem Umfang geschehen ist, in vielerlei Hinsicht Nutzen ziehen.

Obwohl damit ein gewisser Abschluß in der achsenbezogenen Forschung erreicht wurde, erweisen sich weitere planungswissenschaftliche Aktivitäten in bezug auf dieses Aufgabenfeld als erforderlich, zumal wesentliche Rahmenbedingungen der siedlungsstrukturellen Entwicklung gegenwärtig durch teilweise weitreichende Veränderungen gekennzeichnet sind.

Die gewonnenen Erkenntnisse und künftige Aufgaben lassen die Notwendigkeit deutlich werden, bei der künftigen Forschungsarbeit teilweise andere Wege zu beschreiten. So sind die weiteren Untersuchungen breiter anzulegen und über Achsen hinaus auf den gesamten Komplex der Siedlungsstrukturkonzepte und des dafür relevanten planerischen Instrumentariums zu beziehen. Um diesen Erfordernissen Rechnung zu tragen, ist die Bildung eines neuen wissenschaftlichen Arbeitskreises der Akademie für Raumforschung und Landesplanung mit der Bezeichnung „Siedlungsstrukturkonzepte als Instrument der Raumplanung" vorgesehen.

Zur abschließenden Beratung der Beiträge dieser Veröffentlichung wurde ein Redaktionsausschuß gebildet, dem neben dem Leiter des Arbeitskreises die Herren EBERLE, GANSER, KOCH, SCHOLICH und VON HINÜBER angehörten. Ihnen sei für die intensive Mitwirkung gedankt.

Kaiserslautern, im Februar 1980

Hans Kistenmacher

Aufbau und Anwendung kleinräumiger Siedlungsachsen

von
Hans Kistenmacher, Kaiserslautern

INHALT

1. Zur Ausweisung von Siedlungsachsen in unterschiedlichen Raumkategorien
2. Strukturierung des Problemfeldes Siedlungsachsen in Verdichtungsräumen
   - 2.1 Die wesentlichen mit Siedlungsachsen verbundenen Zielsetzungen
   - 2.2 Nutzungs- und Funktionszuordnungen
   - 2.3 Vergleichende Bewertung gegenüber nicht linearen Siedlungsstrukturmustern
   - 2.4 Ökologische Rahmenbedingungen für lineare Siedlungsstrukturkonzeptionen
   - 2.5 Tendenzen des Standort- und Verkehrsverhaltens der privaten Akteure im Vergleich zu den planerischen Zielvorstellungen
   - 2.6 Anwendungsmöglichkeiten und instrumentelle Ausgestaltung von Siedlungsachsen
3. Die wesentlichen Untersuchungsergebnisse und Folgerungen für die Ausweisung von Siedlungsachsen
   - 3.1 Vergleichende Bewertung von Siedlungsachsen als lineare Siedlungsstrukturmuster
   - 3.2 Empirische Untersuchungen zum Standort- und Verkehrsverhalten privater Haushalte im Achsenbezug
   - 3.3 Untersuchungen zum konzeptionellen Aufbau und der planungspraktischen Anwendung von Siedlungsachsen
   - 3.4 Zusammenfassende Interpretation der gewonnenen Ergebnisse
4. Weiterführende Überlegungen zur künftigen Steuerung siedlungsstruktureller Entwicklungsprozesse
   - 4.1 Erfordernisse breiter angelegter Untersuchungen zur Gewinnung ergänzender bzw. alternativer Planungsinstrumente
   - 4.2 Zur konzeptionellen Ausgestaltung von Achsenendpunkten

1. Zur Ausweisung von Siedlungsachsen in unterschiedlichen Raumkategorien

Die weiteren Untersuchungen des Arbeitskreises „Innere Struktur von Entwicklungsachsen" erbrachten eine Bestätigung der bereits in der Achsen-Veröffentlichung angedeuteten Erkenntnis, wonach **die Ausweisung bzw. der Einsatz kleinräumiger Siedlungsachsen als Planungsinstrument im wesentlichen nur in Verdichtungs- bzw. Ordnungsräumen** und auch hier mit Einschränkungen bezüglich einer strengen Linearität in Betracht kommt[1]. In den ländlichen Gebieten fehlen dagegen in der Regel die Voraussetzungen für die Ausweisung von Siedlungsachsen, so daß dort auf ihre Anwendung als Planungsinstrument verzichtet werden sollte.

Diese Einsichten fanden auch in den jüngsten Entschließungen der Ministerkonferenz für Raumordnung (MKRO) ihren Niederschlag. So wird in der Entschließung zur Gestaltung der Ordnungsräume vom 31. 10. 1977 darauf hingewiesen, daß sich die Siedlungsentwicklung vorrangig an Siedlungsachsen ausrichten soll, die radial vom Verdichtungskern nach außen verlaufend durch eine dichte Folge von Siedlungen im Verlauf leistungsfähiger Verkehrseinrichtungen des ÖPNV gekennzeichnet sind.

In der Entschließung über den ländlichen Raum vom 12. 11. 1979 wird demgegenüber auf die Nennung von Siedlungsachsen zu Recht verzichtet — und im Hinblick auf stagnierende bzw. rückläufige Bevölkerungszahlen — das auf die zentralen Orte ausgerichtete Schwerpunktprinzip und eine dahin orientierte flächendeckende Verkehrsbedienung durch den ÖPNV in den Vordergrund gestellt.

Zur Begründung des gegenüber dem Strukturausschuß der MKRO empfohlenen Verzichts auf die Anwendung von Siedlungsachsen als Planungsinstrument im ländlichen Raum sei folgendes hervorgehoben: Es bestehen hier im Vergleich zu den Verdichtungsräumen teilweise andere Zielprioritäten und Ziel-Mittel-Zusammenhänge. Gleichzeitig fehlte schon bisher das für die Auslastung eines attraktiven Nahverkehrsangebots auf die Schiene erforderliche Bevölkerungspotential. Diese Diskrepanz wird sich bei der mit Sicherheit weiter anhaltenden rückläufigen Bevölkerungsentwicklung noch verstärken. Schließlich ist mit in Betracht zu ziehen, daß die Ausweisung von „Achsengemeinden" überzogene Wachstumserwartungen auslösen und gleichzeitig einen Wohnbaulandzuwachs in den „Nicht-Achsengemeinden" kaum bremsen kann.

Es darf sicherlich nicht übersehen werden, daß sich auch im ländlichen Raum im historischen Entwicklungsprozeß gelegentlich Siedlungsstrukturmuster mit linearen Charakter herausgebildet haben[2]. Einer weiteren Auffüllung oder Verlängerung durch Siedlungsflächen stehen jedoch in den meist zugrundeliegenden engen Flußtälern angesichts bestehender Belastungen durch gebündelte Verkehrsinfrastruktur und ausgedehnter Besiedelung vielfach ökologischer Erfordernisse entgegen. Auch unter dem Gesichtspunkt kleinräumiger Erreichbarkeitsvorteile ergibt sich im ländlichen Raum nach dem gegenwärtigen Erkenntnisstand keine tragfähige Begründung für über Einzelfälle hinausgehende lineare Siedlungsstrukturmuster. Der bisher eindeutig dominierende Individualverkehr wie auch der vorwiegend auf Buslinien ausgerichtete ÖPNV stellen im Prinzip flächendeckende Verkehrsmittel dar.

Im Hinblick auf die wachsende Benzinverteuerung erhebt sich die Frage, inwieweit die daraus zu erwartende Steigerung des ÖPNV neue Aspekte hinsichtlich linearer Siedlungsstrukturmuster ergibt. Hierzu ist zunächst festzustellen, daß eine wesentliche Ausdehnung des schienengebundenen ÖPNV in der Regel nicht zu erwarten ist, da er sowohl in seiner Erschließungswirkung als auch im Energieverbrauch nach bisher vorliegenden Erkenntnissen einem Bussystem unterlegen ist. Auch selbst wenn der Schienenverkehr weiter ausgebaut werden sollte, dürften sich daraus, wie am Beispiel der Verdichtungsräume noch näher zu zeigen sein wird, wohl im begrenztem Maße stärkere li-

---

[1] Vgl. dazu Veröffentlichungen der ARL, FuS Bd. 113: Zur Problematik von Entwicklungsachsen, Hannover 1976, S. 41.

[2] Darauf wurde bereits in der ersten Achsen-Veröffentlichung in Verbindung mit den von H. KÖCK ermittelten „physiogeographischen Strukturlinien" den Tälern des Rheins und seiner Nebenflüsse hingewiesen (Veröffentlichungen der ARL, FuS Bd. 113, S. 10-11).

neare Zwänge ergeben. Offenbleiben muß bei dieser Einschätzung allerdings, inwieweit die in verschiedenen Gebieten des ländlichen Raumes gegenwärtig laufenden Modelluntersuchungen zur Verbesserung des ÖPNV neue Gesichtspunkte liefern. Aus den wenigen hierzu bisher greifbaren Unterlagen geht zwar hervor, daß sich die Linien der flächendeckend konzipierten Buslininetze in bestimmten Bereichen linear bündeln, so daß sich dort bessere Erreichbarkeitsverhältnisse ergeben dürften[3]). Aus diesen programmatischen Aussagen können jedoch noch keine weiteren Schlüsse gezogen werden, solange nicht auch ausreichend fundiertes Erfahrungsmaterial vorliegt.

Schließlich sei auch auf das Konzept der „dezentralisierenden Achsen" für periphere ländliche Räume hingewiesen. Durch quer oder tangential zu den großräumigen Verkehrsachsen verlaufende Verkehrslinien soll damit der interregionale Personen- und Informationsaustausch zwischen Zentren im ländlichen Raum im Sinne des Querverbundes verbessert werden[4]). Obwohl es sich bei diesem Achsenmodell, wie schon aus den Zielsetzungen hervorgeht, um Verkehrsachsen handelt, kann seine Anwendung angesichts des damit angestrebten, auf mittlere und kürzere Strecken ausgerichteten Ausbaues der Verkehrsverbindungen einschließlich leistungsfähiger öffentlicher Verkehrsmittel u. U. auch tendenziell die Entwicklung linearer Siedlungsstrukturen begünstigen. Derartige Auswirkungen hängen jedoch vor allem von der konkreten Ausgestaltung dieses Konzeptes ab. Praktische Anwendungsfälle dazu liegen bisher nicht vor.

2. Strukturierung des Problemfeldes Siedlungsachsen in Verdichtungsräumen

2.1 Die wesentlichen mit Siedlungsachsen verbundenen Zielsetzungen

Die **Zielaussagen in den Plänen** zeigen, von der Dominanz der Ordnungsfunktion ausgehend, **weitgehende Übereinstimmung in den Kernpunkten**, obwohl teilweise eine unterschiedliche Akzentuierung und Begriffswahl festzustellen ist. So wird die Siedlungsachse teilweise nicht als Planungselement speziell genannt. Sie erscheint jedoch indirekt in der konzeptionellen Beschreibung[5]).

Die wesentlichen normativen Aspekte lassen sich in **2 Zielbündeln** zusammenfassen, wobei die Ordnungsfunktionen im Vordergund stehen:

a) Rationelle Raumerschließung durch Verbesserung der Erreichbarkeitsverhältnisse für private Haushalte und Unternehmen auf der Basis einer leistungsfähigen Bandinfrastruktur, vor allem ÖPNV auf der Schiene, als wesentliche Voraussetzung.

In Verbindung damit:
— lineare Konzentration der Siedlungsentwicklung auf die Achsenbereiche (Wohnflächen, Arbeitsplätze, zentrale Einrichtungen) mit Freiraumzäsuren in den Siedlungsbändern
— Anreiz zur verstärkten Inanspruchnahme des ÖPNV (und damit Entlastung vom Individualverkehr) und zugleich günstige Auslastung und Wirtschaftlichkeit des ÖPNV (in äußeren Bereichen auch Park-and-Ride-Verkehr)

---

[3]) Als Beispiel sei erwähnt: Kommunalentwicklung Baden-Württemberg: Möglichkeiten zur Sanierung des ÖPNV in verkehrsschwachen ländlichen Räumen — Abschlußbericht zum Forschungsauftrag des Bundesministers für Verkehr —, Stuttgart 1976. Dort wird (S. 33) zum Prinzip der Flächenerschließung u. a. ausgeführt: „Diese Linien bündeln sich in Siedlungs- und Verkehrsachsen, in Unterzentren, Kleinzentren, Schul- und Gewerbestandorten, sie verzweigen sich in den schwach besiedelten ländlichen Zwischenbereichen ...". An anderer Stelle heißt es hierzu (S. 30): „Die in den Siedlungs- und Verkehrsachsen durch die Bündelung von Linien entstehende hohe Frequenz der Verkehrsbedienung läßt die Einstellung des Schienenpersonennahverkehrs im ländlichen Raum nicht zu, sondern läßt sie als zwingende Konsequenz erscheinen."

[4]) Nähere Ausführungen dazu geben H. LUTTER u. G. STIENS: Entwicklungsachsen im ländlichen Raum. In: Innere Kolonisation — Land und Gemeinde, Heft 5 1978, S. 197 f.

[5]) Eine vergleichende Gegenüberstellung verschiedener Zielformulierungen gibt EBERLE in Abschnitt 2 seines Beitrages.

— Lenkung von Entwicklungsimpulsen nach außen in den ländlichen Raum hinein, insbesondere Stärkung der Achsenendpunkte bzw. der äußeren Achsenschwerpunkte und deren Ausstrahlung in ihr ländliches Umland.

b) Schutz von Freiräumen für landschaftsbezogene Nutzungen und ökologische Funktionen
in Verbindung damit:

— Verhinderung einer ringförmigen Ausbreitung von Siedlungsflächen mit Zersiedlungserscheinungen und hohem Landschaftsverbrauch

— Sicherung leicht erreichbarer Naherholungsräume

— Sicherung ökologischer Ausgleichsfunktionen (Frischluftschneisen, Wasserschutz etc.).

Es lassen sich daraus in Anwendung auf unterschiedliche, historisch gewachsene Siedlungsstrukturen im wesentlichen sternförmige Grundmuster (in einpoligen Verdichtungsräumen) und gitterförmige Grundmuster (in mehrpoligen Verdichtungsräumen) entwickeln.

2.2 Nutzungs- und Funktionszuordnungen

Das Grundgerippe der Siedlungsachsen bildet der **Schienen-ÖPNV mit einer nach außen abnehmenden Haltestellendichte.** Neben nahezu ausschließlich auf die Schiene ausgerichteten Modellen sind auch verschiedene Kombinationsformen möglich, so z. B. Schiene primär im Innenbereich und Straße vorwiegend im Außenbereich.

Die Wohngebiete sind den Haltepunkten auf der Achse zugeordnet, wobei innerhalb fußläufiger Entfernungen ein hoher Dichtegrad anzustreben ist. Eine nach diesem Prinzip konsequent aufgebaute Konzeption bietet das sogenannte Hamburger Achsenmodell, das u. a. nach drei Zonen gegliederte Vorgaben durchschnittlicher Geschoßflächenzahlen für neue Wohngebiete enthält[6]. Die Siedlungsachsen sind durch Grünzäsuren zu gliedern. Nicht jede Gemeinde im Achsenbereich soll eine weitere bauliche Ausdehnung erfahren. In den Achsenzwischenräumen dominieren die Freiraumfunktionen, wobei sich die dort gelegenen Gemeinden über die sogenannte Eigenentwicklung hinaus nicht ausdehnen sollen.

Mit der Aufzählung dieser konzeptionellen Merkmale werden auch schon wesentliche Konflikt- bzw. Problemfelder deutlich, auf die in dieser Veröffentlichung näher eingegangen wird. So sei insbesondere auf vorherrschende Wohnwünsche sowie auf Wohnumfelderfordernisse (Immissionen bei Verkehrsliniennähe etc.), auf die Dominanz des individuellen Pkw-Verkehrs und das daraus resultierende Standortverhalten mit Besiedelungsdruck in die Achsenzwischenräume hingewiesen.

2.3 Vergleichende Bewertung gegenüber nichtlinearen Siedlungsstrukturmustern

Die Analyse der mit Siedlungsachsen verbundenen Nutzungs- und Funktionszuordnungen führt geradezu zwangsläufig auch zu der Fragestellung nach einer vergleichenden Gegenüberstellung linearer und nichtlinearer Siedlungsstrukturmuster, um daraus weiterführende Schlüsse hinsichtlich der relativen Leistungsfähigkeit und der Anwendungsmöglichkeiten zu ziehen. Bei der dabei zu treffenden Auswahl relevanter Siedlungsstrukturmuster kommt der Verknüpfung mit den mehr punktuell geprägten Konzepten eine besondere Bedeutung zu.

Für einen derartigen Untersuchungsansatz ist es zunächst erforderlich, die jeweilige Feinstruktur der verschiedenen Muster durch nähere Kennzeichnung der wichtigsten Einzelelemente im Sinne der inhaltlichen Konkretisierung geometrisch-abstrahierter Planungsfiguren zu präzisieren. Es gilt dann, einen geeigneten **nutzwertorientierten Bewertungsrahmen in Ausrichtung auf die vorgegebenen Ziele der Raumordnung und Landesplanung** aufzubauen und anzuwenden[7]. Dabei

---

[6] Eine umfassende Darstellung dieser bisher bekanntesten Siedlungsachsenkonzeption findet sich in der ersten Achsenveröffentlichung des Arbeitskreises. ARL: Die Achsenkonzeption als Leitvorstellung für die städtebauliche Ordnung in Hamburg. FuS Bd. 113, 1976, S. 201 f.

[7] Es sei dazu auf den Beitrag von BOEDDINGHAUS in diesem Band hingewiesen.

sind u. a. erhebliche Schwierigkeiten zu überwinden, um zu hinreichend begründeten Gewichtungsansätzen zu gelangen. Die gewonnenen Ergebnisse sind jeweils auf ihre planungspraktische Verwertbarkeit hin zu überprüfen unter Berücksichtigung restriktiver Bedingungen konkreter Raumbezüge.

2.4 Ökologische Rahmenbedingungen für lineare Siedlungsstrukturkonzeptionen

Dieses Bezugsfeld fand bei den bisherigen, vielfach zu einseitig auf Erreichbarkeitsvorteile ausgerichteten Achsenüberlegungen nicht die seiner Bedeutung entsprechende Berücksichtigung. So erscheinen die Freiräume in Form der sogenannten Achsenzwischenräume und der kleineren Grünzäsuren innerhalb der Achsen in bisherigen Plänen teilweise als Restflächen. Von dem Prinzip der gleichrangigen Berücksichtigung ökologischer Erfordernisse bei den räumlichen Nutzungs- und Funktionsabgrenzungen ausgehend, ist es notwendig, die jeweiligen **Funktionen der Achsenzwischenräume näher zu bestimmen und daraus Folgerungen für Größe, Zuschnitt und Nutzung bzw. geeignete Nutzungskombinationen abzuleiten.** Ähnliches gilt auch hinsichtlich der inneren Gliederung von Achsenbereichen vor allem im Hinblick auf Überlastungserscheinungen[8]).

2.5 Tendenzen des Standort- und Verkehrsverhaltens der privaten Akteure im Vergleich zu den planerischen Zielvorstellungen

Wie schon in Abschnitt 2.2 zum Ausdruck kam, ist vor allem der Frage nachzugehen, inwieweit die mit der Ausweisung von Siedlungsachsen verbundenen planerischen Zielvorstellungen mit den aktionsräumlichen Verhaltensmustern einschließlich der Standortwahl der wesentlichen Nutzungsträger übereinstimmen, zumal dabei den marktgesteuerten Bestimmungsfaktoren ein großes Gewicht zukommt.

Daraus ergeben sich wichtige Folgerungen sowohl für die konkrete Ausgestaltung linearer Strukturkonzepte als auch für die Bereitstellung ergänzender Durchsetzungsinstrumente mit Anreiz- oder Restriktionscharakter. Der planerische Erfolg hängt im wesentlichen davon ab, inwieweit es gelingt, die dabei auftretenden Probleme zu lösen.

Im Vordergrund dieses außerordentlich wichtigen Analysefeldes muß zunächst die **Erfassung der relevanten Bestimmungsgründe des Standort- und übrigen Raumverhaltens der privaten Haushalte und der Unternehmen** stehen. Diese sind dann mit den Vorgaben und konkreten Auswirkungen linearer Konzepte zu vergleichen. Die darin unterstellte Dominanz des Faktors Erreichbarkeit bei der Standortwahl im Beziehungsgefüge Infrastruktur-Arbeitsplätze-Wohnstandorte bedarf einer besonderen Überprüfung. Auf diese Weise läßt sich schließlich ein Überblick über die Konflikte zwischen individuellem Raum-Standort-Verhalten und den mit Siedlungsachsen verbundenen planerischen Zielsetzungen gewinnen.

Bei den dazu durchzuführenden empirischen Analysen stellt sich vor allem das Problem der Generalisierungsfähigkeit und damit der Übertragbarkeit der Ergebnisse von Einzeluntersuchungen. Dies gilt sowohl in räumlicher als auch in zeitlicher Hinsicht, zumal die Rahmenbedingungen für das raumrelevante Verhalten der privaten Akteure einem ständigen Wandel unterworfen sind und auch Verschiebungen bei den jeweils vorherrschenden entscheidungsrelevanten Wertungen mit in Betracht zu ziehen sind. Um den daraus sich ergebenden Erfordernissen gerecht zu werden, müßten empirische Studien in größerer Zahl sowohl unter Berücksichtigung verschiedener raumstruktureller Gegebenheiten als auch in zeitlicher Abfolge planungsbegleitend durchgeführt werden.

---

[8]) Weitergehende Ausführungen dazu finden sich bei H. KISTENMACHER: Der Beitrag der Regional- und Landesplanung zum Umweltschutz, in: „Umweltschutz- und Städtebauliche Planung". Städtebauliche Beiträge 1/1979, herausgegeben vom Institut für Städtebau und Landesplanung München, S. 28 f. Auch im Beitrag von RICHRATH in diesem Band wird mehrfach auf diese Erfordernisse hingewiesen.

2.6 Anwendungsmöglichkeiten und instrumentelle Ausgestaltung von Siedlungsachsen

Die verschiedenen Teilaspekte münden schließlich in die entscheidende zusammenfassende Fragestellung nach den Anwendungsmöglichkeiten und nach der instrumentellen Ausgestaltung und Handhabung von Siedlungsachsen. Die Strukturierung dieses Aufgabenfeldes erfolgt hier lediglich in Stichworten, da auf die dafür relevanten Zusammenhänge in diesem wie auch in anderen Beiträgen dieser Veröffentlichung ohnehin ausführlicher eingegangen wird.

a) Voraussetzungen

Die erforderlichen naturräumlichen, siedlungsstrukturellen und sozioökonomischen Voraussetzungen (Veränderungspotential) lassen — wie bereits dargelegt — die Anwendung von Siedlungsachsen im wesentlichen nur in Verdichtungs- bzw. Ordnungsräumen zu, aber auch dort treten teilweise nicht unerhebliche Probleme auf. Eine Überlagerung mit großräumigen Verkehrsachsen sollte vermieden werden wegen den davon ausgehenden Umweltbelastungen. Zwischen den Straßen und dem in dieser Hinsicht weniger problematischen Schienenverkehr bestehen dabei jedoch Unterschiede. Überlastungserscheinungen ergeben sich vielfach in den historisch gewachsenen „Flußtalachsen", die gleichzeitig den Charakter von Verkehrs- und Siedlungsachsen aufweisen.

b) Ausgestaltung als Planungsinstrument

Die Ausgestaltung als Planungsinstrument macht die systematische Umsetzung vorgegebener Zielsysteme notwendig. Gleichzeitig erweist sich für die horizontale und vertikale Steuerung ein entsprechender Konkretisierungsgrad (Operationalität) unter Berücksichtigung jeweiliger Planungskompetenzen als erforderlich. Auch die Vor- und Nachteile einer schematisierten Visualisierung räumlicher Planungsziele durch Siedlungsachsen sind in Betracht zu ziehen, vor allem hinsichtlich der Kommunikation zwischen den Akteuren, der Auswirkungen auf Konfliktaustragungsprozesse etc.

Schließlich sind auch die Anforderungen im Hinblick auf die kontinuierliche Steuerung der räumlich-strukturellen Entwicklung sowie die Probleme einer Erfolgskontrolle der bisherigen Steuerungswirkung von Siedlungsachsen unter Einbeziehung der Abgrenzungsfragen zwischen Soll- und Ist-Elementen zu beachten.

c) Durchsetzungserfordernisse

Die Siedlungsachsen bedürfen zu ihrer Druchsetzung der Ergänzung einerseits durch Anreizmittel (vor allem Infrastrukturvorleistungen) andererseits durch ordnende Festlegungen, vor allem im Bezugsfeld Regional-/Bauleitplanung („Landesplanung für Gemeindeteile").

d) Konsequenzen für künftige Planungsstrategien

Schließlich stellt sich die Frage, inwieweit die bisherigen Anwendungsformen mit verbesserter struktur- und zielgerechter Differenzierung beizubehalten oder Mischformen bzw. Kombinationen mit anderen Planungsinstrumenten anzustreben sind.

Aber auch weitergehende Alternativen, wie etwa Ersatz durch andere Planungsinstrumente oder durch eine räumlich-differenzierte Direktsteuerung an Hand eines Prüfrasters auf der Basis nutzwertanalytischer Eignungsbewertung, sind mit in Betracht zu ziehen.

3. Die wesentlichen Untersuchungsergebnisse und Folgerungen für die Ausweisung von Siedlungsachsen

Angesichts der für die wissenschaftliche Bearbeitung eines derartig vielschichtigen Problemfeldes recht engen Rahmenbedingungen eines ARL-Arbeitskreises war es nicht möglich, originäre Grundlagenforschung in der erforderlichen Breite und Tiefe zu betreiben. Dem gegenüber konnten bei den empirischen Untersuchungen nur Teilaspekte im Rahmen von Sekundärauswertungen aufgegriffen werden. Schließlich mußte auch auf die Durcharbeitung einer ausreichend großen Zahl praxisbezogener Fallstudien verzichtet werden, wodurch die Generalisierungsfähigkeit der gewonnenen Ergebnisse eingeschränkt wird. Aufgrund der einengenden Bedingungen ließ sich auch keine systematische Arbeitsteilung betreiben. So mußten zur Ausfüllung von Forschungslücken verschiedene Untersuchungsansätze wie Grundlagenforschung und Fallstudienanalysen teilweise miteinander kombiniert werden.

Trotz dieser Schwierigkeiten konnten die in den vorhergehenden Abschnitten umrissenen wichtigsten Problembereiche mit Ausnahme der ökologischen Zusammenhänge vertiefend bearbeitet werden, wobei auch zu letzteren an verschiedenen Stellen Teilaspekte aufgezeigt wurden.

Die Beiträge zu den Siedlungsachsen in dieser Veröffentlichung lassen sich in **3 Gruppen** gliedern[9]):

— **Vergleichende Bewertung von Siedlungsachsen als lineare Siedlungsstrukturmuster**
— **Empirisch fundierte Untersuchungen zum Standort- und Verkehrsverhalten privater Haushalte in bezug zu Siedlungsachsen**
— **Untersuchungen zum konzeptionellen Aufbau und der planungspraktischen Anwendung von Siedlungsachsen in verschiedenen Regionen.**

3.1 Vergleichende Bewertung von Siedlungsachsen als lineare Siedlungsstrukturmuster

BOEDDINGHAUS liefert einen Beitrag zur vergleichenden Bewertung linearer und nichtlinearer Siedlungsstrukturmuster. Dabei unternimmt er den Versuch, die von K. LYNCH vorgenommene Bewertung idealtypischer Muster wie Sternschema, Streubesiedlung etc. auf nutzwertanalytischer Basis weiter zu entwickeln, um von dieser Seite her die Entscheidungsgrundlagen hinsichtlich der anzustrebenden Siedlungsstrukturen zu verbessern[10]).

Bei dem gewählten Bewertungsansatz wird davon ausgegangen, daß die verschiedenen Siedlungsmodelle einschließlich der Siedlungsachsen jeweils aus den gleichen Elementen zusammengesetzt sind und sich dementsprechend beschreiben lassen. Die aus den Zielen der Raumordnung und Landesplanung abgeleiteten Bewertungskriterien beziehen sich auf Wahlfreiheit, Interaktionsmöglichkeit, Überschaubarkeit etc. Angesichts der wissenschaftlich nicht befriedigend lösbaren Wertungs- und Gewichtungsprobleme bleiben die Untersuchungsergebnisse auf den Rahmen von „Wenn-Dann-Beziehungen" beschränkt, so daß keine eindeutigen Schlußfolgerungen im Hinblick auf die Anwendung von Siedlungsachsen gezogen werden können. Es lassen sich dabei aber — und darin liegt eine wesentliche Bedeutung derartiger Ansätze — die entscheidenden Problembereiche herauskristallisieren.

Hinsichtlich der **Wertungsprobleme** sieht BOEDDINGHAUS die Möglichkeit, die bestehenden Unsicherheiten durch eine weitere Konkretisierung der Modelle und der Kriterienlisten zu verringern. In bezug auf die **Gewichtungsfrage** hebt er deutlich hervor, daß die vorherrschende, in den Gewichtungen sich niederschlagende Präferenzstruktur der privaten Entscheidungsträger eine aufgelockerte Besiedlung begünstigt, woraus sich ein grundlegender Gegensatz zu den auf stärkere Verdich-

---

[9]) Der den großräumig bedeutsamen Achsen gewidmete Beitrag von SINZ wird in diese zusammenfassende Darstellung nicht mit einbezogen. Er knüpft — wie bereits im Vorwort zum Ausdruck gebracht wurde — an der ersten Achsen-Veröffentlichung an.

[10]) Eine Einordnung des hier aufgegriffenen Modellansatzes in die verschiedenen Gruppen relevanter Modelltypen liefert EBERLE in Abschn. 1.1.

tung, auch in Form von Siedlungsachsen, ausgerichteten Zielen der Raumordnung ergibt. Gleichzeitig stellt er dieses Konfliktfeld in den größeren Rahmen der Beziehungen zwischen „Gesellschaftsmodellen" mit ihrer jeweiligen Präferenzstruktur und dadurch begünstigten bzw. davon ableitbaren Siedlungsmodellen.

3.2 Empirische Untersuchungen zum Standort- und Verkehrsverhalten privater Haushalte im Achsenbezug

a) DÜRR geht bei der Auswertung empirischer Befunde (Befragungen) aus dem Bereich der Achse Ingolstadt—München von den Ansätzen zu einer Theorie des aktionsräumlichen Verhaltens im Sinne einer Erklärung der zeiträumlichen Ausprägung menschlicher Interaktionsmuster aus.

Im Vordergrund stehen dabei die Fragen nach den Einflußgrößen wie z. B. auch planerische Eingriffe, die auf diese Interaktionsmuster eine Wirkung ausüben, und nach der Übereinstimmung zwischen der inneren Struktur von Siedlungsachsenkonzepten und den bedürfnisorientierten Aktionsräumen der Bevölkerung.

Die vorgelegten Untersuchungsergebnisse liefern ein differenziertes Bild räumlicher Verhaltensmuster und -präferenzen (Distanzempfindlichkeiten, Orientierungsrichtungen etc.), deren räumliche und zeitliche Generalisierungsfähigkeit sich jedoch nur schwer beurteilen läßt.

Hinsichtlich der für den Arbeitskreis im Vordergrund stehenden Fragestellungen zeigt sich bei den Untersuchungen vor allem die axiale Ausrichtung der oberzentralen sowie der arbeitsplatzbezogenen Aktionsräume mit abnehmender Frequenz bei axialer Streckung der Aktivitäten. DÜRR gelangt zu dem Ergebnis, daß **auch künftig diese axialen Grundkomponenten bestehen werden.** Das Konzept einer „zellularen Raumorganisation" mit einer dispers verteilten Hierarchie zentraler Orte im Sinne einer Minimierung der aggregierten Transportwege der Privathaushalte, das er dem Achsenmodell gegenüberstellt, hält er daher für größtenteils nicht realisierbar. Die Ausweisung von Klein- und Mittelzentren in Achsenlage betrachtet er als ein plausibles Konzept, wobei die Erreichbarkeiten im vorliegenden Fall teilweise der Verbesserung bedürfen.

Die Untersuchungen von DÜRR machen außerdem deutlich, daß **in der planungsbezogenen Forschung sozial und räumlich stärker differenziert werden sollte,** um die verschiedenen Zielträgergruppen und die gruppenspezifischen Vor- und Nachteile besser erfassen und einer, divergierende Interessen ausgleichenden, Problemlösung zuführen zu können[11]).

b) Auf der Grundlage vielfältiger und aufschlußreicher empirischer Daten zum Standortverhalten privater Haushalte im Bereich des Münchner Achsensystems innerhalb des Zeitraumes 1970—1975 gewinnen ECKSTEIN/ROMAUS differenzierte Ergebnisse hinsichtlich wesentlicher Wirkungszusammenhänge.

Bei ihrer Interpretation ist allerdings zu beachten, daß die S-Bahnlinien als wesentliches Achsen-Element erst während dieser Zeit realisiert wurden, so daß sie innerhalb des Untersuchungszeitraumes noch nicht zur vollen Wirkung gelangen konnten. Darüber hinaus ist die damalige spezielle Münchner Rahmenbedingung hektischer Expansion nur bedingt auf andere Verdichtungsräume übertragbar. Gleichzeitig hat sich die Konstellation externer Einflußfaktoren zwischenzeitlich nicht unwesentlich verschoben, was generalisierende Interpretationsmöglichkeiten ebenfalls einengt.

Die Autoren gehen zunächst der Frage nach, inwieweit Siedlungsachsen neben ihrer raumordnerischen Funktion auch einen Beitrag zum Abbau funktionaler Disparitäten und bestehender Segregationsprozesse leisten können. Auf der Grundlage des Münchner Erfahrungsfeldes kommen sie zu dem Ergebnis, daß trotz der durch den Achsenausbau bewirkten Verbesserung der Erreichbarkeitsverhältnisse **ein dauerhafter Abbau von funktionalen Disparitäten nicht erwartet** werden könne, da dadurch neben einer zunächst eintretenden Verringerung funktionaler Disparitäten indirekt neue

---

[11]) In ähnlicher Weise äußert sich RICHRATH, wenn er auf die Wechselwirkungen zwischen räumlichen Systemen, sozialen Verhaltensweisen und gruppenspezifischen Aktivitäten hinweist und die verstärkte Auseinandersetzung mit orts- und gruppenspezifischen Bedürfnissen fordert (Abschnitt 6).

räumliche Funktionstrennungsprozesse eingeleitet werden. Ähnliche Folgerungen ergeben sich hinsichtlich der sozialen Segregation, zumal Siedlungsachsen deren Ursachen nicht beseitigen können. Gleichzeitig wird mit Recht darauf hingewiesen, daß die diesbezüglichen Auswirkungen sehr wesentlich durch die jeweiligen externen Rahmenbedingungen geprägt werden.

Ergänzend dazu ist anzumerken, daß positive Wirkungen von Siedlungsachsen bezüglich der beiden genannten Zielfelder ergänzende, über die bisherigen Achsenkonzeptionen und das regionalplanerische Aufgabenfeld hinausgehende detaillierte Planungen und zusätzliche Maßnahmen im städtebau- und wohnungsbaupolitischen Bereich erforderlich machen, worauf noch näher einzugehen sein wird.

ECKSTEIN/ROMAUS gelangen hinsichtlich der Wirkungen des Münchner Achsensystems für die Zeitspanne 1970—1975 zu folgendem Ergebnis: **Die (S-Bahn-)Achsen konnten zwar bei der Ausbreitung der Siedlungsflächen in das Umland hinein „einen — wenn auch zeitlich — beschränkten Entwicklungsvorsprung aufweisen. Dieser Vorsprung wird dadurch aufgezehrt, daß sich die Achsenzwischenräume, zeitlich nachhinkend, gleichfalls baulich verdichten".** Eine deutliche Abkehr von der bisherigen Tendenz zur ringförmigen Ausbreitung des Verdichtungsraumes konnte also nicht festgestellt werden.

Als wesentliche Gründe werden genannt: die hohen Wohnungskosten in achsengleichen Lagen und die Wirkungen bestehender Wohnform-Präferenzen[12], eine relativ geringe Einschätzung von Erreichbarkeitskriterien einschließlich des Verkehrsaufwandes bei hohem privaten Motorisierungsgrad, mangelnder räumlicher Erweiterungsspielraum in den Achsenlagen und umfangreiche Baulandsicherungen der Wohnbaugesellschaften in achsenfernen Bereichen vor Einführung der S-Bahn[13].

Ergänzend dazu seien die wesentlichsten Gesichtspunkte aufgeführt, die bei den Beratungen des Arbeitskreises von seiten des Regionalen Planungsverbandes München zu den Untersuchungsergebnissen von ECKSTEIN/ROMAUS genannt wurden[14].

Danach **begann die Regionalplanung im Raum München erst ab 1974 zu greifen.** Damals bestand, wie auch ECKSTEIN/ROMAUS feststellen, bereits ein **umfangreicher Bauflächenüberhang** in achsenfernen Lagen aus früheren Entwicklungsphasen. Er konnte angesichts seiner Fixierung als **„Vertrauensschutzfälle"** im wesentlichen nicht angetastet werden. Darüber hinaus bestand noch kein verbindlicher Regionalplan. Damit fehlten auch nähere Festlegungen hinsichtlich der Achsenbreite sowie hinsichtlich der Gliederung der Achsenabschnitte mit teilweise unterschiedlichen Zielprioritäten.

Die Bemühungen der Regionalplanung um eine Zuordnung des auch im Raum München rückläufigen Entwicklungspotentials zu den Achsenbereichen wurden in den letzten Jahren verstärkt. Dabei richteten sich die Aktivitäten auch auf die Begrenzung des weiteren Wachstums in den bereits aufgefüllten Achsenstandorten, wo eine weitere Ausdehnung der Wohnsiedlungstätigkeit Freiräume gefährden oder zu einer Überlastung der bestehenden Infrastruktur führen würde. Nach den vorliegenden Erfahrungsberichten ist festzustellen, daß vor allem die letztere Problematik bei den Gemeinden in wachsendem Maße zu der Einsicht führt, daß eine behutsamere Entwicklungspolitik erforderlich ist.

Gleichzeitig zeigt sich aber auch bei der Münchner Regionalplanungspraxis die Problematik der Anwendung von Bevölkerungsrichtzahlen als Durchsetzungsinstrument für Siedlungsachsen in Verbindung mit relativ hohen Dichte-Vorgaben und der Praktizierung der sog. Eigenentwicklung.

---

[12] „Eine Tendenz der Wohnungsmieter in achsennahe Lagen mit einem relativ hohen Mobilitätspotential, eine Tendenz der Hauseigentümer in achsenferne Lagen mit überdurchschnittlicher Standortstabilität."

[13] Bei letzterem Punkt handelt es sich sicherlich um eine spezielle Erscheinung des Raumes München. In Beispielsfällen, in denen schon länger eine achsenbezogene Raumordnungspolitik betrieben wird und die spekulativen Anreize eine geringe Rolle spielen, dürfte der Faktor Baulandsicherung weniger in Erscheinung treten.

[14] Schriftliche Beiträge von Herrn DR. GOEDECKE, Geschäftsführer des Regionalen Planungsverbandes München zu den Untersuchungen des Arbeitskreises „Innere Struktur von Entwicklungsachsen".

3.3 Untersuchungen zum konzeptionellen Aufbau und der planungspraktischen Anwendung von Siedlungsachsen

EBERLE und RICHRATH greifen in ihren Beiträgen die zentralen planungswissenschaftlichen Fragestellungen nach dem konzeptionellen Aufbau (Ziel-Mittel-Zusammenhänge, konkrete Ausgestaltung etc.) sowie der Anwendung von Siedlungsachsen und der damit zusammenhängenden siedlungsstrukturellen Problemlösungsfähigkeit auf. Als Planungsbeispiele werden die Regionen Mittlerer Neckar, Unterer Neckar und Mittlerer Oberrhein herangezogen.

a) Aus den von RICHRATH am Beispiel des **Raumes Karlsruhe** als Fallstudie durchgeführten Untersuchungen ergibt sich, daß die dort ausgewiesenen Siedlungsachsen naturräumlich und siedlungshistorisch größtenteils zwangsläufig vorgegeben waren, und daß damit jedoch eine weitgehend konzentrisch um die Kernstadt verlaufende Siedlungsentwicklung und das teilweise Entstehen ungegliederter Siedlungsbänder bisher nicht im wesentlichen Maße verhindert werden konnte. Dabei ist jedoch zu berücksichtigen, daß ein rechtsverbindlicher Regionalplan bis jetzt nicht vorliegt, so daß die Siedlungsachsenplanung noch nicht in der erforderlichen Weise wirksam werden konnte. RICHRATH erwähnt auch, daß einige der von ihm skizzierten Modifizierungen für den Raum Karlsruhe von der Regionalplanung inzwischen aufgegriffen wurden.

Im Rahmen einer Ursachen- und Wirkungsanalyse hebt er in bezug auf die Siedlungsachsen vor allem folgende Konfliktbereiche hervor: Bodenpreissteigerungen in den Haltestelleneinzugsgebieten mit unerwünschten Ausleseprozessen in der baulichen Nutzung, Verhinderung konzeptionell erwünschter weiterer Besiedlungen durch vorhandene Nutzungen, generelle Konflikte zwischen den Anforderungen des Personennahverkehrs an die Nutzungen und umgekehrt, wachsende Schwierigkeiten der siedlungsstrukturellen Steuerung bei schrumpfendem Entwicklungspotential („Eigenentwicklung" der Gemeinden) und gleichzeitig sich verschärfender, räumlicher Verteilungskämpfe. Darüber hinaus verweist er auf die Probleme, die sich aus der dem baden-württembergischen Achsenkonzept weitgehend innewohnenden Überlagerung von Zielen und Aufgaben kleinräumiger Siedlungs- und großräumiger Verkehrsachsen ergeben.

Der Autor setzt sich auch kritisch mit dem engmaschigen Netz von Klein- und Unterzentren auseinander, das mit dem Siedlungsachsensystem verknüpft ist, und schlägt eine Reduktion und gleichzeitige Modifikation angesichts sich herausbildender komplizierter „zentraler Netze" vor. In Verbindung damit sieht er die Notwendigkeit, von den hierarchischen Zentrale-Orte-Systemen abzugehen, da sie den sich wandelnden räumlich-funktionalen Aktionsmustern in Richtung auf zunehmende Funktionsteilung nicht mehr gerecht zu werden vermögen.

Mit Recht weist er auch darauf hin, daß die **erforderliche Harmonisierung divergierender Achsenkonzepte zugunsten eines gemeinsamen Siedlungskonzeptes** die Rückführung auf ihre wesentlichen Strukturelemente, nämlich Standorte, bauliche Nutzungsflächen und Verkehrsstraßen erforderlich macht. Sehr intensiv befaßt er sich mit den Möglichkeiten, mit Hilfe sogenannter Alternativplanungen die Starrheit schematischer Siedlungsstrukturkonzepte zu überwinden. Derartigen Ansätzen müßten jeweils unterschiedliche Zielkonstruktionen, räumlich-funktionale Organisationsformen und Realisierungsstrategien zugrunde liegen. Bei den bestehenden planungsrechtlichen und planungspolitischen Bedingungen sieht er jedoch nur geringe Chancen, auf diesem Wege zu einem besseren, widerspruchsfreien sowie für unterschiedliche Räume und Problemstellungen anwendbaren Planungskonzept als Ergebnis einer schrittweisen und systematischen Reduktion von Alternativplanungen zu gelangen.

RICHRATH stellt als Ergebnis seiner Untersuchungen fest, daß **das Konzept der Siedlungsachsen keinen Anspruch auf allgemeine Anwendbarkeit erheben kann und daß ihm nur im Verdichtungsraum eine bedingte Gültigkeit beizumessen ist.** Gleichzeitig verweist er auf die Notwendigkeit konzeptioneller Modifizierungen und hält sogenannte „hybride" Siedlungsmodelle für wünschenswert, die für jeweils spezifische räumliche Konstellationen und sich wandelnde Bedürfnisse und Rahmenbedingungen offener sind.

Seine daran anknüpfenden Vorschläge umschließen gleichermaßen Inhalte, Methoden und Organisation kleinräumiger Planungsprozesse und setzen vor allem an dem bisher zweifellos nicht befriedigend verlaufenen Ineinandergreifen der verschiedenen Planungsebenen an. Er empfiehlt eine **offenere Planung bei gleichzeitiger Reduktion der Planinhalte der übergeordneten zugunsten der örtlichen Ebenen.** In Verbindung damit verweist er auf die Notwendigkeit der Wiederbelebung eines verbesserten Gegenstromprinzips bei gleichzeitiger Straffung des Planungsprozesses und einer kontinuierlichen Planung und begleitenden Planungsberatung auf kommunaler Ebene.

b) Die von EBERLE in exemplarischer Auswahl in den **Regionen Mittlerer Neckar und Unterer Neckar** ermittelten empirischen Befunde bestätigen im wesentlichen die von ECKSTEIN/ROMAUS für den Raum München und von RICHRATH für den Raum Karlsruhe aufgezeigten Tendenzen und Zusammenhänge. So sei vor allem auf die aus vorherrschenden Standortpräferenzen der privaten Haushalte sich ergebenden Steuerungsprobleme in bezug auf Siedlungsachsen verwiesen, wobei in einigen Teilgebieten auch weitgehend achsenkonforme Entwicklungen der Siedlungsflächen festzustellen waren. Ferner seien erwähnt die in den relevanten Modal-Split-Prognosen nicht zu konstatierende Steigerung des ÖPNV-Anteils[15] trotz einer guten Abstimmung des neuen S-Bahnnetzes im Stuttgarter Raum mit der Achsenkonzeption und die deutlich erkennbare Steuerungsschwäche der Bevölkerungsrichtzahlen.

Der Autor befaßt sich auch mit den methodischen Problemen einer **regionalplanerischen Erfolgskontrolle,** die noch weitgehend wissenschaftliches Neuland darstellt. Der von ihm selbst durchgeführte Versuch mußte in ähnlicher Weise wie bei anderen gleichgerichteten Bemühungen auf eine vereinfachte Zielerreichungskontrolle reduziert werden, wobei es sich erneut zeigte, daß es vorläufig nicht möglich sein dürfte, für dieses komplexe Anwendungsfeld methodisch befriedigende Ansätze zu entwickeln[16].

Gleichzeitig wird deutlich, daß die Frage nach dem „Erfolg" der Regionalplanung nicht pauschal, sondern jeweils differenziert auf Teilbereiche des regionalen Planungsfeldes zu beziehen ist. Ermittelte Steuerungsdefizite können auch nicht isoliert einem Planungsinstrument, wie z. B. Siedlungsachsen, angelastet werden, sondern müssen im größeren Rahmen regionaler Koordinationsprobleme gesehen werden.

Schließlich tritt auch die grundsätzliche Problematik in Erscheinung, daß die Bewertung der methodisch mehr oder weniger befriedigend gewonnenen Ergebnisse einer Erfolgskontrolle sehr wesentlich von dem jeweils zugrunde gelegten Anspruchsniveau abhängt. Hierzu lassen sich sehr unterschiedliche, jeweils nicht eindeutig begründbare Positionen einnehmen, was sich u. a. auch im Dilaog zwischen Planungspraxis und Planungswissenschaft widerspiegelt.

Einen wesentlichen Schwerpunkt des Beitrages von EBERLE bildet die kritische Auseinandersetzung mit der in der bisherigen Anwendungspraxis von Achsen vorherrschenden **Orientierung an einfachen bildhaften Ordnungsmodellen.** Er erachtet eine derartige Vorgehensweise als ersten Schritt zur Findung eines Grobkonzeptes sowie als Orientierungshilfe vor allem im Hinblick auf die Verdeutlichung abstrakter siedlungsstruktureller Vorstellungen durchaus als sinnvoll. Gleichzeitig hebt er hervor, daß sich der Planungsprozeß angesichts der erforderlichen **Differenzierungen und Begründungen** darauf nicht beschränken darf. Er geht diese Problematik sowohl von der Seite erkennbarer planungspraktischer Zusammenhänge als auch der Seite grundsätzlicher, planungsmethodischer Gesichtspunkte an. So versucht er einerseits, die Differenzierungserfordernisse von Achsenkonzeptionen, denen in der Planungspraxis z. T. auch schon Rechnung getragen wird, beispielhaft an teilweise von den Achsensystemen notwendigerweise abweichenden Straßenführungen (Zielkonflikte bei der Bündelung der Bandinfrastruktur) zu verdeutlichen. Andererseits setzt er sich näher

---

[15] Die Aussage bezieht sich allerdings auf den Gesamtraum und nicht allein auf die Achsen.

[16] Zu ähnlichen Ergebnissen gelangten auch die Untersuchungen von EICHNER, LÄPKE, PREUSSER und STEINEBACH: Analyse und Bewertung der Umsetzung ausgewählter Ziele der Regionalplanung in raumwirksame Maßnahmen. Eine exemplarische Erfolgskontrolle des Regionalen Raumordnungsplanes Westpfalz im Landkreis Kusel. (Studienarbeit am Fachgebiet Regional- und Landesplanung der Universität Kaiserslautern 1979.)

mit den grundsätzlichen Fragen der bei der Erarbeitung von Siedlungsstrukturkonzepten zwangsläufig erforderlichen Komplexitätsreduktion auseinander.

Von der Notwendigkeit einer schrittweisen, differenzierten Weiterentwicklung der Siedlungsstruktur ausgehend, hebt er die **Anwendung nutzwertanalytischer Eignungsbewertungsverfahren** auch unter Einbeziehung quantitativer und qualitativer Erreichbarkeitskriterien hervor, um auf dieser Grundlage in fundierter, nachvollziehbarer Weise, auch im Bezug zu Siedlungsachsen, Bereiche mit verstärkter bzw. eingeschränkter Siedlungsentwicklung auszuweisen. EBERLE führt diesen Gedankengang weiter bis zu der noch näher zu präzisierenden Überlegung, ob die Umsetzung regionalplanerischer Ziele in die Bauleitplanung nicht mit Hilfe einer nutzwertanalytischen Kriterienliste erfolgen sollte, welche die Gesichtspunkte aufzeigt, nach denen die siedlungsstrukturelle Weiterentwicklung auf der Ebene der Bauleitplanung beurteilt wird.

Abschließend stellt er in ähnlicher Weise wie RICHRATH fest, daß **lineare Siedlungsmuster, wie das Konzept der Siedlungsachsen, nicht generell für alle Räume als Siedlungsleitbild infrage kommen und stets regionale Differenzierungen erforderlich sind.**

3.4 Zusammenfassende Interpretation der gewonnenen Ergebnisse

Wie bereits dargelegt, werden die Siedlungsachsen in den Beiträgen zu dieser Veröffentlichung unter verschiedenartigen, sich ergänzenden Fragestellungen analysiert. Die Ausführungen der einzelnen Autoren enthalten daher unterschiedliche Akzentuierungen, wobei nicht immer in ausreichendem Maße verdeutlicht wird, inwieweit bei den einzelnen Punkten Übereinstimmungen bestehen und welche Beurteilung das Konzept der Siedlungsachsen insgesamt erfährt. Unter Einbeziehung der Beratungsergebnisse des Arbeitskreises soll deshalb hier eine zusammenfassende Aussage gemacht werden.

Zunächst ist festzustellen, daß **die in den Verdichtungsräumen und ihren Randzonen anzustrebenden Ordnungsziele im wesentlichen unbestritten sind.** Sie lassen sich wie folgt zusammenfassen:
— **Sicherung von Freiräumen**
— **Verdichtung der Bebauung in geeigneten Bereichen**
— **Beachtung von günstigen Erreichbarkeitsverhältnissen**
— **Förderung des ÖPNV aus Gründen des Umweltschutzes und der Einsparung von Energie.**

Das Konzept der Siedlungsachsen kann nach Auffassung des Arbeitskreises in hohem Maße zur Erreichung dieser Ziele beitragen. Die Anwendung von Siedlungsachsen als Ordnungskonzept für die Verdichtungsräume und ihre Randzonen ist daher im Prinzip zu befürworten:
— Sie schaffen die Voraussetzungen für einen Ausbau des ÖPNV, vor allem auf der Schiene, und vermitteln Erreichbarkeitsvorteile.
— Sie bilden die konzeptionelle Grundlage für einen verstärkten Freiraumschutz, insbesondere in den Achsenzwischenräumen.
— Sie stellen einen Ordnungsrahmen für die im Gang befindlichen siedlungsstrukturellen Auflockerungsprozesse in den Verdichtungsräumen dar und bilden auch eine Grundlage für die Weiterentwicklung der polyzentrischen Siedlungsstruktur.

Es muß jedoch einschränkend beachtet werden, daß **Siedlungsachsen nicht generell und schematisch anwendbar sind,** sondern daß in der Planungspraxis jeweils problemadäquate, strukturgerechte Ausformungen linearer Konzepte im Vordergrund stehen müssen. Dazu werden in diesem Band vielfältige Verbesserungsvorschläge zur Diskussion gestellt.

Besonders hervorzuheben sind folgende **Erfordernisse:**
— **Die planerischen Festlegungen sollten zur besseren Fundierung und Differenzierung auf der Grundlage nutzwertanalytischer Standortbewertungen erfolgen. Ansätze dazu finden sich bereits in der Planungspraxis.**

— In die vorbereitenden und planungsbegleitenden Untersuchungen zur Anwendung von Siedlungsachsen wie auch anderer räumlicher Konzepte sind in stärkerem Maße die damit verbundenen sozio-ökonomischen Folge- und Nebenwirkungen einzubeziehen und frühzeitig Folgerungen daraus zu ziehen.

— Die Siedlungsachsenkonzepte sollten im Hinblick auf sich wandelnde Bedürfnisse und Rahmenbedingungen offener gestaltet und mit der erforderlichen Flexibilität gehandhabt werden.

Die Anwendung von Siedlungsachsen ist jedoch auch mit verschiedenen, teilweise schwerwiegenden **Zielkonflikten** verbunden. So sei insbesondere auf die im Widerspruch zu den Verdichtungsprinzipien in den Achsenbereichen stehenden vorherrschenden Standortpräferenzen privater Haushalte und die oft sehr ungünstigen Wohnumfeldbedingungen in Achsenlagen hingewiesen. Für die Lösung dieser Zielkonflikte lassen sich auf der Grundlage gegenwärtiger wissenschaftlicher und planungspraktischer Erkenntnisse unterschiedliche Planungsansätze entwickeln.

Auch die Autoren der vorliegenden Publikation setzen dabei unterschiedliche Akzente. Gibt man z. B. dem Ziel der Wohnumfeldqualität ein höheres Gewicht gegenüber einer guten Anbindung an den schienenbezogenen ÖPNV, so gelangt man konzeptionell zumindest zur Verbreiterung der Achsenbereiche. Generelle Empfehlungen zur Lösung solcher Zielkonflikte sind jedoch kaum möglich. Geeignete Vorschläge müssen jeweils im konkreten Raumbezug erarbeitet werden.

Eine weitgehende Übereinstimmung unter den Autoren dieser Veröffentlichung herrscht auch darüber, daß Achsen hinsichtlich ihrer Durchsetzung effizienter instrumentiert werden müssen, d. h. sie bedürfen wirksamer Durchsetzungs- bzw. Vollzugsinstrumente. Die in den einzelnen Beiträgen mehrfach aufgezeigten Schwächen in der konkreten Anwendung sind vor allem auf eine mangelnde instrumentelle Vollzugssicherung zurückzuführen.

Es erscheint daher unerläßlich, neben den verschiedenen positiven Anreizen und Fördermaßnahmen auch in **höherem Maße restriktiv wirkende Instrumente einzusetzen.** Dabei ist vor allem auf eine **verstärkte Freiraumsicherung** durch Ausweisung entsprechender Vorranggebiete hinzuweisen, worauf in diesem Beitrag noch näher eingegangen wird, zumal Bevölkerungsrichtwerte wachsende instrumentelle Schwächen aufweisen. Gleichzeitig gilt es auch, das **Instrumentarium der Städtebau- und Wohnbaupolitik** in stärkerem Maße auf die mit den Siedlungsachsen verbundenen Verdichtungsziele auszurichten, und in Verbindung damit größere Anstrengungen zur Gewinnung **bedarfsgerechter Bebauungskonzepte mit höherem Verdichtungsgrad** (Modellvorhaben) zu unternehmen. Auch die Erfordernisse einer gezielten Baulandpolitik in den Achsenbereichen seien hier erwähnt.

Es ist nicht zu übersehen, daß in den Beiträgen zu dieser Veröffentlichung vielfach das kritische Analysieren und „in Frage stellen" überwiegt. Von seiten der Planungspraxis werden derartige Ausführungen oft als wenig hilfreich, da nicht ohne weiteres anwendbar, empfunden.

Dabei wird u. a. hingewiesen

— auf die Notwendigkeit leichter Verständlichkeit und Plausibilität planerischer Konzepte für die Beteiligten und die damit verbundene Kommunikationsfähigkeit,

— auf die grundsätzliche Frage, ob es sinnvoll sei, ein eingeführtes Planungsinstrument, das einprägsam ist und allgemein (wenn auch meist nur vordergründig) verstanden wird, wesentlich zu modifizieren oder wieder abzuschaffen; zumal damit mühsame und zeitraubende Lern- und Umgewöhnungsprozesse verbunden seien.

Schließlich ist auch einzuräumen, daß keine gesicherten Erkenntnisse darüber vorliegen, inwieweit die bisher vielfach unzureichende Steuerungswirkung des Planungsinstrumentariums generell und der Achsen speziell auf deren methodisch-wissenschaftliche Schwächen zurückzuführen sind. Wie schon zum Ausdruck gebracht wurde, spielen dabei die realen Wirkungs- und Interessenfelder bis hin zu den Verhaltensweisen der Akteure mit einer meist geringen Durchsetzungsbereitschaft bezüglich planerischer Konzeptionen vielfach eine größere Rolle.

Damit ist eine Thematik von grundsätzlicher Bedeutung für das Zusammenwirken von „Planungswissenschaft" und „Planungspraxis" angesprochen. Sie soll hier in dem Bemühen vertieft werden, den Gefahren eines Auseinanderlebens zu begegnen.

Dem Selbstverständnis eines wissenschaftlichen Arbeitskreises der ARL entspricht die Zielsetzung, jeweils zu „wissenschaftlich fundierten" Aussagen zu gelangen. Dies führt im planungspraktischen Bezugsfeld zunächst zwangsläufig zu einem Überwiegen des kritischen „in Frage stellen" von Annahmen, Erwartungen und Hypothesen entsprechend dem zugrundegelegten wissenschaftlichen Anspruchsniveau sowie zu vielerlei Einschränkungen bei den getroffenen Aussagen. Darauf aufbauend kann erst schrittweise, in Abhängigkeit von dem verfügbaren Forschungspotential, das Erkenntnisdefizit abgebaut werden, so daß sich schließlich in größerem Umfang wissenschaftlich befriedigend begründete Vorschläge für die Planungspraxis erarbeiten lassen.

Dort ergibt sich jedoch angesichts konkreter Handlungszwänge meist ein dringender Bedarf an kurzfristig verwertbaren Informationen und Verbesserungsvorschlägen, was in entsprechenden Forderungen gegenüber den Planungswissenschaften zum Ausdruck kommt. Dem kann vor allem dann nicht ohne weiteres entsprochen werden, wenn man sich im planungspraktischen Feld auf der Basis von Plausibilitätserwägungen schon weitgehend festgelegt hat.

Von der Erkenntnis ausgehend, daß sich siedlungsstrukturelle Planungskonzepte mit Anspruch auf allgemeine Gültigkeit ohnehin nicht aufstellen lassen und angesichts laufender Veränderungen ein ständiges Überprüfen und Verbessern des planerischen Instrumentariums erforderlich ist, erscheint im Falle der Siedlungsachsen, wie auch bei anderen konzeptionellen Fragen, folgende Vorgehensweise naheliegend: Soweit es sich um planungsrechtlich fixierte Konzeptionen handelt, können die vorgelegten Verbesserungsvorschläge schrittweise aufgegriffen und — soweit notwendig — in die Planungsfortschreibung einbezogen werden. Instrumentell überzogene Achsenkonzeptionen oder Teile davon lassen sich dabei zumindest modifizieren. In den Fällen, in denen präzisere planerische Festlegungen noch nicht erfolgt sind, sollten jedoch vor der etwaigen Ausweisung von Siedlungsachsen, die in dieser Veröffentlichung aufgezeigten speziellen Zusammenhänge gründlich analysiert und davon letztlich die Entscheidungen über die siedlungsstrukturellen Konzeptionen abgeleitet werden.

Ergänzend sei darauf hingewiesen, daß die Anwendung differenzierter nutzwertanalytischer Flächenbewertungen mit einem räumlichen Präzisierungsgrad verbunden ist, der über den rahmensetzenden Charakter der Regionalplanung hinausgeht. Die daraus abgeleiteten verbindlichen Festlegungen müssen daher in erforderlichem Maße „entfeinert" werden. Gleichzeitig können jedoch die detaillierten Bewertungsergebnisse zusammen mit methodischen Ansätzen für evtl. weitere Differenzierungen mit empfehlendem Charakter der kommunalen Ebene an die Hand gegeben werden. Dies dürfte sich auch insofern als sinnvoll erweisen, als angesichts der erheblich erweiterten kommunalen Planungsräume die Anwendung und vor allem die planerische Ausgestaltung von Achsenkonzepten dort geschehen muß[17].

---

[17] Dazu sei auf die gegenwärtig von seiten des Fachgebietes Regional- und Landesplanung der Universität Kaiserslautern am Beispiel des Landkreises Kaiserslautern laufenden Untersuchungen zur Erarbeitung von Siedlungsrahmenkonzeptionen hingewiesen.

4. Weiterführende Überlegungen zur künftigen Steuerung siedlungsstruktureller Entwicklungsprozesse

4.1 Erfordernisse breiter angelegter Untersuchungen zur Gewinnung ergänzender bzw. alternativer Planungsinstrumente

Weitergehende Untersuchungen müssen — wie bereits aufgezeigt — in vollem Umfang über den Themenkreis Achsen hinausgreifen und das gesamte, für die Steuerung der siedlungsstrukturellen Entwicklung relevante Instrumentarium mit einbeziehen. Eine der Schwierigkeiten bei der Bearbeitung der Achsenproblematik lag gerade darin, daß die vertiefende Bearbeitung eines Planungsinstrumentes nur teilweise losgelöst von den übrigen, meist eng damit verflochtenen Instrumenten erfolgen kann[18]).

Es gilt dabei u. a., die bisherigen siedlungsstrukturellen Leitvorstellungen sowie das vertikale und horizontale Koordinationspotential bestehender Siedlungsstrukturkonzepte im Rahmen einer Zwischenbilanz einer kritischen Überprüfung zu unterziehen und die siedlungsstrukturellen Ziel-Mittel-Beziehungen im Hinblick auf unterschiedliche Rahmenbedingungen und Raumkategorien näher zu präzisieren. Dabei ist auch zu berücksichtigen, daß das bisherige regionalplanerische Instrumentarium noch weitgehend durch die ehemalige Hauptaufgabe der räumlichen Verteilung des Potentialzuwachses geprägt ist. Aus derartigen erweiterten Ansätzen können dann schließlich Folgerungen für die künftige Gestaltung der Einzelelemente siedlungsstruktureller Konzepte gezogen werden.

Einige damit zusammenhängende spezielle Probleme bzw. Aufgaben seien hier kurz aufgezeigt:

a) Die siedlungsstrukturelle Steuerungswirkung der mit Siedlungsachsen konzeptionell eng verknüpften **Bevölkerungsrichtwerte** (im Sinne von Zielprognosen) war schon bisher vielfach unzureichend. Sie erfuhr aufgrund des inzwischen vorherrschenden allgemeinen Bevölkerungsrückganges und gleichzeitiger Verminderung der Wanderungsgewinne in den Ordnungsräumen eine zusätzliche Schwächung. So zeigt sich heute der Zustand einer weitgehenden **instrumentellen Überstrapazierung mit einem hohen Konfliktpotential.** Dies kommt u. a. darin zum Ausdruck, daß sie angesichts eines fehlenden Potentialzuwachses und des Dominierens strukturbedingter zusätzlicher Wohnbauflächenansprüche nur noch in einer recht lockeren Beziehung zur siedlungsstrukturellen Entwicklung stehen, und der mit der Anwendung in der Regel verbundene Streit um „richtige Prognosen und Annahmen" zu weit abgesetzt vom eigentlichen raumordnerischen Problemfeld verläuft.

Es erweist sich daher als notwendig, die den Siedlungsachsen in Verbindung mit Bevölkerungsrichtziffern gestellte Aufgabe einer zielbezogenen Steuerung der weiteren Siedlungsentwicklung in ihrem Ursachenzusammenhang näher zu analysieren. Dazu ist zunächst festzustellen, daß nach neueren Erfahrungen die zusätzlichen Flächenansprüche des Wohnungsbaues trotz abnehmender Bevölkerung die übrigen Flächenansprüche für Arbeitsplätze und Infrastruktur teilweise übertreffen und den in den Ordnungsräumen weiter schnell voranschreitenden Landschaftsverbrauch, verbunden mit Zersiedelungserscheinungen, im wesentlichen verursachen. Diese Entwicklung wird im politischen Raum weitgehend pauschal akzeptiert und im Hinblick auf die Schaffung von Wohneigentum auf der Basis vorherrschender Einfamilienhauswünsche positiv eingeschätzt[19]).

Dadurch stößt die Regionalplanung mit dem Modell der Siedlungsachsen, ergänzt durch Bevölkerungsrichtzahlen, und auch mit anderen, auf höhere Verdichtung angelegten Konzeptionen zwangsläufig immer wieder auf Durchsetzungsschwierigkeiten. Sie kann einen größeren Verdichtungsgrad bei allem instrumentellen Aufwand nicht erzwingen, solange sie damit vorherrschenden, politisch akzeptierten Wohn- und Wohnumfeldwünschen entgegensteht, die durch bedarfsgerechte Konzepte mit höherem Verdichtungsgrad nicht aufgefangen werden. Eine dahingehende Verschär-

---

[18]) Von dieser Einsicht gehen auch die Überlegungen aus, einen neuen Arbeitskreis unter dem Titel „Siedlungsstrukturkonzepte als Instrument der Raumplanung" zu bilden.

[19]) Vgl. dazu auch die diesbezügliche Problemkennzeichnung im Beitrag von BOEDDINGHAUS (Kap. IV).

fung des Planungsrechts ist politisch nicht durchsetzbar und auch nicht wirksam. Demgegenüber ist den Ursachen der Siedlungsflächenentwicklung (quantitativ und qualitativ) und den in enger Beziehung dazu stehenden Fragen nach den künftig dominierenden Verkehrssystemen weiter nachzugehen.

b) Die Regionalplanung benötigt zur zielbezogenen raumordnungsgerechten Steuerung der Siedlungsentwicklung in stärkerem Maße die **aktive Mitwirkung der Bauleitplanung sowie der Städtebau- und Wohnbaupolitik** mit ihrem Instrumentarium. Es müssen — was bisher noch zu wenig geschehen ist — vor allem in diesen Bereichen die Bemühungen um bedarfsgerechte Bebauungskonzepte mit höherem Verdichtungsgrad verstärkt und entsprechende Konzeptionen in größerem Umfang entwickelt und als Modellvorhaben realisiert werden. Der dafür sich bietende konzeptionelle Spielraum ist noch nicht ausgeschöpft. Darauf ausgerichtete Aktivitäten sind von Seiten des Staates gezielt zu fördern. Gleichzeitig gilt es, das Instrumentarium der Städtebau- und Wohnungspolitik vor allem auch bei den bereits eingeführten Fördermaßnahmen mehr darauf auszurichten.

In Verbindung damit ist eine verstärkte Innerortsentwicklung im Wohnungsbau angesichts vielfach zu beobachtender Verödungserscheinungen zu fördern (individuelleres Wohnangebot, Erleichterung der Bildung von Wohneigentum, Verbesserung des Wohnumfeldes etc.)[20][21].

Schließlich ist auch darauf hinzuweisen, daß es vor der Einbeziehung bestimmter Siedlungsstrukturmuster als Planungsinstrumente in die Konzeptionen der Regional- und Landesplanung generell erforderlich ist, im Rahmen planerischer Fallbeispiele (als querschnittsorientierte Planungsstudien) zunächst ihre **Umsetzungsmöglichkeiten auf die Ebene der Bauleitplanung** bis hin zu konkreten Bebauungs- bzw. Freiraumkonzepten unter Berücksichtigung bestehender Rahmenbedingungen und Verhaltensmuster der Akteure zu überprüfen. Aus den dabei gewonnenen Erkenntnissen gilt es dann Folgerungen zu ziehen hinsichtlich:

— der Anwendungsmöglichkeiten in den verschiedenen Strukturraumtypen
— des erforderlichen Differenzierungsgrades
— der ergänzenden Verknüpfung mit anderen Planungsinstrumenten
— der Ausgestaltung des Durchsetzungsinstrumentariums
— ergänzender Maßnahmen in anderen Politikbereichen, insbesondere der Sozialpolitik.

c) Hinsichtlich der Verkehrssysteme stellt sich vor allem die Frage nach den **künftig dominierenden Verkehrsmitteln und dem Verkehrsverhalten,** wobei vor allem von Interesse ist, inwieweit davon stärkere „lineare Zwänge" im Sinne linearer Siedlungsstrukturmuster ausgehen.

Wie die durchgeführten Untersuchungen übereinstimmend zeigen, ergeben sich die wesentlichen Konflikte aus der bisherigen Dominanz des individuellen flächenerschließenden Pkw-Verkehrs.

Daraus entstand in Verbindung mit vorherrschenden Wohnungswünschen und der vielfach eingeschränkten Verfügbarkeit von Flächen im fußläufigen Haltestelleneinzugsbereich ein erheblicher Besiedlungsdruck in die sogenannten Achsenzwischenräume. Gleichzeitig wurde die gesamte siedlungsstrukturelle Entwicklung dadurch erheblich geprägt.

Es stellt sich nun die Frage, inwieweit angesichts wachsender Energieverknappung und Benzinverteuerung wesentliche Änderungen im Verkehrsverhalten zu erwarten sind, so daß sich auch Aus-

---

[20] Eine darauf ausgerichtete Untersuchung („Maßnahmen gegen die Entleerung der Ortskerne") der Fachrichtung Raum- und Umweltplanung der Universität Kaiserslautern steht kurz vor ihrer Vollendung.

[21] Zu diesem Aufgabenfeld besteht — wie aus dem „Mittelfristigen Forschungsprogramm Raumordnung und Städtebau 1979" des Bundesministers für Raumordnung, Bauwesen und Städtebau hervorgeht — offensichtlich noch eine verschiedenartige bzw. gegensätzliche Problemsicht: So wird dort unter 09.03: „Ordnungskonzepte für das Stadt-Umland-Verhältnis" (S. 73) u. a. gesagt: „Es kann davon ausgegangen werden, daß die Kernstadt-Umland-Wanderung von Betrieben und Haushalten auch künftig anhält und gerade bei erfolgreicher Modernisierung von Wohnungen und Wohnumfeld eine notwendige Folge darstellt." Aussagen in dieser generellen Form werden der tatsächlichen Problematik nicht gerecht, zumal vorher auch erwähnt wird, daß die Problematik der Innerortsentleerung auch kleinere Städte und Dörfer betrifft. Dort besteht aber in vieler Hinsicht eine andere Problemstruktur (kein Verdrängungsprozeß durch Tertiäre, sondern vielfach generelle Verödungserscheinungen).

wirkungen auf Realisierungschancen linearer ÖPNV-orientierter Siedlungskonzepte ergeben würden. Dieser Aspekt gewinnt dadurch an Gewicht, daß von Seiten des Staates die Wirkung steigender Benzinpreise nicht gemildert — wie teilweise gefordert —, sondern tendenziell eher verstärkt werden wird. Es sei dazu auf zwei Punkte hingewiesen:

— Keine Senkung der Mineralölsteuer, Regulierung der wachsenden Benzinverknappung über den Preis

— Vorgesehene Abschaffung der km-Pauschale bei den Werbungskosten zugunsten einer generellen Regelung unter Einbeziehung der ÖPNV-Benutzer.

Es wird nun darauf ankommen, wie stark die Pkw-Präferenzen sind bzw., wo die diesbezüglichen Elastizitätsschwellen liegen und ob sich ein evtl. Rückgang der Pkw-Benutzung mehr zugunsten der Schiene oder des ebenfalls flächenerschließenden Busverkehrs auswirkt.

Dazu liegen bisher nur wenige Untersuchungen vor, wobei es ohnehin nur begrenzt möglich sein dürfte, derartige Zusammenhänge modellhaft ex ante zu erfassen[22]. Eine in den letzten Jahren durchgeführte Modelluntersuchung, unter der Annahme eines Benzinpreises von 3,- DM/l läßt erkennen, daß der Individualverkehr zugunsten des öffentlichen Verkehrs dann nicht unerheblich zurückgehen wird (rd. 20 %)[23]. Offen bleibt dabei die Art der öffentlichen Verkehrsmittel, so daß daraus keine weitergehenden Folgerungen gezogen werden können.

Generell kann jedoch davon ausgegangen werden, daß im Gegensatz zu den zurückliegenden Phasen siedlungsstruktureller Entwicklung und den darüber vorliegenden Untersuchungsergebnissen, die auch den Aussagen in der ersten Achsenveröffentlichung zugrunde lagen[24], **der Faktor Erreichbarkeit wohl ein höheres Gewicht bekommen wird.**

Wird der tendenziell zu erwartende Zuwachs im ÖPNV hauptsächlich von Buslinien aufgenommen, so können daraus angesichts ihres flächenerschließenden Charakters keine wesentlichen zusätzlichen „linearen Zwänge" erwartet werden.

Darüber hinaus ist zu prüfen, ob die bisher unterstellte enge Kausalität zwischen Schienenverkehr und linearen Siedlungsstrukturmustern in der angenommenen Intensität besteht. Hierzu muß vor allem an zwei Punkten angesetzt werden: zunächst sind die Grenzen für die zumutbaren fußläufigen Entfernungen zu den ÖPNV-Haltestellen näher zu überprüfen. Die bisherigen Untersuchungen ergaben relativ enge Radien, wobei jedoch die ungesicherten Annahmen über die Zumutbarkeitsgrenzen nicht übersehen werden dürfen. Vieles spricht dafür, daß sich die fußläufigen Einzugsbereiche erweitern lassen[25].

Es könnten dann die Abstände zwischen den Haltestellen vergrößert werden (= höhere Reisegeschwindigkeit), bzw. der Siedlungsspielraum quer zur Achse würde eine Ausweitung erfahren. Die Engpaß- bzw. Konfliktsituation in den inneren Achsenbereichen, vor allem hohe Baulandkosten bzw. kaum noch verfügbare Geländereserven, Umweltbelastungen etc., könnte dadurch gelockert werden und bevorzugte Wohnformen ließen sich leichter realisieren. Dies würde gleichzeitig zu einer weitgehenden Verbreiterung der Siedlungsachsen zu Lasten der freizuhaltenden Achsenzwischenräume führen, wobei teilweise Konflikte zu den Erfordernissen der Freiraumsicherung auftreten dürften.

Ein zweiter Ansatz liegt im Ausbau der Zubringersysteme zu den Haltepunkten des Schienenverkehrs[26]:

---

[22] Interessante Ausführungen dazu finden sich in dem inzwischen erschienenen Heft 9/10. 1979 der Informationen zur Raumentwicklung (herausgegeben von der Bundesforschungsanstalt für Landeskunde und Raumordnung): „Kfz-Steuerreform, Städtebau und Raumordnung", die jedoch in diesem Beitrag nicht mehr verarbeitet werden konnten.

[23] Näher dargestellt bei EBERLE, Kap. 5.2.1.

[24] Vgl. dort S. 37 (nicht überragende Bedeutung des Faktors Erreichbarkeit).

[25] EBERLE fordert in diesem Zusammenhang in Kap. 5.2.1 zu recht, daß sich die Forschung verstärkt dieser Frage zuwenden sollte.

[26] Vgl. dazu EBERLE, Kap. 5.2.1.

— Individualverkehr (Park-and-Ride), mit dem Pkw unter Erweiterung des Parkplatzangebotes an den Haltestellen, mit dem Fahrrad im Zuge der allgemeinen „Renaissance" des Fahrradfahrens,
— Zubringerbusse in einem Verbundsystem.

Die dafür sich bietenden Möglichkeiten sind bei weitem noch nicht ausgeschöpft. Es kann davon ausgegangen werden, daß sich auf diese Weise eine nicht unwesentliche Steigerung des ÖPNV-Verkehrs auf der Schiene erreichen läßt.

Unter Zielbezügen ist dazu zunächst positiv hervorzuheben, daß damit die gewünschte Entlastung der Kernstädte vom ruhenden und fließenden Verkehr verstärkt werden kann. Gleichzeitig zeigt sich jedoch, daß durch den Ausbau derartiger Zubringersysteme über den schienengebundenen ÖPNV in größerem Maße eine Flächenerschließung möglich ist als bisher wohl angenommen wurde. Auf diese Weise läßt sich auch die Auslastung eines attraktiven ÖPNV-Angebots auf der Schiene steigern. Aus diesen Zusammenhängen ist zu schließen, daß aus einer Erhöhung des ÖPNV-Anteils wahrscheinlich **keine wesentliche Verstärkung der „linearen Zwänge" im Hinblick auf die Siedlungsentwicklung** erwartet werden kann, da selbst schienenbezogene ÖPNV-Systeme auch in stärkerem Maße der Flächenerschließung nutzbar gemacht werden können. Es bieten sich dadurch jedoch neue Möglichkeiten, in Verbindung mit der Modifizierung bisheriger Siedlungsachsenkonzeptionen zu wirksameren siedlungsstrukturellen Ordnungssystemen zu gelangen.

Am Rande seien auch die immer wieder diskutierten Auswirkungen neuerer Entwicklungen der Telekommunikation im Spannungsfeld zwischen materiellen und immateriellen Transportsystemen angesprochen. Es ist sicherlich nicht auszuschließen, daß sich die Erfordernisse zur physischen Raumüberwindung dadurch verringern werden. Eine nennenswerte Auswirkung auf das hier im Vordergrund stehende Nahverkehrsverhalten ist jedoch in absehbarer Zukunft nicht zu erwarten.

d) Vorranggebiete für Freiraumfunktionen

Angesichts der aufgezeigten Probleme drängt sich auch die Frage auf, inwieweit lineare oder andere Ordnungskonzepte nicht in stärkerem Maße durch die bisher zu wenig angewandte Freiraumsicherung gestützt werden können[27]. Wie bereits erwähnt, wurden die Freiraumfunktionen bei den bisherigen Achsenkonzeptionen meist nicht näher begründet bzw. bestimmt. Gleichzeitig fanden in der Fachdiskussion die ökologischen Aspekte oftmals zu wenig Beachtung.

Es erweist sich nicht nur als notwendig, sondern es bieten sich auch günstige Möglichkeiten, **das Instrument der Vorranggebiete für Freiraumfunktionen in Verbindung mit der Landschaftsplanung u. a. auch als Ergänzungs- bzw. Durchsetzungsinstrument bezüglich der Achsen weiter auszubauen und in die Konzeptionen der Regional- und Stadtplanung stärker einzubeziehen**[28]. Erste Schritte in dieser Richtung stellen die Ausweisungen sogenannter regionaler Grünzüge dar.

Zur besseren Begründung derartiger Festlegungen gegen teilweise harten Interessendruck bedarf es noch verstärkter ökologischer Grundlagenforschung. Sie ist in Verbindung mit der weitergehenden Bereitstellung geeigneter Indikatoren vor allem notwendig, um die räumliche Abgrenzung derartiger Vorranggebiete besser fundieren zu können (z. B. Mindestbreite von Grünzügen im Widerstreit zu Wohnbauwünschen) und ausreichende Erkenntnisse über Belastungsgrenzen und über mögliche Funktions- bzw. Nutzungsüberlagerungen zu erhalten[29]. Auch die methodischen Voraus-

---

[27] Wie bei EBERLE (Kap. 2) näher dargestellt, deuten sich auch Möglichkeiten an, ökologische Zielsetzungen durch Achsenkonzeptionen zu realisieren. Andererseits ist ihm bei der Feststellung zuzustimmen, daß sich bei dem gegenwärtigen Erkenntnisstand aus ökologischen Gründen keine generalisierungsfähigen Hinweise auf die Notwendigkeit linearer Siedlungsstrukturkonzepte ableiten lassen (Kap. 5.2.1).

[28] Ausführliche Untersuchungen zu den Vorranggebieten finden sich u. a. bei J. GRAF: „Die Funktion des Konzeptes der Vorranggebiete in der Landes- und Regionalplanung" Werkstattberichte des Lehr- und Forschungsgebietes Regional- und Landesplanung der Universität Kaiserslautern, Herausgeber Prof. DR. H. KISTENMACHER, Heft 5, 1977.

[29] RICHRATH stellt diese Erfordernisse in seinem Beitrag ebenfalls in den Vordergrund.

setzungen für die Integration ökologischer Systeme in die Regional- und Stadtplanung bedürfen noch der Verbesserung[30]).

e) In jüngster Zeit wird auch in verstärktem Maße die Frage gestellt, ob das Instrument der Vorranggebiete im regionalen Maßstab nicht auch auf geeignete Flächen für die Wohnbauentwicklung sowie für gewerbliche Nutzungen ausgedehnt werden soll, was ebenfalls als flankierende Maßnahme zur Achsenausweisung bedeutsam wäre. Deshalb sei hier auch darauf kurz eingegangen. Eine geeignete methodische Grundlage dafür bieten vergleichende Eignungsbewertungen auf nutzwertanalytischer Basis, worauf in dieser Veröffentlichung mehrfach hingewiesen wird.

Es ist jedoch zu beachten, daß derartige Festlegungen in höherem Maße die Planungshoheit der Gemeinden tangieren als die Ausweisung von Vorranggebieten für Freiraumfunktionen, welche auf die siedlungsstrukturelle Entwicklung vorwiegend indirekt einwirken. Letztere können nach vorherrschenden Meinungen in der planungsrechtlichen Diskussion bei klarer Begründung aus überörtlichen Zusammenhängen heraus in der Regel akzeptiert werden. Die regionalplanerische Ausweisung von potentiellen bzw. geeigneten Wohnsiedlungs- oder Gewerbeflächen als entsprechende Vorranggebiete führt dagegen auch zu verschiedenen planungspraktischen Problemen, so insbesondere zur Verstärkung der Bodenspekulation. Es bedarf daher zunächst weitergehender Untersuchungen, um festzustellen, inwieweit sich Modelle entwickeln lassen, die eine Flächensteuerung in diesem Bereich auf regionaler Ebene zulassen.

4.2 Zur konzeptionellen Ausgestaltung von Achsenendpunkten

Die Achsenendpunkte bzw. äußeren Achsenschwerpunkte stellen vielfach ein wesentliches Element der sternförmigen Siedlungskonzepte dar, obwohl ihre Funktionen und die damit verbundenen Ziele nicht immer speziell hervorgehoben werden. Deutlich akzentuiert werden die damit verbundenen Vorstellungen im Hamburger Achsenmodell. Da in den folgenden Beiträgen auf die Problematik der Achsenendpunkte nicht näher eingegangen wird, sollen hier kurz die wesentlichen konzeptionellen Vorschläge aufgeführt und zur Diskussion gestellt werden, die in Verbindung mit den Untersuchungen des Arbeitskreises „Innere Struktur von Entwicklungsachsen" erarbeitet wurden[31]).

Die den Achsenendpunkten für ihr ländliches Umland zugewiesenen Entwicklungsfunktionen setzen voraus, daß sie **nicht nur einen attraktiven Wohnstandort mit Erreichbarkeitsvorteilen im öffentlichen Nahverkehr, sondern auch einen Arbeitsplatzschwerpunkt bilden.** Die dafür erforderlichen ökonomischen Impulse dürften neben der möglichen Expansion bereits ansässiger Betriebe im wesentlichen nur durch Verlagerungen von Industriebetrieben und flächenbeanspruchenden Unternehmen des Tertiärsektors aus dem Kerngebiet der Verdichtungsräume zu erreichen sein. Dabei ergeben sich vielfach Konkurrenzbeziehungen zu den planerisch nicht erwünschten Verdichtungsrandansiedlungen, da die Kernstädte derartige Betriebe in der Regel in ihrem Raum halten wollen. Mit ähnlichen Konflikten ist auch bei einer Stärkung der Wohnfunktionen der Achsenendpunkte im Rahmen vorherrschender Stadt-Rand-Wanderungen zu rechnen.

Unter Berücksichtigung dieser und anderer Probleme erscheint es sinnvoll, bei der planerischen Ausgestaltung von Achsenendpunkten an den Engpaßfaktoren in den Kernbereichen und kernnahen Gebieten anzusetzen, die dort nicht mehr verbesserungsfähig sind. Gleichzeitig ist es wichtig, daß die Achsenendpunkte weit genug von den Verdichtungskernen entfernt sind, damit deren Sogwirkung genügend abgeschwächt ist und die Entwicklungsfunktionen für das ländliche Umland voll zum Tragen kommen können. Angesichts der bisher festgestellten vorherrschenden industriel-

---

[30]) Im Hinblick auf weitergehende Untersuchungen und Vorschläge sei verwiesen auf: J. PIETSCH: Ökologie und Raumplanung, Anforderungen der verschiedenen Planungsebenen an die ökologische Grundlagenforschung. Dargestellt am Beispiel des Landes Nordrhein-Westfalen. Werkstattberichte des Lehr- und Forschungsgebietes Regional- und Landesplanung der Universität Kaiserslautern, Herausgeber: Prof. DR. H. KISTENMACHER, Heft 6, 1979.

[31])Sie sind niedergelegt in einem für den Strukturausschuß der MKRO von H. KISTENMACHER und D. EBERLE verfaßten Arbeitspapier. Ausführungen dazu finden sich auch bei H. KISTENMACHER: „Zur Problematik von Entwicklungsachsen in suburbanen Räumen". In: Arbeitsmaterial Nr. 10/1978 der ARL: „Zur Steuerungsmöglichkeit des Suburbanisierungsprozesses".

len Verlagerungsdistanzen kann bezüglich der Entfernung zwischen Verdichtungskern und Achsenendpunkt von ca. 30 km als grobem Orientierungswert ausgegangen werden.

Im Hinblick auf die Industrie- und Gewerbeentwicklung erscheinen in den Achsenendpunkten u. a. folgende Maßnahmen wesentlich:

a) Ausweisung großer und preisgünstig zu erwerbender Flächen mit guter Verkehrsanbindung, da flächenmäßig geeignete, billige Grundstücke derzeit mit an erster Stelle bei den Faktoren der industriellen Standortwahl stehen. Gleichzeitig müssen die Voraussetzungen dafür geschaffen werden, daß die überregionalen Verkehrsverbindungen dort die gleiche Qualität aufweisen, wie in kernnahen Bereichen, d. h. BAB- bzw. Bundesstraßenanbindung und leichter Zugang zum überregionalen Bahnverkehr.

b) Stärkung und Ausbau eines vollwertigen zentralörtlichen Angebotes auf mittelzentraler Ebene. Angesichts des vielfach vorhandenen guten, historisch geprägten städtebaulichen Rahmens können hierbei besondere Qualitäten erreicht werden.

c) Die meist günstigen Voraussetzungen für großzügige Naherholungs- und Freiraumangebote sollten durch entsprechende Ausbaumaßnahmen genutzt werden.

Zur Steigerung der Attraktivität für Wohnfunktionen erscheint es hier in der Regel möglich und angebracht, den vorherrschenden Wohnwünschen durch großzügige Wohnbauflächen für Ein- und Zweifamilienhäuser mit hoher Wohnumfeldqualität zu entsprechen. Zur Stärkung der Achsenendpunkte ist jedoch der Arbeitsplatzförderung die höhere Priorität beizumessen.

Der hier skizzierte strategische Ansatz bedarf selbstverständlich in Anwendung auf den konkreten Einzelfall unter Berücksichtigung spezieller Rahmenbedingungen erheblicher Modifikationen. Gleichzeitig erscheint es sinnvoll, ihn im Rahmen von Fallstudien zu überprüfen und weiterzuentwickeln.

Siedlungsachsen in der vergleichenden Modellbewertung

von
Gerhard Boeddinghaus, Dortmund

INHALT

I. Vorbemerkungen
1. Achsen und zentrale Orte
2. Achsen unter veränderten Siedlungsbedingungen
3. Analysemodell — Entwicklungsmodell
4. Bewertung über den Modellvergleich

II. Allgemeine Voraussetzungen für die Modellbildung
1. Elemente der (alternativen) Siedlungsmodelle
2. Zuordnung, Verteilung und Mischung gleicher und unterschiedlicher Nutzungen
3. Nutzungsspezifische Verdichtungsmöglichkeiten
4. Zentrenstruktur und Einzugsbereiche

III. Siedlungsstrukturelle Gegebenheiten unter besonderer Berücksichtigung axialer Entwicklungen
1. Unterschiedliche Siedlungsmuster großräumiger Achsen
2. Zuordnung der 5 Grundnutzungsarten in Achsen
3. Wegzeiten, Verkehrsmittel und Distanzen
4. Achsenbreiten in Abhängigkeit vom Hauptverkehrsmittel
   a) Achsenbreiten in Fußgängermaßstab
   b) Das Bandstadtmodell
   c) Achsenbreite bei Überschreitung des Fußgängermaßstabs
5. Auswirkungen des Autos auf die Nutzungsstruktur
6. Verkehrsmittel und Siedlungsdichte

IV. Bewertung alternativer Siedlungsmodelle
1. Abgrenzung von Zielbereichen
2. Wertungen im zeitlichen Wandel
3. Methodische Folgerungen
4. Gesichtspunkte für die Bewertung unterschiedlicher Raumordnungsmodelle
5. Unterschiedliche Zielerfüllung der einzelnen Siedlungsmodelle
6. Bewertung von Modellen mit gegensätzlichen Strukturmerkmalen
7. Schlußbemerkungen

I. Vorbemerkung

1. Achsen und zentrale Orte

Die raumordnungspolitische Diskussion in Deutschland wurde in den vergangenen Jahren und Jahrzehnten von zwei unterschiedlichen Ordnungsvorstellungen geprägt, dem Prinzip der zentralörtlichen Gliederung und dem Achsenkonzept. Beide Vorstellungen eignen sich sowohl zur Erstellung von Analysemodellen als auch von zielorientierten Entwicklungsmodellen. Und obwohl im Falle der Entwicklungsmodelle regelmäßig die gedankliche Verbindung zu dem Oberziel der Landesplanung „Gewährleistung gleichwertiger Lebensverhältnisse" hergestellt wurde[1]), liegt beiden Vorstellungen, also dem zentralörtlichen Prinzip einerseits und dem Achsenkonzept andererseits, eine jeweils spezifische Betrachtungsweise zugrunde[2]).

Im Zentrale-Orte-Konzept werden die städtischen Siedlungseinheiten vornehmlich in ihrer Versorgungsfunktion für ein primär ländlich geprägtes Umland gesehen. Im Achsenkonzept geht es vor allem um den Leistungsaustausch zwischen den städtischen Siedlungseinheiten untereinander. Der Bezug zum ländlichen Umland spielt dort eine untergeordnete Rolle. In umgekehrter Blickrichtung wird der ländliche Raum eher als Ausgleichsraum für die Bewohner der städtischen Siedlungseinheiten gesehen (der Ausdruck „Freiraum" ist bezeichnend)[3]).

2. Achsen unter veränderten Entwicklungsbedingungen

Im Zeichen rückläufiger Bevölkerungsentwicklung ist mit einer Verdichtung der punktaxialen Netzstruktur nicht zu rechnen, ebensowenig, wie damit zu rechnen ist, daß eine Verdichtung der Besiedlung in den Achsen erfolgt. Trotzdem erscheint es möglich, daß die vorhandenen Achsen bzw. bestimmte Achsen künftig im Siedlungsgefüge stärker in Erscheinung treten, als das heute der Fall ist. Dies könnte dadurch geschehen, daß die Siedlungsdichte in den außerhalb der Achsen liegenden Flächen absinkt.

Die Veränderungen in der Feinstruktur der Entwicklungsachsen werden aber vermutlich in verstärktem Maße die Aufmerksamkeit auf sich ziehen. Wird die Entwicklung auf eine weitere Konzentration oder Kontraktion innerhalb der Achsen hinauslaufen oder müssen wir damit rechnen, daß sich die Achsen verbreitern bei gleichzeitiger Verminderung der Siedlungsdichten in den Achsen? — Das ist die Frage.

3. Analysemodell — Entwicklungsmodell

In der Diskussion um Wert und Unwert von Raumordnungsmodellen wird häufig die Frage der Eignung eines Modells als Analysemodell zur Darstellung vorhandener Siedlungsstrukturen mit der Frage der Eignung eines Modells als Entwicklungsmodell, das als Leitvorstellung der künftigen Entwicklung zugrunde gelegt werden könnte, vermengt. Dies kann zu Schwierigkeiten in der Argumentation führen[4]).

---

[1]) Vgl. GRUBER, R.: Vergleichende Analyse zur Anwendung von Entwicklungsachsen als Element landesplanerischer Konzeptionen. In: Zur Problematik von Entwicklungsachsen. Hannover 1976, S. 54.

[2]) Vgl. hierzu die zunächst getrennte Darstellung der beiden Ordnungsprinzipien im Lande Nordrhein-Westfalen: Landesentwicklungsplan I vom 28. November 1966 (i. d. F. vom 17. Dezember 1970, MBl. NW 1971, S. 200/SMBl. NW. 230) und Landesentwicklungsplan II vom 3. März 1970 (MBl. NW. S. 494/SMBl. NW. 230). Zusammengefaßt erst in der Novellierung der Landesentwicklungspläne I/II vom 1. Mai 1979 (MBl. NW. S. 1080).

[3]) Es sei an dieser Stelle eine vereinfachte Darstellung erlaubt, ohne Berücksichtigung aller Differenzierungen, die das Zentrale-Orte-Konzept einerseits und das Achsenkonzept andererseits in der Vergangenheit erfahren hat. Unter den zahlreichen Versuchen, das Zentrale-Orte-Konzept auch auf den großstädtischen Verdichtungsraum zu übertragen, sei lediglich auf die Arbeit von EGON DHEUS (Untersuchung zentralörtlicher Erscheinungen in Verdichtungsräumen. ARL-Arbeitsmaterial, Hannover 1973) verwiesen.

[4]) Vgl. EBERLE 1.1, ebenso RICHRATH 1.0.

Für die Frage der Eignung eines Modells als Analysemodell ist allein entscheidend, ob in dem Modell alle wesentlichen Erscheinungen der tatsächlichen Siedlungsstrukturen adäquat dargestellt werden bzw. Berücksichtigung finden. Ist das nicht der Fall, so stellt sich die Frage, welche anderen Modelle eher geeignet wären, die siedlungsstrukturellen Gegebenheiten darzustellen. Aber ein Modell, das als Analysemodell geeignet erscheint, muß nicht unbedingt auch als Entwicklungsmodell geeignet sein. Für die Frage, ob ein Modell, das geeignet wäre, die vorhandene Siedlungsstruktur wiederzugeben, auch der künftigen Entwicklung zugrunde gelegt werden sollte, muß zusätzlich eine Bewertung des Zustandes vorgenommen werden.

Nur dann, wenn die Analyse des Zustandes keine Mängel erkennen ließe, wäre es berechtigt, ein Modell, mit dem die bisherige räumliche Entwicklung beschrieben werden kann, auch ohne weitere Diskussion der künftigen Entwicklung zugrunde zu legen. Die Tatsache, daß sich gewisse Siedlungskonzentrationen auf Achsen hin feststellen lassen, besagt allein noch nicht, daß diese Siedlungsentwicklung als richtig angesehen und zum Leitbild für die Zukunft erhoben werden müßte.

Werden in der vorgefundenen Organisation der Siedlungsstrukturen Mängel festgestellt, so stellt sich abermals die Frage nach denkbaren Alternativen, jetzt allerdings unter normativen Gesichtspunkten: Würden bestimmte gesellschaftspolitische Zielvorstellungen eher verwirklicht werden können, wenn der künftigen Entwicklung ein Modell zugrunde gelegt würde, das sich von dem Modell der vorhandenen Siedlungsstruktur in wesentlichen Punkten unterscheidet?

Der Vergleich eines Modells, das der Entwicklung über einen gewissen Zeitraum als Zielvorgabe zugrunde gelegt wurde mit der tatsächlichen Entwicklung im Raum[5] kann als solcher noch nicht zu einem Urteil über das Entwicklungsmodell führen, insbesondere dann nicht, wenn die tatsächliche Entwicklung von diesem Entwicklungsmodell abweicht; denn die Ursache für die Abweichung kann zwar darin begründet sein, daß das Entwicklungsmodell nicht geeignet ist, die gesellschaftlichen Ziele in ihrer unterschiedlichen Gewichtung zu erfüllen. Die Abweichung kann sich aber auch daraus ergeben, daß sich die Instrumente als ungeeignet zur Durchsetzung der Ziele erweisen; etwa in der Weise, daß die Entwicklung in unangemessener Weise von Investoren bestimmt wird, die mit dem vorhandenen Instrumentarium nicht zu einem zielkonformen Verhalten veranlaßt werden können.

Während im einen Fall nach einem geeigneteren Entwicklungsmodell zu suchen wäre, wäre im anderen Fall unter Beibehaltung des Modells lediglich nach griffigeren Instrumenten zu suchen. Die erste Frage, nämlich die nach einem besseren Modell, ist in jedem Fall zuvor klärungsbedürftig; anderenfalls bestünde die Gefahr, daß eine Verschärfung der Instrumente zur Durchsetzung des falschen Modells benutzt wird.

Wie sollte das „bessere Modell" gefunden werden? Genügt es, das Modell der künftigen Entwicklung zugrunde zu legen, dem die gegenwärtige Entwicklung erkennbar folgt, ein Modell also, das man als Trendmodell bezeichnen könnte? Immerhin wäre es möglich, daß dieses Modell eher geeignet wäre, die gesellschaftlichen Ziele zu erreichen als das Modell der offiziellen Raumordnungspolitik. Das aber wiederum ist keineswegs sicher. Wenn ein zielloser Pragmatismus vermieden werden soll, erscheint es notwendig, weitere denkbare Siedlungsmodelle[6] in die Betrachtung einzubeziehen und vergleichend zu bewerten. Auf diese Weise kann auch am ehesten ein willkürliches Springen von einem Modell zum anderen vermieden werden. Man behält den Überblick.

4. Bewertung über den Modellvergleich

Die Bewertung alternativer Modelle kann durch einen Vergleich der Funktionstüchtigkeit der Modelle im Hinblick auf die wichtigsten Gesichtspunkte erfolgen. Dazu müssen die Bewertungsgesichtspunkte aufgelistet werden. Es ist aber nicht erforderlich, Soll-Werte für die einzelnen Bewertungskriterien zu formulieren. Hierin liegt ein bedeutender Vorteil des Modellvergleichs gegenüber

---

[5] Vgl. EBERLE; RICHRATH.

[6] Als Siedlungsmodelle werden hier nicht etwa einfache geometrische Muster angesehen. Theoretisch wäre eine völlig amorphe Siedlungsstruktur ohne ablesbare Konturen oder innere Differenzierungen als Siedlungsmodell denkbar.

allen Versuchen über einen Soll-Ist-Vergleich von Einzelgesichtspunkten zu einer Konkretisierung und Umsetzung allgemeiner gesellschaftspolitischer Zielvorstellungen in räumliche landesplanerische Zielaussagen zu gelangen.

Es ist nicht das Ziel dieser Abhandlung, die unterschiedlichen Möglichkeiten und Verfahren einer landesplanerischen oder raumordnerischen Zielkonkretisierung vorzustellen und zu werten. Doch sollte darauf hingewiesen werden, daß der im folgenden näher beschriebene Ansatz in deutlichem Gegensatz steht zu dem Ansatz einer Konkretisierung von Zielen für die Raumordnung über die Aufstellung eines Satzes von „gesellschaftlichen Indikatoren" und der Bestimmung von Soll- und Ist-Werten für diese Indikatoren[7]. Zwar sind beide Ansätze nicht grundsätzlich unvereinbar, doch gehen beide von einer unterschiedlichen Sicht der landesplanerischen Aufgabe aus.

Das Erreichen der Sollwerte für die einzelnen Indikatoren ist (auch nach Auffassung des BEIRATS FÜR RAUMORDNUNG) nur eine notwendige, aber noch keine hinreichende Bedingung für den räumlichen Ausgleich der Lebensbedingungen.

Dies kann an der Frage der Zuordnungsproblematik verdeutlicht werden: Man kann für die Zuordnung Wohnung-Arbeitsplatz einen irgendwo gegriffenen Soll-Wert angeben. Ein solcher Soll-Wert orientiert sich meist an dem, was gegenwärtig als erträglich oder zumutbar angesehen wird. Der Sollwert kann so gesehen lediglich Mindeststandards markieren. Die gesamte Zielorientierung unserer Gesellschaft ist jedoch nicht an Mindeststandards festzumachen[8]. Wie würde eine zehnprozentige, zwanzigprozentige, dreißigprozentige Verbesserung in der Zuordnung von Wohnung und Arbeitsplatz gewertet? Und mit welchen raumordnerischen Entscheidungen könnte eine solche Verbesserung erreicht werden?

Bei der Formulierung von Soll-Werten tritt u. a. auch die Problematik der Aussagekraft von Durchschnittswerten auf. Die Frage, wieviel Arbeitsplätze sollten von einer Wohnung aus in dem genannten zeitlichen Rahmen erreichbar sein, oder umgekehrt, wie viele Wohnungen sollten einem bestimmten Arbeitsplatz in der gedachten Zeitzone zugeordnet sein, bleibt bei dieser Betrachtungsweise zumeist unbeantwortet.

In der vergleichenden Bewertung von Modellen genügt im Hinblick auf die hier angesprochene Zuordnungsproblematik demgegenüber die Feststellung, daß das eine Modell dem anderen in der Zuordnung von Wohnungen zu Arbeitsplätzen überlegen bzw. unterlegen ist. Eine solche Feststellung ist bei einem bilateralen Vergleich meist schon ohne eine Quantifizierung möglich. Wird eine Serie von mehreren Modellen in den Vergleich einbezogen, so müssen gegebenenfalls Quantifizierungen vorgenommen werden, um die Modelle unter einem bestimmten Gesichtspunkt in eine Rangfolge bringen zu können.

Der Vorteil einer Konkretisierung raumplanerischer Zielvorstellungen über die Konstruktion und Bewertung von Modellen kommt jedoch erst dann voll zur Geltung, wenn mehrere Ziele auf sehr unterschiedlichen Zielebenen zueinander in Beziehung gesetzt werden sollen. Bei der isolierten Auflistung von Soll-Werten im Hinblick auf unterschiedliche Erreichbarkeiten, etwa Wohnung—Arbeitsplatz, Wohnung—Schule, Wohnung—Einkaufsmöglichkeiten und weiteren Gesichtspunkten, die sich möglicherweise jeder Quantifizierung entziehen, etwa Anforderungen im Hinblick auf die Gestaltung des Wohnumfelds, werden nämlich Zielkonflikte im allgemeinen nicht sichtbar. Solche Zielkonflikte treten dann erst bei dem Versuch einer Durchsetzung der Ziele auf. Bei einem Modellvergleich kommen sie demgegenüber bereits in einer Ebene weit vor der Realisierung in den Blick und können entsprechend berücksichtigt werden.

---

[7] BEIRAT FÜR RAUMORDNUNG: Empfehlungen vom 16. Juni 1976. Der Bundesminister für Raumordnung, Bauwesen und Städtebau 1976, S. 27 ff.

[8] „Mindeststandard ist eine Marge, die es zu überschreiten gilt", faßt SCHMITT GLAESER seine Kritik an einer am Mindeststandard orientierten Raumordnungspolitik zusammen. SCHMITT GLAESER, W.: Planung und Grundrechte. In: Die öffentliche Verwaltung, 4, Heft 1/2 1980, S. 1 ff.

II. Allgemeine Voraussetzungen für die Modellbildung

1. Elemente der (alternativen) Siedlungsmodelle

Die Konkretisierung raumordnungspolitischer Ziele über die Konstruktion und Bewertung alternativer Modelle ist ein in der Bundesrepublik noch wenig gebräuchliches Verfahren. Häufiger wird demgegenüber bei konkreten Projekten der Stadtplanung oder der Stadtentwicklungsplanung mit mehr oder weniger exakt ausgearbeiteten Alternativen gearbeitet, die dann nach dem Verfahren der Nutzwertanalyse in eine Rangfolge gebracht werden[9]. Es kann aber auch auf Überlegungen zurückgegriffen werden, wie sie K. Lynch in seiner Veröffentlichung „Das Ordnungsschema großstädtischer Siedlungsräume" dargestellt hat[10]. K. Lynch entwickelt in dieser Veröffentlichung fünf Grundmuster, die der tatsächlichen oder auch der angestrebten Siedlungsentwicklung zugrunde gelegt werden können. Er beschreibt und bewertet diese Modelle, ohne sich allerdings für eines der Modelle zu entscheiden.

Im folgenden wird der Versuch unternommen, den Ansatz K. Lynchs weiter zu entwickeln. Insbesondere wird entsprechend K. Lynch davon ausgegangen, daß alle Siedlungsmodelle aus gleichen Elementen zusammengesetzt sind. Die zu beschreibenden Siedlungsmodelle unterscheiden sich danach untereinander lediglich durch die jeweils spezifische Anordnung der einzelnen Siedlungselemente. Das gilt auch für das punktaxiale Siedlungsmodell. Zur Beschreibung der Feinstruktur von Siedlungsachsen kann daher auf die gleichen Elemente zurückgegriffen werden wie zur Beschreibung jedes anderen Modells. K. Lynch unterscheidet zunächst drei Erscheinungen, die ihm zur Beschreibung und Bewertung von Siedlungsstrukturen geeignet erscheinen:

1. Art und Umfang der Verdichtung und Zustand der baulichen Anlagen,
2. Verkehrslinien, Wege, Straßen, Schienen, Wasserwege, Leitungen und Luftverkehrslinien,
3. Nutzungen und Einrichtungen, die große Teile der Bevölkerung anziehen: große Warenhäuser, Fabriken, Büros und Regierungsgebäude, Lagerhäuser, Schulen, Krankenhäuser, Theater, Parks und Museen.

Über die genannten drei Faktoren hinaus spielen bei den Modellbeschreibungen und Bewertungen K. Lynchs außerdem Art und Struktur der Freiflächen eine nicht unerhebliche Rolle.

Tatsächlich ist die Zuordnung von bebauten und nicht bebauten Flächen Hauptkennzeichen der unterschiedlichen Siedlungsmodelle. Demgegenüber kann der Zustand der baulichen Anlagen zur Beschreibung von Siedlungsmodellen kaum herangezogen werden, so wichtig dieser Gesichtspunkt für die städtebauliche Bestandsaufnahme sein mag.

Abweichend von Lynch, aber in Anlehnung an seine Betrachtungsweise, sollen daher die folgenden drei Faktoren als konstituierende Merkmale jeder Besiedlung allen weiteren Überlegungen zugrunde gelegt werden:

Gebäude, Verkehrswege und Freiflächen.

In der großräumigen Betrachtung treten zwar die Gebäude als solche zurück; dabei werden dann die bebauten Flächen von den Freiflächen unterschieden. Wenn es jedoch um eine Betrachtung der Feinstruktur von Siedlungsmodellen geht, zeigt sich, daß die bebauten Flächen ihrerseits aus Gebäuden, nicht bebauten Flächen und inneren Verkehrsflächen bestehen.

K. Lynch beschränkt sich bei der Darstellung seiner Siedlungsmodelle auf die bebauten und nichtbebauten Flächen, die Hauptverkehrslinien sowie die Siedlungs- und Kommunikationsschwer-

---

[9] Vgl. v. Rohr, H. G., Kuhlbrodt, I.: Nutzwertanalyse — eine Hilfe für die Stadtentwicklungsplanung. GEWOS-Schriftenreihe. Neue Folge 24. Hamburg 1977.

[10] Lynch, K.: The Pattern of the Metropolis, in Daedalus, Journal of the America-Academy of Arts and Sciences, Boston, Massachusetts, 1961. Deutsch, in: Städtebauliche Verdichtung im Modellvergleich. ILS-Schriftenreihe. Bd. 2.009, Dortmund 1976.

punkte. Mit dieser Beschränkung auf die vier Grundtatbestände der Siedlungsentwicklung ist auch eine Beschränkung auf die Darstellungsmittel Punkt, Linie und Fläche möglich[11]).

So sinnvoll diese Beschränkung für eine Groborientierung ist, so wird doch für eine differenzierte Betrachtungsweise eine Untergliederung der bebauten Flächen nach der Art der Nutzung erforderlich.

Die Flächennutzung der bebauten Flächen resultiert aus der Nutzung der Gebäude. Die wichtigste Unterscheidung ist hier die nach Wohnnutzung und Nichtwohnnutzung. Unter den Gebäuden und Gebäudeteilen, die nicht wohnmäßig genutzt werden, lassen sich auf Grund ihrer speziellen Anforderungen an den Raum (vgl. Abschn. II/2) die Einrichtungen der Produktionsbetriebe (sekundäre Arbeitsstätten) von den Verwaltungs- bzw. Büroeinheiten (tertiäre Arbeitsstätten) trennen. Die bereits in den Darstellungen K. LYNCHS herausgehobenen zentralen Einrichtungen können besonders beschrieben werden[12]).

2. Zuordnung, Verteilung und Mischung gleicher und unterschiedlicher Nutzungen

Das innere Siedlungsgefüge der bebauten Flächen kann durch die Darstellung der Zuordnung, Verteilung oder Mischung der Gebäude mit ihrer spezifischen Nutzung näher beschrieben werden. (Der Begriff der Mischung findet sich bei K. LYNCH nicht. Er spricht jedoch von „Verteilung" (wörtlich von „Körnung"). Eine gemischte Bau- oder Siedlungsstruktur wäre danach eine Struktur mit feiner Verteilung der einzelnen die Siedlungsstruktur konstituierende Nutzungen. Diese Definition ist im Grunde die korrektere, denn tatsächlich bleiben die einzelnen Gebäude oder zumindest Gebäudeteile immer eindeutig einer der genannten Nutzungsarten vorbehalten. Zu einer tatsächlichen Mischung der Funktionen kommt es also nicht. Doch hat sich der Begriff der Mischung bzw. des Mischgebiets für ein Gebiet mit relativ feiner Verteilung unterschiedlicher Nutzungen im deutschen Sprachraum weitgehend durchgesetzt.

K. LYNCH geht davon aus, daß sich für jede Nutzung Teileinheiten gleicher Größe bilden lassen (Abb. 1). Die Bildung gleicher Teileinheiten für die unterschiedlichen Nutzungen ist zwar gedanklich möglich und bei einer sehr großmaßstäblichen Betrachtungsweise auch gerechtfertigt. Bei einer Analyse der Feinstruktur von Siedlungskörpern müssen aber Unterschiede in der Teilungsfähigkeit der Nutzungseinheiten berücksichtigt werden, wenn jeweils kleinste Teileinheiten gebildet werden sollen.

Abb. 1   *Mischung unterschiedlicher Nutzungen nach K. Lynch*

Die Größenordnung der einzelnen Strukturelemente entspricht der Größenordnung der jeweiligen „Betriebseinheit". Für die Bestimmung der Größenordnung einer Betriebseinheit kann die Geschoßfläche herangezogen werden (für Industriebetriebe die Grundfläche der baulichen Anlagen, für nicht überbaute Flächen die Nutz- oder Freiflächen selbst). Für die Wohnfunktion lassen sich die kleinsten Teileinheiten bilden: Wohnungen liegen in der Größenordnung von 20 bis 200 qm

---

[11]) Vgl. ALBERS, G.: Modellvorstellungen zur Siedlungsstruktur in ihrer geschichtlichen Entwicklung. In: Zur Ordnung der Siedlungsstruktur. Hannover 1974, S. 12.

[12]) Für die Darstellung der Flächennutzung in den Siedlungsmodellen werden entsprechend dieser Einteilung fünf Signaturen verwendet (vgl. Erläuterungen zu Abb. 21). Die zentralen Einrichtungen lassen sich nach der Art der Einrichtungen durch die Formgebung der Punkte unterscheiden (vgl. Erläuterungen zu Abb. 8).

Geschoßfläche. Die kleinste Schule ist größer als die größte Wohnung. Die Obergrenze liegt bei mehreren tausend qm Geschoßfläche. Die kleinste Einheit Krankenhaus liegt wiederum in der Größenordnung einer mittelgroßen Schule und erreicht nach oben hin die Größenordnung eines Industriebetriebes. Die Industriebetriebe schließlich stellen die größten unteilbaren Einheiten dar.

Würde man bei der Analyse der Siedlungsstruktur von gleichen Einheiten für die unterschiedlichen Nutzungen ausgehen, so müßte man für deren Größenbestimmung von derjenigen Nutzung ausgehen, die die größten unteilbaren Betriebseinheiten aufweist, also von den Industriebetrieben. Gleichgroße Einheiten anderer Nutzung bestünden dann jeweils aus einer für die Nutzung charakteristischen Anzahl kleinster Betriebseinheiten (Abb. 2).

Abb. 2 *Nutzungsspezifische Feinstruktur gleichgroßer Nutzungseinheiten*

Eine feine Verteilung von unterschiedlichen Nutzungen im Raum würde sich unter Berücksichtigung der nutzungsspezifischen Teilbarkeit differenzierter darstellen als bei K. LYNCH (Abb. 3). Es gibt also Nutzungen, die sich in feiner Verteilung unter andere Nutzungen mischen lassen, und andere, z. B. Industriebetriebe, die nur in grober Verteilung denkbar sind. Diejenigen Nutzungen, die sich in feiner Verteilung mit anderen Nutzungen mischen lassen, z. B. Wohnungen, können jedoch auch in grober Verteilung angeordnet werden. Hier besteht also ein größeres Maß an Freiheit hinsichtlich der Nutzungsmischung. So können Wohnungen sowohl in größeren reinen Wohngebieten untergebracht und von anderen Nutzungen insoweit großräumig getrennt werden; sie können aber auch in feiner Verteilung mit anderen Einrichtungen, etwa Arbeitsstätten des tertiären Bereichs gemischt werden.

Abb. 3 *Nutzungsmischung unter Berücksichtigung der nutzungsspezifischen Betriebsgrößen*

Für die Frage, ob sich eine Nutzung in feiner Verteilung mit anderen Nutzungen mischen läßt, ist nicht nur die Aufteilbarkeit in möglichst kleine Betriebseinheiten maßgebend, sondern auch die Emissionsträchtigkeit. Unter Berücksichtigung der Emissionen eines Betriebes erscheint es zwar möglich, Nutzungseinheiten gleicher Art nahe zusammenzulegen, etwa zu einem Industrie- und Gewerbegebiet. Eine Mischung mit anderen Nutzungen, wie z. B. Wohnungen, Schulen, Krankenhäusern kann wohl in den vorhandenen Siedlungsstrukturen festgestellt, müßte aber unter normativen Gesichtspunkten negativ gewertet werden.

Die Freiheit in der Verteilung wird weiter eingeschränkt durch den unterschiedlichen Anteil der einzelnen Nutzungen am Gesamtflächenanspruch pro Einwohner. Der Wohnflächenanspruch pro Einwohner — gerechnet in Geschoßflächen — liegt z. B. etwa bei dem Dreißigfachen des Flächenanspruchs im Bereich des Einzelhandels (ebenfalls bezogen auf den Einwohner). So werden selbst bei einer Mischung von Wohnungen und Einzelhandelsgeschäften in feinster Verteilung recht große Flächen als reine Wohngebiete verbleiben (Abb. 4).

Abb. 4 *Mischung von Wohnungen und Einzelhandelsgeschäften in feinster Verteilung unter Berücksichtigung des Flächenbedarfs einer Siedlungseinheit (30 Wohneinheiten auf 1 Geschäftseinheit gleicher Größe)*

3. Nutzungsspezifische Verdichtungsmöglichkeiten

Differenzierungen im Siedlungsgefüge ergeben sich nicht nur aus der unterschiedlichen Art der Nutzung und ihrer Verteilung, sondern auch aus einem Wechsel zwischen höherer und niedrigerer Nutzungsdichte. Die Nutzungsdichte läßt sich bestimmen als Nutzerdichte, ausdrückbar in Einwohnerdichte oder Arbeitsplatzdichte, oder als Dichte der baulichen Anlagen, ausdrückbar als Geschoßflächendichte (Geschoßflächen bezogen auf das Bauland in Anlehnung an die Definition der Geschoßflächenzahl in der Baunutzungsverordnung[13]). Die Nutzerdichte schwankt für die unterschiedlichen Nutzungsarten in bestimmten Grenzen. Sie liegt im Bereich der Einzelhandelsgeschäfte am höchsten, im Bereich der Industriebetriebe am niedrigsten. Die Nutzerdichte läßt sich ableiten aus der Besatzziffer (z. B. Bewohner pro Geschoßfläche) und der Geschoßflächendichte.

Die erreichbaren Werte für die Geschoßflächendichte sind ihrerseits nutzungsspezifisch unterschiedlich. Die Unterschiede ergeben sich teils aus dem nutzungsspezifischen Tageslichtanspruch (Gebäudeabstände und Gebäudetiefen), teils aus der Notwendigkeit oder dem Bedürfnis, den Gebäuden Freiflächen unmittelbar zuzuordnen, teils aus der nutzungspezifischen Möglichkeit, die Nutzflächen in Geschoßbauten übereinander zu stapeln. Unter Berücksichtigung dieser Faktoren ergeben sich die höchsten Verdichtungsmöglichkeiten im Bürobau, die geringsten im Bereich der Industriebetriebe. Mittlere Verdichtungsmöglichkeiten bestehen für Wohnungen, Einzelhandelsgeschäfte, Schulen, Krankenhäuser usw.

Durch die Verdichtungsmöglichkeiten werden die Flächenansprüche relativiert, d. h. es muß zwischen dem eigentlichen Nutzflächenanspruch pro Einwohner und den beanspruchten Siedlungsflächen unterschieden werden. Der Anteil der Wohnsiedlungsflächen an den gesamten Siedlungsflächen kann beispielsweise durch Verdichtung reduziert werden, ohne daß die Wohnflächen selbst, absolut oder pro Einwohner gesehen, vermindert werden.

---

[13]) Vgl. Verordnung über die bauliche Nutzung der Grundstücke i. d. F. vom 15. September 1977, BGBl. I, S. 1757.

4. Zentrenstruktur und Einzugsbereiche

Die Figur einer die Siedlungselemente verbindenden Linie — Grundelement des punktaxialen Systems — wird bei K. Lynch im Zusammenhang mit der Problematik der Zentrenstruktur in die Betrachtung eingeführt, und zwar als Gegenbild zu einer sternförmigen Zentrenstruktur. Die sternförmige Zentrenstruktur läßt eine deutliche Zentrenhierarchie erkennen, während die linear aufgereihten Zentren als prinzipiell gleichwertig dargestellt sind (Abb. 5).

Abb. 5   *Zentrenstruktur nach K. Lynch*

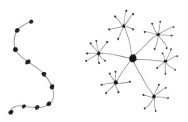

Zentrenstruktur wird bei K. Lynch kurz definiert als die Zuordnung der Siedlungs- und Kommunikationsschwerpunkte, die sich aus dem allgemeinen Siedlungsgefüge herausheben. In der Siedlungswirklichkeit werden Zentren durch Gebäude und Anlagen besonderer Nutzung gebildet. Die Besonderheit der zentralen Einrichtungen besteht darin, daß sie von vielen Menschen im Wechsel oder auch gleichzeitig aufgesucht und genutzt werden. Es handelt sich vor allem um die Versorgungseinrichtungen, aber auch Versammlungsstätten, die insoweit als die charakteristischen Elemente der Zentren, kurz zentrale Einrichtungen, angesehen werden können. Die Wohnungen bzw. die Wohnsiedlungsbereiche, die den zentralen Einrichtungen zugeordnet sind, bilden den sogenannten „Einzugsbereich".

Nicht nur die hohe Nutzerfrequenz, sondern auch die vergleichsweise geringen Flächenansprüche der zentralen Einrichtungen heben diese aus der übrigen Siedlungsmasse heraus. Geringe Flächenansprüche und hohe Nutzerfrequenz bringen eine starke Verkehrskonzentration im Bereich der zentralen Einrichtungen mit sich. Während die Zuordnung von unterschiedlichen Nutzungen mit etwa gleichem Flächenanspruch einem mehr diffusen Verkehr hervorrufen (Abb. 6), ergibt sich zwischen den zentralen Einrichtungen und der übrigen Siedlungsmasse eine Bündelung des Verkehrs (Abb. 7).

Abb. 6   *Gleichmäßige Verteilung des Verkehrs zwischen Bereichen unterschiedlicher Nutzung, aber gleicher Größenordnung*

Abb. 7   *Verdichtung des Verkehrs im Bereich zentraler Einrichtungen*

Weist eine Siedlungseinheit mehrere Zentren auf, so kann die gesamte Siedlungseinheit auf jedes dieser Zentren ausgerichtet sein — das wird immer dann der Fall sein, wenn jedes Zentrum eine für die gesamte Siedlungseinheit bedeutsame spezifische Funktion erfüllt, z. B. Einkaufszentrum, Schulzentrum, Sportzentrum (Abb. 8) — würde es sich bei den Einrichtungen der einzelnen Zentren demgegenüber um gleichartige und gleichwertige Einrichtungen handeln, so würden sich auf Grund der Tendenz, die Wegzeiten zu minimieren, auf die einzelnen Zentren bezogene Einzugsbereiche herausbilden (Abb. 9).

Abb. 8   *Einheitlicher Einzugsbereich für 3 räumlich getrennte Zentren unterschiedlicher Funktion*

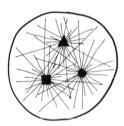

■ ● ▲   *Erläuterungen zu Abb. 8: Zentren mit unterschiedlicher Funktion (z. B.*
a b c   *a) Einkaufszentrum, b) kulturelles Zentrum, c) Sportzentum)*

Abb. 9   *3 Zentren mit gleicher Funktion und eigenem Einzugsbereich*

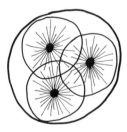

Sind die Beziehungen zwischen den Zentren oder den einzelnen zentralen Einrichtungen untereinander sehr intensiv, so besteht die Tendenz, diese Einrichtungen räumlich zusammenzufassen. Sind die Beziehungen weniger stark, so etwa bei Versorgungseinrichtungen gleicher Art, so wird sich eher eine aufgelockerte Zentrenstruktur herausbilden (Abb. 10).

Abb. 10 *Zusammenfassung und Dezentralisierung zentraler Einrichtungen
mit Auswirkung auf die Größe des Einzugsbereichs*

Generell kann von der Tendenz ausgegangen werden, ein Gleichgewicht zwischen den Verkehrsströmen, die aus der Siedlungsmasse auf die Zentren gerichtet sind, und den Verkehrsströmen zwischen den Zentren herzustellen. Ein solches Gleichgewicht wäre erreicht, wenn die Summe aller im System zurückgelegten Wege auf ein Minimum gebracht wäre. Da es letztlich auf die Wegzeiten und nicht auf Entfernungen ankommt, wird die tatsächliche Siedlungsstruktur auch durch die Aufteilung des Verkehrs auf die verschiedenen Verkehrsmittel und Verkehrswege (Fußwege, Schiene und Straße) bestimmt, weiterhin durch die Beziehungen zu anderen Bereichen, zwischen denen ein Leistungsaustausch stattfindet, die aber nicht in Zentren zusammengefaßt werden können (etwa Erholungsbereiche, Abb. 11).

Abb. 11 *Zentrenbezogene und nicht zentrenbezogene Beziehungen zwischen
Siedlungsteilen mit unterschiedlicher Funktion*

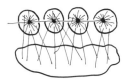

Die Verkehrsabläufe in einer Siedlungseinheit mit hierarchisch gestuften Zentren laufen vermutlich überwiegend nicht nach dem Schema ab, das K. LYNCH seinen Überlegungen zugrunde legte. Seine Darstellung (Abb. 5) entspricht eher dem Verkehr zwischen hierarchisch aufeinander bezogenen Verwaltungen (Dienstweg). In der Siedlungswirklichkeit entstehen Zentrenhierarchien demgegenüber durch eine Überlagerung von Einzugsbereichen unterschiedlicher Größe (Abb. 12), d. h. das übergeordnete Zentrum wird aus dem größeren Einzugsbereich unmittelbar angesteuert, nicht über den Umweg über das untergeordnete Zentrum. Der Umweg über das untergeordnete Zentrum würde nur dann gewählt, wenn dieses etwa mit einem Umsteigepunkt des ÖPNV zusammenfällt.

Abb. 12 *Überlagerung von Einzugsbereichen unterschiedlicher Größe
(bezogen auf die Einrichtungen wird von Einrichtungen
unterschiedlicher Zentralität gesprochen)*

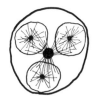

III. Siedlungsstrukturelle Gegebenheiten unter besonderer Berücksichtigung axialer Entwicklungen

1. Unterschiedliche Siedlungsmuster großräumiger Achsen

Bei der Untersuchung der Feinstruktur von Achsen verfährt man am zweckmäßigsten in der Weise, daß man bei den großräumigen Achsen beginnend in immer feinräumigere Maßstabsebenen hinab geht. Großräumige Achsen, wie etwa die Rheinachse, können ähnliche innere Strukturen aufweisen, wie sie auch bei nicht gerichteten Siedlungsagglomerationen auftreten. In Frage kommen die von K. Lynch genannten Grundmuster: Streubesiedlung (Abb. 13), Galaxialbesiedlung (Abb. 14), Kernstadt (Abb. 15), Stern (Abb. 16) und Ring (Abb. 17), weiterhin Kamm- und Doppelkammsystem (Abb. 18).

Abb. 13 *Bandförmige Streubesiedlung*

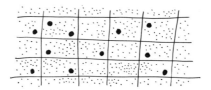

Abb. 14 *Bandförmiges Galaxialsystem*

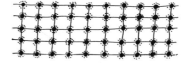

Abb. 15 *Reihung von Kernstädten*

Abb. 16 *Reihung von Siedlungssternen*

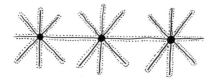

Abb. 17 *Bandförmige Reihung von Siedlungsringen*

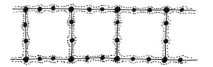

Abb. 18   *Reihung von Kammsystemen*

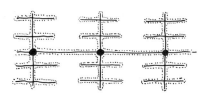

Die innere Struktur einer großräumigen Siedlungsachse kann in ihrem Verlauf wechseln und in Teilbereichen mal die Züge des einen, mal die Züge des anderen Siedlungstyps annehmen (Abb. 19, 20).

Abb. 19   *Wechselnde Strukturen in Achsenlängsrichtung*

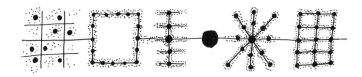

Abb. 20   *Überlagerung unterschiedlicher Strukturen in wechselnder Ausprägung*

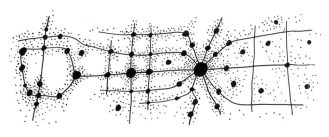

2. Zuordnung der fünf Grundnutzungsarten in Achsen

Betrachtet man die Siedlungsbänder genauer, unter Beachtung der unterschiedlichen Grundnutzungen, so ergeben sich drei Grundtypen der axialen Entwicklung:
1. Reihung in der Achse (Abb. 21)
2. Zuordnung quer zur Achse (Abb. 22)
3. Überlagerung (Abb. 23).

Abb. 21   *Reihung unterschiedlicher Nutzungen in der Siedlungsachse*

Erläuterungen zu den Abb. 21—31:   Darstellung der 5 Grundnutzungen
  a) Wohnen,
  b) Industrie,
  c) Tertiäre Arbeitsstätten,
  d) Zentrale Einrichtungen,
  e) Freiraum.

Abb. 22   *Zuordnung unterschiedlicher Nutzungen in parallel verlaufenden Bändern*

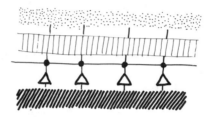

Abb. 23   *Überlagerung unterschiedlicher Nutzungen — soweit überlagerungsfähig*

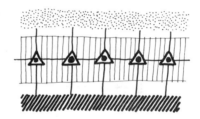

Abb. 24 zeigt eine ungeordnete Bandstruktur, in der die genannten Zuordnungstypen von Fall zu Fall wechseln. Die praktische Bedeutung dieser unterschiedlichen Nutzungszuordnungen kann allerdings kaum beurteilt werden, wenn nicht die Hauptverkehrsträger in die Betrachtung einbezogen werden. — Ist der Fußgänger, das Auto oder das öffentliche Verkehrsmittel Hauptträger des Verkehrs in der Achse oder quer zur Achse?

Abb. 24   *Kombination unterschiedlicher Zuordnungsformen*

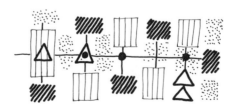

3. Wegzeiten, Verkehrsmittel und Distanzen

Mit der Differenzierung nach Verkehrsträgern gewinnt der Maßstab, gewinnen die Dimensionen, an Bedeutung. Letztlich entscheidend ist das Zeitbudget der Nutzer des Systems, d. h. im Tagesverlauf eines jeden Bewohners können nur bestimmte Zeitanteile auf die Zurücklegung von Wegen zwischen den einzelnen Einrichtungen verwendet werden. Geht man von durchschnittlich einer bis zwei Stunden pro Tag als zeitlichen Rahmen für die Überwindung von Entfernungen zwischen unterschiedlichen Einrichtungen aus, so wird für die im Rahmen dieses Zeitlimits überbrückbaren Entfernungen das jeweils benutzte Verkehrsmittel entscheidend.

Zumutbarkeits- und Unlustschwellen, bezogen auf jeden einzelnen zurückzulegenden Weg, gewinnen zusätzlich an Bedeutung und müssen je nach Verfügbarkeit über die unterschiedlichen Verkehrsmittel spezifisch gewertet werden: Wer über ein Auto verfügt wird kaum bereit sein, Wege von mehr als fünf Minuten zu Fuß zurückzulegen. Für die Erreichbarkeit eines hochwertigen öffentlichen Personennahverkehrsmittels können zehn Minuten als Grenzwert angesehen werden, für die unmittelbare Erreichbarkeit von Zielen zu Fuß 15 bis 20 Minuten.

4. Achsenbreiten in Abhängigkeit vom Hauptverkehrsmittel

a) Achsenbreiten in Fußgängermaßstab

Unter Berücksichtigung dieser Aspekte gewinnt vor allem die Achsenbreite oder auch Achsentiefe entscheidende Bedeutung. Sind z. B. zwei unterschiedliche Funktionsbereiche innerhalb einer Achse in 1 km Entfernung einander zugeordnet, so kann der Austausch zwischen den unterschiedlichen Einrichtungen zu Fuß abgewickelt werden. Für die Zuordnung Wohnung — Schule kann eine solche Entfernung im allgemeinen als ausreichend angesehen werden (Abb. 25). Die Verbindung der Schulzentren untereinander ist jedoch irrelevant, weil ein Austausch zwischen den einzelnen Schulzentren kaum stattfindet. Ähnlich verhält es sich bei der Zuordnung Wohnung — Geschäfte für den täglichen Bedarf. Allerdings kann hier wohl nur ein Radius von 500 m als zumutbar angesehen werden.

Abb. 25   *Siedlungseinheiten im Fußgängermaßstab*

Anders bei den tertiären Arbeitsstätten: Liegen die Arbeitsstätten im Zentrum eines Wohngebiets mit einem Kilometer Durchmesser, so wird durch die Verbindung der Zentren mit einer öffentlichen Verkehrslinie die Zahl der Wohnungen, die einem Arbeitsplatz zugeordnet sind bzw. die Zahl der Arbeitsplätze, die einer Wohnung zugeordnet sind, entsprechend vergrößert (Abb. 26). Die Unabhängigkeit in der Wahl des Wohnstandorts und des Arbeitsplatzes wird auf diese Weise erhöht.

Abb. 26   *Achsen in Fußgängerbreite mit ÖPNV in Längsrichtung*

Abb. 27   *Achsen in Fußgängerbreite mit wechselnden Nutzungen in Achsenlängsrichtung*

Ein ähnliches Ergebnis kann erreicht werden, wenn unterschiedliche in sich homogene Nutzungseinheiten in der Längsachse des Verkehrsmittels einander zugeordnet werden (Abb. 27). Damit werden die Kommunikationsmöglichkeiten innerhalb einer Nutzung, also beispielsweise zwischen den Bürobetrieben untereinander verbessert, die Kommunikationsmöglichkeiten zwischen den unterschiedlichen Nutzungen, also hier Wohnen und Büros, verschlechtert, insofern als für diesen Weg in der überwiegenden Zahl der Fälle ein Verkehrsmittel in Anspruch genommen werden muß.

b) Das Bandstadtmodell

Es ist an dieser Stelle zu erwähnen, daß das Achsenmodell als Entwicklungsmodell, also nicht als Analysemodell, zunächst nicht für die Zuordnung von Wohnungen und zentralen Einrichtungen bzw. tertiären Arbeitsstätten entwickelt wurde, sondern für die Zuordnung von Wohnungen zu sekundären Arbeitsstätten. Beide Bereiche, also Wohngebiete und Industriegebiete, haben etwa gleiche Flächenansprüche, so daß bei einer Achsentiefe von insgesamt zwei Kilometer der Verkehr zwischen Wohnung und Arbeitsplatz noch überwiegend zu Fuß abgewickelt werden könnte (Abb. 28). Eine axiale Entwicklung, die diesem Leitbild entspräche, hat sich allerdings in der Siedlungswirklichkeit kaum je herausgebildet. Meist finden sich die sekundären Arbeitsstätten in kleineren oder größeren Einheiten eingelagert in die Wohngebiete. Die größeren Einheiten bilden dann in der Regel eigene Industrievororte. Eine Zuordnung von Wohnungen zu sekundären Arbeitsstätten in parallel verlaufenden Bändern zeichnet sich zwar im Ruhrgebiet ab, dort allerdings in einer Gesamtachsentiefe, die weit über den Fußgängermaßstab hinausgeht.

Abb. 28   *Bandstadtmodell*

c) Achsenbreite bei Überschreitung des Fußgängermaßstabs

Kehrt man zu der Zuordnung der Wohnbereiche zu den zentralen Einrichtungen und tertiären Arbeitsstätten zurück, so eröffnet der Einsatz qualifizierter öffentlicher Personennahverkehrsmittel (ÖPNV) quer zur Achse die Möglichkeit einer erheblichen Verbreiterung der Achse; d. h. bei gleichem Zeitaufwand für den Weg zwischen Wohnung und Arbeitsplatz kann die Achse auf etwa das Dreifache verbreitert werden. Unter Berücksichtigung einer entsprechenden Ausweitung der Zumutbarkeitsschwelle bei Verwendung von ÖPNV, die dazu führt, daß auch längere Wegzeiten zwischen Wohnung und Arbeitsplatz in Kauf genommen werden, wird eine Ausdehnung auf das Fünffache der auf Fußgängerverkehr in Achsenquerrichtung basierenden Achse möglich (Abb. 29).

Abb. 29   *Bestimmung der Achsenbreite durch ÖPNV*

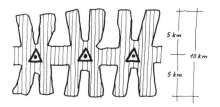

Die mögliche Achsenbreite verdoppelt sich noch einmal, wenn statt des öffentlichen Personennahverkehrsmittels vom Auto als dem tragenden Verkehrsmittel ausgegangen wird (Abb. 30).

Abb. 30   *Bestimmung der Achsenbreite durch das Auto*

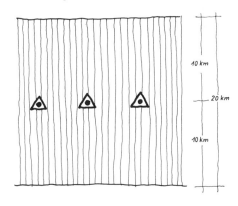

Abb. 31   *Verkehrssystem nach dem Achsenprinzip*

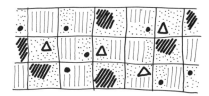

5. Auswirkungen des Autos auf die Nutzungsstruktur

Sind die Verkehrsstränge beim öffentlichen Personennahverkehrsmittel unmittelbar auf das Zentrum bezogen (Abb. 32), so verästeln sich die Verkehrsströme bei dem auf das Auto bezogene Siedlungsmodell nach außen hin, ein für die Erschließung mit öffentlichen Personenverkehrsmitteln ungünstiges System (Abb. 33), allerdings auch für das Auto insofern problematisch, als es im zentralen Bereich zu einer erheblichen Verkehrsdichte kommt. Grundsätzlich gibt es zwei Möglichkeiten, diesem Dilemma zu entgehen:
1. Bei Aufrechterhaltung der auf ein Zentrum bezogenen Nutzungsstruktur — Einführung des gebrochenen Verkehrs (Park and ride) oder
2. Auflösung der überkommenen Nutzungsstruktur.

Abb. 32   *Verkehrssystem nach dem Verästelungsprinzip*

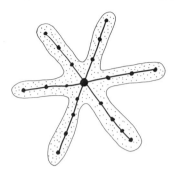

Abb. 33   *Bandförmige Streubesiedlung*

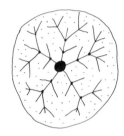

Tatsächlich scheint die Tendenz zur Auflösung der überkommenen Nutzungsstruktur zu dominieren. Park and ride wird allenfalls als Notlösung akzeptiert. Folgende Entwicklung zeichnet sich ab:
a) Auslagerung der Wohnfunktion in die Fläche
b) Auslagerung der zentralen Einrichtungen (Einkaufszentren etc.)
c) Auslagerung der tertiären Arbeitsstätten.

Die Auslagerung der Wohnfunktion aus den Zentren ist schon weit fortgeschritten. Die Auslagerung der zentralen Einrichtungen ist im Augenblick höchst aktuell. Die Auslagerung der tertiären Arbeitsstätten ist erst in einigen Anfängen sichtbar. Der Endzustand einer solchen denkbaren Entwicklung wäre ein breites Band, das dem Muster der Streubesiedlung KEVIN LYNCHS nahekommt (vgl. Abb. 31).

6. Verkehrsmittel und Siedlungsdichte

Die Größe eines Einzugsbereichs, gemessen in Kilometern, ist nicht allein maßgebend für die tatsächliche Zahl der einem Arbeitsplatz, einem Einkaufszentrum, einer Schule zugeordneten Wohnungen oder Einwohner. Die in dem Gebiet erreichte Einwohner- bzw. Arbeitsplatzdichte ist zusätzlich entscheidend. Durch Erhöhung der Dichte kann also die Wahlfreiheit (Vergrößerung der Zahl der Arbeitsplätze, Einkaufsmöglichkeiten usw., die von einer Wohnung zu erreichen sind) erhöht werden.

Weiterhin: Um eine gute Bedienung mit Leistungen des öffentlichen Personennahverkehrs quer zur Achse zu gewährleisten, müßte es bei Überschreitung des Fußgängermaßstabs zur Ausbildung deutlicher Querachsen kommen mit einer Verdichtung der Wohnbevölkerung in diesen Achsen, denn eine erhöhte Nutzungsdichte im Einzugsbereich der Haltestellen eines öffentlichen Personennahverkehrsmittels ist eine Grundvoraussetzung für die Aufrechterhaltung des Verkehrs mit öffentlichen Personennahverkehrsmitteln[14]). Diese Regel gilt vor allem für Schienenverkehrsmittel; mit dem Omnibus können auch Gebiete mit geringer Dichte einigermaßen wirtschaftlich erschlossen werden.

Bei Zugrundelegung des Autos als tragendem Verkehrsmittel kann die gleiche Bevölkerungszahl in wesentlich geringeren Dichten um ein Zentrum anderer Nutzung (z. B. Büronutzung) angeordnet werden. Zwar ist es theoretisch möglich, mit der flächenmäßigen Vergrößerung der Siedlungseinheiten auch die Zahl der in einer Siedlungseinheit unterzubringenden Einwohner oder Arbeitsplätze zu vergrößern. Die Verringerung der Nutzungsdichte ist nicht notwendige Folge einer auf dem Auto basierenden Siedlungsstruktur, doch wird eine geringere Siedlungsdichte mit dem Auto möglich[15]).

Bei stagnierender Bevölkerung ist eine Vergrößerung der Einwohnerzahl der Agglomerationen allerdings nicht mehr anzunehmen. Die durch das Auto mögliche Ausweitung der Siedlungsfläche wird daher im wesentlichen einer Auflockerung der Siedlungsdichte zugute kommen.

Um die Zusammenhänge zwischen Verkehrsmittel und Siedlungsdichte zu verdeutlichen, seien noch einmal drei Siedlungseinheiten mit einer Bevölkerungszahl von je 500 000 bis 600 000 Einwohnern einander gegenübergestellt. Wie in Kapitel II Abschnitt 3 bereits dargelegt, sind die industriellen, also die sekundären Arbeitsstätten kaum verdichtungsfähig. Die drei unterschiedlichen Siedlungsmodelle umfassen daher außer den Funktionen Wohnen und Versorgen lediglich die tertiären Arbeitsstätten. Die sekundären Arbeitsplätze sind im wesentlichen außerhalb oder am Rande der jeweiligen Siedlungseinheit vorzustellen.

Abb. 34 zeigt eine Siedlungseinheit von 4 km Durchmesser. Das ergibt eine Fläche von annähernd 13 qkm. Nach Abzug der für die zentralen Einrichtungen und tertiären Arbeitsstätten benötigten Flächen von etwa 3 qkm verbleiben ca. 10 qkm als Bruttowohnsiedlungsfläche. Bei einer Bruttoeinwohnerdichte von 600 E/ha läßt sich eine Einwohnerzahl von 600 000 E in der so konzipierten Stadt unterbringen[16]).

Abb. 34   *Modell einer Siedlungseinheit für 600 000 Einwohner bei einer Siedlungsdichte von 600E/ha*)*

Abb. 35 zeigt das Modell einer auf dem ÖPNV beruhenden Siedlungseinheit mit sechs Vorortachsen je 5 km Länge und 1 km Breite, an denen die Wohnfunktionen angelagert sind, die auf einen Kern mit zentralen Einrichtungen und tertiären Arbeitsstätten ausgerichtet sind. Je Achse werden 5 qkm Siedlungsfläche benötigt, also insgesamt 30 qkm. Bei einer Bruttoeinwohnerdichte von 200 E/ha können ebenfalls 600 000 E in der Siedlungseinheit untergebracht werden.

---

[14]) HOHENADL, K.: Die Dichte in städtischen Wohngebieten — eine Erörterung der städtebaulichen Argumente zur Bestimmung optimaler Dichtewerte, Regensburg 1977, S. 153 ff.

[15]) Die gelegentlich vertretene These, daß die Siedlungsdichte mit Einführung technischer Verkehrsmittel zwangsläufig zurückgehen müßte, geht von einer falschen Sicht der hier bestehenden Kausalbeziehungen aus (vgl. DABBERT, F.: Die Beziehung zwischen Verkehrssystem und Stadtstruktur. In: Der Städtetag 4/1977, S. 189).

[16]) DABBERT geht in seiner bereits zitierten Untersuchung von einer maximalen Reisezeit von 60 Minuten für einen Weg zwischen Wohnung und Stadtmitte aus, setzt diese konstant und kommt auf diese Weise bei einer Einwohnerdichte von 600 E/ha auf eine Einwohnerzahl von 3 Millionen. Die Annahme ist für heutige Verhältnisse insofern unrealistisch, als niemand mehr für innerstädtische Erledigungen eine Stunde zu Fuß geht.

*) Die Siedlungsdichte wird durch die Punktdichte zum Ausdruck gebracht.

Abb. 35   *Modell einer Siedlungseinheit für 600 000 Einwohner
bei einer Siedlungsdichte von 200 E/ha**)*

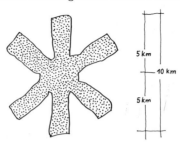

Abb. 36 zeigt eine auf dem Auto als tragendem Verkehrsmittel basierende Siedlungseinheit von 10 km Durchmesser. Es ergibt sich eine Bruttosiedlungsfläche von ca. 300 qkm. Bei einer Bruttoeinwohnerdichte von 20 E/ha lassen sich in diesem Modell ebenfalls ca. 600 000 E unterbringen.

In allen drei Fällen sind die Erreichbarkeiten in etwa als gleichwertig anzusehen. Dies gilt für die Autostadt jedoch nur für diejenigen, die frei über ein Auto verfügen können. Für die übrigen Bevölkerungsgruppen — und das werden auch in Zukunft immer mehr als 50 % der Gesamtbevölkerung sein — sind die Erreichbarkeiten in der auf dem Auto basierenden Siedlungseinheit erheblich eingeschränkt.

Abb. 36   *Modell einer Siedlungseinheit für 600 000 Einwohner
bei einer Siedlungsdichte von 20 E/ha**)*

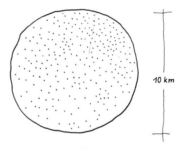

Die heute in Mitteleuropa vorhandenen Siedlungseinheiten sind durch eine Überlagerung der drei skizzierten Modelle gekennzeichnet, was durch die geschichtliche Entwicklung von der Fußgängerstadt über die Straßenbahnstadt zur Autostadt zu erklären ist (Abb. 37).

Abb. 37   *Dichteverteilung bei Überlagerung unterschiedlicher Verkehrssysteme**)*

---

*) Die Siedlungsdichte wird durch die Punktdichte zum Ausdruck gebracht.

IV. Bewertung alternativer Siedlungsmodelle

1. Abgrenzung von Zielbereichen

Nach dieser Beschreibung der heutigen siedlungsstrukturellen Gegebenheiten unter besonderer Berücksichtigung axialer Entwicklungen kann der Frage nachgegangen werden, welche Strukturen künftig gefördert werden sollten. Um diese Frage beantworten zu können, ist es notwendig, die Modelle im Hinblick auf die gesellschaftlichen Ziele zu bewerten. Dazu müssen vorab die Bewertungskriterien aufgelistet werden. Wie kann man zu solch einer Kriterienliste kommen?

Die von EBERLE[17] zitierten modellbezogenen Zielangaben müssen als einseitige politische Aussagen gewertet werden, die regelmäßig verbunden werden mit der erwarteten Zielerfüllung durch das angestrebte Modell. Andere Ziele, die im Rahmen des angestrebten Modells nicht erfüllt werden können, bleiben dabei zumeist unerwähnt. Um zu einer vergleichenden Bewertung unterschiedlicher Modelle zu gelangen, müssen jedoch alle Ziele zusammengestellt werden, die überhaupt durch eine wie auch immer geartete räumliche Ordnung erfüllt oder wenigstens tangiert werden können.

Die Bewertungskriterien stellen letzten Endes nichts anderes dar als die abstrakten Ziele der Raumordnung, also die noch nicht in modellhaften Vorstellungen konkretisierten Ziele. Bei der Betrachtung der inneren Struktur von Entwicklungsachsen können allerdings diejenigen Ziele, die sich auf das Verhältnis von ländlichem Raum zu städtischem Raum beziehen, also insbesondere das Ziel, eine Gleichwertigkeit der Lebensverhältnisse in diesen unterschiedlich strukturierten Räumen zu schaffen, nicht als Bewertungsmaßstab in Frage kommen. Wesentlich werden dagegen Ziele, wie sie im Raumordnungsgesetz in den Landesplanungsgesetzen und im Bundesbaugesetz genannt sind, die sich auf die kulturellen sozialen Bedürfnisse, die Wohnbedürfnisse oder, noch allgemeiner gesagt, auf die zu sichernde „freie Entfaltung der Persönlichkeit in der Gemeinschaft" beziehen.

Diesen Zielen stehen Ziele gegenüber, die sich auf die Effizienz der eingesetzten Mittel beziehen, das Ziel der Kostenminimierung im Bereich der Infrastruktur insbesondere. Über die Rangfolge dieser beiden Zielgruppen besteht häufig Unsicherheit. Es kommt vor, daß den Kostengesichtspunkten von den öffentlichen Planungsträgern die Priorität eingeräumt wird, ganz einfach wegen der Begrenztheit der zur Verfügung stehenden öffentlichen Mittel und der Verpflichtung zum sparsamen Umgang mit diesen Mitteln. Demgegenüber kann festgestellt werden, daß von der Gesellschaft Lösungen, die zwar sparsam sind, aber insgesamt ihren leitbildhaften Vorstellungen nicht entsprechen, letztlich nicht akzeptiert werden.

Kostengesichtspunkte können zwar zu einem Aufschub oder zu einer Zurückstellung bestimmter Absichten führen, selten aber letztlich zur Aufgabe von als wesentlich empfundenen Zielvorstellungen. So können auch Entwicklungen im Raum dem Verlauf der gesamtwirtschaftlichen Entwicklung entsprechend gedämpft oder beschleunigt werden. Eine Richtungsänderung wird sich jedoch immer erst nach Änderung der leitbildhaften Vorstellungen der Gesellschaft ergeben. Eine solche Richtungsänderung ist immer möglich, erfolgt tatsächlich auch ständig, einmal mit größeren Auswirkungen auf die räumliche Entwicklung, das andere Mal weniger auffällig.

2. Wertungen im zeitlichen Wandel

Die Änderungen in den Wertvorstellungen der Gesellschaft sind zum Teil nur schwer zu erkennen und vor allem schwer zu prognostizieren. Tatsächlich vollziehen sich diese Veränderungen in Gruppen, die wiederum, was ihren Anteil an der Gesamtbevölkerung angeht, nicht konstant bleiben. Am deutlichsten wird das an den Freizeitgewohnheiten. Hier überlagern sich kurzfristige Erscheinungen mit langfristigen. Der Bedeutungszuwachs des Sports für die Freizeit ist eine langfristige Erscheinung. Eine bestimmte Sportart kann dabei in wenigen Jahren die Zahl ihrer Anhänger

---

[17] Vgl. EBERLE a. a. O.

vervielfachen, wie dies etwa für den Tennissport nachgewiesen wurde[18]. Im Falle des Tennissports bleibt die Zahl der aktiven Sporttreibenden einstweilen noch unter 1 % der Gesamtbevölkerung. Die raumbedeutsamen Flächenansprüche halten sich dementsprechend in bescheidenen Grenzen.

Von größerer Raumwirksamkeit ist die erhebliche Zunahme der Zahl der Gartenliebhaber und Hobbygärtner im Verlaufe der letzten 50 Jahre. Die Bedeutung des Freizeitgartens für die Raum- und Stadtentwicklungspolitik ergibt sich nicht nur aus den daraus resultierenden Flächenansprüchen, sondern vor allem auch aus den damit verbundenen Zuordnungsanforderungen: Die unmittelbare Zuordnung des Freizeitraumes Garten zur Wohnung wird heute mit großer Zielstrebigkeit von der überwiegenden Zahl der Bevölkerung angestrebt. Diese Zuordnung wird zum Beispiel einer unmittelbaren Zuordnung von Wohnung und Arbeitsplatz, die in früheren Zeiten absolute Priorität hatte, vorgezogen. Dies wird deutlich, wenn man bedenkt, daß eine Verbesserung der Zuordnung Wohnung — Arbeitsplatz durch Verdichtung sehr wohl möglich wäre. Eine solche Verdichtung würde jedoch mit Entschiedenheit abgelehnt, wenn sie sich als unvereinbar erwiese mit dem Ziel, Wohnung und Garten unmittelbar miteinander zu verbinden. Aus der tatsächlichen Siedlungsentwicklung kann diese Präferenzstruktur eindeutig abgelesen werden.

Weniger die Zuordnung Wohnung — Garten als die Zuordnung Wohnung — Zentrale Einrichtungen steht heute im Mittelpunkt der Raumplanungsdiskussion. Es scheint aber wichtig, gerade diese spezielle Zuordnungsproblematik in größerem Zusammenhang zu sehen, um auch hier ein besseres Verständnis für Konstanten und Variable zu erhalten.

Eine eindeutige Bewertung unterschiedlicher Siedlungstypen unter dem Gesichtspunkt der Erreichbarkeit ist kaum möglich, solange die gesellschaftlichen Leitbilder im Hinblick auf die Wahrnehmung der Grundfunktionen Wohnen, Arbeiten, sich Versorgen, sich Erholen, am Verkehr teilnehmen — einem ständigen Wandel unterworfen sind: Die erste Motorisierungswelle, in der sich im wesentlichen der berufstätige Haushaltsvorstand mit einem eigenen Fahrzeug ausstatten konnte, hatte dazu geführt, daß der Zuordnung Wohnung — Arbeitsplatz geringere Bedeutung beigemessen wurde. Hausfrau und Kinder waren demgegenüber noch überwiegend auf eine Zuordnung der wichtigsten Versorgungseinrichtungen in Fußgängerentfernung angewiesen.

Die vermehrte Ausstattung der Haushalte mit Zweitwagen, verbunden mit vermehrter Berufstätigkeit der Frau und Ausstattung der Haushalte mit Tiefkühltruhen führte dazu, daß die Lage der Einkaufszentren an Bedeutung verlor[19]: Einkäufe auch für den täglichen Bedarf werden am Wochenende erledigt. Demgegenüber wird eine leichte Erreichbarkeit des Arbeitsplatzes, etwa für Halbtagstätigkeit, wieder positiver gewertet.

Wäre die Entwicklung so einfach und geradlinig, könnte sich die räumliche Planung noch relativ leicht darauf einstellen. Es gibt aber Familien, die sich weder nach dem einen noch nach dem anderen der hier idealtypisch dargestellten Leitbilder einrichten, etwa wie folgt: Die Frau verfügt über keinen Zweitwagen, ist dennoch berufstätig und daher auf einen Arbeitsplatz in Fußgängerentfernung oder auf gute Erreichbarkeit mit ÖPNV angewiesen. In diesem letzteren Fall wird zugleich auf eine unmittelbare Nähe von Einkaufsgelegenheiten zum Arbeitsplatz Wert gelegt, eine Zuordnung, die für die klassische Aufgabenteilung in der Familie — der Mann geht zur Arbeit und die Frau kauft ein — von untergeordneter Bedeutung war.

Schließlich sind aber auch noch andere Aspekte zu beachten außer der Forderung, die notwendigen Flächen für die verschiedenen Nutzungen bereitzustellen und diese einander sinnvoll zuzuordnen, beispielsweise die Art und Weise, in der Bekanntschaften entwickelt und gepflegt werden: Wird auf nachbarschaftliche Kontakte Wert gelegt, oder konzentriert man sich auf die Kontakte, die sich aus der beruflichen Tätigkeit ergeben, oder sind es Freizeitinteressen, über die persönliche Kontakte aufgebaut und unterhalten werden? Die Antwort auf diese Frage ist entscheidend für die

---

[18]) Vgl. JANSEN, B. G.; BRONS, U.: Grundlagen einer Infrastrukturbilanzierung nach ausgewählten Bereichen für das Land Nordrhein-Westfalen. Dortmund 1976.
[19]) Vgl. RICHRATH 3.24.

Wahl der Wohnform, denn die Wohnformen unterscheiden sich durchaus im Hinblick auf die Förderung oder Erschwerung nachbarschaftlicher Kontakte.

Oder es geht um Gestaltvorstellungen: Die Ablehnung moderner Großsiedlungen bezieht sich seltener auf funktionale Mängel als auf die Gestalt dieser Siedlungen. Demgegenüber wird eine aufgelockerte Siedlungsweise, in der die Häuser gewissermaßen im Grünen untergehen, nicht nur im Hinblick auf die bevorzugte Freizeittätigkeit Gartenarbeit, sondern auch als Gestaltideal angestrebt, ganz im Gegensatz zu den Gestaltidealen früherer Jahrhunderte, in denen das Grün im städtischen Bereich kaum zur Gestaltung herangezogen wurde (erst in barocken Achsen wurde der Alleebaum als Gestaltungselement eingeführt und beherrschte seitdem die Vorstellung von einer gehobenen Stadtstraße bis zum Beginn dieses Jahrhunderts).

Es bleibt festzuhalten, daß eine Beschränkung auf leicht quantifizierbare Größen bei Aufstellung einer Bewertungsliste vermieden werden muß, da eine solche Liste nicht die Kriterien vollständig erfassen würde, die für die Entscheidungen der Entscheidungsträger maßgebend sind. Eine solche Unvollständigkeit der Bewertungskriterien kann zu erheblichen Fehlbewertungen — Unter- oder Überschätzung — bestimmter Siedlungsmodelle führen.

3. Methodische Folgerungen

Aus den vorangehenden Überlegungen folgt, daß eine allgemein gültige Bewertung alternativer Siedlungsmodelle nur schwer möglich sein wird. Vor allem wird es schwierig sein, eine gültige Gewichtung unterschiedlicher Ziele vorzunehmen. Leichter ist es demgegenüber, die verschiedenen Ziele in einer Kriterienliste aufzuzählen, wobei allerdings immer die Gefahr besteht, daß gewisse Ziele, die noch verborgen sind, ein erhebliches Gewicht beanspruchen oder in Zukunft erlangen können.

Es ist auch im allgemeinen nicht so schwierig, ein Urteil darüber zu bilden, welches Modell einem anderen unter bestimmten Gesichtspunkten überlegen und welches unterlegen ist. Diesen Fragen werden wir uns daher zunächst zuwenden und die Gewichtungsfrage als den diffizilsten Teil der Bewertung an den Schluß der Betrachtung stellen. Dabei wird bewußt von einer in Stadt- und Raumentwicklung verbreiteten Verfahrensweise, nämlich die Ziele vorab mit Gewichten zu versehen und danach alternative Möglichkeiten zu bewerten[20], abgewichen; denn die Gewichtung von Zielen ist nur scheinbar eine relativ einfache Angelegenheit. Eine nähere Beschäftigung mit diesem Thema führt aber zu dem Ergebnis, daß in diesem Punkt eine „verstandesmäßige Beurteilung" von einer „gefühlsmäßigen" erheblich abweichen kann. Auch die Versuche, daß subjektive Element der Gewichtung durch Verlagerung der Entscheidung auf eine Gruppe zu reduzieren, führen in dieser Hinsicht kaum zu einer Objektivierung; denn verstandesmäßig kann sich eine Gruppe schnell auf eine bestimmte Zielgewichtung einigen[21]. Das hindert aber nicht, daß die gleiche Gruppe u. U. gefühlsmäßig anders entscheidet. Das wird deutlich, wenn sie mit dem Ergebnis einer Entscheidung konfrontiert wird, die auf Grund der Gewichtung einer abstrakten Kriterienliste gefällt wurde[22].

4. Gesichtspunkte für die Bewertung unterschiedlicher Raumordnungsmodelle

Eine Hauptschwierigkeit bei der Aufstellung einer Kriterienliste liegt in der Vielfalt der zu berücksichtigenden Aspekte, die eine Zusammenfassung zu Zielbereichen erforderlich macht, wenn der Zielkatalog übersichtlich gehalten werden soll. Eine solche Zusammenfassung darf jedoch nicht

---

[20] Vgl. v. ROHR, H. G.; KUHLBRODT, I.: Nutzwertanalyse — a. a. O.

[21] Hier kann Ähnliches festgestellt werden, wie im Falle der überraschend breiten Konsensbildung im Hinblick auf die Achsenkonzeption, vgl. RICHRATH, K. 1.003.

[22] Ein entsprechendes Experiment wurde vom Verfasser in anderem Zusammenhang durchgeführt. Vgl. BOEDDINGHAUS, G.: Städtebauliche Verdichtung im Modellvergleich. Dortmund 1976. S. 82.

so weit gehen, daß wesentliche Unterschiede der einzelnen Modelle im Hinblick auf die Erreichung von Teilzielen verwischt werden[23]).

Die Aufstellung einer Kriterienliste erfolgt also zweckmäßigerweise immer in Rückkoppelung mit den Modellen, die man bewerten will, wenn auch nicht in der Form, daß lediglich die Zielvorstellungen, die mit einem ganz bestimmten Modell verbunden werden, zur Betrachtungsgrundlage gemacht werden, wie das in den bereits zitierten politischen Aussagen zu Achsenkonzeptionen erfolgte. Es müssen schon die von allen in die Betrachtung einbezogenen Modellen grundsätzlich erreichbaren Ziele berücksichtigt werden. Aber trotz dieses erweiterten Gesichtswinkels bleibt die Aufstellung eines Kriterienkatalogs nicht frei von subjektiven Elementen. Das ergibt sich daraus, daß derjenige, der eine solche Liste aufstellt, bestimmte, in Teilbereichen unterschiedlich konkretisierte Vorstellungen, von den denkbaren Alternativen vor Augen hat[24]).

So kann kaum eine Kriterienliste aufgestellt werden, die der Modellbewertung mit dem Anspruch absoluter Gültigkeit zugrunde gelegt werden könnte. Die Mängel, die sich aus der unterschiedlich feinen Aufgliederung einzelner Zielkomplexe ergeben, können allerdings im Rahmen der Kriteriengewichtung zum Teil wieder ausgeglichen werden.

Nach Auseinandersetzung mit unterschiedlichen Kriterienlisten wurde für diese Untersuchung eine neue Lsite unter stärkerer Berücksichtigung von Bewertungskriterien entwickelt, die von K. LYNCH in seinem Aufsatz „Das Ordnungsschema großstädtischer Siedlungsräume" in die Diskussion eingebracht wurde:

1. Wahlfreiheit
2. Interaktionsmöglichkeit
3. Überschaubarkeit
4. Gestaltqualität
5. Annehmlichkeit
6. Sicherheit und Gesundheit
7. Anpassungsfähigkeit
8. Kosten (Sparsamkeit).

Die in dem zitierten Aufsatz von K. LYNCH angesprochenen Zielkriterien haben allgemeine Bedeutung. Sie entsprechen den auch in der Bundesrepublik diskutierten Zielen, wenn auch gelegentlich unter Verwendung ungewohnter Begriffe[25]). Insbesondere werden einzelne Ziele bei K. LYNCH unter anderen Oberbegriffen subsumiert als bei uns. Die Verwendung ungewohnter Begriffe kann jedoch die Raumordnungsdiskussion durchaus beleben, insofern als damit von gewissen, fast schon formelhaft verwendeten Argumentationsweisen, abgegangen wird.

---

[23]) So sieht sich HOHENADL (vgl. HOHENADL, K.: Die Dichte in städtischen Wohngebieten, S. 195) veranlaßt, die sozialen Gesichtspunkte in Anlehnung an HANS-PAUL BAHRDT (BAHRDT, H. P.: Moderne Großstadt, Hamburg 1969) zu untergliedern in die Aspekte Privatheit und Öffentlichkeit, weil er der Auffassung ist, daß die nach ihrer Wohndichte zu unterscheidenden Siedlungstypen gerade in dieser Hinsicht deutliche Unterschiede aufweisen, insofern als die einen im Bereich der Privatheit größere Vorteile zeigen, die anderen im Bereich der Öffentlichkeit.

[24]) Der Verfasser kam in anderem Zusammenhang (Städtebauliche Verdichtung im Modellvergleich, S. 83) zu der Auffassung, daß sich die unterschiedlichen Siedlungstypen nicht zusammenfassend unter dem Gesichtspunkt „visuelle Umweltqualität" (vgl. HOHENADL, a. a. O.) beurteilen ließen, da es erhebliche Unterschiede in Hinblick auf die Überschaubarkeit und Orientierungsfähigkeit im Gesamtsystem einerseits und in der Gestalt der Nahumwelt andererseits gebe, die zu berücksichtigen seien. Weiterhin wurde von der Annahme ausgegangen, daß im Hinblick auf die Nahumwelt im allgemeinen unterschiedliche Anforderungen für die Wohnbereiche einerseits und für die anderen Bereiche der Stadt, beispielsweise dem Bereich der Arbeitsstätten, andererseits gestellt werden. Diese Überlegungen führten in der genannten Untersuchung zu einer feineren Aufgliederung des Aspekts Stadtgestalt bzw. visuelle Umweltqualität.

[25]) WOLFGANG HARTENSTEIN führte die von K. LYNCH verwendeten Begriffe bereits in einem städtebaulichen Vortrag im Jahre 1964 in die deutsche Fachdiskussion ein. Vgl. HARTENSTEIN, W.: Stadtform und Stadtforschung. In: Stadtbauwelt 4/1964, S. 291 ff.

Zu 1. „Wahlfreiheit"

Mit dem Stichwort Wahlfreiheit ist sowohl die bei uns im Grundgesetz angesprochene Freizügigkeit im Hinblick auf den Wohnstandort und den Arbeitsplatz gemeint, als auch die freie Wahl in der Ausschöpfung eines breiten Angebots an Diensten und Gütern. Wenn auch diese Wahlfreiheit prinzipiell in einem offenen Gesellschaftssystem, wie dem der Bundesrepublik, gegeben ist, so zeigt die Betrachtung der unterschiedlichen räumlichen Strukturmodelle doch, daß diese prinzipiell gegebene Wahlmöglichkeit durch unterschiedliche Erreichbarkeit der entsprechenden Einrichtungen de facto für den einzelnen eingeschränkt werden kann. Der Gesichtspunkt Erreichbarkeit, der in anderen Kriterienlisten im allgemeinen gesondert ausgewiesen wird, ist also bei der Beurteilung der Wahlfreiheit mit zu berücksichtigen. Zur freien Wahlmöglichkeit, im Hinblick auf die Wohnung, rechnet K. LYNCH aber nicht nur die Freiheit in der Wahl des Wohnstandortes, sondern auch die freie Wahl der Wohnform und der Wohnumgebung. Daß letztere durch städtebauliche Entscheidungen begünstigt oder eingeschränkt werden können, liegt auf der Hand.

Zu 2. „Interaktionsmöglichkeiten"

Unter Interaktionsmöglichkeiten wären die Möglichkeiten der gezielten Kontaktaufnahme einerseits zu berücksichtigen und die Möglichkeiten der Teilnahme am öffentlichen Leben, insbesondere die Möglichkeit der zweckfreien Kommunikation, andererseits. In der Kriterienliste wird nach Verkehrsmitteln unterschieden. Dabei wird davon ausgegangen, daß heute in jedem Siedlungssystem, gleich welcher Art, ein erheblicher Teil der Kommunikationsbedürfnisse über das Telefon, Funk und Fernsehen abgewickelt wird.

Die persönliche Teilnahme an den Interaktionen im öffentlichen Bereich behält gleichwohl ihre Bedeutung. Diese Form der Interaktion wird allerdings in keinem der zur Diskussion stehenden Siedlungsmodelle grundsätzlich ausgeschlossen. Es ist jedoch ein Unterschied, ob man einen belebten öffentlichen Bereich vom Haus aus unmittelbar, das heißt zu Fuß erreichen kann, oder ob man dazu ein Verkehrsmittel in Anspruch nehmen muß. Anders ausgedrückt: Die Siedlungssysteme unterscheiden sich danach, ob man bei einem 10-Minuten-Rundgang von der Wohnung aus gelegentlich einen Nachbarn trifft, den man persönlich kennt, sonst aber kaum einem Menschen begegnet, oder ob man unmittelbar vor der Haustür in einen dichten Strom von Menschen mit sehr unterschiedlichen Zielen gerät, Menschen, die überwiegend unbekannt sind und bleiben.

Zu 3. „Überschaubarkeit"

Es gibt heute kaum mehr Punkte, von denen aus der einzelne Bewohner einer großstädtischen Agglomeration sich einen optischen Überblick über die gesamte Siedlungseinheit machen kann. Er muß also weitgehend auf eine Vorstellung von seinem gesamten Lebensraum verzichten. Dennoch gibt es einige markante Unterscheidungsmerkmale, die ihm die Orientierung im Gesamtsystem erleichtern. Hier unterscheiden sich die einzelnen Siedlungssysteme durchaus. Insofern kann von einer unterschiedlichen Überschaubarkeit oder Vorstellbarkeit des Siedlungssystems gesprochen werden. Es kann auch davon ausgegangen werden, daß die Bereitschaft zur Teilnahme an Entscheidungen, die den öffentlichen Bereich betreffen, mit der Überschaubarkeit wächst. Auf die Einführung eines eigenen Punktes „Partizipationsmöglichkeiten", dem K. LYNCH eine besondere Bedeutung beimißt, wird jedoch verzichtet, da die prinzipiellen Partizipationsmöglichkeiten in den unterschiedlichen Siedlungssystemen als annähernd gleich angesehen werden müssen.

Zu 4. „Gestaltqualität"

Unabhängig von der Überschaubarkeit des Gesamtsystems kann die Gestaltqualität der Teilbereiche eines städtischen Siedlungssystems beurteilt werden. Dabei ist zwischen der Gestaltqualität des Wohnumfelds einerseits und der Gestaltqualität der anderen Bereiche, insbesondere des Stadtkerns, zu unterscheiden. K. LYNCH meint, daß die Begriffe „Wohlbefinden und Schönheit" (pleasure and beauty) zu nebulös seien, um sie exakt anzuwenden. Das schließt jedoch nicht aus, daß sie im konkreten Entscheidungsprozeß etwa der Vielzahl der Einzelbauherren eine erhebliche Rolle spielen können.

Zu 5. „Annehmlichkeit"

Ob das von K. LYNCH eingeführte Kriterium „comfort" eher mit Bequemlichkeit oder Annehmlichkeit zu übersetzen wäre, bleibe dahingestellt. Es sind hier sowohl die physischen Gesichtspunkte eines angenehmen Wohnens zu berücksichtigen, wie vor allem die Wohnruhe, zum anderen aber auch die persönlichen Entfaltungsmöglichkeiten des Einzelnen, also das, was den privaten Bereich im Sinne HANS PAUL BAHRDTS attraktiv macht. Abweichend von K. LYNCH wird hier die Möglichkeit, sich zurückzuziehen — nämlich auf den privaten Bereich — nicht unter dem Stichwort Interaktionsmöglichkeit berücksichtigt, sondern im Zusammenhang mit der persönlichen Entfaltungsmöglichkeit. Bei den Zielsetzungen der öffentlichen Hand, also in den staatlichen und kommunalen Plänen, spielt der Gesichtspunkt Bequemlichkeit sicherlich keine dominierende Rolle. Er sollte dennoch verstärkt Beachtung finden, da die sich frei entscheidenden Träger der Entwicklung diesem Gesichtspunkt zweifellos einen hohen Rang einräumen. Zugunsten der Bequemlichkeit werden von privater Seite auch erhebliche Aufwendungen nicht gescheut. Auch wenn die öffentliche Hand beispielsweise bemüht ist, ein gut funktionierendes ÖPNV-System aufrechtzuerhalten, wird von der Masse der Bevölkerung schon aus Bequemlichkeitsgründen dem privaten Auto der Vorzug gegeben. Bequemlichkeit ist auch sicherlich mitentscheidend für die Wahl einer möglichst ebenerdigen Wohnform (Bungalow).

Zu 6. „Sicherheit und Gesundheit"

K. LYNCH scheut sich, die Gesichtspunkte Sicherheit und Gesundheit in seine Kriterienliste aufzunehmen, weil er der Meinung ist, es sei nicht offensichtlich, daß diese Gesichtspunkte in entsprechender Weise durch das spezifische Ordnungsmodell einer Agglomeration beeinflußt werden. Diese Auffassung entspricht einer auch bei uns weitverbreiteten Meinung. Eine genauere Analyse ergibt jedoch, daß in diesem Punkte recht erhebliche systembedingte Unterschiede bestehen, insbesondere im Hinblick auf die Verkehrssicherheit[26]). Im Hinblick auf den Gesichtspunkt Gesundheit wird im allgemeinen die flache Siedlungsweise positiv bewertet. Zum anderen wird häufig auf die ökologische Bedeutung größerer unbebauter Flächen hingewiesen. Im Hinblick auf den Gesichtspunkt persönliche Sicherheit (Kriminalität) weichen die Bewertungen erheblich voneinander ab, was nicht hindern sollte, diesen Gesichtspunkt mit in die Betrachtung einzubeziehen.

Zu 7. „Anpassungsfähigkeit"

Mit Anpassungsfähigkeit ist einmal die Möglichkeit gemeint, eine Siedlungsstruktur als ganze an notwendige Veränderungen, vor allem an das Wachstum, anzupassen. Wir würden heute sicherlich auch die Anpassungsfähigkeit an eine rückläufige Entwicklung fordern. Zum weiteren unterscheiden sich die unterschiedlichen Siedlungsmodelle im Hinblick auf die Anpassungsfähigkeit der einzelnen Betriebseinheit oder der einzelnen Gebäude an sich verändernde Anforderungen.

Zu 8. „Kosten"

Unter dem Stichwort Kosten sind die beiden großen Gruppen Investitionskosten und Betriebskosten zu berücksichtigen. Eine Aufgliederung nach verschiedenen Kostenträgern ist möglich[27]), soll aber hier unberücksichtigt bleiben. Zu beachten ist, daß für die Punkte 1 bis 7 eine Maximierung angestrebt wird, für den Punkt 8, die Kosten, eine Minimierung, d. h. das Modell mit den geringsten Kosten ist unter diesem Aspekt als das günstigste anzusehen.

[26]) In der bereits zitierten Untersuchung „Städtebauliche Verdichtung im Modellvergleich" wurde auf das Problem der Verkehrssicherheit näher eingegangen: Verdichtete Modelle ermöglichen einen höheren Grad an Verkehrssicherheit als aufgelockerte.

[27]) Vgl. HOHENADL a. a. O.

Weitere Gesichtspunkte

In der raumordnungspolitischen Diskussion wird häufig das Ziel „Erhaltung von Freiräumen"[28] genannt. Dabei kann es sich jedoch nicht um einen Selbstzweck handeln. Hinter diesem Ziel stehen vor allem zwei Ziele, die unmittelbar mit den beiden möglichen Funktionen solcher Freiräume zusammenhängen:
1. Die Funktion der Freiräume als Freizeiträume
2. Die Funktion der Freiräume als „ökologische Ausgleichsräume".

Die Ausstattung der einzelnen Siedlungsmodelle mit großmaßstäblichen Freiräumen wäre also bei der Bewertung der Modelle unter den Gesichtspunkten „Wahlfreiheit im Bereich der Freizeit" und „Gesundheit" zu berücksichtigen. Als Freizeiträume stehen die von Bebauung freigehaltenen Flächen in Konkurrenz zu anderen Freizeiteinrichtungen, zu gebauten Freizeiteinrichtungen, vor allem aber zu dem privaten Freizeitgarten. Es wäre also abzuwägen, ob ein Siedlungssystem, das eine Verdichtung zugunsten der Erhaltung von größeren zusammenhängenden Freiflächen vorsieht, einem aufgelockerten Siedlungssystem vorgezogen werden sollte, das auf größere Freiflächen verzichtet, dafür aber einen größeren Anteil von Wohnungen mit privaten Gärten aufweist. Entsprechend wäre die ökologische Funktion größerer Freiflächen der Gesundheitsfunktion einer Vielzahl kleinerer privater Gärten gegenüberzustellen.

5. Unterschiedliche Zielerfüllung der einzelnen Siedlungsmodelle

Die Aufgliederung der Bewertung nach den vorgenannten Stichworten entspricht der Erkenntnis, daß kein Modell in jeder Hinsicht Vorteile bringt, ein anderes in jeder Hinsicht nachteilig wäre, daß vielmehr jedes Modell durch eine bestimmte Vorteil- Nachteilkombination charakterisiert werden kann. Diese Erkenntnis hat sich in der Planungspolitik noch nicht allgemein durchgesetzt. Häufig wurden in der Vergangenheit einseitig die Vorteile eines Siedlungssystems herausgestellt, sei es, daß es sich um ein Siedlungssystem nach dem Prinzip der Auflockerung handelte, sei es, daß es um das Prinzip der Verdichtung ging. Gerade die nach einer solch einseitigen Darstellung notwendigen Enttäuschungen, die sich nach Realisierung oder auch Teilrealisierung des einen oder anderen Konzepts ergeben haben, führten in der raumordnungspolitischen Diskussion zu einem heftigen Wechsel in der Argumentation, der in dieser Form keineswegs dem oben skizzierten Wandel in den Wertvorstellungen der Gesellschaft entsprach.

Die einzelnen Siedlungsmodelle sind nicht nur durch eine jeweils spezifische Vorteil- Nachteilkombination charakterisiert, sie weisen zudem im Hinblick auf die Erfüllung der genannten Kriterien überwiegend nur graduelle Unterschiede auf. Selten kommt es vor, daß bestimmte Ziele in einem Modell, sofern dies halbwegs realistisch ist, überhaupt nicht erfüllt werden.

Zwar sind Extremmodelle denkbar, z. B. das Kernstadtmodell in einer Ausprägung, in der Wohnungen ausschließlich in der Form von Geschoßwohnungen vorgesehen würden. In diesem Fall wäre die Wahlfreiheit im Hinblick auf die Wohnform empfindlich eingeschränkt. Ähnliche Beschränkungen ergäben sich bei dem Gegenmodell, nämlich dem einer extrem aufgelockerten Wohnweise, in der das Einfamilienhaus einzige Wohnform wäre. Es zeigt sich aber an diesem Beispiel bereits, daß die Wahlfreiheit als solche nicht immer sehr hoch bewertet wird; denn wenn für das Wohnen keine andere Form als das Einfamilienhaus angeboten würde, so würde das in der gegenwärtigen Situation kaum als nachteilig angesehen. Demgegenüber würden in einem solchen Modell andere Nachteile schwerer wiegen, etwa die Unmöglichkeit, ein solches Siedlungsgebilde qualifiziert mit ÖPNV zu bedienen.

Darüber hinaus wäre bei extrem aufgelockerter Siedlungsweise, d. h. wenn auch die Versorgungseinrichtungen und die Arbeitsstätten gleichmäßig auf den ganzen Siedlungsbereich verteilt würden, eine gewisse Einschränkung im Warenangebot (gegebenenfalls auch Einschränkungen der Konkurrenz) und eine Einschränkung in der freien Wahl des Arbeitsplatzes in bezug auf die Wohn-

---
[28] Vgl. EBERLE 2.

standorte hinzunehmen. In diesem Falle handelt es sich aber eindeutig um eine nur graduelle Verschlechterung gegenüber konzentrierten Siedlungsformen; denn auch bei extremer Auflockerung läßt sich von jeder Wohnung aus noch eine Vielzahl von unterschiedlichen Arbeitsstätten mit dem Auto in erträglicher Zeit erreichen.

Angesichts dieser hier an einigen Beispielen angedeuteten Schwierigkeiten, unterschiedliche Siedlungsmodelle anhand von abstrakt formulierten Zielen zu werten, wurden die in Gesetzen und Programmen genannten Ziele häufig als nicht handhabbar für die Praxis bezeichnet, also insofern letztlich als irrelevant. Es handele sich lediglich um Leerformeln. Diese Kritik mündet dann häufig in die Forderung nach Angabe von Richtzahlen zur Konkretisierung von Einzelzielen[29].

Tatsächlich handelt es sich bei den in Gesetzen und Programmen formulierten Zielen jedoch um Zielbereiche, deren 100%ige Erfüllung in den seltensten Fällen möglich ist. Es wäre aber unter Berücksichtigung der Tatsache, daß jedes Modell die unterschiedlichen Ziele in jeweils unterschiedlichem Umfang erfüllen kann, wenig sinnvoll, für jedes Ziel isoliert einen bestimmten Zielerreichungsgrad als Sollwert anzugeben. Die Präzisierung von Einzelzielen erweist sich bei näherer Betrachtung als Scheinlösung, da über den Präzisierungsbemühungen der Blick für den größeren Zusammenhang und die vielfältigen Interdependenzen verloren zu gehen droht.

Wichtiger als das Festlegen von Zielerreichungsgraden für jedes Einzelziel wäre die Formulierung einer Rangfolge zwischen den einzelnen Zielen. Die Aufstellung einer solchen Rangfolge kann ebenfalls nur dann auf abstraktem Wege erfolgen, wenn es um eindeutige Rangfolgen geht, über die kein Zweifel besteht. Doch kann eine solche eindeutige Rangfolge, wie bereits im Abschnitt IV 3 dargelegt, nicht immer angegeben werden. Darüber hinaus ist eine genaue Rangfolgebestimmung für die Modellbewertung nicht immer erforderlich, wie sich an folgendem Beispiel zeigen läßt:

Tabelle 1 *Bewertung zweier unterschiedlicher Modelle bei wechselnder Zielgewichtung*

Ziele	Ungewichtete Bewertung		Gewichtete Bewertung der Modelle (GF = Gewichtungsfaktor)									
			Zielgewichtung a			Zielgewichtung b			Zielgewichtung c			Zielgewichtung d		
	Modell I	Modell II	GF	I	II	GF	I	II	GF	I	II	GF	I	II
A	+1	−1	5	+5	−5	5	+5	−5	5	+5	−5	5	+5	−5
B	−1	+1	3	−3	+3	3	−3	+3	2	−2	+2	1	−1	+1
C	−1	+1	2	−2	+2	1	−1	+1	2	−2	+2	3	−3	+3
				0	0		+1	−1		+1	−1		+1	−1

Die Modelle I und II seien an den Zielen A, B und C zu messen. Es sei eindeutig erkennbar, daß das Modell I dem Modell II im Hinblick auf das Ziel A überlegen ist, im Hinblick auf die beiden anderen Ziele jedoch in gleichem Maße unterlegen. Eine auf abstraktem Wege vorgenommene Gewichtung habe zu einer Abstufung der Zielgewichte von 5 für das Ziel A, 3 für das Ziel B und 2 für das Ziel C geführt. Unter Zugrundelegung dieser Zielgewichte erweisen sich die beiden Modelle als gleichwertig (a). Eine Entscheidung kann aufgrund dieser Gewichtung also nicht gefällt werden. Wäre eines der beiden Ziele B oder C geringer zu gewichten, so könnte die Gewichtung zu einer Entscheidung führen (b). Dabei wäre es aber gleichgültig, welches der beiden Ziele das geringere Gewicht erhält (c). Selbst eine Umkehr der Gewichtung zwischen den Zielen B und C wäre irrelevant für die Entscheidung (d).

---

[29] Vgl. J. H. MÜLLER; W. D. SIEBERT: Das Problem der Richtwerte in Programmen und Plänen der Raumordnung und Landesplanung. In: ARL-Veröffentlichungen, Hannover 1977, S. 42.

6. Bewertung von Modellen mit gegensätzlichen Strukturmerkmalen

Bei einer näheren Betrachtung der Modelle zeigt sich ein deutlicher Zusammenhang zwischen Zielerfüllung und Siedlungsdichte. Insofern erscheint es gerechtfertigt, eine systematisierte Bewertung auf zwei in dieser Hinsicht gegensätzliche Modelle zu beschränken, also auf das Modell einer konsequenten Streubesiedlung einerseits und das einer auf Achsen konzentrierten Besiedlung andererseits. Eine solche Beschränkung auf zwei Alternativen erscheint auch insofern gerechtfertigt, als sie der gegenwärtigen raumpolitischen Entscheidungssituation am ehesten entspricht: Die „natürliche" Entwicklung scheint auf das Modell der Streubesiedlung hinauszulaufen. Dieser natürlichen Entwicklung steht die Modellvorstellung einer Konzentration der Siedlungsentwicklung auf Siedlungsachsen gegenüber.

Tabelle II zeigt für zwei gegensätzliche Siedlungsmodelle (I = in Achsen verdichtet, II = aufgelockerte Streubesiedlung) die notwendigen Bewertungsschritte in den Spalten A bis G unter Zugrundelegung der in Abschnitt IV 4 zusammengestellten Bewertungsgesichtspunkte. Spalte A enthält die ungewichtete Vorbewertung, in der lediglich unterschieden wird, welches Modell in welchem Punkte dem anderen überlegen bzw. unterlegen ist (0 = gleichwertig, + = überlegen, — = unterlegen). Spalte B enthält eine ungewichtete Bewertung unter Berücksichtigung unterschiedlicher Zielerfüllungsgrade (von 0 bis 3). Spalte C enthält eine Bewertung mit vereinfachter Zielgewichtung (Gewichtungen 1; >1; <1;). Spalte D) enthält die Bewertung mit abgestufter Zielgewichtung (1 bis 4).

Nach der ungewichteten Vorbewertung der Spalte A erhält das verdichtete Modell einen Pluspunkt mehr. Doch ist offensichtlich, daß sich diese Überlegenheit sehr schnell auflösen kann, wenn man berücksichtigt, daß das eine Modell dem anderen in einigen Punkten nur geringfügig überlegen bzw. unterlegen ist, daß demgegenüber die Differenz in anderen Punkten deutlicher ausfällt. Die unterschiedlichen Zielerfüllungsgrade müssen also mit berücksichtigt werden.

Setzt man das jeweils schlechtere Modell in jedem einzelnen Punkt gleich null, so könnte der Grad der Überlegenheit des anderen Modells beispielsweise in drei Stufen gestaffelt werden. Legt man eine solche gestaffelte Bewertung zugrunde, so kann sich beispielsweise ein Gleichziehen beider Modelle ergeben. Danach bleibt es also unsicher, welches Modell dem anderen vorgezogen werden sollte.

Um zu einem klareren Urteil zu kommen, müßten tiefergehende Untersuchungen angestellt werden, z. B. zu den Freizeitmöglichkeiten in beiden Systemen, zur Verkehrssicherheit und zu den Kosten. Solchen tiefergehenden Untersuchungen müßten konkretisierte Modelle zugrunde gelegt werden, die ein sicheres Urteil im Hinblick auf Vor- und Nachteile erlauben. Derartige Untersuchungen können sich aber auch als überflüssig erweisen, wenn sich zeigen sollte, daß die Gesamtbewertung durch unterschiedliche Gewichtung der einzelnen Kriterien zu einem klareren Ergebnis führt. Es hat den Anschein, daß dies tatsächlich so ist, daß nämlich diejenigen Gesichtspunkte, in denen die aufgelockerten Modelle den stark verdichteten überlegen sind, in der allgemeinen Meinung ein höheres Gewicht beanspruchen als die, in denen die verdichteten Modelle den aufgelockerten überlegen sind.

Setzt man für die Gesichtspunkte, die ein mittleres oder durchschnittliches Gewicht beanspruchen, den Gewichtungsfaktor eins (1) und für die Gesichtspunkte, die ein überdurchschnittliches Gewicht beanspruchen, den Gewichtungsfaktor größer als eins (>1) und für die Gesichtspunkte, die ein unterdurchschnittliches Gewicht beanspruchen, den Faktor kleiner als eins (<1), so ergibt sich bereits eine Überlegenheit des aufgelockerten Systems gegenüber dem verdichteten. Man kann dies weiter verdeutlichen, indem man 4 Gewichtungsstufen unterscheidet. Das kann in der Weise geschehen, daß man das durchschnittliche Gewicht gleich 2 setzt; ein deutlich unterdurchschnittliches Gewicht erhielte dann den Faktor 1, ein deutlich überdurchschnittliches Gewicht den Faktor 3, und ein stark überdurchschnittliches Gewicht den Faktor 4. So bekommt man ein durch Zahlen verdeutlichtes Bild von der Erheblichkeit der höheren Gewichtung des aufgelockerten Modells im Verhältnis zum verdichteten Modell.

Tabelle II Schrittweise Bewertung gegensätzlicher Siedlungsmodelle
(I = in Achsen verdichtet; II = aufgelockerte Streubesiedlung; GF = Gewichtsfaktor)

Kriterien	A ungew. I	A ungew. II	B ungew. I	B ungew. II	C GF	C gew. I	C gew. II	D GF	D gew. I	D gew. II	E I	E II	F ungew. I	F ungew. II	F GF	F gew. I	F gew. II	G ungew. I	G ungew. II	G GF	G gew. I	G gew. II
1. Wahlfreiheit																						
a) Wohnung	0	0	0	0	>1	0	0	3	0	0			0	0	3	0	0	0	0	3	0	0
b) Arbeitsplatz	+	−	1	0	1	1	0	2	2	0	+	+	1	0	2	2	0	1	0	2	2	0
c) Freizeit	0	0	0	0	>1	0	0	3	0	0	+	+	0	1	3	0	3	0	0	3	0	0
2. Interaktionsmöglichkeit																						
a) zu Fuß	+	−	2	0	1	2	0	2	4	0	●	●	2	0	2	4	0	2	0	4	8	0
b) ÖPNV	+	0	3	0	<1	<3	0	1	3	0	●	●	3	1	1	3	0	3	0	3	9	0
c) Auto	0	0	0	0	>1	0	0	3	0	0	+	+	0	0	3	0	3	0	0	1	0	0
3. Überschaubarkeit	+	−	1	0	<1	<1	0	1	1	0			1	0	1	1	0	1	1	1	1	0
4. Gestaltqualität																						
a) allgemein	0	0	0	0	<1	0	0	1	0	0			0	0	1	0	0	0	0	1	0	0
b) Wohnumfeld	−	+	0	2	>1	0	>2	3	0	6	●6+		0	3	4	0	12	0	3	3	0	0
5. Annehmlichkeit																						
a) persönl. Entfaltungsmöglichkeit	−	+	0	3	>1	0	>3	4	0	12	●	●	0	3	4	0	12	1	1	2	0	2
b) Wohnruhe	−	+	0	2	>1	0	>2	3	0	6	●	●	0	2	3	0	6	0	2	3	0	6
6. Sicherheit und Gesundheit																						
a) Verkehrssicherheit	+	−	1	0	<1	<1	0	1	1	0			1	0	1	1	0	2	0	4	8	0
b) Gesundheit	−	+	0	1	1	0	1	2	0	2			0	1	2	0	2	0	0	2	0	0
c) persönliche Sicherheit	+	−	1	0	>1	>1	0	3	3	0	+	+	0	1	3	0	3	3	1	3	3	0
7. Anpassungsfähigkeit																						
a) des Gesamtsystems	0	0	0	0	<1	0	0	1	0	0			0	0	1	0	0	0	0	1	0	0
b) der einzelnen Betriebseinheit	−	+	0	1	>1	0	>1	3	0	3	+	+	0	1	3	0	3	0	1	3	0	3
8. Kosten (Sparsamkeit)																						
a) Investitionskosten	−	+	0	1	>1	0	>1	3	0	3	+	+	0	1	3	0	3	0	0	3	0	0
b) laufende Kosten	+	−	1	0	<1	<1	0	1	1	0			0	0	1	1	0	1	0	1	1	0
Summe	7+	6+	10	10	<10	<10	>10		15	32						12	47				32	11
Unterschied	+	−	0	0		−	+		0 +17							+35					+21	

50

Die Zahlen als solche besagen zwar wenig, doch wird deutlich, daß das Ergebnis nicht durch eine geringfügige Umgewichtung oder Andersbeurteilung des einen oder anderen Modells entscheidend verändert würde. Immerhin ergeben sich Fragen im Hinblick auf die zuvor (Spalte B) vorgenommene Bewertung der gegensätzlichen Modelle.

Die kritischen Punkte sind in Spalte E herausgestellt. Dabei bedeutet das Pluszeichen, daß die vorgenommene *Bewertung* auf Grund des angenommenen hohen Gewichts überprüft werden müßte. So fragt sich beispielsweise, ob die beiden Modelle tatsächlich hinsichtlich der Wahlfreiheit der Wohnung oder der Freizeitmöglichkeit als gleichwertig zu beurteilen sind, oder ob es hier doch Unterschiede gibt, die in die Bewertung eingehen müßten.

Die mit einem Punkt markierten Zeilen besagen, daß die *Gewichtung* auf Grund der vorgenommenen Bewertung überprüft werden müßte. Es fragt sich beispielsweise, ob die Interaktionsmöglichkeiten im Fußgängerbereich und die Möglichkeit, Ziele mit dem ÖPNV zu erreichen so gering gewichtet werden können, ob dem Auto in dieser Hinsicht tatsächlich der Vorrang gebührt. Welche Gruppen würden im Sinne der hier angenommenen Gewichtung urteilen, welche etwa entgegengesetzt?

Die Bereiche, die sowohl einen Punkt als auch ein Pluszeichen erhalten, wären sowohl hinsichtlich der vorgenommenen Gewichtung als auch hinsichtlich der Wertung zu überprüfen.

Der Überblick, der mit einer solchen Tabelle ermöglicht wird, kann dazu beitragen, daß Präzisierungen nicht nur dort vorgenommen werden, wo vordergründige Quantifizierungen möglich erscheinen. Die Möglichkeit einer Rückkontrolle, welche Präzisierungen entscheidungsrelevant sein könnten, bleibt erhalten.

Wie bereits in Abschnitt IV 3 dargelegt, besteht bei den Entscheidungsträgern die Neigung, gefühlsmäßig anders zu entscheiden als verstandsmäßig. Bei einer gefühlsmäßigen Entscheidung spielen leitbildhafte Vorstellungen eine erhebliche Rolle. Es besteht die Neigung, die Bewertung und Gewichtung der einzelnen Aspekte auf Grund der Übereinstimmung mit dem Leitbild bzw. wegen Abweichungen vom Leitbild zu verschieben.

Wer von den Vorteilen der aufgelockerten Siedlungsweise von vornherein überzeugt ist, wird etwa hervorheben, daß die Wahlfreiheit hinsichtlich der Freizeitaktivitäten in der aufgelockerten Siedlungsweise größer sei als in der verdichteten. Er wird die Meinung vertreten, die aufgelockerte Siedlungsweise sei für die Abwicklung des Autoverkehrs günstiger. Die Wohnumfeldqualität sei entschieden besser als in verdichteten Siedlungsformen, und sie sei darüber hinaus auch höher zu gewichten. Im Hinblick auf die persönliche Sicherheit sei das aufgelockerte Modell eher dem verdichteten überlegen als umgekehrt. Die Bewertung könnte dann unter Berücksichtigung der anderen Gewichtung einzelner Punkte wesentlich günstiger für das aufgelockerte Modell ausfallen (Tab. II Spalte F).

Anders wird derjenige argumentieren, der sich bereits vorab für eine Verdichtung entschieden hat: Er wird beispielsweise betonen, daß der Möglichkeit, als Fußgänger oder mittels öffentlicher Verkehrsmittel die notwendigen bzw. erwünschten Kontakte aufzunehmen, wesentlich höher zu gewichten seien im Vergleich zu den Möglichkeiten der Kontaktaufnahme mit dem Auto. Auch in verdichteten Siedlungsformen könne eine hohe Wohnumfeldqualität erreicht werden. Diese Frage sei letztlich überhaupt nicht abhängig von der Dichte des Siedlungssystems, so daß beide Modelle in diesem Punkte prinzipiell gleich zu bewerten seien. Die persönlichen Entfaltungsmöglichkeiten seien ebenfalls in beiden Modellen als annähernd gleichwertig anzunehmen. Zwar könne eine geringfügige Überlegenheit des aufgelockerten Modells in diesem Punkt angenommen werden, doch sei dem im Grunde kein besonderes Gewicht beizumessen. Die Verkehrssicherheit, die in verdichteten Systemen mit gutfunktionierenden ÖPNV zu erzielen sei, müsse weit höher gewichtet werden als die eventuell geringfügige Überlegenheit des aufgelockerten Systems in allgemeiner gesundheitlicher Hinsicht. Schließlich wäre zu berücksichtigen, daß das weitläufige Erschließungsnetz aufgelockerter Siedlungen es insgesamt nicht gerechtfertigt erscheinen lasse, eine Überlegenheit des aufgelockerten Modells im Hinblick auf die Sparsamkeit im Bereich der Investitionskosten anzunehmen.

Versucht man die beiden jeweils das eine oder das andere Modell begünstigenden Bewertungen in das gleiche System wie die Ausgangsbewertung zu bringen, so wird im einen Fall (Spalte F) das nach Spalte D) bestehende Übergewicht des aufgelockerten Modells dominierend, im anderen Fall (Spalte G) wird das in Spalte D errechnete Übergewicht des aufgelockerten Modells ins Gegenteil verwandelt. Die Schwierigkeit, zu einem eindeutigen Urteil zu kommen, wird damit deutlich. Allerdings kann festgehalten werden, daß selbst bei einer das verdichtete Modell begünstigenden Bewertung die Überlegenheit dieses Modells nicht so deutlich in Erscheinung tritt, wie die Überlegenheit des aufgelockerten Modells bei Begünstigung des letzteren.

7. Schlußbemerkungen

Im Rahmen dieser Abhandlung kann nur das Verfahren der vergleichenden Modellbewertung angedeutet werden. Entscheidendes Merkmal dieses Verfahrens ist die schrittweise Vorgehensweise, die so angelegt ist, daß der Überblick über das Gesamtsystem erhalten bleibt und Präzisierungen nur insoweit vorgenommen werden, als diese zur Klärung wirklich beitragen können. Präzisierungen sind für ein abschließendes Urteil zweifellos erforderlich. Wichtiger aber als die zahlenmäßige Konkretisierung von Detailaspekten erscheint die Verdeutlichung der Hauptproblembereiche.

Der eine Problemkomplex liegt in der Wertung der Modelle. Die hier bestehenden Unsicherheiten lassen sich durch eine weitere Konkretisierung der Modelle und der Kriterienliste verringern. Z. B. muß im Hinblick auf das Kriterium Wahlfreiheit der Freizeitmöglichkeiten genauer zum Ausdruck gebracht werden, welche Freizeitmöglichkeiten gemeint sind bzw. in Frage kommen. Danach wäre es dann möglich, mit größerer Sicherheit, die gegensetzlich strukturierten Modelle zu bewerten. Man kann dann sagen, für die Freizeittätigkeit Gartenarbeit bietet das aufgelockerte Modell sicherlich bessere Möglichkeiten als das verdichtete. Für die Möglichkeit des Theaterbesuchs oder gar die Mitwirkung in einer Laienspielgruppe bietet demgegenüber das verdichtete Modell bessere Chancen. Dieser Aspekt ließe sich weiter präzisieren: Wie groß ist die Zahl der Theaterbesucher unter 1000 Einwohnern? Welche Einzugsbereiche ergeben sich daraus?

Der andere Problemkomplex ist der der Gewichtung. Dieser läßt sich durch wissenschaftliche Untersuchungen weit weniger leicht präzisieren, d. h. um bei dem genannten Beispiel zu bleiben: Ob der Freizeitbeschäftigung Gartenarbeit ein höheres Gewicht beizumessen wäre oder der Freizeitbeschäftigung Theaterbesuch wird jeder anders beurteilen. Es erscheint lediglich möglich, im Rahmen wissenschaftlicher Untersuchungen die einzelnen Bevölkerungsgruppen nach ihrer Präferenzstruktur zu bestimmen und ihren Anteil an der Gesamtbevölkerung einschließlich erkennbarer Tendenzen festzustellen. Um mögliche künftige Entwicklungen abzuschätzen, können darüber hinaus Modelle einer künftigen Gesellschaft (Scenarien) erarbeitet werden, die sich in ihrer Präferenzstruktur mehr oder weniger weit von der heute erkennbaren Präferenzstruktur unterscheiden. Solche „Gesellschaftsmodelle" lassen sich bestimmten Siedlungsmodellen zuordnen, indem die für sie charakteristischen Wertungen in den oben beschriebenen Bewertungsrahmen übertragen werden. So ließe sich beschreiben, unter welchen Voraussetzungen mit einer Abkehr von dem heute angestrebten Siedlungsmodell zu rechnen wäre und umgekehrt, welche Veränderungen der gesellschaftlichen Rahmenbedingungen sich nicht als raumbedeutsam erweisen werden.

Für die Gegenwart kann jedoch aus der tatsächlichen Entwicklung, die wir beobachten können, gefolgert werden, daß die Entscheidungsträger, die diese Entwicklung bestimmen, eine Gewichtung vornehmen, die eine aufgelockerte Besiedlung begünstigen[30]), d. h. eine Gewichtung, die irgendwo zwischen den Gewichtungsalternativen D und F (Tab. II) liegt. Und es kann die Vermutung geäußert werden, daß die feststellbare Diskrepanz zwischen tatsächlicher Entwicklung, die auf eine fortschreitende Auflockerung hinausläuft, und raumplanerischen Zielen auf einer unterschiedlichen Präferenzstruktur derjenigen beruht, die die gegenwärtige Entwicklung tatsächlich bestim-

---

[30]) RICHRATH sieht eine ähnliche Diskrepanz zwischen den Wohnwünschen der Bevölkerung (Hauptinteresse von Wohnruhe und Landschaftsbezug) und der in den Achsenkonzeptionen unterstellten Priorisierung der Erreichbarkeit von Arbeitsplätzen und zentralen Einrichtungen. Vgl. Richrath 3.218/3.308/4.10'.

men einerseits — als solche sind insbesondere die Investoren, die großen ebenso wie die Vielzahl der kleinen Investoren zu nennen — und den Trägern der Raumordnungspolitik andererseits. Hier spielen etwa eine hohe Gewichtung der persönlichen Unabhängigkeit und des Autos als entscheidendem Fortbewegungsmittel auf der einen Seite und die Kosten notwendiger Infrastruktureinrichtungen, die bei sinkender Bevölkerungsdichte pro Kopf steigende Tendenz haben, sowie die Bevorzugung des ÖPNV als ein Verkehrsmittel, das auch die freie Ortsveränderung derjenigen gewährleistet, die nicht über ein Auto verfügen, auf der anderen Seite eine erhebliche Rolle[31]).

Es kann nun nicht behauptet werden, daß die hier kurz skizzierte Präferenzstruktur der Investoren grundsätzlich im Widerspruch stünde zu den übergeordneten Zielen der Raumordnung und Landesplanung (Berücksichtigung der sozialen und kulturellen Bedürfnisse der Bevölkerung und der freien Entfaltungsmöglichkeit der Persönlichkeit in der Gemeinschaft). Insofern würde es auch nicht einer Aufgabe von Grundprinzipien der Raumordnung und Landesplanung gleichkommen, wenn einem Siedlungsmodell stärkere Chancen eingeräumt würden, das den Vorstellungen der Investoren eher entspräche als das Achsenmodell.

---

[39]) Vgl. EBERLE 4.5.

Achsen im Aktionsraum privater Haushalte

Zur planerischen Bedeutung empirischer Befunde aus dem Bereich der Achse Ingolstadt-München

von
Heiner Dürr, München

INHALT

Vorbemerkungen

I. Aktionsräumliche Forschung (ARF) und räumliche Planung
  1. Der aktionsräumliche Frageansatz
  2. Skizze regionalpolitischer Anwendungsfelder

II. Grundelemente des empirischen Untersuchungsprogramms
  1. Leitfragestellungen
  2. Bestimmen des Untersuchungsgebietes und der Erhebungs- und Analyseeinheiten
  3. Sozioökonomische Merkmale der befragten Haushalte

III. Wunsch-, Wahrnehmungs- und Aktionsräume der Wohnbevölkerung im Achsenbereich Ingolstadt-München
  1. Wunschräume
  2. Wahrnehmungs- und Kenntnisfelder
  3. Ausgangsfrequenzen und -distanzen
  4. Güterspezifische Ortspräferenzen
  5. Zusammenfassung der empirischen Resultate

IV. Planerische Schlußfolgerungen
  1. Ansatzpunkte für aktionsräumlich wirksame Maßnahmen
  2. Technokratische Empfehlungen für ein Aktionsraum-Programm
  3. Zur Kritik an aktuellen aktionsräumlich relevanten Raumordnungsmaßnahmen
  4. Überlegungen zu einer Aktionsraum-Strategie

Literatur

Vorbemerkungen

Das Forschungsvorhaben, dessen ausgewählte Ergebnisse im folgenden dargestellt und auf die Problematik regionaler Entwicklungsachsen bezogen werden, wurde im Studienjahr 1972/73 als sogenanntes Projektseminar am Geographischen Institut der TU München begonnen. Hauptziel dieser Lehrveranstaltung war es, Studenten mittlerer Semester mit den Hauptschritten einer theoriegeleiteten und zugleich praxis- und problembezogenen empirischen Untersuchung vertraut zu machen. Das Oberthema des Seminars, „Aktionsräume von Haushalten im ländlichen Raum", beschreibt ein Forschungsfeld, an dessen theoretischer Begründung, konzeptioneller Aufbereitung und empirischer Absicherung bis dahin mehrere Mitarbeiter des Instituts gearbeitet hatten und zum Teil bis heute arbeiten[1]).

Zwei aktuelle Problembezüge aktionsräumlicher Befunde boten sich seinerzeit an: die Gebietsreform in Bayern befand sich mit der bevorstehenden bzw. laufenden Anhörung der Gemeinden in einem vorentscheidenden Stadium, und die mit der kommunalen Gebietsneugliederung sachlich zusammenhängende Bestimmung von Kleinzentren und ihren Einzugsbereichen war gleichfalls aktuell. Als drittes Anwendungsfeld rückte kurz nach Beginn der Veranstaltung die Achsenproblematik ins Blickfeld, nachdem der Verfasser Gelegenheit zur Mitarbeit im Arbeitskreis „Entwicklungsachsen" der AKADEMIE FÜR RAUMFORSCHUNG UND LANDESPLANUNG bekommen hatte.

Durch einen Forschungsauftrag, der mit einem nennenswerten Geldbetrag gefördert wurde, hat es die Akademie dankenswerterweise ermöglicht, den Umfang der Befragungen von Haushalten über das Maß hinaus auszudehnen, das bei alleiniger Rücksichtnahme auf hochschuldidaktische Zielsetzungen vertretbar gewesen wäre. Nur dadurch konnte das Vorhaben auf eine akzeptable empirische Grundlage gestellt werden.

Die vorliegende Ausarbeitung beschränkt sich ganz auf den Anwendungsbereich Achsen und stellt auch in dieser Hinsicht nur die ganz unmittelbar problem- und planungsrelevanten Resultate dar. Der umfangreichere Gesamtbericht ist an anderer Stelle erschienen[2]). Dort werden die theoretischen Prämissen des Forschungsvorhabens sowie seine konzeptionelle Anlage (Auswahl forschungsleitender Hypothesen, Definition und Operationalisierung von Grundkonzepten, Festlegen der Testniveaus u. a.) und praktische Durchführung (Stichprobenauswahl, Fragebogen, Datenverarbeitung, Testverfahren u. a.) mit der gebotenen Ausführlichkeit dargestellt. Für eine intersubjektive Überprüfung der empirischen Resultate sind diese Informationen unentbehrlich; allein die Existenz dieser ergänzenden Publikation ließ die oft stark verkürzenden Darstellungen im folgenden Text vertretbar erscheinen. Abgesehen von ganz vereinzelten Passagen, in denen neuere Literatur verarbeitet wurde, wurde das Manuskript im Juni 1977 abgeschlossen.

I. Aktionsräumliche Forschung (ARF) und räumliche Planung

1. Der aktionsräumliche Frageansatz

Aktions- und Aktivitätsraum; erlebter, Wahrnehmungs- und Sozialraum; Kontakt-, Informations- und Identifikationsfeld: diese beschreibenden und erklärenden Grundkonzepte der aktionsräumlichen Forschung (im folgenden: ARF) finden neben älteren verwandten Kategorien, wie Nachbarschaft und Quartier, zunehmende Beachtung sowohl in raumwissenschaftlichen Forschungsdisziplinen[3]) als auch in der stadt- und regionalplanerischen Praxis.

---

[1]) Vgl. — in chronologischer Reihenfolge — GANSER 1969; KLINGBEIL 1969; DÜRR 1972; V. KREIBICH 1972; nach Abschluß des Praktikums dann auch B. KREIBICH 1977 und erneut KLINGBEIL 1977 und 1978.

[2]) H. DÜRR: Planungsbezogene Aktionsraumforschung — Theoretische Aspekte und eine empirische Pilotstudie, Hannover 1979. (Akademie für Raumforschung und Landesplanung, Beiträge, Bd. 34).

[3]) Im deutschsprachigen Bereich können dafür zwei neuere Publikationen als symptomatisch gelten: die Aufnahme des programmatischen CHAPIN-Artikels aus dem Jahre 1965 in eine weit verbreitete Textsammlung (ATTESLANDER/HAMM, Hrsg. 1974) und die u. W. erste zusammenfassende kritische Darstellung der ARF in einem an einen breiteren Leserkreis gerichteten Taschenbuch durch FRIEDRICHS (1977).

Der Frageansatz der ARF ist heute aufzufassen als Teil des umfassenderen zeitgeographischen Betrachtungsmodells, dessen Entwicklung vor allem der Forschergruppe um T. HÄGERSTRAND in Lund/Schweden zu verdanken ist. In ihrer time geography geht es um einen Aspekt, der mit der Formel Timing Space and Spacing Time[4]) am umfassendsten gekennzeichnet wird. Konkreter: Es geht um die Erklärung der zeiträumlichen Ausprägung menschlichen Interaktionsverhaltens. Wer übt wo wann wie oft seine außerhäuslichen Aktivitäten aus, und weshalb verhält er sich so? Welche räumlichen Netzwerke und zeitlichen Sequenzen sind beobachtbar, wenn Menschen zum Zwecke ihrer Bedürfnisbefriedigung „funktionierende Stätten" in ihrer näheren und weiteren Umgebung aufsuchen? Und welche Einflußgrößen wirken auf diese Interaktionsmuster ein? Schließlich: Wie verändern sie sich im Zuge sozialökonomischer Entwicklungen und unter dem Einfluß planerischer Eingriffe?

2. Skizze regionalpolitischer Anwendungsfelder

Aktionsräumliche Fragestellungen können im Prinzip auf alle in einem räumlichen System handelnden Akteure bezogen werden. Nicht nur in Privathaushalten, sondern auch in Firmen und öffentlichen Dienststellen werden tagtäglich unzählige Entscheidungen getroffen, auf Grund derer punktuelle und flächenhafte Raumelemente auf sichtbaren oder unsichtbaren Kommunikationslinien miteinander in Verbindung gebracht werden, so daß Verkehr entsteht. Selbst wenn man nur die sichtbaren dieser Raumverflechtungen in einem gegebenen Teilraum erfassen wollte[5]), entstünde ein extrem hoher Operationalisierungsaufwand. Auch aus diesem Grunde blieb die vorliegende Studie auf das Außenverhalten privater Haushaltungen beschränkt, genauer auf die räumliche Komponente von Zeit-Raum-Pfaden, die Mitglieder der befragten Haushalte in ihrer Eigenschaft als Privatpersonen benutzen. Von der Gesamtmenge der Interaktionsbeziehungen im Untersuchungsgebiet wird damit nur ein kleiner Teil berücksichtigt.

Die Bedeutung auch derart partieller aktionsräumlicher Kenntnisse für räumliche Entwicklungsprobleme und -prozesse ist offenkundig und wird von privaten und öffentlichen Planungsträgern immer klarer erkannt. Tatsächlich lassen sich bestimmte raumwirksame Prozesse (z. B. räumliche Mobilität, räumliche Identifikation) und Probleme (z. B. Entleerung peripherer Gebiete, Versorgungsdefizite in Stadtrandsiedlungen) vielfach auf Diskrepanzen zwischen erwünschten und realisierbaren Aktionsräumen der betroffenen Bevölkerung zurückführen. Dementsprechend setzen sich regionalpolitische Programme oftmals das Teilziel, solche Diskrepanzen zu verringern, d. h. für möglichst viele Bürger „zumutbare", „akzeptable" oder „bedürfnisgerechte" Aktionsräume zu schaffen.

Diesem Ziel kommt hohe Priorität zu — zumal in Ländern wie der Bundesrepublik Deutschland, die sich sozialen und räumlichen Ausgleichszielen verschrieben haben. Die Raumordnungspolitik soll in solchen Ländern dazu beitragen, Armut abzuschaffen und entstehenden Wohlstand gleichmäßiger zu verteilen. Akzeptiert man aber, daß Armut nicht allein in Form monetären Mangels vorkommt, sondern beispielsweise auch als Mangel an Zeit und/oder Raum (HÄGERSTRAND 1970, 20) und daß die egalitären Wohlfahrtsziele für alle Formen der Armut gelten, dann bekommen aktionsräumliche Aspekte einen hohen gesellschaftspolitischen Stellenwert. Im Hinblick auf die längst nicht abgeschlossene Diskussion um die „Lebensqualität" könnten die innerhalb einer bestimmten Zeit zugänglichen Einrichtungen einen relativ gut operationalisierbaren Indikator darstellen. Zwar wäre die Formel „gleiche Lebensqualität durch gleichwertige Aktionsraumpotentiale" zu einfach, aber sie verdiente gründlichere Diskussionen in Forschung und Raumordnung als bisher.

Eine detaillierte Darstellung der Bedeutung aktionsräumlicher Überlegungen für die Regionalpolitik ginge über den Rahmen dieses Berichts hinaus[6]). Es seien lediglich einige Problemfelder an Beispielen aus der bayerischen Landesentwicklungsplanung kurz erläutert, für deren wissenschaft-

---

[4]) So der Obertitel einer neuen dreibändigen Sammlung von zeitgeographischen Arbeiten: CARLSTEIN/PARKES/THRIFT (ed.) 1978.
[5]) Vgl. zu diesem umfassenden Untersuchungsansatz HÄGERSTRAND 1973; außerdem auch LANGE 1972.
[6]) Eine ausführlichere Liste möglicher Anwendungsfelder der ARF nennt und kommentiert KOFOED 1970, 141 ff.

liche Erfassung, politische Begründung und praktische Lösung aktionsräumliche Analysen größere Bedeutung erlangen können:

1. Regionalpolitische Ziel- und Mittelsysteme
    1.1 Formulierung übergeordneter regionalpolitischer Strategien
    1.2 Bestimmung flächenhafter, punktueller und linear-axialer Instrumente der Regionalpolitik (z. B. Planungsregionen bzw. zentrale Orte bzw. Entwicklungsachsen)
2. Verwaltungsgebietsgliederung (alle Stufen)
3. Standortwahl für Produktions- und Dienstleistungseinrichtungen öffentlicher und privater Träger.

Oberziel der bis heute nicht vollständig abgeschlossenen Neugliederung administrativer und planerischer Gebietseinheiten war und ist es, die aus der vor- und frühindustriellen Zeit stammende Gebietseinteilung den Bedingungen des industriellen Zeitalters anzupassen. Von Anfang an wurde dieses Ziel von den öffentlichen Planungsträgern auch aktionsräumlich begründet. So sollten auf allen Stufen der Gebietshierarchie, von den Gemeinden bis hin zu den Bezirken, Einheiten mit Verkehrsentfernungen geschaffen werden, die von der Bevölkerung im Hinblick auf die jeweiligen Hauptreisezwecke toleriert würden. Die diesbezüglichen Richtwerte basieren vielfach auf Annahmen über ein verändertes Raumverhalten der Bevölkerung, wie sie etwa in der Begründung gleich des ersten Reformschritts, der im Juli 1972 abgeschlossenen Kreisreform, zu finden sind[7]:

— „die gesteigerte Beweglichkeit durch stetig verbesserte Verkehrsverhältnisse, die zu einer Vergrößerung des Lebensraumes führt", . . .

— „die höhere Bereitschaft der Bevölkerung, Wohnsitz und Arbeitsplatz auch über größere Entfernungen zu wechseln (Bevölkerungsmobilität)"[8].

Damit war eine Grundnote der Weiträumigkeit und Mobilitätsintensität angeschlagen, die in den folgenden Phasen der Gebietsreform immer wieder anklang und die insbesondere auch für die Begründung der Entwicklungsachsenpolitik eine wichtige Rolle spielte. Ein zweiter, eher lokalistischer Grundton des Reformwerks ist dagegen aus Konzepten wie „Bürgernähe", „Überschaubarkeit" und „Heimatverbundenheit" herauszuhören; er begleitet vor allem die Reform auf den unteren Stufen der Gebietshierarchie. Zwischen diesen beiden Prinzipien besteht ein partieller Widerspruch, der u. W. an keiner Stelle der bayerischen Landesentwicklungsplanung klar aufgedeckt und analysiert wird.

Die aktionsräumlichen Begründungen regionalpolitischer Mittelsysteme bleiben außerdem deshalb oft unbefriedigend, weil die Erreichbarkeitsnormen zu pauschal verwendet werden. Das gilt erstens in sozialer Hinsicht. Die empirische ARF konnte vielfältig belegen, daß die aktionsräumliche Orientierung und die Distanzempfindlichkeit verschiedener Sozialgruppen und -schichten bei gleicher objektiver Raumstruktur zuweilen starke Unterschiede aufweisen. So unvermeidlich eine einheitliche Verwaltungspraxis aus der Sicht gerade öffentlicher Planungsträger erscheinen mag, so wichtig wäre es, zu fragen, ob die dabei benutzten Normen nicht nur einem Teil der Bevölkerung gerecht werden und, falls das zutrifft, welchem Teil der Bevölkerung sie am besten entsprechen. Mit der teils impliziten, teils expliziten Annahme der „Einräumigkeit von Funktionsbeziehungen" nehmen die Planungsträger in Bayern zweitens auch unter räumlichem Aspekt grobe, kaum haltbare Vereinfachungen vor. In einem verkehrsmäßig gut erschlossenen Gebiet mit großer Angebotsvielfalt decken die Privathaushaltungen nicht nur ihren gesamten Bedarf an Gütern und Dienstleistungen an mehreren Orten, sondern besorgen oftmals auch ein spezielles Gut zu verschiedenen Zeiten

---

[7] Auf welchen wissenschaftlichen und/oder politischen Grundlagen diese Annahmen beruhen — im Verlauf der Reform wurden sie übrigens nicht selten als Normen verstanden oder gar willentlich mißbraucht —, ließ sich in keinem der verwendeten Materialien der bayerischen Ministerien und anderer Dienststellen finden. Vgl. zum „ideologischen" Charakter solcher Annahmen unten, Anm. 10.

[8] Bayer. Staatsministerium des Innern (Hrsg.) 1971: Gebietsreform Bayern. Neugliederung der Landkreise und kreisfreien Städte, München. S. 69. Auch in: Bayer. Landtag (Hrsg.), Drucksache 7/1445 vom 10. November 1971.

an unterschiedlichen Stellen. Diese Mehrpoligkeit der Nachfrageorientierung, die insbesondere in ballungsnahen Teilen des ländlichen Raumes weit verbreitet zu sein scheint (vgl. z. B. Dürr 1972), müßte bei der Analyse und Planung von Einzugsbereichen stärker berücksichtigt werden[9]. Sie ist insbesondere auch für die Frage wichtig, ob und inwieweit punktuelle und axiale Raumstrukturelemente konkurrierend oder komplementär genutzt werden.

Aus diesem Zusammenhang heraus sei schließlich noch ein umfassender Problemkreis der Regionalpolitik angesprochen, der die empirische ARF vor neue Aufgaben stellen wird. Vor dem Hintergrund jüngerer, anhaltender Entwicklungen in der Bundesrepublik, die erst nach Abschluß unserer Untersuchungen voll einsetzten, ist zu fragen, ob eine künftige Aktionsraumpolitik nicht überhaupt an anderen, bescheideneren Richtwerten auszurichten sei als bisher. Zur Erhebungszeit war das Modell weiträumiger, oberzentrenorientierter Raumverflechtungen für Privathaushalte noch gängig und weitgehend unverdächtig. Es herrschte sozusagen eine Ideologie[10] der aktionsräumlichen Weiträumigkeit. Das Instrument Achse kann als spätes, aber besonders typisches Ergebnis dieses raumordnungspolitischen Zeitgeistes gelten. Inzwischen wird er längst nicht mehr allseits akzeptiert. Die Engpässe in der Energieversorgung; die unterdurchschnittliche Zunahme oder gar der Verlust von Arbeitsplätzen im ländlichen Raum; die mangelnde Bereitschaft der Arbeitnehmer, den relativ gestiegenen Beschäftigungschancen in den Ballungsräumen durch Mobilität Rechnung zu tragen[11]: All das hat dazu beigetragen und wird künftig noch stärker dazu zwingen, alternative, kurzwegige Raumstrukturmodelle für den ländlichen Raum zu durchdenken. Die Diskussion um die „stabilitätsorientierte Regionalpolitik des mittleren Weges", deren zentrales Instrument, der „ausgeglichene Funktionsraum", für viele Privathaushaltungen ja auch kleinere Aktionsräume impliziert, ist ein wichtiger Schritt in diese Richtung gewesen. Einen weiteren hat jüngst STIENS (1977) getan, als er unter Rückgriff auf schwedische ARF-Studien zur Interaktion von Geschäftsleuten neue, kurzwegigere Modelle zur Raumstruktur im ländlichen Raum zur Diskussion stellte.

---

[9] In den Stellungnahmen, die die Gemeinden des Untersuchungsgebietes zum Reformschritt „Bestimmung der Kleinzentren und ihrer Nahbereiche" abgeben, finden sich immer wieder Beispiele, in denen die Mehrpoligkeit der sozio-ökonomischen Verflechtungen als Argument für oder gegen eine bestimmte Nahbereichszuordnung verwendet werden. — Daß die Mehrfachorientierung in der bekannten „empirischen Umlandmethode" der zentralörtlichen Bereichsabgrenzung (dazu z. B. KLUCZKA 1971) völlig vernachlässigt wird, ist eine der methodischen Schwächen dieses Verfahrens.

[10] Ideologie in dem Sinne, daß eine Reihe offenbar unzureichend geprüfter — zumindest nicht ohne weiteres nachvollziehbarer — Annahmen zur Grundlage dieser Politik gemacht wurde.

[11] Bekanntlich waren von den 430 Millionen DM, die im Sommer 1976 zur Förderung der regionalen Mobilität von Arbeitnehmern bereitgestellt wurden, bis Mai 1977 nur 112 Millionen DM in Anspruch genommen worden (SZ, 7./8. Mai 1977). Dem Phänomen „Mobilitätsbereitschaft" einmal gezielt aus aktionsräumlicher Perspektive nachzugehen, erscheint auch deshalb lohnend, weil die Bedeutung von Erreichbarkeitsvorteilen für die Wohnstandortwahl und -persistenz privater Haushalte offenbar umstritten ist. Während CHAPIN/HIGHTOWER (1966, 7) im „mix of accessibilities" einen diesbezüglich wichtigen Entscheidungsfaktor sehen, hält KISTENMACHER (1976, 9) Erreichbarkeitsvorteile bei der Wohnstandortwahl privater Haushaltungen für wenig bedeutsam.

II. Grundelemente des empirischen Untersuchungsprogramms

1. Leitfragestellungen

Der theoretische und konzeptuelle Rahmen der Studie soll an dieser Stelle nur knapp in Form eines Modells wiedergegeben werden (Abb. 1); im ergänzenden Forschungsbericht werden die Auswahl der Variablen begründet und die Einzelkonzepte expliziert. Aus diesem weiten Interpretationsrahmen wurden die folgenden, auf den Problemkreis Entwicklungsachsen zugespitzen Leitfragestellungen abgeleitet[12].

Abb. 1   *Analyseschema für aktionsräumliches Verhalten von Haushaltsmitgliedern*
(aus: KLINGBEIL 1978, S. 29, geringfügig modifiziert)

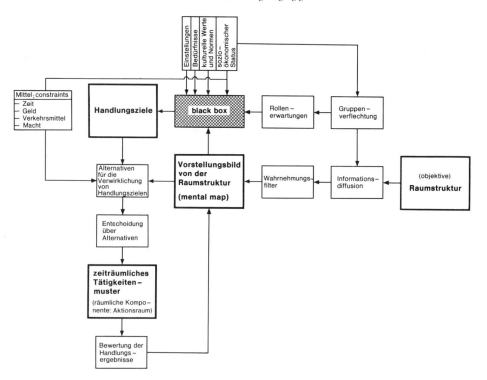

Die Bestandsaufnahme und Analyse aktionsräumlicher Grundmuster orientiert sich vor allem an folgenden Fragen:

— Welche aktionsräumliche Grundorientierung weisen die Bewohner im Einzugsbereich einer Achse auf? Sind ihre Aktionsräume axial gestreckt, d. h. beeinflussen die mit der Achse beabsichtigten Erreichbarkeitsvorteile ihr verkehrsräumliches Verhalten? Und wenn ja, bei welchen Aktivitäten trifft das in welchem Maße zu?

— Welche gruppenspezifischen Unterschiede der Aktionsräume sind feststellbar? Als Merkmale der Bevölkerungsgruppierung kommen dabei in erster Linie die unabhängigen Variablen der Übersicht 1 in Betracht.

---

[12] Der Arbeitskreis Entwicklungsachsen hatte in der Frühphase seiner Arbeit die folgenden Aspekte in den Mittelpunkt gerückt: „Funktionen und Interaktionen in den Achsen, räumliche Dimensionen der einzelnen Funktionsbereiche, Auswirkungen gebietskörperschaftlicher Strukturen auf Planung und Realisierung der Achsenpolitik" (KISTENMACHER 1976, 2; vgl. außerdem EBERLE 1976, 242).

Übersicht 1 Wichtige abhängige und unabhängige Variable der Untersuchung

abhängige Variablengruppe — Variable	SPSS-NAME	p*)	unabhängige Variablengruppe — Variable	SPSS-NAME	p*)
Wunschräume			*Aktuelle Raumstruktur*	SUBFILE	2
— allgemeine Distanzempfindlichkeit bei Fußwegen und Autobenutzung	FUBEQUZT AUBEQUKM AUBEQUZT		— Wohngemeinde — Wohnplatz	WOHNPLTZ	10
— einrichtungs- und aktivitätenspezifische Wunschdistanzen (22 Einrichtungen)	PDLZTZUM DZAPOTH ...	je 3	*Raumspezifische Haushaltsmerkmale* — Herkunftsort(e) — Wohndauer — Arbeitsort des HH-Vorstandes	ZUZUGORT DATZUZ ORTARBTA	5
Wahrnehmungsräume			— Kombination von Arbeitsorten bei Doppelverdienern	ARBTORTE	9
— Kenntnis/Nutzung von Richtungs-/Entfernungs-Sektoren (Indikator: Apotheken, Kaufhäuser)	AP 01 .... AP 16 KH 01 .... KH 11	je 4	*Sozioökonomische Merkmale* — Beruf des Haushaltungsvorstandes — Familieneinkommen — Autobesitz — Phase im Lebenszyklus	BERUFKA FAMEINKM PKWANZL HHTYP	8
Aktionsräume					
— ortsspezifische Nutzungsfrequenzen (9 Orte)	REICH PAF	je 5			
— Gesamtfrequenz von Außenaktivitäten	AUSGZAHL	6			
— güterspezifische Ortsbesuchsprofile (12 Güter/Dienstleistungen)	BROT SPARBANK MOEBEL ...				

*) p = Zahl der Ausprägungen in der Analysephase der Untersuchung

Anm.: Variable, die im Laufe der Studie sowohl als abhängige wie als unabhängige Größe benutzt wurden (z. B. ORTARBTA), sind hier nur unter ihrer jeweiligen Hauptverwendung aufgeführt.

— Welche zeitliche, sequentielle Entwicklung nehmen Wahrnehmungs- und Aktionsräume? Läßt sich mit zunehmender Wohndauer und stabiler werdendem Informationsfeld eine regelhafte aktionsräumliche Umorientierung beobachten?

— Welchen Haupteinflußfaktoren unterliegen die aktionsräumlichen Ausformungen und ihre zeitlichen Veränderungen? Hier interessieren außer den aktuell auf die Haushalte einwirkenden raumstrukturellen und sozioökonomischen constraints auch die unterschiedlichen Bedürfnisniveaus der Haushalte sowie ihre früheren aktionsräumlichen Erfahrungen.

Zur Überleitung der empirisch gewonnenen Resultate in den Planungsbereich werden vor allem die folgenden Fragen gestellt:

— Sind die Unterschiede zwischen gruppenspezifischen Raumansprüchen so beträchtlich, daß die gängigen Pauschalannahmen der Regional- und speziell der Entwicklungsachsenpolitik über aktionsräumliche Einstellungen und Verhaltensweisen „der" Bevölkerung als Planungsgrundlage fragwürdig werden?

— Sind im Achsenbereich durch die jüngsten administrativen und planerischen Reformen Gebietseinheiten entstanden, die den amtlichen Annahmen und Intentionen entsprechen? Decken sich die neu entstandenen Verwaltungs- (Gemeinden, Kreise) und Planungs- (Nahbereiche, Regionen)-Räume mit den Aktionsräumen der Bevölkerung? Wird das Reformwerk also seinem Anspruch gerecht, eine bedürfnisgerechtere Raumstruktur zu schaffen?

— Läßt sich eine axiale Raumorganisation mit dem Ziel, der Bevölkerung eine bedürfnisgerechte Versorgung zu gewähren, mit der überkommenen, aus vorindustrieller Zeit stammenden Raumstruktur in Einklang bringen? Welche Möglichkeiten der Aufgabenteilung zwischen den beiden Raumstrukturen sind denkbar?

Der Bezug der Studie zur regionalplanerischen Praxis wird aber notwendigerweise vage bleiben. Das liegt nur zum Teil am erwähnten unbefriedigenden Ausbaugrad der aktionsräumlichen Forschung. Ebenso wichtig ist, daß Regionalplanung und -politik, wie gleichfalls geschildert, bisher nur höchst allgemeine qualitative Normen bezüglich der Größe und Konfiguration von Aktionsräumen entwickelt haben. Quantitative Werte gibt es nur ganz vereinzelt. Insgesamt gesehen reichen die vorhandenen Richtwerte jedenfalls nicht aus, um aus empirischen Befunden mehr als allgemeinste Schlußfolgerungen zu ziehen. Deren Übersetzung in konkrete Maßnahmen muß offen bleiben. Die Frage, ob und welche „Infrastrukturmaßnahmen und Nutzungszuordnungen ... das Interaktionsverhalten der Bewohner tatsächlich beeinflussen" (EBERLE 1976, 242), kann von der Aktionsraumforschung behandelt werden. Die für eine Anwendung ihrer Ergebnisse notwendige Frage, inwieweit solche aktionsraumwirksame Mittel eingesetzt werden sollen, ist zuallererst eine Frage der Raumordnungspolitik.

2. Bestimmen des Untersuchungsgebietes und der Erhebungs- und Analyseeinheiten

Um den in Übersicht 1 skizzierten Analyserahmen auszufüllen und zu den Fragestellungen des Arbeitskreises beitragen zu können, sollte das Untersuchungsgebiet

— in einem Achsenabschnitt liegen, dessen Wohnbevölkerung hinsichtlich wichtiger Erklärungsvariablen größere Differenzierungen aufweist;

— sowohl in längs- wie in queraxialer Richtung mehrere Standorte mit ähnlicher Erreichbarkeit und vergleichbarer Ausstattung bieten;

— hinsichtlich der administrativen und planerischen Gebietsgliederung umstritten, zumindest aber nicht eindeutig zuordbar sein.

Die Untersuchungsgemeinden Paunzhausen (Landkreis Freising) und Reichertshausen (Landkreis Pfaffenhofen an der Ilm)[13] werden diesen Anforderungen mit Ausnahme eines Teilpunktes

---

[13] Die beiden Gemeinden werden im folgenden auch als engeres Untersuchungsgebiet bezeichnet, im Unterschied zum weiteren Untersuchungsraum, der den gesamten Bereich entlang der Achse München-Ingolstadt einschließt.

gerecht. Zwar ist die kilometrische und zeitliche Verkehrsdistanz zu den CBDs der beiden Achsenendpunkte, München und Ingolstadt, mit 30 bis 35 bzw. 35 bis 40 Autominuten etwa gleich, doch die Angebotsvielfalt Münchens liegt um ein Vielfaches über der Ingolstadts. Zudem ist das engere Untersuchungsgebiet durch den öffentlichen Personennahverkehr weitaus besser an München angeschlossen (bis Petershausen reichende S-Bahn-Linie, die in Hauptverkehrszeiten im 20-, ansonsten im 40-Minuten-Takt verkehrt).

Mit Hilfe eines weitgehend standardisierten Fragebogens wurden in den beiden Untersuchungsgemeinden an vier Werktagen im Sommer 1973 220 Haushalte mit insgesamt 939 Mitgliedern persönlich interviewt. Nach ihrer Wohngemeinde werden sie im folgenden zuweilen als P- (Paunzhausen) Gruppe (n = 109) und R- (Reichertshausen) Gruppe (n = 111) bezeichnet. Diese 220 Haushalte bilden die Grundgesamtheit der Untersuchung. Verallgemeinerungen auf einen größeren Teil der Wohnbevölkerung im Achseneinzugsgebiet sind methodisch unzureichend abgesichert, wenn sie dennoch gemacht werden, also mit größter Vorsicht aufzunehmen[14]).

Wie komplex eine aktionsräumliche Studie sein wird, hängt maßgeblich von der Aggregationsebene ab, auf der die Erhebung und Analyse durchgeführt und die Ergebnisse formuliert werden sollen. Entsprechende Entscheidungen sind für Sachbereiche zu treffen; für die Zwecke des vorliegenden Berichts genügt es, ohne weitere Erörterungen die im Untersuchungsvorhaben getroffenen Entscheidungen zu nennen[15]):

— Kleinste Sozialeinheit ist der Haushalt, bei ganz wenigen Untersuchungsschritten die Einzelperson.

— Unter den zahlreichen denkbaren Aktivitäten, welche die Angehörigen eines Haushaltes ausüben, wurde das Schwergewicht auf werktägliche, außerhäusliche Routine-Tätigkeiten gelegt. Als Leitaktivitäten wurden Wohnen, Arbeiten und der Einkauf alltäglicher Nahrungs- und Gebrauchsgüter bestimmt, der Einkauf von Oberbekleidung bekam untergeordneten aktionsräumlichen Indikatorwert.

— Die kleinsten Raumausschnitte bestanden aus den 19 Richtungsdistanzfeldern der Karte 1; je 8 liegen im Nah- und im Mittelbereich, die restlichen 3 sind die beiden Achsenendpunkte sowie die queraxial liegende Stadt Aichach.

— Der untersuchte Zeitabschnitt wurde nicht explizit festgelegt, die Fragen nach der räumlichen Orientierung bei den genannten Aktivitäten vielmehr allgemein gestellt.

3. Sozioökonomische Merkmale der befragten Haushalte

Die jüngeren sozialökonomischen Entwicklungen haben in den beiden Untersuchungsgemeinden eine beträchtliche Differenzierung der Wohnbevölkerung zur Folge gehabt, die hier stark auswählend skizziert sei. Mit der Wohndauer und dem Zuzugsort stellt die Tab. 1[16]) zwei Variable dar,

---

[14]) Einige gemeindestatistische Kennziffern, die im Zusammenhang unserer Untersuchung bedeutsam werden:

	Reichertshausen	Paunzhausen
Bevölkerung am 31. 12. 1973	2311	832
Zugezogene im Jahre 1973	189	44
Fertiggestellte Wohnungen 1972	56	16
Fertiggestellte Wohnungen 1973	96	21
Fertiggestellte Wohnungen 1974	31	9

In Paunzhausen werden mit den 109 Haushalten 493 Personen erfaßt, also 59,3 % der Gesamtbevölkerung am 31. 12. 1973, in Reichertshausen in 111 Haushalten 446 Personen (19,3 %).
Quelle: Bayer. Statist. Landesamt (Hrsg.), 1975: Gemeindedaten, Ausgabe 1975. München.

[15]) Eine begründende Darstellung dieser Auswahlschritte findet sich bei DÜRR 1979, S. 32 ff.

[16]) Die in den Tabellen 1, 2, 4 und 6 erscheinenden Abkürzungen sind wie folgt zu lesen:
— COUNT: absolute Fallzahl
— ROW PCT: Reihenprozentwerte
— COL PCT: Spaltenprozentwerte

Karte 1 *Raumstruktur des Untersuchungsgebietes, räumliche Analyseeinheiten der Untersuchung*

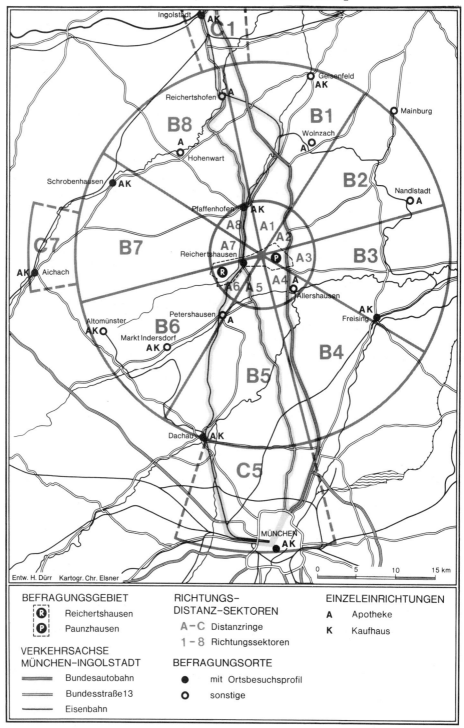

Tab. 1 *Grundgesamtheit nach Wohndauer und Zuzugsgebiet*

```
* * * * * * * * * * * * * * * * *   C R O S S T A B U L A T I O N   O F   * * * *
    DATZUZ    ZUZUG IN DIE UNTERSUCHUNGSGEMEINDE, JAHR      BY ZUZUGORT
* * * * * * * * * * * * * * * * * * * * * * * * * * * * * * * * * * * * * *

                    ZUZUGORT
            COUNT I
            ROW PCT IEINHEI-  EINHEIM.  EINHEIM.  ZUZ.LAND  ZUZ.AUS  ZUZ. AUS     ROW
            COL PCT IMISCHE   BIS 10KM  > 10KM BIS 30KM  MUENCHEN  > 30KM    TOTAL
                    I    0.I      1.I      2.I      3.I      4.I      5.I
DATZUZ      --------I--------I--------I--------I--------I--------I--------I
            0.  I    27  I    37  I    50  I     0  I     0  I     0  I   114
  SEIT  GEBURT  I  23.7  I  32.5  I  43.9  I   0.0  I   0.0  I   0.0  I  56.7
                I 100.0  I 100.0  I 100.0  I   0.0  I   0.0  I   0.0  I
            -I--------I--------I--------I--------I--------I--------I
            1.  I     0  I     0  I     0  I    22  I     1  I    12  I    35
  BIS 1959      I   0.0  I   0.0  I   0.0  I  62.9  I   2.9  I  34.3  I  17.4
                I   0.0  I   0.0  I   0.0  I  52.4  I   5.3  I  46.2  I
            -I--------I--------I--------I--------I--------I--------I
            2.  I     0  I     0  I     0  I     8  I     7  I     5  I    20
  ZEITRAUM 1960-69 I 0.0  I   0.0  I   0.0  I  40.0  I  35.0  I  25.0  I  10.0
                I   0.0  I   0.0  I   0.0  I  19.0  I  36.8  I  19.2  I
            -I--------I--------I--------I--------I--------I--------I
            3.  I     0  I     0  I     0  I    12  I    11  I     9  I    32
  ZEITRAUM 1970-73 I 0.0  I   0.0  I   0.0  I  37.5  I  34.4  I  28.1  I  15.9
                I   0.0  I   0.0  I   0.0  I  28.6  I  57.9  I  34.6  I
            -I--------I--------I--------I--------I--------I--------I
            COLUMN     27       37       50       42       19       26      201
            TOTAL    13.4     18.4     24.9     20.9      9.5     12.9    100.0

CHI SQUARE =   230.29048 WITH  15 DEGREES OF FREEDOM
CONTINGENCY COEFFICIENT =    0.73072

NUMBER OF MISSING OBSERVATIONS =        19
```

Tab. 2 *Grundgesamtheit nach Wohnplätzen und Beruf des Haushaltungsvorstandes*

```
* * * * * * * * * * * * * * * * *   C R O S S T A B U L A T I O N   O F   * * * * * * * * * * * * * * *
    BERUFKZA   BERUF DES HH-VORSTANDES              BY WOHNPLTZ  WOHNPLAETZE 0=5 REICHHSN  6=9 PAUNZHSN
* * * * * * * * * * * * * * * * * * * * * * * * * * * * * * * * * * * * * * * * * * * * * *  PAGE 1 OF 1

                    WOHNPLTZ
            COUNT I
            ROW PCT IREICHTS- PAINDORF LAUSHAM  LANGWAID KREUTH  PISCHELS PAUNZ-  JOHANN-  WALTERS- KREUTH,   ROW
            COL PCT IHAUSEN                                     DORF    HAUSEN   ECK      KIRCHEN  LETTEN   TOTAL
                    I    0.I     1.I     2.I     3.I     4.I     5.I     6.I     7.I     8.I     9.I
BERUFKZA    --------I-------I-------I-------I-------I-------I-------I-------I-------I-------I-------I
            0.  I     1  I     1  I     4  I     2  I     4  I     1  I    23  I     4  I    10  I     3  I   53
  LANDWIRT      I   1.9  I   1.9  I   7.5  I   3.8  I   7.5  I   1.9  I  43.4  I   7.5  I  18.9  I   5.7  I  25.0
                I   1.9  I   9.1  I  33.3  I  18.2  I  40.0  I  10.0  I  33.8  I  40.0  I  50.0  I  50.0  I
            -I-------I-------I-------I-------I-------I-------I-------I-------I-------I-------I
            1.  I     7  I     0  I     5  I     1  I     1  I     1  I    10  I     1  I     0  I     0  I   26
  SELBSTAENDIGER I 26.9 I   0.0  I  19.2  I   3.8  I   3.8  I   3.8  I  38.5  I   3.8  I   0.0  I   0.0  I  12.3
                I  13.0  I   0.0  I  41.7  I   9.1  I  10.0  I  10.0  I  14.7  I  10.0  I   0.0  I   0.0  I
            -I-------I-------I-------I-------I-------I-------I-------I-------I-------I-------I
            2.  I     3  I     0  I     1  I     1  I     0  I     0  I     7  I     0  I     0  I     0  I   12
  AUSF. ANGEST. I  25.0  I   0.0  I   8.3  I   8.3  I   0.0  I   0.0  I  58.3  I   0.0  I   0.0  I   0.0  I   5.7
                I   5.6  I   0.0  I   8.3  I   9.1  I   0.0  I   0.0  I  10.3  I   0.0  I   0.0  I   0.0  I
            -I-------I-------I-------I-------I-------I-------I-------I-------I-------I-------I
            3.  I     7  I     1  I     1  I     2  I     0  I     1  I     3  I     0  I     0  I     1  I   16
  QUALIF. ANGEST. I 43.8 I  6.3  I   6.3  I  12.5  I   0.0  I   6.3  I  18.8  I   0.0  I   0.0  I   6.3  I   7.5
                I  13.0  I   9.1  I   8.3  I  18.2  I   0.0  I  10.0  I   4.4  I   0.0  I   0.0  I  16.7  I
            -I-------I-------I-------I-------I-------I-------I-------I-------I-------I-------I
            4.  I    10  I     3  I     0  I     0  I     0  I     0  I     5  I     0  I     0  I     0  I   18
  LEITDR. ANGEST. I 55.6 I 16.7  I   0.0  I   0.0  I   0.0  I   0.0  I  27.8  I   0.0  I   0.0  I   0.0  I   8.5
                I  18.5  I  27.3  I   0.0  I   0.0  I   0.0  I   0.0  I   7.4  I   0.0  I   0.0  I   0.0  I
            -I-------I-------I-------I-------I-------I-------I-------I-------I-------I-------I
            5.  I    17  I     2  I     0  I     1  I     0  I     1  I     4  I     2  I     4  I     1  I   32
  UNGEL. ARBEITER I 53.1 I  6.3  I   0.0  I   3.1  I   0.0  I   3.1  I  12.5  I   6.3  I  12.5  I   3.1  I  15.1
                I  31.5  I  18.2  I   0.0  I   9.1  I   0.0  I  10.0  I   5.9  I  20.0  I  20.0  I  16.7  I
            -I-------I-------I-------I-------I-------I-------I-------I-------I-------I-------I
            6.  I     7  I     2  I     1  I     4  I     3  I     5  I     9  I     2  I     4  I     0  I   37
  FACH- ARBEITER I 18.9 I   5.4  I   2.7  I  10.8  I   8.1  I  13.5  I  24.3  I   5.4  I  10.8  I   0.0  I  17.5
                I  13.0  I  18.2  I   8.3  I  36.4  I  30.0  I  50.0  I  13.2  I  20.0  I  20.0  I   0.0  I
            -I-------I-------I-------I-------I-------I-------I-------I-------I-------I-------I
            7.  I     2  I     2  I     0  I     0  I     2  I     1  I     7  I     1  I     2  I     1  I   18
  RENTNER,HAUSFRAU I 11.1 I 11.1 I   0.0  I   0.0  I  11.1  I   5.6  I  38.9  I   5.6  I  11.1  I   5.6  I   8.5
                I   3.7  I  18.2  I   0.0  I   0.0  I  20.0  I  10.0  I  10.3  I  10.0  I  10.0  I  16.7  I
            -I-------I-------I-------I-------I-------I-------I-------I-------I-------I-------I
            COLUMN    54       11       12       11       10       10       68       10       20        6     212
            TOTAL   25.5      5.2      5.7      5.2      4.7      4.7     32.1      4.7      9.4      2.8   100.0

CHI SQUARE =  108.12142 WITH  63 DEGREES OF FREEDOM
CONTINGENCY COEFFICIENT =    0.58116

NUMBER OF MISSING OBSERVATIONS =       8
```

deren hoher Erklärungswert für aktionsräumliches Verhalten in vielen vorliegenden Studien unter Beweis gestellt wurde. Nur etwas über die Hälfte der befragten Familien sind in dem Sinne in der Wohngemeinde einheimisch, daß wenigstens eine Person der derzeitigen Hauptgeneration dort geboren wurde; nur in 27 Fällen trifft das für ihre beiden Angehörigen zu. Es zeigt sich weiter, daß die mittlere Zuwanderungsdistanz der befragten Neubevölkerung im Laufe der Zeit allmählich zugenommen hat und daß der Anteil der aus München Zugezogenen besonders stark angestiegen ist. Kamen von den bis 1959 zugewanderten Familien noch fast zwei Drittel aus dem weniger als 30 km entfernten ländlichen Raum, so waren es im Zeitraum 1970 bis 1973 nur mehr etwas über ein Drittel.

Als Folge der Überlagerung von Zuzugsbewegung und sozial-beruflichen Differenzierungsprozessen innerhalb der einheimischen Bevölkerung weist die berufliche Struktur der Gemeindebewohner drei Schwerpunkte auf (Tab. 2). Bei sehr einheitlichen formalen Bildungsvoraussetzungen — fast 82 Prozent der Haushaltungsvorstände und 77 Prozent der Ehefrauen geben als höchsten erreichten Bildungsabschluß die Volksschule an — sind Landwirte (Tab. 2, Reihe 0), wenig qualifizierte Beschäftigte im sekundären (Reihe 2) und im tertiären (Reihe 3) Wirtschaftssektor sowie Facharbeiter (Reihe 6) die größten Berufsgruppen.

III. Wunsch-, Wahrnehmungs- und Aktionsräume der Wohnbevölkerung im Achsenbereich Ingolstadt-München

1. Wunschräume

Wenn die Verkehrsachsen das Ziel haben sollen, für die im Achsenbereich lebende Bevölkerung zumutbare Erreichbarkeitsverhältnisse zu schaffen, wäre es wichtig, die „eigentlichen" Zielvorstellungen, Ansprüche und Bedürfnisse der Betroffenen im Hinblick auf „ihre" Raumstruktur zu kennen. Trotz der bekannten methodischen Schwierigkeiten wurde im vorliegenden Vorhaben versucht, raumstrukturellen Wunschvorstellungen direkt zu erfragen, und zwar auf dreifachem Wege. Sowohl insgesamt als auch bei jedem einzelnen Fragekomplex ergab sich ein überraschend breites Antwortspektrum.

Abb. 2 *Bewertung von Distanzen durch ausgewählte Teilgruppen*

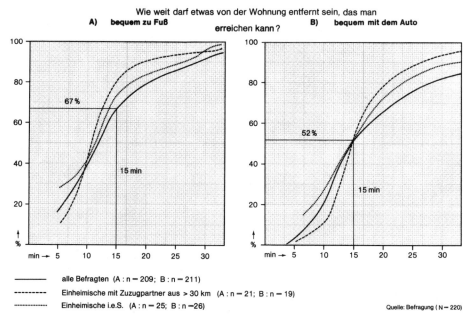

Für die allgemeine Distanzempfindlichkeit geht das aus der Abb. 2 hervor. Sowohl der Vergleich von fußweg- und autobezogenen Distanzeinschätzungen als auch — in jedem der beiden Diagramme — der Vergleich gruppenspezifischer Antworten ist aufschlußreich. Die Gegenüberstellung der beiden Summenkurven, deren Abszissen (Minutenskala) identisch sind, ergibt den vielfach beobachteten[17]) Befund, daß eine Autofahrt als weniger belastend empfunden wird als ein Fußweg gleicher Dauer. Aufschlußreiche Unterschiede traten auch beim Vergleich der beiden Erhebungsgemeinden auf. In bezug auf fußläufige Entfernungen ist die in achsenferner Lage wohnende P-Bevölkerung wesentlich distanzempfindlicher als die R-Gruppe. In beiden Gemeinden finden nur zwei Prozent der Befragten eine fünfminütige Autofahrt unbequem. Doch bei 10 Minuten haben erst 15 Prozent der Paunzhausener, aber bereits 28 Prozent der Reichertshausener Befragten die Bequemlichkeitsschwelle erreicht. Bei 15 Minuten sind es 42 bzw. 60 Prozent.

Nun wäre es ohne Zweifel zu einfach, daraus zu schließen, die Paunzhausener Bevölkerung sei von sich aus autofreundlicher, die Reichertshausener dagegen ÖPNV-bewußter. Viel eher sind die Bewertungsabstände auf Unterschiede in der objektiven Raumstruktur des unmittelbaren Wohnumfeldes und auf von ihr „aufgezwungene" aktionsräumliche Routinen zurückführbar. Wegen der unzureichenden Ausstattung der eigenen Gemeinde mit Einrichtungen des täglichen und kurzperiodischen Bedarfs ist die P-Bevölkerung weit stärker als die R-Gruppe darauf angewiesen, zur Bedarfsdeckung das Auto zu benutzen. Diese Interpretation — Einstellungen als Resultat raumstruktureller Zwänge — konnte im Laufe der Untersuchung durch mehrere weitere Befunde erhärtet werden.

Die zumutbare zeitliche Pendeldistanz, der die zweite Wunschraumfrage galt, ist insofern eine wichtige Distanzvariable, als sie die Standorte zweier Leitaktivitäten, Wohnen und Arbeiten, miteinander verbindet. Die Antworten der Grundgesamtheit weisen eine breite Streuung auf (Tab. 3, Spalte 2). Um dieses Resultat ausschnittsweise zu veranschaulichen, schlüsselt die Tabelle die Antworten zusätzlich nach ausgewählten sozio-ökonomischen Merkmalsgruppen auf.

Tab. 3   *Frage 33: „Welche Fahrtzeit zum Arbeitsort erscheint Ihnen zumutbar?" (Prozentwerte)*

Minuten	Grundgesamtheit (n = 197)	ausgewählte Merkmalsteilgruppen					
		Wohngemeinde		Zuzugtyp		Arbeitsorte	
		Reichh. (n = 105)	Paunzh. (n = 92)	Einheim. (n = 21)	v. Münch. (n = 19)	Wohnort (n = 68)	München (n = 63)
1	2	3a	3b	4a	4b	5a	5b
unter 10	5,6	3,8	7,6	4,8	10,5	7,4	1,6
10—19	23,9	21,0	27,1	38,1	15,8	25,0	17,5
20—29	25,4	24,7	26,1	14,3	26,3	36,8	17,5
30—39	24,8	28,5	20,7	23,8	31,6	16,2	34,8
40—59	19,3	21,0	17,4	19,0	15,8	14,6	25,4
über 59	1,0	1,0	1,1	0,0	0,0	0,0	3,2
insgesamt	100,0	100,0	100,0	100,0	100,0	100,0	100,0

Die distanzmäßige Einstufung der ausgewählten Versorgungs- und Dienstleistungseinrichtungen, die mit Hilfe von Fragekärtchen ermittelt wurde, ist aus der Abb. 3 ersichtlich. Auf Grund der methodischen Bedenken gegenüber spontanen Wunsch- und Bedürfnisäußerungen kann diese Darstellung kaum mehr leisten als solche Einrichtungen, deren Wunschlage von einer großen Mehrheit der Bevölkerung einheitlich eingeschätzt wird, von denen zu trennen, deren Standorte kontrovers beurteilt werden. Hält man die Lokalisation all jener Einrichtungen für relativ konfliktneutral, bei

---
[17]) Vgl. z. B. den Hinweis bei EBERLE 1976, S. 247.

Abb. 3   *Einrichtungsspezifische Wunschdistanzen*

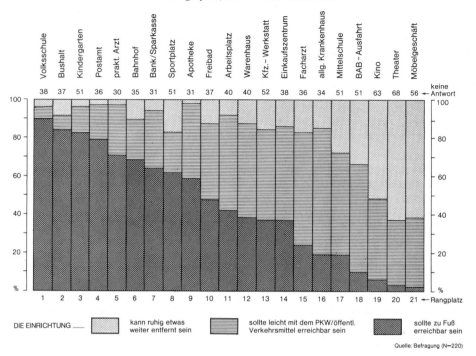

Abb. 4   *Einrichtungsspezifische Wunschdistanzen ausgewählter Teilgruppen*
(EINH: Einheimische i. e. S.;
MCHN: Zuzügler aus München oder anderen mehr als 30 km entfernten Orten)

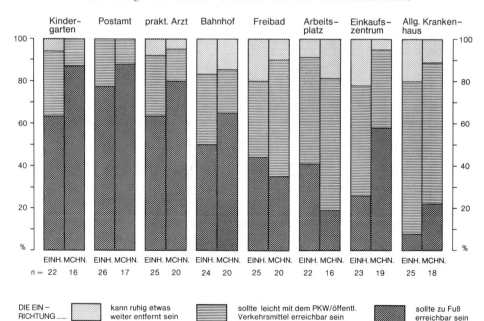

denen über zwei Drittel der Antworten in eine der drei vorgegebenen Antwortkategorien fällt, so kommen alle Einrichtungen bis Rangplatz 6 und das Allgemeine Krankenhaus (Rangplatz 16) in diese Rubrik. Hinsichtlich der letzten sechs Plätze herrscht unter den Betroffenen insofern Übereinstimmung, als diese Einrichtungen nicht zu Fuß erreichbar zu sein brauchen.

Die aggregierten Angaben der Abb. 3 fächert Abb. 4 für ausgewählte Einrichtungen und zwei extreme Zuzugs- oder Wohndauergruppen auf. Es lassen sich deutliche Unterschiede von Anspruchsrichtung und -niveau erkennen. Sie treten erwartungsgemäß weniger bei Tätigkeiten mit geringer Frequenz in Erscheinung (Versorgung mit langfristig nachgefragten Gütern als Beispiel). Ausgeprägt sind jedoch die höheren Ansprüche der Neubevölkerung in bezug auf Einrichtungen der öffentlichen Grunddaseinsvorsorge (Kindergarten, Volks- und Mittelschule) sowie des privaten Konsumangebots (Einkaufszentrum). Geringfügig höhere Ansprüche werden an seltener frequentierte öffentliche Einrichtungen gestellt (Post, Allgemeines Krankenhaus). Insgesamt scheint es, als würde die Neubevölkerung die mit ihrer „freiwillig" gefällten Umzugsentscheidung verbundenen aktionsräumlichen Konsequenzen nur in bezug auf die längeren Pendlerwege bejahen oder zumindest hinnehmen. Hinsichtlich der Versorgung mit täglichen Diensten und Gütern dagegen behalten die Städter ihr im Vergleich zur einheimischen Bevölkerung höheres Anspruchsniveau bei.

2. Wahrnehmungs- und Kenntnisfelder

Im Interpretationsrahmen der Untersuchung werden die Aktionsräume unter anderem als Teilmengen von Wahrnehmungsräumen aufgefaßt (vgl. Abb. 1), d. h. von denjenigen Ausschnitten der objektiven Umwelt, die den Haushaltsmitgliedern bekannt sind. Ausgewählte Resultate des Versuchs, solche Wahrnehmungsfelder zu erfassen, finden sich in den Abb. 5 und 6. Die Abbildungen 5 a und b stellen zunächst die auf Gemeindeebene aggregierten Wahrnehmungsfelder dar. Sie zeigen einige Grundmuster, die in modifizierter Form auch bei allen gruppenspezifischen Diagrammen (Abb. 5 c und d sowie 6) wiederkehren.

1. Im inneren Distanzring lassen sich mit dem hier eingesetzten Instrumentarium keine signifikanten Unterschiede der Kenntniswerte*) erkennen. Bei allen Teilgruppen fällt der Sektor A 8 (mit Pfaffenhofen) in die höchste K_S-Gruppe, im Falle der Paunzhauser Bevölkerung gilt das gleiche für den Sektor A 4 (mit Allershausen).

2. Im mittleren und äußeren Distanzring zeigt die Wahrnehmungsintensität keine einfache Distanzabnahme, sondern weist mehr oder minder deutlich ausgeprägte sektorale Schwerpunkte auf.

3. In längsaxialer Richtung weisen die Achsenendpunkte hohe Kenntniswerte auf. Dabei ist auffällig, daß sie nicht unbedingt durch Wahrnehmungskorridore mit dem Wohngebiet verbunden sind. Nur im Falle der Bevölkerung von Reichertshausen fällt eine deutlich höhere Wahrnehmungsintensität in dem Verkehrsraum auf, der auf dem Weg zum Oberzentrum München durchfahren wird.

4. Für den Wahrnehmungsraum vieler Bevölkerungsgruppen ist insgesamt ein kreuzförmiges Maximum der Wahrnehmungs- und Kenntnisintensität kennzeichnend. Dabei sind die Endpunkte der Längs-(Haupt-)Achse sehr regelmäßig mit den relativ höchsten Kenntniswerten besetzt, während auf der Querachse von Gruppe zu Gruppe größere Unterschiede zu verzeichnen sind.

---

*) Der Kenntniswert K_S wurde für jeden Distanz-Richtungs-Sektor nach folgender Formel errechnet:

$$\dot{K}_S = \frac{\sum_{i=1}^{4} M_{E_S}}{\sum E_S}$$

wobei

E = Einzeleinrichtungen (Apotheken und Kaufhäuser)
S = Distanz-Richtungs-Feld (vgl. zur Bezeichnung Karte 1)
M_E = Mittelwert der nominal skalierten Kenntnisgüte der Einrichtungen in einem S
E_S = Einzeleinrichtung(en) in einem S

Abb. 5   *Wahrnehmungs- und Kenntnisräume ausgewählter Teilgruppen*

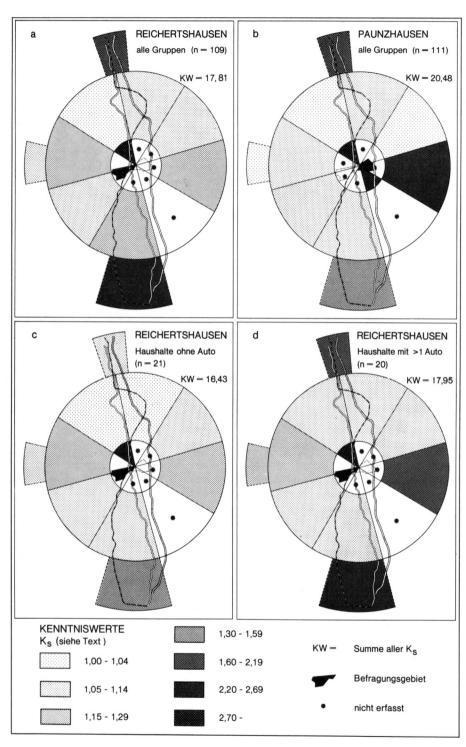

Abb. 6 *Wahrnehmungs- und Kenntnisräume ausgewählter Zuzugsgruppen*

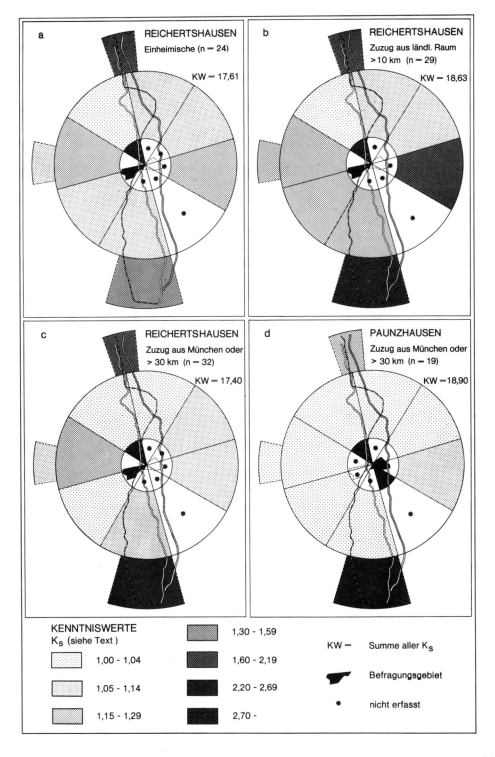

Die Suche nach den solche Unterschiede erklärenden Sachverhalten führte vor allem zu zwei Variablen, die im theoretischen Rahmen der Untersuchung verankert sind. Die erste ist der Pkw-Besitz, wie am besten aus einem Vergleich der Abb. 5 c und d hervorgeht. Zwar ist in beiden Fällen die charakteristische Kreuzform höherer Kenntniswerte erkennbar, aber absolut gesehen liegen die K_S-Werte der Autobesitzer[18] durchweg um mindestens eine Klasse höher als bei den autolosen Haushaltungen. Als zweite unabhängige Variable der Untersuchung sind die Zuzugsorte der Haushaltsmitglieder[19] sehr wichtig für die Ausprägung der mental maps. Bei generalisierender Betrachtung läßt sich jeder der drei Zuzugsgruppen[20] eine typische Konfiguration des Wahrnehmungsraums zuordnen. Bei den Einheimischen (Abb. 6 a) ist er ausgeprägt kreuzförmig; bei den Zuzüglern aus dem ländlichen Raum (Abb. 6 b) eher diffus, räumlich schwach strukturiert; bei den Fernzüglern, die zum überwiegenden Teil aus München kommen, hoch selektiv und dabei ausgeprägt axial (Abb. 6 c, insbesondere aber 6 d).

Gruppenspezifische Eigenarten, wie sie sich bei der Analyse von Wunschräumen und Distanzempfindlichkeiten erkennen ließen, treten also auch bei den Wahrnehmungsräumen auf. Wiederum sind die Unterschiede zwischen der Altbevölkerung der Untersuchungsgemeinden und den neuen, zugezogenen Haushalten besonders deutlich. Je größer die Entfernung zwischen dem ehemaligen und dem jetzigen Wohnumfeld der Haushaltsmitglieder ist, je mehr und länger sich also Aktionsraumroutinen außerhalb des neuen Wohngebietes entwickeln und festigen konnten, desto stärker selektiv und desto stärker axial ist das gegenwärtige Wahrnehmungsfeld ausgeprägt. Im Falle der Neuzuzügler wird es demzufolge maßgeblich durch die genauere Kenntnis des oberzentralen Angebotes in den Achsenendpunkten bestimmt, die während der mehr oder weniger langen Wohnphase in der Stadt erworben werden konnte.

Es wäre aber zu einfach, den Faktor Zuzugtyp auf Grund dieser Befunde zur Hauptursache für die unterschiedlichen mental maps machen zu wollen. Von den wenigen unabhängigen Variablen unserer Untersuchung erscheint er lediglich am besten geeignet, derartige Unterschiede abzubilden. Die eigentliche Ursache liegt tiefer. Sie muß letztlich in unterschiedlichen Lebensstilen der autochthonen und allochthonen Wohngruppen gesehen werden.

Abb. 7 *Histogramm der Außenaktivitäten (8 Orte)*

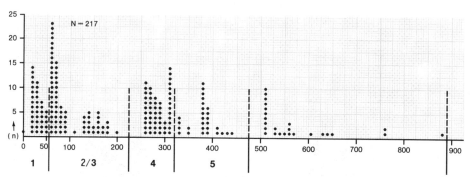

100, 200 : Zahl der Besuche in 8 Orten pro Jahr und Haushalt   1 - 5 : Klassen für die EDV-Auswertung

---

[18] Die Verteilung der Wahrnehmungsintensitäten der Haushalte mit einem Auto (n = 148) ist mit der Gruppe „mehr als ein Auto" fast ganz identisch.

[19] SPSS-Variable ZUZUGORT; die entsprechende Gruppierung der Grundgesamtheit ergibt sich aus der Tab. 1. Für die Analyse der Wahrnehmungsräume wurden die dort ausgewiesenen Gruppen 5 und 6 zur Klasse der „Fernzuzügler" zusammengefaßt.

[20] Die vierte, fehlende Gruppe (ein Einheimischer, ein Zuzügler in der Hauptgeneration des Haushalts) liegt auch hinsichtlich ihres Wahrnehmungsraums zwischen den beiden ersten Gruppen.

3. Ausgangsfrequenzen und -distanzen

Die Grobanalyse der aktuellen Aktionsräume fragt vor allem nach der Häufigkeit der Außenaktivitäten und nach der räumlichen Verteilung der benutzten Gelegenheiten.

Die Angaben der Haushalte zur Gesamthäufigkeit ihrer Außenaktivitäten (Abb. 7) können auf Grund der besonderen Erhebungsweise zwar nur als Anhaltswerte gelten, aber selbst wenn man etwa die oberen und unteren Sestile der Häufigkeitsverteilung außer Acht ließe, schwankt die Zahl der jährlichen Besuche in den acht Orten[21] noch zwischen 50 und 400; die Haushaltungen beanspruchen die gegebenen Nutzungsstellen und die zu ihnen hinführenden Verkehrswege also in höchst unterschiedlichem Maße. Die Tragweite solcher Unterschiede wird aber erst deutlich, wenn man außer der Zahl der Außenaktivitäten noch deren mittlere Distanz berücksichtigt. In Tab. 4 werden die befragten Haushalte nach Maßgabe dieser beiden aktionsräumlichen Hauptmerkmale in Gruppen unterschiedlicher Raumbeanspruchung eingeteilt.

Tab. 4   *Ausgangshäufigkeit und Weiträumigkeit des Aktionsraumes*

```
                 AUSGZAHL
       COUNT I
       ROW PCT IBIS 54   55- 91   92-202   203-313   314-439   440-876    ROW
       COL PCT I                                                          TOTAL
       TOT PCT I   1.   I   2.   I   3.   I   4.    I   5.    I   6.    I
ARBTORTE        -I------I--------I--------I---------I---------I---------I
            1.  I  22   I   33   I   12   I    8    I    2    I    5    I   82
EINPOL.-WOHNGEM.I  26.8 I  40.2  I  14.6  I    9.8  I    2.4  I    6.1  I  37.4
                I  57.9 I  67.3  I  52.2  I   15.1  I    6.7  I   19.2  I
                I  10.0 I  15.1  I   5.5  I    3.7  I    0.9  I    2.3  I
                -I------I--------I--------I---------I---------I---------I
            2.  I   5   I    3   I    2   I   13    I    6    I    3    I   32
EINPOL.-NÄHBER. I  15.6 I   9.4  I   6.3  I   40.6  I   18.8  I    9.4  I  14.6
                I  13.2 I   6.1  I   8.7  I   24.5  I   20.0  I   11.5  I
                I   2.3 I   1.4  I   0.9  I    5.9  I    2.7  I    1.4  I
                -I------I--------I--------I---------I---------I---------I
            4.  I   7   I    6   I    3   I   23    I   18    I   12    I   69
EINPOL.-AXIAL   I  10.1 I   8.7  I   4.3  I   33.3  I   26.1  I   17.4  I  31.5
                I  18.4 I  12.2  I  13.0  I   43.4  I   60.0  I   46.2  I
                I   3.2 I   2.7  I   1.4  I   10.5  I    8.2  I    5.5  I
                -I------I--------I--------I---------I---------I---------I
            6.  I   2   I    4   I    5   I    3    I    0    I    2    I   16
MRPOL.- NÄH-QUER I  12.5 I  25.0  I  31.3  I   18.8  I    0.0  I   12.5  I   7.3
                I   5.3 I   8.2  I  21.7  I    5.7  I    0.0  I    7.7  I
                I   0.9 I   1.8  I   2.3  I    1.4  I    0.0  I    0.9  I
                -I------I--------I--------I---------I---------I---------I
            7.  I   2   I    3   I    1   I    6    I    4    I    4    I   20
MRPOL.- NÄH-AX. I  10.0 I  15.0  I   5.0  I   30.0  I   20.0  I   20.0  I   9.1
                I   5.3 I   6.1  I   4.3  I   11.3  I   13.3  I   15.4  I
                I   0.9 I   1.4  I   0.5  I    2.7  I    1.8  I    1.8  I
                -I------I--------I--------I---------I---------I---------I
      COLUMN       38       49       23       53        30        26       219
      TOTAL       17.4     22.4    10.5     24.2      13.7      11.9     100.0
```

Quadranten: I, II, III, IV

Typ I: binnenorientiert, nutzungsintensiv   Typ III: außenorientiert, nutzungsextensiv

Typ II: binnenorientiert, nutzungsextensiv   Typ IV: außenorientiert, nutzungsintensiv

Die planerische Bedeutung solcher Gruppierungen ist offenkundig. Vor ihrem Hintergrund erweisen sich alle Pauschal- und Durchschnittsannahmen über die von „dem" Haushalt ausgehende Belastung von Verkehrswegen und Standorten als ungeeignete Grundlagen der Planung. Nicht nur die Anspruchniveaus und Wahrnehmungsräume, sondern auch das tatsächliche Raumverhalten der Gruppen weisen beträchtliche Unterschiede auf. Die Kenntnis ihrer Ursachen wäre für eine sozial orientierte Regionalpolitik von größtem Wert.

Das Hauptresultat der mit diesem Ziel durchgeführten statistischen Untersuchungen ist in der Tab. 5 zusammengefaßt. Von ihren fünf ranghöchsten Erklärungsvariablen lassen sich vier auf den

---

[21] Pfaffenhofen, Aichach, Dachau, Schrobenhausen, Freising, Augsburg, Ingolstadt, München.

Faktor Beruf (des Haushaltungsvorstandes) zurückführen, der selbst auf Rangplatz 1 erscheint. Die Berufstätigkeit beeinflußt nicht nur die Höhe des Familieneinkommens (Rang 3)[22], sondern wirkt indirekt auch auf den Wohnplatz (Rang 5) und die Arbeitsorte (Rang 2) ein. Damit wird ein relativ gut gesichertes Ergebnis vorliegender empirischer ARF-Studien bestätigt: das Merkmal „Beruf des Haushaltungsvorstandes" hat einen hohen Indikatorwert für das aktionsräumliche Verhalten von Individuen und Haushalten[23].

Tab. 5   *Zur Erklärung der Fahrtenhäufigkeit (Kontingenzkoeffizienten K)**

unabhäng. Variable (p)	abhängige Variable Fahrtenhäufigkeit pro Haushalt u. Jahr (6)
Beruf HH-Vorstand (9)	*5318*
Arbeitsorte (5)	*5092*
Familieneinkommen (6)	*4684*
Haushaltstyp (7)	*4441*
Wohnplatz (10)	*4433*
Zuzugort (8)	*3614*
Pkw-Anzahl (3)	*3471*
Wohndauer (4)	*3394*

*) Anmerkungen: (p), ( ) Anzahl der Ausprägungen der Variablen
Kursiv gesetzte Werte: Zusammenhang gesichert nach Chi-Quadrat-Test bei einer Irrtumswahrscheinlichkeit von $\leq$ 5 Prozent.
Quelle: Haushaltsbefragung im Sommer 1973, Grundgesamtheit N = 220. Verarbeitet mit SPSS 6, Prozedur CROSSTABS.

Daneben kommt dem Merkmal Haushaltstyp große Erklärungskraft für die Fahrtenhäufigkeit zu. Dieser Befund wird durch die Tab. 6 genauer belegt. Danach wird die Fahrtenhäufigkeit von folgenden haushalts- und personenspezifischen Merkmalen mitbestimmt:

— Berufstätigkeit der Ehefrau

— Haushaltsgröße

— Alter und Berufstätigkeit

— Alter der Kinder, wobei die konstringierende Wirkung von Kleinstkindern besonders bemerkenswert ist

— Existenz einer „dritten Generation" im Haushalt.

Berufliches Umfeld und haushaltsspezifische, mit der Stellung im Lebenszyklus zusammenhängende Merkmale wirken sich demnach am stärksten auf die Intensität der Raumnutzung aus. Unter dem Aspekt der planerischen Einflußnahme auf aktionsräumliches Verhalten ist wiederum zu fragen, ob damit die eigentlichen Ursachen benannt sind. Für den Faktor Haushaltstyp kann diese Frage weitgehend bejaht werden. Mit der allmählichen Veränderung der Lebenszyklusphase verändern sich die handlungsbegrenzenden Zwänge und gestatten oder verhindern die tatsächliche Ausnutzung des verkehrstechnisch maximal verfügbaren Handlungsfeldes. Die Berufstätigkeit dagegen wirkt zwar auch direkt auf Zahl und Weiträumigkeit der Außenaktivitäten ein; ihre größere Bedeutung aber scheint darin zu liegen, daß über die beruflichen Kontaktfelder Einstellungen, Anspruchsniveaus und Konsumwünsche vermittelt werden, die als eigentliche Antriebskräfte für aktionsräumliches Verhalten gelten können.

[22] Die Kreuztabellierung der Merkmale Beruf (9 Ausprägungen) und Familieneinkommen (6 Ausprägungen) ergibt einen K-Wert von 6497; bei 40 Freiheitsgraden ist der Chi-Quadratwert von 129,65 hoch signifikant (99,9-%-Niveau).
[23] Vgl. u. a. DÜRR 1972; MAIER 1976.

Tab. 6 *Fahrtenhäufigkeit und Haushaltstyp*

```
************** CROSSTABULATION OF ****
 HHTYP     PHASE DES HAUSHALTS IM LEBENSZYKLUS
** BY AUSGZAHL  AUSSENAKTIVITAETEN PRO JAHR UND HAUSHALT ***********
```

	AUSGZAHL						
COUNT / ROW PCT / COL PCT	BIS 54 1.	55- 91 2.	92-202 3.	203-313 4.	314-439 5.	440-876 6.	ROW TOTAL
HHTYP							
1. KDRLOS, EHEPAAR	4 / 11,4 / 10,5	15 / 42,9 / 30,6	2 / 5,7 / 8,7	10 / 28,6 / 18,9	4 / 11,4 / 13,3	0 / 0,0 / 0,0	35 / 16,0
2. RENTNER-EHEPAAR	7 / 36,8 / 18,4	6 / 31,6 / 12,2	4 / 21,1 / 17,4	2 / 10,5 / 3,8	0 / 0,0 / 0,0	0 / 0,0 / 0,0	19 / 8,7
3. 3-GENER-FAMILIE	2 / 16,7 / 5,3	1 / 8,3 / 2,0	2 / 16,7 / 8,7	3 / 25,0 / 5,7	1 / 8,3 / 3,3	3 / 25,0 / 11,5	12 / 5,5
4. HSFRAU,-FAM.1-3K	13 / 17,6 / 34,2	17 / 23,0 / 34,7	6 / 8,1 / 26,1	19 / 25,7 / 35,8	8 / 10,8 / 26,7	11 / 14,9 / 42,3	74 / 33,8
5. HSFRAU,-FAM. >3K	2 / 15,4 / 5,3	3 / 23,1 / 6,1	1 / 7,7 / 4,3	5 / 38,5 / 9,4	1 / 7,7 / 3,3	1 / 7,7 / 3,8	13 / 5,9
6. DOPPEL- BERUF,KD	3 / 9,7 / 7,9	1 / 3,2 / 2,0	4 / 12,9 / 17,4	5 / 16,1 / 9,4	10 / 32,3 / 33,3	8 / 25,8 / 30,8	31 / 14,2
7. FAM. MIT KLEINST	7 / 20,0 / 18,4	6 / 17,1 / 12,2	4 / 11,4 / 17,4	9 / 25,7 / 17,0	6 / 17,1 / 20,0	3 / 8,6 / 11,5	35 / 16,0
COLUMN TOTAL	38 / 17,4	49 / 22,4	23 / 10,5	53 / 24,2	30 / 13,7	26 / 11,9	219 / 100,0

```
CHI SQUARE = 53,81551 WITH 30 DEGREES OF FREEDOM
CONTINGENCY COEFFICIENT = 0,44414

NUMBER OF MISSING OBSERVATIONS = 1
```

Den Übergang von der sozialgruppenspezifischen zur räumlichen Analyse der Raumnutzungsfrequenz stellt die Tab. 7 her. Sie basiert auf den Kreuztabellierungen von gesamter Ausgangsfrequenz (AUSGZAHL) und den acht ortsspezifischen Besuchshäufigkeiten — aus deren Addition erstere ja hervorgegangen ist. Je höher der Rangplatz eines Ortes in dieser Skala, desto eher können die Unterschiede in der gesamten Tätigkeitenhäufigkeit auf solche bezüglich dieses Ortes zurückgeführt werden. Dabei fällt auf, daß die drei Orte in direkter Achsenlage (Ingolstadt, Pfaffenhofen, München) unter den vier vorderen Rangplätzen zu finden sind, und daß die übrigen Orte — mit Ausnahme von Aichach — um so weiter hinten stehen, je weiter abseits und quer sie zur Achsenhauptrichtung liegen. Axiale Raumorientierung und Nutzungsintensität stehen demnach in einem klaren Zusammenhang. Je intensiver ein Haushalt die im potentiellen Handlungsfeld vorhandenen Angebotsstellen nutzt, desto eher weist sein Aktionsraum eine axiale Streckung auf und desto mehr liegt das Schwergewicht seiner Außenaktivitäten auf dem Südteil der interurbanen Verkehrsachse.

4. Güterspezifische Ortspräferenzen

Die ortsbezogene Analyse von Nutzungsfrequenzen war aktivitäten-unspezifisch; sie konnte deshalb nur räumliche Grundorientierungen aufdecken. Für eine planungsbezogene Untersuchung, die unter anderem auch spezifische Angebotsdefizite im potentiellen Aktionsfeld ermitteln will, reicht das nicht aus. Sie muß die Zwecke der Raumüberwindung mit berücksichtigen. Dieser Schritt führt zu den güterspezifischen Ortspräferenzprofilen der Abb. 8.

Tab. 7 *Gesamtzahl der Außenaktivitäten und ortsspezifische Besuchshäufigkeit (Kontingenzkoeffizienten K)*

Besuchshäufigkeit der Orte	(p)	Variable AUSGZAHL (vgl. Abb. 7)
Pfaffenhofen	(8)	• 7770
München	(9)	• 7080
Freising	(8)	• 5142
Ingolstadt	(7)	• 4637
Aichach	(7)	• 3823
Dachau	(7)	• 3659
Schrobenhausen	(6)	• 3465
Augsburg	(5)	• 2634

Anmerkungen: vgl. Tab. 5

In ihrer Gesamtheit spiegeln diese Diagramme[24] die große Zahl einpoliger Raumorientierungen wieder (Positionen 1 bis 4), die eine weitgehend routinierte Nutzung von Gelegenheiten anzeigen. Bei den mehrpoligen Ausrichtungen fällt auf, daß nur selten eine einfache Distanzabnahme der Nutzungsquote[25] auftritt. Das einzige „reine" Beispiel dafür liefert die Einrichtung Sparkasse/-Bank (Abb. 8 b), bedingt tritt auch bei den Einrichtungen und Gütern Brot, Fleisch, Hausarzt und Apotheke eine distanzielle Abnahme der Nutzungsquoten auf. Es handelt sich zum einen um Güter mit hoher Besorgungsfrequenz (Brot, Fleisch), zum anderen um solche periodisch nachgefragten Dienstleistungen, die in der Regel ein persönlicheres Verhältnis zwischen Anbieter und Nachfrager voraussetzen (Hausarzt, Friseur, Apotheke).

Bei den mittel- und längerfristig nachgefragten Konsumgütern dagegen besteht — sieht man von der starken Besetzung der Position 1 in Abb. 8 e und f ab — eine umgekehrte, nämlich positive Korrelation zwischen mittlerer Entfernung und Nutzungsquote der Station. Sie ist um so auffälliger, als sie in den betreffenden Diagrammen (außer 8 e auch 8 g und 8 h) jeweils zweimal erscheint: sowohl im vorderen Teil (Positionen 1 bis 4) als auch im hinteren. Dabei ziehen die ganz oder teilweise axial gelegenen Orte und Ortskombinationen (Positionen 4 bzw. 7, 9) einen beträchtlichen Anteil der Aktivitäten auf sich. Während dies bei den langfristigen Gütern (Möbel, Oberbekleidung) auf die Angebotsvielfalt in den Achsenendorten zurückführbar ist, kommt darin beim Einkauf mittelfristiger Konsumgüter die Bedeutung der städtischen Einkaufsgroßmärkte für die Versorgung der Haushalte zum Ausdruck. Fast sieben Zehntel der Befragten geben an, eine dieser Niedrigpreis-Einkaufseinrichtungen mehr oder weniger regelmäßig zu nutzen, davon die Hälfte mindestens einmal monatlich; die Durchschnittsausgabe pro Einkaufsgang liegt bei 300 DM. Die aktionsräumliche Bedeutung dieser Tatbestände ist ziemlich klar; im Jahre 1973 war der Besuch von Großmärkten fast zwangsläufig eine Achsen-Aktivität, denn die beiden am häufigsten aufgesuchten Einrichtungen dieser Art befanden sich in München.

Die mit Abstand wichtigste Funktion des axialen Verkehrswegebündels für die Wohnbevölkerung zwischen München und Ingolstadt aber ist die einer Pendlerachse. In 31 von 100 befragten Haushalten nutzt ein, in weiteren neun mehr als ein Angehöriger der Hauptgeneration die Verkehrsachse für den arbeitstäglichen Pendelweg (Abb. 9, Kategorie 4 bzw. 7)[26]. Zielort ist dabei in

---

[24] Ihre Lesbarkeit wird erleichtert, wenn man sich folgendes vergegenwärtigt: Innerhalb des Diagramms nimmt die mittlere Distanz zwischen Wohnort und Nutzungsstelle zweimal ab, von Position 1 nach 4 und nochmals von Position 5 nach 9. Die „Axial-Postionen" 4, 7 und 9 sind mit senkrechten Strichrastern markiert.

[25] Nutzungsquote = df. der Anteil aller wegen des jeweiligen Gutes ausgeführten Besorgungsgänge (Außenaktivitäten), die auf die betreffende Station des Aktionsraumes entfällt.

[26] Um die Vergleichbarkeit der Darstellungen zu erleichtern, werden die Klassen in Abb. 9 genauso bezeichnet wie diejenigen der vollständigen güterspezifischen Ortspräferenzprofile (Abb. 8).

Abb. 8   Güterspezifische Ortspräferenzprofile

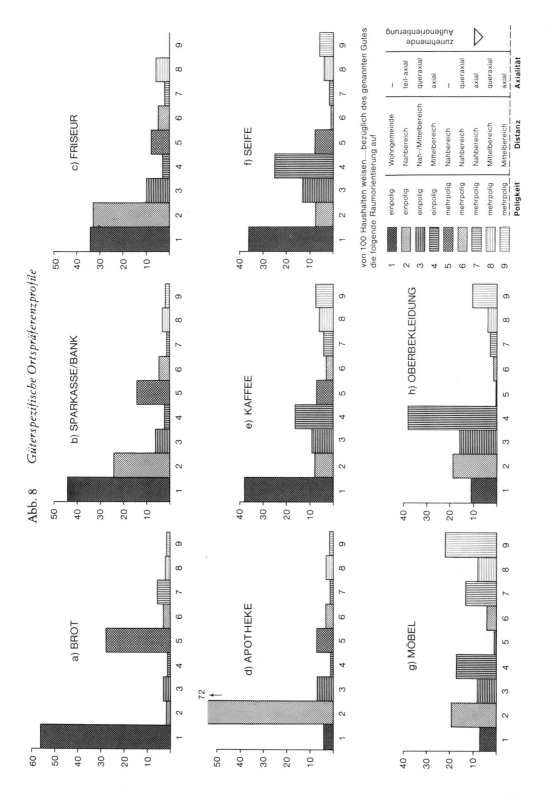

den meisten Fällen München, wo insgesamt 80 Personen ihren Arbeitsplatz haben. Ingolstadt, der nördliche Achsenendpunkt, wird insgesamt nur 20mal als Arbeitsort genannt.

Abb. 9   Ortsorientierung der Haushalte bei der Leitaktivität Arbeiten

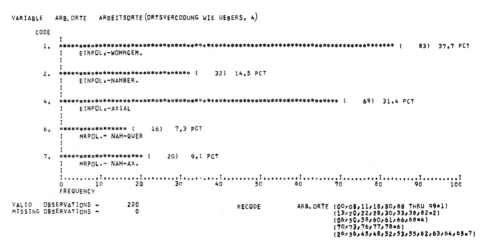

Insgesamt kann die Bedeutung der Verkehrsachse München-Ingolstadt im Interaktionsfeld der Wohnbevölkerung nun hinreichend genau umrissen werden. Außer für den Arbeitsweg wird die Achse vorzugsweise für seltenere Versorgungsaktivitäten in Anspruch genommen, bei denen die Bevölkerung relativ distanzunempfindlich ist.

Tab. 8   Zur Erklärung der Besuchsfrequenz von Orten in Axiallage
          (Kontingenzkoeffizienten K)

unabhängige Variable	(p)	abhängige Variable Besuchshäufigkeit der Orte					
		München		Ingolstadt		Pfaffenhofen	
		(6)	Rang	(6)	Rang	(6)	Rang
Beruf HH-Vorstand	(9)	.6352	1	.4375	3	.5021	2
Arbeitsorte	(5)	.6093	2	.3460	7	.4199	5
Haushaltstyp	(7)	.5204	3	.4000	5	.3987	6
Wohnplatz	(10)	.5116	4	.4600	1	.5076	1
Familieneinkommen	(6)	.4796	5	.4352	2	.4718	3
Zuzugort	(6)	.4753	6	.3802	6	.4450	4
Wohndauer	(4)	.4584	7	.4231	4	.3527	8
Pkw-Anzahl	(3)	.3464	8	.2153	8	.3675	7

Anmerkungen: vgl. Tab. 5

Die Tab. 8 rückt diese pauschalen Aussagen in die sozialgeographische Perspektive, d. h. differenziert sie sowohl in räumlicher wie in sozialgruppenmäßiger Hinsicht. Während die Bedeutung Münchens im Aktionsfeld maßgeblich von der beruflichen (Orts-) Orientierung des Haushalts abhängt (berufsspezifische Merkmale auf den beiden oberen Rangplätzen), ist für die Besuchsfrequenz Ingolstadts, die übrigens in fast allen Haushalten vergleichsweise niedrig ist, ein anderes Faktorenbündel maßgebend. Hinter den an vorderer Stelle rangierenden Variablen Wohnplatz, Familieneinkommen, Beruf und Wohndauer kann als gemeinsame Größe etwas wie „traditionell-ländlich-bäuerliches Konsumverhalten und Anspruchsniveau" vermutet werden. Diejenige Bevölkerungsteilgruppe, auf die diese Charakterisierung am besten zutrifft, findet eine ihren Bedürfnissen entsprechende Versorgung — vor allem mit mittelfristig nachgefragten Gütern — eher in den Geschäften und Dienststellen Ingolstadts. Im Falle Pfaffenhofens sind die drei vordersten Rangplätze von den gleichen Variablen besetzt wie bei Ingolstadt. Gleichwohl erscheint eine teilweise andere Deutung angebracht. Die wohnplatzspezifischen Unterschiede sind hier darauf zurückzuführen, daß die Reichertshausener im wahrsten Sinne von Amts wegen stärker auf Pfaffenhofen, die Paunzhausener stärker auf Freising ausgerichtet sind[27]. Die im Vergleich zu Ingolstadt größere Bedeutung der Merkmale Zuzugsort (Rang 4) und Arbeitsorte (Rang 5) lassen sich mit Pfaffenhofens Funktion als Einfädelungspunkt auf der Verkehrsachse erläutern.

5. Zusammenfassung der empirischen Resultate

Planerische Eingriffe sind umso erfolgversprechender, je fester die ihnen zugrundeliegenden Empfehlungen in einer empirisch geprüften Theorie verankert sind. Dieser Satz bezeichnet, wenn man sich den oben skizzierten Stand der ARF vergegenwärtigt, sogleich die Grenzen einer wissenschaftlich fundierten Beratung aktionsraumwirksamer Politik. Die theoretischen Bruchstücke, auf denen die vorliegende Studie ruht, sind keineswegs hinreichend geprüft. Selbst die relativ am besten gesicherten Zusammenhänge zwischen abhängigen und unabhängigen Variablen, die im folgenden resümiert werden, sind aus diesen Gründen eher als Hypothesen anzusehen, die der künftigen ARF als Richtmarken dienen können.

Gegenstände der Grobanalyse räumlichen Verhaltens privater Haushaltungen sind der Wunsch-, der Wahrnehmungs- und der Aktionsraum; anders gesagt: der subjektiv als bedürfnisgerecht angesehene, der mit Ortskenntnis besetzte und der für alltägliche Außenroutinen benutzte Ausschnitt der objektiven Umwelt. Hinsichtlich jeder dieser drei Dimensionen treten in der untersuchten Grundgesamtheit beträchtliche gruppenspezifische Unterschiede auf.

Zum Wunschraum

— Im Untersuchungsgebiet kann von „dem" raumbezogenen Anspruchsniveau „der" Bevölkerung nicht die Rede sein. Die Bedürfnisse und Ansprüche an eine angemessene Raumstruktur sind vielmehr in den Haushalten und bei Einzelpersonen verschieden.

— Eine Ursache für solche Bedürfnis- und Einstellungsunterschiede sind die in längeren Lebensphasen eingeübten, zur Aktionsraumroutine gewordenen Verhaltensweisen, seien sie freiwillig oder als Ergebnis raumstruktureller Zwänge entstanden. Solche Routinen werden auch zeit- und teilweise beibehalten, wenn sich die Raumstruktur der objektiven Umwelt ändert — etwa durch einen Umzug von der Stadt in den ländlichen Raum.

— Ein Großteil der Bevölkerung ist hinsichtlich vieler alltäglicher Grundtätigkeiten so hoch distanzempfindlich, daß das diesbezügliche Angebot in den Oberzentren nicht genutzt wird. Dieser Sachverhalt ist umso aufschlußreicher, als die Haushalte in den beiden Untersuchungsgemeinden durch den ÖPNV überdurchschnittlich gut an das hoch attraktive Oberzentrum München angeschlossen sind. Selbst unter diesen vergleichsweise sehr günstigen aktionsräumlichen Bedingungen sinken die Anforderungen an eine umfassende sozialökonomische Grundversorgung im näheren Wohnumfeld nur wenig ab.

— Ebenfalls geringe gruppenspezifische Unterschiede — und demzufolge auch geringes Konfliktpotential — treten hinsichtlich der Wunschstandorte von langperiodisch beanspruchten Einrichtungen privater und öffentlicher Träger auf. Ihre Konzentration in den oberzentralen Achsenendpunkten wird weithin toleriert.

---

[27] Vgl. dazu das von HÄGERSTRAND in die ARF eingeführte Konzept der authority constraints, das bei DÜRR 1979 (S. 24) kurz erläutert wird.

— Stärkere Bewertungsunterschiede ergeben sich bei Freizeiteinrichtungen (Freibad, Sportplatz), aber auch bei Arbeitsplätzen und Einkaufszentren. Wenn solche Anlagen nicht allein durch private Unternehmer finanziert und unterhalten werden, kann der Einsatz öffentlicher Mittel für diese Zwecke zu Kontroversen unter der lokalen Bevölkerung führen.

— Als eine besonders distanzempfindliche Personengruppe erweisen sich die Hausfrauen, umso mehr, je stärker sie durch Rücksichtnahme auf andere Personen im Haushalt[28] beeinträchtigt werden (etwa durch Kleinkinder und große Haushalte) und je höher ihr Anspruchsniveau ist.

Zum Wahrnehmungsraum

— Die Wahrnehmungsräume der meisten Gruppen weisen eine kreuzförmige Gestalt auf. Sie ergibt sich durch die Überlagerung der alten, in vorindustrieller Zeit entstandenen Raumstruktur und neuen, oberzentral ausgerichteten und axial geformten Verknüpfungsnetzen.

— Die Wahrnehmungs- und Kenntnisfelder scheinen eine bemerkenswert große zeitliche Persistenz zu besitzen. Nach einer kurzen Aufbauphase verändern sie sich offenbar nur noch wenig — auch dann, wenn sie aus der objektiven Raumstruktur nur einen kleinen Ausschnitt abbilden.

— Konfiguration und Ausdehnung des Wahrnehmungsraumes hängen maßgeblich vom aktuellen und früheren privaten Kontaktfeld des Akteurs ab. In unserer Untersuchung wurde diesem Zusammenhang allerdings nur randlich nachgegangen. Unter den Einzelvariablen scheinen die Herkunft und die früheren Wohnorte der Haushaltsmitglieder besondere Erklärungskraft zu besitzen. Bei der autochthonen Bevölkerung dürften Heiratskreise viel zur Erklärung von Wahrnehmungsfeldern beitragen.

— Der Besitz eines Pkw — eine der hier getesteten unabhängigen Variablen — führt zur Ausweitung des Wahrnehmungsfeldes und erhöht damit die Auswahlmöglichkeiten aus dem raumstrukturellen Angebot.

Zum Aktionsraum

— Nach Maßgabe der aktionsräumlichen Gesamtorientierung lassen sich in der befragten Bevölkerung zwei idealtypische Haushalte entdecken. Auf der einen Seite steht eine eher lokal und traditionell orientierte Gruppe. Zur Befriedigung ihrer Nachfrage nach Diensten und Waren macht sie überdurchschnittlich häufigen Gebrauch von Einrichtungen, die in der überkommenen, agrargesellschaftlichen Raumstruktur verortet sind. Autochthone Wohngruppen und, beruflich gesehen, Landwirte, Rentner sowie örtliche Selbständige sind in dieser Gruppe überproportional vertreten.

— Das andere Extrem dieser vereinfachten Klassifikation wird von Haushalten gebildet, deren Aktionsräume eine oberzentrale Grundorientierung aufweisen; dementsprechend sind sie axial gestreckt und relativ weiträumig. Außerdem zeichnen sich diese Gruppen durch höhere Frequenz und geringere Routinisierung ihrer Außenaktivitäten aus. Junge Zuzüglerfamilien mit Arbeitsplätzen in München (allochthone Pendler i. S. DE VRIES-REILINGHs) sind charakteristische Vertreter dieses Haushaltstyps.

— Der anhaltende Zuzug solcher allochthonen Pendler in den Untersuchungsraum hat zur Folge, daß insgesamt gesehen axial orientierte Verkehrsströme gegenüber queraxial oder diffus über den ländlichen Raum gespannten Verflechtungsnetzen zunehmen.

Eine Differenzierung und Erklärung dieses pauschalen Bildes ergibt sich durch Analyse der Zwecke (Aktivitäten), Häufigkeit und Weiträumigkeit (Distanz) der Fahrten.

— Von den hier erfaßten Außenaktivitäten sind die Arbeitspendelfahrten am eindeutigsten axial ausgerichtet. Daneben hat die Verkehrsachse eine größere Bedeutung für die Besorgung mittel- und längerfristig nachgefragter Güter und Dienstleistungen; der Einkauf in oberzentralen Großmärkten spielt dabei eine beträchtliche Rolle.

---

[28] Sog. coupling constraints in der Terminologie HÄGERSTRANDs; vgl. auch dazu DÜRR 1979, S. 23.

— Der Orts- und angrenzende Nahbereich wird erwartungsgemäß für alltägliche Einkäufe und Besorgungen genutzt. Die Nutzungsfrequenz dieser lokalen Einrichtungen nimmt mit wachsender Verkehrsdistanz zwischen Wohn- und zentralem Ort deutlich ab.

— Die Häufigkeit von Außenaktivitäten hängt vor allem von beruflichen Merkmalen des Haushalts ab (Berufsfeld und Arbeitsort). Daneben spielen das Anspruchsniveau sowie — erwartungsgemäß — Haushaltsgröße und -typ eine wichtige Rolle.

— Häufigkeit und axiale Streckung der Außenaktivitäten korrelieren vielfach positiv miteinander. Die tatsächliche Beanspruchung der Raumstruktur (Nutzungsstellen und Verkehrswege) kann dadurch von Person zu Person beträchtliche Unterschiede aufweisen.

Insgesamt verdeutlichen die empirischen Untersuchungen, daß pauschalierende Normen zur Erreichbarkeit, so unvermeidlich sie für praktikable Programme der Regionalpolitik sein mögen, nur einen begrenzten Wert haben. Aktionsräumliche Studien können als adäquates Mittel gelten, die personen- und gruppenspezifischen Ansprüche an gegebene und zu schaffende Raumstrukturen aufzudecken. Sie führen damit regelmäßig und zwangsläufig in das weite Feld konkurrierender Raumansprüche und räumlicher Zielkonflikte hinein. Sie verlangen der Regionalforschung eine beträchtliche Kraft zu sozialer und räumlicher Differenzierung der vorfindbaren Bedingungen ab und der Regionalpolitik die Bereitschaft, Konflikte zwischen Gruppen zu akzeptieren und möglichst offen auszutragen.

IV. Planerische Schlußfolgerungen

Welche Eingriffe in die räumlichen Verflechtungsnetze privater Haushaltungen können auf Grund der empirischen Ergebnisse empfohlen werden? Und wer kommt als Adressat solcher Empfehlungen in Betracht? Antworten auf diese Fragen, mit denen der Anspruch auf Planungsrelevanz unserer Untersuchung eingelöst werden soll, sind aus zwei Gründen schwer zu geben. Zum einen ist das empirisch gesicherte Theoriefundament der ARF unzureichend; zum anderen sind die auf Aktionsräume bezogenen Zielvorstellungen bei Betroffenen und Politikern zu vage oder stark konfliktgeladen. Trotzdem — bzw. gerade deshalb — soll im Abschnitt IV.2 versucht werden, unsere Befunde auf planerisch aktuelle Fragen anzuwenden. Zuvor aber seien die wichtigsten der theoretisch möglichen Ansatzstellen einer Aktionsraumpolitik umrissen.

1. Ansatzpunkte für aktionsräumlich wirksame Maßnahmen

Mit Hilfe der in der ARF geläufigen und relativ bewährten Erklärungsansätze können mögliche Ansatzpunkte einer Aktionsraumpolitik abgeleitet und gruppiert werden. Sie lassen sich danach unterscheiden, ob sie die Erreichbarkeitsverhältnisse beeinflussen wollen durch

— Änderung der objektiven Raumstruktur (wobei weiter zu unterscheiden wäre, ob das durch Einflußnahme (a) auf die Standorte von Angebots- und Nachfragestellen, (b) auf die zwischen ihnen verlaufenden Verkehrswege oder (c) auf beides geschieht);

— Änderung der subjektiven, von der Bevölkerung wahrgenommenen Raumstruktur (Distanzempfindlichkeit);

— Beseitigung der die aktuelle Reichweite der Akteure bestimmenden constraints mit dem Ziel, erstere der potentiellen Reichweite möglichst weitgehend anzunähern.

Den empirischen Ergebnissen unserer Studie zufolge wird jeder dieser Eingriffe aktionsräumliche Wirkungen haben. Die Gruppierung der Maßnahmen, die im folgenden durch einige Beispiele erläutert werden soll, ist also mitnichten eine reine Gedankenspielerei.

In einem gegebenen Interaktionsfeld beeinflußt jede Verlagerung eines Angebots- und/oder Nachfragepunktes die objektiven kilometrischen Entfernungen zwischen Quell- und Zielort der Raumüberwindung. Beispielsweise hat die Veränderung des räumlichen Musters von Wohnstandorten, den Quell- und Fokuspunkten der Aktionsräume von Privathaushaltungen, immer auch eine Verlagerung ihrer Raum-Zeit-Pfade zur Folge. Wohnstandortplanung ist daher immer auch Aktionsraumplanung. Gleiches gilt für die Standortplanung von Gelegenheiten aller Art. Ihr Ziel besteht bekanntlich oft in der Minimierung individueller oder kollektiver Wegelängen. Ersteres könnte etwa für die in Reichertshausen beobachtete Ballung von Wohnstandorten an den Halteplätzen des leistungsfähigen Nahverkehrssystems gelten, letzteres ist oftmals für die Standortwahl besuchsintensiver öffentlicher oder privater Einrichtungen maßgebend.

Hält man hingegen das Standortmuster von Nachfrage- und Angebotsplätzen konstant, so lassen sich die Erreichbarkeitsbedingungen auch durch Veränderungen der Verkehrs- und Kommunikationsnetze beeinflussen. Solche Maßnahmen wirken sich auf die objektiven zeitlichen Verkehrsdistanzen aus, entweder in negativer[29] oder in positiver Weise. Außerhalb der Ballungsgebiete überwiegen solche Verkehrsausbaumaßnahmen, die eine Ausdehnung der potentiellen Reichweite bei gleichem zeitlichen Verkehrsaufwand zur Folge haben. Das Konzept der (Entwicklungs-) Achsen ist ein großräumiges Beispiel für diese Maßnahmengruppe, der Ausbau intrakommunaler Verkehrsnetze in den neu geschaffenen Großgemeinden des ländlichen Raums ein kleinräumiges Pendant.

Aktionsräumlich wirksame Politik kann und wird aber auch Konsequenzen aus der Tatsache ziehen, daß Distanzen als ein subjektiv wahrgenommenes, nach dem jeweiligen Fahrtenzweck bewertetes Phänomen sind. In dieser Perspektive werden alle Maßnahmen Bestandteil einer Aktionsraumpolitik, die den zur Distanzüberwindung erforderlichen Reise-, Zeit- und Kostenaufwand so reduzieren, daß er dem Akteur im Verhältnis zur „Belohnung" am Zielort als erträglich erscheint. Das läßt sich erstens durch die bereits beschriebene Verbesserung des Angebots am Zielort erreichen, etwa durch Verbesserung der objektiven Ausstattung einer Einzeleinrichtung oder durch eine Standortbündelung. Zweitens kann der gleiche Effekt aber auch ohne Veränderung objektiver Angebotsbedingungen erzielt werden, etwa durch eine Aufbesserung des Standortimages mittels Werbeaktionen. Solche Maßnahmen zielen, bildlich gesprochen, darauf ab, den objektiv unveränderten Standort auf eine Stelle in der mental map des Nachfragers zu rücken, die dieser persönlich für leichter erreichbar hält.

Die zweite, vordergründig betrachtet weniger wirksame Gruppe von aktionsraumrelevanten Maßnahmen setzt bei den Akteuren selbst an. Zwei Maßnahmengruppen lassen sich dabei unterscheiden, eine constraints-orientierte und eine bedürfnisorientierte. Zur ersten gehört die Fülle von sozialpolitischen Maßnahmen, die — meist nicht mit dem expliziten Ziel einer Veränderung des Gelegenheitspotentials — Zwänge lockern oder beseitigen, welche den Akteur an der vollen Ausnutzung des theoretisch erreichbaren Aktionsfeldes hindern. Wohngeld, Tarifpolitik für den öffentlichen Personennahverkehr, Preispolitik für Kfz-Brennstoffe: dies sind nur einige Beispiele, deren Bedeutung für aktionsräumliche Verhaltensweisen man sich leicht vergegenwärtigen kann. Am subtilsten, wenngleich oft auch am zielstrebigsten eingesetzt, sind die bedürfnisorientierten Maßnahmen. Bei unveränderter objektiver Raumstruktur zielen sie darauf ab, die Distanzempfindlichkeit der Akteure zu senken[30], indem Einstellungen zu und Bedürfnisse nach Konsumartikeln und anderen Gütern verändert werden, so daß deren Besitz als derart erstrebenswert angesehen wird, daß der subjektiv empfundene Müheaufwand für die Distanzüberwindung sinkt. Das weite Feld der produktbezogenen und der einrichtungsspezifischen Werbung wäre dieser Gruppe raumverhaltenswirksamer Maßnahmen zuzuordnen.

2. Technokratische Empfehlungen für ein Aktionsraum-Programm

Welche Maßnahmen können nun für das Untersuchungsgebiet und ähnlich strukturierte Räume der Bundesrepublik empfohlen werden? Welche technologischen Anweisungen sind adäquat? Auf der „Wahrheits"-Ebene, die durch die forschungslogische Gesamtanlage bestimmt ist, vermag die

---

[29] Vor allem in Ballungsgebieten können Ausbaumaßnahmen der Verkehrsnetze durchaus auch aktionsräumliche Verschlechterungen bewirken, etwa, wenn Parkraum, der für die örtliche Wohnbevölkerung eines Straßenzugs zur Verfügung stand, durch Umwandlung dieser Straße zu einer Durchgangsachse reduziert oder ganz eliminiert wird.

[30] Natürlich lassen sich auch die umgekehrten Ziele denken, also Erhöhung der Distanzempfindlichkeiten (etwa durch Benzinpreis- und/oder Tariferhöhungen im ÖPNV, Dämpfung der Bedürfnisse, Senken der Erwartungshorizonte).

vorliegende Studie zur Beantwortung dieser Fragen durchaus beizutragen. Die bekannte logische Entsprechung von Erklärung, Prognose und Technologie nutzend, ließen sich etwa alle im Abschnitt III.5 zusammengefaßten Erklärungen für aktionsräumliches Handeln in Empfehlungen für aktionsräumliche Politik ummünzen. Das soll hier nur knapp mit solchen Beispielen veranschaulicht werden, die nicht nur logisch vertretbar, sondern auch praktisch durchsetzbar erscheinen[31]). Mit dieser Beschränkung auf das politisch Machbare scheiden — aufgrund eines Werturteils des Verfassers[32]) — auch alle solche Empfehlungen aus, die auf ein weiteres Auseinanderklaffen von personen- oder gruppenspezifischen Verfügungspotentialen über die Raumstruktur hinauslaufen.

— Sollen Einrichtungen der Daseinsgrundvorsorge von möglichst vielen Bewohnern als gut erreichbar eingestuft werden, so sind Verkehrswege von über 15 Minuten (bei Motorisierung) bzw. 10 Minuten (bei Fußwegen) zu vermeiden.

— Sollen die Errichtung und der Unterhalt von Einrichtungen, die nur von einem bestimmten Personenkreis genutzt werden, nicht zu einem dauernden Konfliktherd werden, so sind flankierende Maßnahmen erforderlich, mit denen die Toleranzschwelle der „Nichtnutzer" gegenüber solchen Einrichtungen erhöht wird.

— Sollen die erheblich eingeschränkten Aktionsraum-Potentiale der Hausfrauen in großen Familien und/oder Familien mit Kleinkindern erweitert und damit an die Handlungsmöglichkeiten anderer Gruppen angenähert werden, so müssen in unmittelbarer Nähe des Wohnplatzes Einrichtungen außerfamiliärer Kinderbetreuung geschaffen werden. Auch ein System mobiler Haushaltshilfen wäre zweckentsprechend. Diesen Forderungen ist umso mehr Nachdruck zu verleihen, je stärker die überwiegend von Hausfrauen ausgeübten Außenaktivitäten auf die Achsenendpunkte verlagert werden sollen.

— Sollen die älteren und autolosen Haushaltsmitglieder die gleiche Chance erhalten, das in den Oberzentren vorhandene Angebot an kulturellen Veranstaltungen, sozialen Einrichtungen und Einkaufsgelegenheiten zu nutzen, muß die öffentliche Verkehrsverbindung zwischen Wohnstandort und Achsen-Einfädelungspunkt verbessert werden. Außerdem ist die Frequenz der Verkehrsbedienung auf der Achse selbst zu erhöhen.

— Das Aktionsraum-Potential der Doppelverdiener-Haushalte läßt sich dadurch erhöhen, daß die Möglichkeiten zur Kopplung von Aktivitäten am Arbeitsort verbessert werden. Konkret könnte das einmal durch weitere Spreizung von Büro- und Ladenschlußzeiten erreicht werden, zum anderen durch Schaffung von Arbeitsplätzen in größerer Nähe der Wohnstandorte.

— Faßt man diese Aussagen mit weiteren, ebenfalls aus den empirischen Befunden ableitbaren Schlußfolgerungen zu einem räumlichen Gesamtbild zusammen — und zwar wertbezogen, nämlich im Hinblick auf das Ziel einer sozial möglichst gerechten Verteilung von Aktionsraumpotentialen an die Wohnbevölkerung —, so wären für eine Raumentwicklung im Untersuchungsgebiet die folgenden Hauptmaßnahmen zu fordern:

1. Schaffung von neuen, qualifizierten und insbesondere von Teilzeitarbeitsplätzen in den leichter erreichbaren Zentren (den Mittelzentren des laufenden LEP).

2. Eröffnung von Einrichtungen zur bedarfs- und regelmäßigen Betreuung von Kindern jeglichen Alters in unmittelbarer Wohnplatznähe und/oder an den Zugangspunkten der Verkehrsachse.

3. Ausweitung des örtlichen Angebots an Freizeit- und Beschäftigungsmöglichkeiten für Jugendliche und Alte.

4. Verbesserung der öffentlichen Verkehrsverbindungen zwischen Wohnort und Mittelzentren sowie zwischen Wohnort und Achsenzugangspunkten.

---

[31]) Ein Beispiel für eine nur logisch haltbare, praktisch ganz utopische Empfehlung wäre der Vorschlag, konfligierende Raumansprüche dadurch zu minimieren, daß alle Bevölkerungsgruppen im Laufe ihres Lebens den genau gleichen Aktionsraumerfahrungen ausgesetzt werden. Das nämlich wäre die logisch einzig vertretbare Schlußfolgerung aus der Erklärung aktuellen Aktionsraumverhaltens durch früher eingeübte Routinen.

[32]) Vgl. Abschnitt I. 2.

5. Konzentration künftig zu erschließender Wohnstandorte an diesen Einfädelungspunkten der Verkehrsachse.

Bei diesen technologischen Anweisungen i. S. POPPERs werden die existierenden weiträumigen Pendelwege als unveränderlich hingenommen. Der Vorschlag kombiniert also axiale und zentralörtlich-punktuelle Elemente, wobei er das Schwergewicht auf die letzteren legt. Es wird zu fragen sein, welche Erfolgschancen einer solchen Verlagerung von Aktionsraum-Stationen eingeräumt werden kann[33]).

3. Zur Kritik an aktuellen aktionsräumlich relevanten Raumordnungsmaßnahmen

Die Befunde der Untersuchung eigenen sich auch dazu, einige aktionsräumlich relevante Prämissen, Ansätze und Instrumente der Landesentwicklung in Bayern kritisch einzuschätzen. Die empirische Basis ist allerdings zu schmal, um die diesbezüglichen Schlüsse ohne weiteres auch auf andere Bundesländer zu beziehen. Aber in dem Maße, in dem sich die Länder ähnlicher Vorgaben, Maßstäbe und Instrumente bedienen, wie sie im bayerischen LEP verwendet werden, dürften die folgenden Schlußfolgerungen auch auf sie zutreffen.

1. Die im bayerischen LEP erscheinende Annahme einer hohen Bereitschaft der Bevölkerung zur Mobilität und zu weiträumigen Aktionsroutinen sind zu pauschal. Im Untersuchungsgebiet treffen sie am besten auf die allochthonen Pendler zu, einer Gruppe also, die wirtschaftlich meist überdurchschnittlich gut gestellt ist. Aktionsräumlich wirksame Programme, die ganz oder überwiegend von diesen Prämissen ausgehen, werden die sozial schwächeren Haushalte und Personengruppen vielfach benachteiligen. Besonders gilt das für Hausfrauen in kinderreichen Familien.

2. Tatsächlich aber wird das LEP der bayerischen Regierung nicht allein durch solche Prämissen der Weiträumigkeit bestimmt. Neben den weiträumigen axialen Verkehrsbündeln wird ein hierarchisches Zentrale-Orte-System angestrebt, das kurzwegige Aktionsräume ermöglicht. Prinzipiell wird diese Kombination den Wunschräumen vieler befragten Haushalte weitgehend gerecht. Sie geben sich nicht damit zufrieden, über eine Verkehrsachse besser an ein Oberzentrum angebunden zu sein, sondern drängen gleichzeitig auf gute Ausstattung ihres Nahbereichs.

3. Die Grenzziehung zwischen den Planungsregionen 10 (Ingolstadt) und 14 (München) erweist sich im Falle der Gemeinde Reichertshausen als falsch — wenn man die empirischen Befunde im Lichte der aktionsräumlichen Argumente sieht, die die Regierung für die Abgrenzung nennt. Es kann keine Rede davon sein, daß die Region 10 gegenwärtig „monozentrisch auf das mögliche Oberzentrum Ingolstadt"[34]) ausgerichtet sei; vielmehr ist die aktionsräumliche Orientierung der befragten Haushaltungen auf das Regionszentrum insgesamt vernachlässigenswert. Das gilt gerade im Hinblick auf die Arbeitspendelverflechtungen, einem Hauptkriterium für die amtliche Grenzziehung.[35]).

4. Soll die Regionseinteilung in Bayern dagegen als Planungsinstrument, d. h. als Vorgriff auf künftige Raumverflechtungen angesehen werden — was im LEP nicht der Fall ist —, so sind gleichfalls erhebliche Bedenken zu erheben. Bei dem gegebenen und in Zukunft verfügbaren Instrumentarium erscheint es ausgeschlossen, Ingolstadts Attraktivität gegenüber der weit überlegenen Stellung Münchens nennenswert anzuheben. Es ist an der Zeit, daraus planerische Konsequenzen zu ziehen — etwa dergestalt, daß die oberzentralen Funktionen Ingolstadts eindeutiger als bisher benannt werden.

---

[33]) Vgl. den Schlußabschnitt IV. 4.

[34]) Begründung der am 21. 12. 1972 erlassenen Verordnung über den Teilabschnitt „Einteilung des Staatsgebietes in Regionen" für die Region 10. In: Amtsblatt des BStLUM, Jg. 4, No. 9, vom 26. 8. 1974, S. 120.

[35]) Angesichts dieser offenkundigen Diskrepanz zwischen Planungs- und aggregierten Aktivitätsräumen der Wohnbevölkerung wäre eine Untersuchung des Entscheidungsprozesses, der zu dieser Abgrenzung geführt hat, zweifellos lohnend. Speziell wäre danach zu fragen, ob die maßgeblichen Entscheidungsträger eher der skizzierten traditionell-ländlich orientierten Gruppe zuzurechnen sind, deren stärkere Raumorientierung auf Ingolstadt durch die Untersuchungen nachgewiesen werden konnte.

5. Als schweres Handicap, eine Regionsabgrenzung vorzunehmen, die mit den gegenwärtigen und absehbaren Verflechtungsnetzen besser übereinstimmt, erweist sich in unserem Falle die Praxis, einen Landkreis möglichst als Ganzes einer Planungsregion zuzuordnen. Die dabei angenommene Identität von administrativer und sozioökonomischer Raumorganisation ist nicht gegeben.

6. Indirekt läßt sich die planungsregionale Fehlzuordnung Reichertshausens damit auf die unzureichende Verzahnung von administrativer und planerischer („sozioökonomischer") Gebietsneugliederung in Bayern zurückführen. Besonders nachteilig wirkt sich dabei aus, daß die kommunale Gebietsreform nicht von der untersten Ebene folgerichtig nach oben vorangetrieben, sondern von vornherein in das Korsett der neuen Kreisgrenzen gezwungen wurde.

7. Die neu geschaffenen Landkreisgrenzen verhinderten im Untersuchungsgebiet auch die Schaffung sinnvoller, absichtsgerechter Nahbereiche. Zwar sieht die bayerische Landesentwicklungsplanung die Möglichkeit landkreisüberschreitender Nahbereiche ausdrücklich vor, aber davon wurde in unserem Falle kein Gebrauch gemacht — obgleich die Bevölkerung der südlichen Wohnplätze Reichertshausens einen beträchtlichen Teil ihrer Außenaktivitäten auf Petershausen (Landkreis Dachau, Region 14) ausrichtet.

8. Die Ausweisung von Klein- und Mittelzentren in Achsenlage (Reichertshausen, Petershausen bzw. Pfaffenhofen) ist ein plausibles Konzept[36]). Der Doppelstruktur der Wunschräume — weiträumige Pendelwege, kurzwegige Grundversorgung — wird es aber nur dann gerecht, wenn die betreffenden Orte nicht nur als Zugänge zu Verkehrsachsen, sondern als voll auszubauende Grundversorgungszentren aufgefaßt werden.

4. Überlegungen zu einer Aktionsraum-Strategie

Die vorstehenden, aus der Kenntnis aktionsräumlicher Grobmuster abgeleiteten Vorschläge und kritischen Einwände können für die Identifikation und Durchführung einzelner aktionsraumpolitischer Maßnahmen nützlich sein. Doch selbst eine noch so lange Liste von ihnen ergäbe kein in sich stimmiges Programm zur Beeinflussung von Aktionsräumen privater Haushaltungen. Um ein solches Programm zu entwerfen, bedarf es der politischen Willensbildung, wobei die politisch-finanziellen Rahmenbedingungen der absehbaren Zukunft von vornherein in die Überlegungen einbezogen werden müssen. Wie bereits erwähnt, besteht in dieser Hinsicht derzeit eine empfindliche Lücke. Im einzelnen fehlen:

— differenzierte Normen (Richtwerte, Module) zur Konfiguration und Größe der Aktionsräume privater Haushaltungen;

— differenziertere Vorstellungen über die Aufgabenteilung zwischen den flächenhaften und punktuellen Elementen der räumlichen Siedlungs- und Wirtschaftsstruktur;

— offene Darlegungen der Konfliktträchtigkeit aktionsraumpolitischer Maßnahmen, die sich aus den gruppenspezifisch unterschiedlichen Ansprüchen an Standort und Ausstattung einzelner Einrichtungen und deren Bündelung ergibt;

— operable Programme zur Einflußnahme auf Aktionsräume, in denen Maßnahmen so konkretisiert sein sollten, daß private und öffentliche Träger ihre Investitionsentscheidungen auch daran ausrichten können.

Empirische ARF-Studien können zwar dazu beitragen, diese Lücken im politischen Zielfeld einzuengen, dem Politiker die überfälligen Entscheidungen aber nicht abnehmen. Um diese Willensbildung zu unterstützen, sollen im folgenden zwei Extrempositionen des breiten Zielspektrums, ein „reines" Achsenmodell und ein „reines" Raumzellenmodell, skizziert, auf ihre Realisierbarkeit hin geprüft und vor dem Hintergrund der empirischen Befunde unserer Studie kritisch betrachtet werden.

---

[36]) In diesen Zusammenhang ist zu bedenken, daß es sich beim Untersuchungsgebiet um einen achsennahen Raum handelt; das Problem der räumlichen Verteilung der Angebotsstellen ist in abgelegenen Räumen anders gelagert — und sicher nicht leichter zu lösen.

Die eine Extremposition auf diesem Diskussionsfeld, das Axialmodell, wäre wie folgt zu kennzeichnen: Sie unterstellt jedem Haushalt hohe Mobilitätsbereitschaft, geringe Distanzempfindlichkeit, große Toleranz gegenüber Reisezeiten mit öffentlichen und privaten Verkehrsmitteln. Die derzeitige räumliche Verteilung der Arbeitsplätze im sekundären und tertiären Wirtschaftssektor wird als schwer veränderbarer Sachzwang akzeptiert, schließlich wird ein hoher Kopplungsgrad zwischen arbeitsörtlichen und Versorgungsaktivitäten unterstellt, so daß auch letztere überwiegend den oberzentralen Ballungsräumen zugewiesen werden. Insgesamt gesehen strebt man weiträumige, oberzentrenorientierte Aktionsräume an; die Wahrnehmungs- und Aktionsräume aller Bevölkerungsgruppen nehmen mit der Zeit eine betont axiale Form an, wie sie heute schon für die Gruppe der städtischen Zuzügler kennzeichnend sind (Abb. 6 d). Axiale Elemente werden dabei um so mehr Bedeutung gewinnen, je mehr der öffentliche gegenüber dem privaten Verkehr und je mehr bei ersterem der schienengebundene Verkehr gefördert wird.

Eine von diesen Prämissen ausgehende Aktionsraumpolitik ist, wenn man von den Bedingungen im Untersuchungsgebiet ausgeht, mit dem Ziel einer der Bevölkerungsmehrheit gerecht werdenden Regionalpolitik kaum vereinbar. Am ehesten entspräche sie noch jenen Doppelverdiener-Haushalten, deren Mitglieder in den Achsenendpunkten arbeiten und die alle Möglichkeiten zur Kopplung am Arbeitsort haben. Nach den Resultaten unserer Untersuchung gilt das zur Zeit nur für die vergleichsweise kleine Gruppe der allochthonen Pendler. Zwar nimmt deren Zahl im Untersuchungsgebiet relativ und absolut gesehen zu, aber daraus darf keineswegs der generelle Schluß gezogen werden, daß die Politik der Achsen den Aktionsraum-Bedürfnissen immer breiterer Bevölkerungskreise entsprechen wird. Um das Achsenmodell mit den Handlungsmöglichkeiten größerer Bevölkerungsgruppen in Einklang zu bringen, müßten mindestens die vom Arbeitsplatz aus erreichbaren Versorgungsstandorte, d. h. die Gelegenheiten zur bequemen Aktivitätenkopplung, zunehmen. Das ließe sich beispielsweise durch flexiblere Gestaltung der Arbeitszeiten sowie der Büro- und Ladenöffnungszeiten erreichen.

Für alle Haushalte, die nicht durch wenigstens einen Arbeitsplatz werktäglich mit einem Oberzentrum verbunden sind oder in denen eine Person zwar im Oberzentrum arbeitet, aber eine klare personengebundene Aufgabenteilung zwischen Arbeiten und Versorgen herrscht, reichen auch solche Maßnahmen nicht aus. Die Untersuchung hat ergeben, daß von diesen Gruppen ein hoher Anspruchsdruck auf den Nahbereich ausgeht. Dieser Druck ließe sich nur verringern, wenn das in einem Halbtag erreichbare Gelegenheitenpotential insbesondere für Hausfrauen und Mütter erweitert wird. Das setzt eine nachhaltige Erweiterung des Angebots an Humandienstleistungen voraus. Als Beispiele seien gut erreichbare, d. h. möglichst in den Achsenzugangsorten zu errichtende Kinderkrippen, Kindergärten, Vorschulen und Kurzzeithorte erwähnt, sowie ein System mobiler, kurzfristig verfügbarer Haushaltshilfen. Eine derartige sozialpolitische Flankierung der Regionalpolitik wäre unabdingbar, wollte man für einen größeren Personenkreis als derzeit die Diskrepanz zwischen regionalen Axialstrukturen und Bedürfnissen verringern. Ob diese Maßnahmen, als deren Träger vor allem die öffentlichen Hände in Betracht kämen, finanziert werden sollen, ist eine offene Frage, die bislang nicht konkret genug gestellt und diskutiert worden ist.

Im Prinzip würde das andere Zielextrem, eine zellulare Raumorganisation, den Erreichbarkeitsbedürfnissen der Bevölkerung insgesamt besser gerecht. Im Unterschied zum Achsenmodell ginge man hierbei von einer hohen Empfindlichkeit aller Bevölkerungsgruppen gegenüber jeglichen Raumüberwindungsvorgängen aus und machte ausgiebigen Gebrauch von der alten, hierarchisch gebauten, zellularen Raumstruktur mit ihrer dispers verteilten Hierarchie zentraler Orte. Hauptziel dieser Politik ist die Minimierung der aggregierten Transportwege der Privathaushalte durch möglichst reiches Angebot von Gelegenheiten aller Art in den Klein- und Mittelzentren. Der typische Aktionsraum eines Privathaushaltes hätte — bei geringer kilometrischer Ausdehnung — eine eher runde bis elliptische Form und wäre oft auf mehrere, relativ gleich gut erreichbare Stationen orientiert. Insgesamt bildet diese Raumorganisation die lokalistische, kurzwegige Alternative zum Achsenmodell.

Die raumstrukturellen Voraussetzungen für die Verwirklichung dieses Modells sind im Untersuchungsgebiet und in vielen anderen ländlichen Gebieten der Bundesrepublik nicht ungünstig. Die vorhandenen und für den Ausbau vorgesehenen Mittel- und Kleinzentren liegen so nah beieinander, daß sie von einem Großteil der Bevölkerung mit zumutbarem Aufwand erreicht werden können. Dennoch wäre es utopisch anzunehmen, dieses Modell ließe sich mit den derzeit gegebenen und in absehbarer Zeit verfügbaren Instrumenten der Regionalpolitik für alle Außenaktivitäten verwirklichen. Die stärksten Abstriche sind bei der Leitaktivität Arbeiten zu machen. Zwar konnte nach Abschluß unserer Erhebungen in einigen Klein- und Mittelzentren des weiteren Untersuchungsgebietes eine größere Zahl neuer Arbeitsplätze geschaffen werden. Aber insgesamt gesehen sind die Pendlerverflechtungsnetze bereits überwiegend axial ausgerichtet. Falls nicht die Investitionsbereitschaft privater Unternehmer in einem derzeit unwahrscheinlichen Maße zunimmt, dürfte sich daran in absehbarer Zeit nur wenig ändern. Der Zwang zum Berufspendeln auf der Verkehrsachse wird für viele Arbeitnehmer bestehen bleiben, die Aktionsräume dieser Haushalte also eine axiale Grundkomponente behalten.

Diese skizzenhaften Erwägungen reichen bereits aus, um einzusehen, daß sich die Alternative „Zellen- oder Achsenstruktur" für das Gebiet zwischen Ingolstadt und München nicht wirklich stellt. Eine machbare und zugleich bedürfnisnahe Regionalpolitik wird Elemente der beiden Positionen miteinander verbinden müssen[37].

Es ist eine besondere Schwäche der bisher vorliegenden bayerischen Landesentwicklungsplanung, daß sie dazu keinen gangbaren Weg aufzeigt. Ihre raumstrukturellen Teilprogramme — Ausbau von Achsen und Zentralorten der verschiedenen Stufen, Zuordnung zu Nahbereichen und Regionen — bleiben weithin nebeneinander stehen. Es wird auch nicht mit der wünschenswerten Deutlichkeit gesagt, daß eine Addition all dieser Programme kein stimmiges Raumordnungskonzept ergibt, ganz abgesehen davon, daß eine derartige Programmfülle mit den in absehbarer Zukunft verfügbaren Mitteln öffentlicher und privater Investoren kaum zu realisieren sein wird. Die Aufgabe, die möglichen Programme in eine Prioritätsrangfolge zu bringen, ist gerade im Hinblick auf die sozio-ökonomischen Verflechtungsnetze von privaten Haushaltungen wichtig. Daß Verkehrsachsen für den großräumigen Güter- und Nachrichtenaustausch ihre Bedeutung haben, ist allseits unbestritten. Durchaus unklar dagegen ist, welche Rolle solche Großraumachsen und die ballungsnahen Siedlungsachsen für die Zeit-Raum-Pfade der Wohnbevölkerung annehmen könnten und sollten. Um es zu wiederholen: Konkret ginge es darum, die Rolle der gegebenen und neu zu entwickelnden Raumstrukturelemente im Aktionsraum der verschiedenen Raumnutzergruppen zu bestimmen.

Die empirische Aktionsraumforschung kann zur Lösung dieser Aufgabe trotz aller forschungslogischen Unzulänglichkeiten bestimmte Beiträge leisten. Die Liste der technologischen Anweisungen im Abschnitt IV.2 liefert dafür den prinzipiellen und auswahlweise auch den konkreten Beweis. Durch Zusammenfassung aller bisher gesicherten Resultate der empirischen ARF ließe sich diese Liste nahezu beliebig verlängern. Aber im Hinblick auf die vorrangigen Probleme der Aktionsraumpolitik wäre das nur bedingt sinnvoll. Denn diese Vorrangaufgaben sind normativer und damit politischer Natur. Es fehlt derzeit vor allem an den oben genannten Richtwerten. Und solche Normen können nur sehr bedingt aus empirischen Untersuchungen abgeleitet werden — zumal, wenn diese auf kleine Teilräume mit speziellen Strukturen beschränkt bleiben. Doch selbst wenn man die normensetzende Wirkung der empirischen Forschung höher veranschlagen möchte: Die Politiker können die unbestreitbaren Schwächen der ARF weder jetzt noch in Zukunft als Alibi für eigene Entscheidungsschwäche benutzen. Das Festsetzen von aktionsräumlichen Normen in Form von Zumutbarkeits- und Erreichbarkeitsschwellen wird immer eine politisch zu rechtfertigende Aufgabe bleiben. Die Wissenschaft wird dem Raumordnungspolitiker diese Entscheidungen auch dann nicht abnehmen, wenn sie ihr technisches und theoretisches Instrumentarium verfeinert hat. Aber die ARF kann ZUR Vorbereitung solcher Entscheidungen beitragen[38]. Im Hinblick auf die Achsenproblematik sind diesbezüglich vier Hauptpunkte zusammenfassend zu nennen:

1. Das Aktionsraumpotential — die Qualität und Quantität der mit zumutbarem Aufwand vom Haushalt aus erreichbaren Nutzungsstellen — weist bei verschiedenen sozialökonomischen Gruppen auch heute noch beträchtliche Unterschiede auf.

---

[37] Vgl. dazu die technologischen Anweisungen oben, Abschnitt IV. 2.

[38] Vgl. in diesem Zusammenhang die Debatte um die Finalisierung der Sozialwissenschaften, die von KISTENMACHER (1976, S. 12-3) auch auf die Arbeit des Arbeitskreises „Entwicklungsachsen" bezogen worden ist.

2. Bei der Nutzung von Gelegenheiten — öffentlich und privat betriebenen Einrichtungen der sozialen und wirtschaftlichen Daseinsvorsorge — tritt eine Vielzahl von Konflikten auf. Sie sind auf die gruppenspezifisch unterschiedlichen Bedürfnisse und Handlungspotentiale zurückführbar.

3. Die Prämissen hoher Mobilitätsbereitschaft und ausgeprägter Toleranz gegenüber Distanzüberwindungen, die vielen Raumordnungsmaßnahmen zugrunde liegen, widersprechen den Ansprüchen größerer Bevölkerungsgruppen.

4. In den Achsen haben solche Prämissen ihren bisher eindeutigsten Ausdruck auf der raumordnerischen Mittelebene gefunden. Nach den Befunden der vorliegenden Studie wirken Verkehrsachsen auf die Aktionsraumpotentiale privater Haushaltungen so unterschiedlich ein, daß sie soziale Ungleichheiten eher verstärken als abbauen.

Anders und abschließend gesagt: In dem Maße wie die Gleichwertigkeit von Aktionsraumpotentialen im eben definierten Sinne zum Maßstab erfolgreicher Raumordnungspolitik gemacht wird und wie eine möglichst gleichmäßige Verteilung dieser Potentiale auf alle privaten Haushaltungen angestrebt wird, erweisen sich die Achsen als untaugliches Instrument der Raumorganisation. Das trifft schon auf ballungsnahe Gebiete wie den Untersuchungsraum zu, noch viel stärker aber auf ländliche Räume an der Peripherie der Bundesrepublik Deutschland. Die als Alternative denkbare kurzwegig-zellulare Organisation des ländlichen Raums, wie sie etwa auch in der Studie von STIENS (1977) entwickelt wird, kann aus aktionsräumlicher Sicht als wesentlich zielkonformer gelten als die Axial-Alternative.

Aber man muß dem Zellular-Modell unter den gegebenen gesellschaftlichen und politischen Bedingungen weitaus geringere Realisierungschancen einräumen. Die technischen Voraussetzungen dafür wären nicht einmal schlecht. Wie im Untersuchungsgebiet haben die jüngeren Raumentwicklungsprozesse auch in anderen Teilgebieten der Bundesrepublik auf eine punktuell-zellulare Raumunterlage, die aus vorindustrieller Zeit stammt, axial gebaute Verbreitungs- und Verknüpfungsmuster aufgeprägt. Das ältere Grundmuster ist aber noch soweit intakt, daß es auch in Zukunft eine Rolle im Aktionsraum privater Haushaltungen spielen könnte. Die künftige Entwicklung muß also nicht zwangsläufig zu einer absoluten und relativen Stärkung axialer Elemente im Handlungsraum der Bevölkerung führen. Anders steht es dagegen um die politischen Voraussetzungen für die Verwirklichung mehr zellular gebauter, mittel- und kleinzentrenorientierter Aktionsräume. Viel spricht für die These NASCHOLDs (1978), daß dieses Modell politisch nur von einer „Gegenmacht" durchgesetzt werden könnte, in der sich die „Opfer" der gegenwärtigen Raumentwicklung zusammenfinden. Es ist nicht erkennbar, daß sich eine solche Gruppe in absehbarer Zeit formieren wird.

Zitierte Literatur

ATTESLANDER, P./HAMM, B. (Hrsg.) 1974: Materialien zur Stadtsoziologie. Köln (= Neue Wissenschaftliche Bibliothek 69).

CARLSTEIN, T./PARKES, D./THRIFT, N. (ed.) 1978: Timing Space and Spacing Time. 3 Vols.: Making Sense of Time; Human Activity and Time Geography; Time and Regional Dynamics. London.

CHAPIN, F. S./HIGHTOWER, H. C. 1966: Household Activity Systems. A Pilot Investigation. Chapel Hill: Center for Urban and Regional Studies, Institute for Research in Social Sciences, University of North Carolina (Mimeo.).

DÜRR, H. 1972: Empirische Untersuchungen zum Problem der sozialgeographischen Gruppe: der aktionsräumliche Aspekt. In: Münchner Studien zur Sozial- und Wirtschaftsgeographie 8, S. 71—81.

— 1979: Planungsbezogene Aktionsraumforschung — Theoretische Aspekte und eine empirische Pilotstudie —. Veröffentlichungen der Akademie für Raumforschung und Landesplanung, Beiträge Bd. 34, Hannover.

EBERLE, D. 1976: Entwicklung eines komplexen theoretischen Erklärungskonzeptes für räumliches Verkehrsverhalten und seine Umsetzung in Forschungsansätze für Siedlungsachsen. In: Zur Problematik von Entwicklungsachsen. Hannover (= Veröffentlichungen der ARL, Forschungs- und Sitzungsberichte Band 113). S. 241—253.

FRIEDRICHS, J. 1977: Stadtanalyse. Soziale und räumliche Organisation der Gesellschaft. Reinbek b. Hamburg (= rororo studium 104).

GANSER, K. 1969: Planungsbezogene Erforschung zentraler Orte in einer sozialgeographisch prozessualen Betrachtungsweise. In: Neue Wege in der zentralörtlichen Forschung. Kallmünz/Regensburg (= Münchener Geographische Hefte 34). S. 41—51.

HÄGERSTRAND, T. 1973: The Domain of Human Geography. In: Chorley, R. J. (ed.) 1973: Directions in Geography. London, S. 67-87.

KISTENMACHER, H. 1976: Zur theoretischen Begründung und planungspraktischen Verwendbarkeit von Achsen. In: Zur Problematik von Entwicklungsachsen. Hannover (= Veröffentlichungen der ARL, Forschungs- und Sitzungsberichte Band 113). S. 5—41.

KLINGBEIL, D. 1969: Zur sozialgeographischen Theorie und Erfassung des täglichen Berufspendelns. In: Geographische Zeitschrift. 57, S. 108—131.

— 1977: Aktionsräumliche Analysen und Zentralitätsforschung. In: Beiträge zur Zentralitätsforschung. Kallmünz/Regensburg (= Münchener Geographische Hefte 39). S.45-74.

— 1978: Aktionsräume im Verdichtungsraum. Zeitpotentiale und ihre räumliche Nutzung. Kallmünz/Regensburg (= Münchener Geographische Hefte 41).

KLUCZKA, G. 1971: Zur Gliederung nach zentralörtlichen Bereichen und zur Einstufung zentraler Orte. In: INSTITUT FÜR LANDESKUNDE (Hrsg.) 1971: Geographische Landesaufnahme. Zentralörtliche Bereichsgliederung 1. Bonn-Bad Godesberg.

KOFOED, J. 1970: Person Movement Research: A Discussion of Concepts. In: Papers of the Regional Science Association 24, S. 141—155.

KREIBICH, B. 1975: Stadtplanungsprobleme aus Schülersicht. Stuttgart (= Der Erdkundeunterricht, Sonderheft 5).

KREIBICH, V. 1972: Möglichkeiten und Probleme bei der Konstruktion von Modellen zur Simulation der Wahl des Arbeitsortes. In: Münchner Studien zur Sozial- und Wirtschaftsgeographie 8, S. 63—69.

LANGE, S. 1972: Die Verteilung von Geschäftszentren im Verdichtungsraum. In: Zentralörtliche Funktionen in Verdichtungsräumen. Hannover (= Veröffentlichungen der ARL, Forschungs- und Sitzungsberichte Band 72). S. 7-48.

MAIER, J. 1976: Zur Geographie verkehrsräumlicher Aktivitäten. Theoretische Konzeption und empirische Überprüfung an ausgewählten Beispielen in Südbayern. Kallmünz/Regensburg (= Münchner Studien zur Sozial- und Wirtschaftsgeographie 17).

NASCHOLD, F. 1978: Alternative Raumordnungspolitik. Elemente und Ansatzpunkte eines neuen Politikmodus in der Raumordnung. In: Informationen zur Raumentwicklung, o. B. (Jg. 1978), S. 61—70.

STIENS, G. 1977: Vorausgesagte Entwicklungen und neue Strategien für den ländlichen Raum. In: Informationen zur Raumentwicklung, o. B., (Jg. 1977), S. 139—153.

Die Problematik von Siedlungsachsen vor dem Hintergrund empirischer Daten zum Standortverhalten privater Haushalte am Beispiel Münchens

von
Wolfgang Eckstein und Rolf Romaus, München

INHALT

1. Vorbemerkungen
2. Hypothesen zur Wirkung von Siedlungsachsen
    2.1 Räumliche Ordnung
    2.2 Funktionale Disparität
    2.3 Soziale Ordnung
3. Empirische Befunde
    3.1 Vorgehensweise
    3.2 Die Ausgangssituation
        — Bevölkerungsverteilung und -struktur 1970 —
    3.3 Einwohnerentwicklung 1970/75 und -wanderungen
    3.4 Wohnstandortwahl: Gründe und Bewertungen
        3.4.1 Der Vergleich von stabilen und mobilen Haushalten
        3.4.2 Räumliche Differenzierung der Mobilität
    3.5 Standortverhalten und Schnellbahn
        3.5.1 Wahl und Bewertung des Wohnstandorts
        3.5.2 Verkehrsverhalten
4. Folgerungen für die Beurteilung von Siedlungsachsen
    4.1 Eingeschränkte Ordnungsfunktion
    4.2 Befristete Verringerung funktionaler Disparität
    4.3 Vorübergehende Verbesserung der Lebensbedingungen
5. Anhang: Ergebnistabellen

1. Vorbemerkungen

Gegenstand dieser Studie ist die Siedlungsachse im Verdichtungsraum München, soweit sie intraregionale Funktionen erfüllt. Die zu behandelnde Problematik beschränkt sich überwiegend auf Beobachtungen der Jahre 1970 bis 1975, wenngleich es nicht abwegig erscheint, Parallelen auch z. B. bei den Stadterweiterungen in der zweiten Hälfte des vorigen Jahrhunderts zu sehen.

Angesprochen werden räumliche, funktionale und soziale Aspekte; als Grundlage dienen Daten der amtlichen Statistik und empirische Befunde über das Standortverhalten privater Haushalte, die im Raum München erhoben wurden.

Das Beispiel München scheint für eine derartige Untersuchung besonders geeignet zu sein, weil hier infolge einer ungewöhnlichen Wachstumsphase sowie der in diese Phase fallenden Inbetriebnahme eines weit in das Umland hinausreichenden Schnellbahnsystems die zu behandelnden Probleme deutlicher als sonst ausgeprägt sein dürften.

Die Idee der Konzentration der baulichen und sonstigen Entwicklung in Zentren und (Schnellbahn-)Achsen von Verdichtungsräumen hat im Gesamtsystem der Ziele der Stadtentwicklung ein deutliches Übergewicht[1]).

Generell wird mit dem Achsenkonzept das Ziel verfolgt, eine Gleichwertigkeit der Lebensverhältnisse und Lebenschancen zu gewährleisten. Dabei steht innerhalb von Verdichtungsräumen die Ordnungsfunktion im Vordergrund. Es wird also die Notwendigkeit betont, die künftige Siedlungstätigkeit auf Achsen zu konzentrieren und als Grundlage einer Verdichtung von Wohn-, Arbeits- und Ausbildungsstätten sowie zentraler Einrichtungen ein funktionsfähiges Verkehrssystem vorzuhalten, damit Freiräume gesichert und die ökologischen Bedingungen im Verdichtungsraum verbessert werden können.

Darüber hinaus sollen derartige Planungsvorstellungen zur Erhöhung der Planungssicherheit beitragen, wenn sie, wie in Bayern, im Rahmen eines Landesentwicklungsprogrammes verabschiedet sind, indem sie alle öffentlichen Planungsträger binden; zugleich sollen sie „für jeden Bürger eine zuverlässige Orientierungshilfe" darstellen[2]).

Siedlungsachsen in Verdichtungsräumen werden also als regionalplanerische Instrumente verstanden, mit deren Ausweisung Steuerungsfunktionen wirksam werden, die einer ringförmigen Ausbreitung des bebauten Gebietes entgegenwirken und eine Entwicklung in die Tiefe des Raumes ermöglichen, um u. a. den Zugang zu Naherholungs- und Freiflächen zu verbessern.

Die mit Siedlungsachsen verfolgten Ziele beschränken sich im allgemeinen auf programmatische Angaben, ohne auf quantitative Größen und die Dringlichkeitsrangfolge einzugehen. Vorstellungen über „optimale" Größen sind praktisch nicht entwickelt und wären wohl auch fragwürdig. Das regionalplanerische Interesse richtet sich auf die Funktionsfähigkeit der Verdichtungsräume und die Antizipation drohender Engpässe. Die Ziele sind von der in den vergangenen Jahrzehnten vorherrschenden Wachstumsdynamik geprägt und stellen deshalb den Gedanken der Entwicklung bzw. künftiger Verdichtung in den Vordergrund. Mit dem Rückgang der Wachstumskräfte verlieren diese Ziele an Bedeutung.

---

[1]) WAGENER, F.: Ziele der Stadtentwicklung nach Plänen der Länder. In: Schriften zur Städtebau- und Wohnungspolitik, Göttingen 1971, Band 1, S. 186.
[2]) Vgl. Bayerische Staatsregierung: Landesentwicklungsprogramm Ziele, o. O. (München), o. J. (1976), S. 15.

2. Hypothesen zur Wirkung von Siedlungsachsen

Gegenstand hypothetischer Feststellungen über die Wirkung von Siedlungsachsen im Verdichtungsraum sind räumliche, funktionale und soziale Aspekte der Siedlungsstruktur; dies im Hinblick darauf, daß Siedlungsachsen hier überwiegend eine Ordnungsfunktion im regionalplanerischen Sinn haben sollen. Dabei wird unter den einzelnen Aspekten folgendes verstanden:

— *Räumliche Ordnung*

Anstelle einer ringförmigen, flächendeckenden Ausbreitung der baulich genutzten Flächen um die Kernstadt, die Bündelung entlang radial von der Kernstadt wegführender Achsen bei gleichzeitiger Freihaltung der Achsenzwischenräume.

— *Funktionale Disparität*

Statt einer zunehmenden räumlichen und zeitlichen Trennung der Grundfunktionen Wohnen, Arbeiten, Versorgen, Sich-Bilden, Sich-Erholen bzw. der zugehörigen Einrichtungen ihre bessere Durchmischung und kommunikative Verflechtung durch größere räumliche Nähe und gute verkehrliche Verbindungen zum Abbau von Disparitäten.

— *Soziale Segregation*

Im Gegensatz zu den offensichtlich ablaufenden Segregationsprozessen, die zu einer in sozialer und auch in investiver Hinsicht bedenklichen Entwicklung führen, eine stärkere Zuordnung von nach soziostrukturellen und sozio-ökonomischen Merkmalen verschiedener Bevölkerungsgruppen, um die Gleichwertigkeit der Lebensverhältnisse und Chancen zu gewährleisten.

Dabei interessiert hier, welches Gewicht dem „Verkehr" generell und den Verkehrsachsen im besonderen in der Gesamtproblematik beizumessen ist.

2.1 Räumliche Ordnung

Die Wirkung von Siedlungsachsen beruht, wenn man von der infrastrukturellen Ausstattung der verbundenen Gebiete absieht, auf ihrer Funktion als Verkehrsband. Überlegungen über den Zusammenhang von Siedlungsstruktur und Verkehr haben deshalb im wesentlichen von folgendem auszugehen:

a) Verkehr ist in seinen unmittelbaren und seinen mittelbaren Wirkungen ein wichtiger Faktor für den Standort von Einrichtungen der städtischen bzw. regionalen Grundfunktionen Wohnen, Arbeiten, Bilden, Versorgen und Erholen.

b) Die Grundfunktionen zeigen unterschiedlich ausgeprägte Abhängigkeiten von verkehrlichen Standortmerkmalen. Die Ungleichartigkeit eines Verkehrssystems fördert deshalb Tendenzen der Funktionstrennung, mehr Gleichartigkeit trägt eher zur Funktionsmischung bei.

c) Die Nutzer bzw. Träger städtischer Funktionen, nämlich die privaten Haushalte und die Betriebe (im weitesten Sinne) messen je nach Struktur und Lebens- oder Entwicklungsphase den verschiedenen städtischen Grundfunktionen, also auch dem Verkehr, unterschiedliches Gewicht bei. Hierauf sind Segregationsprozesse zurückzuführen, die durch die ungleiche Marktposition der Standortkonkurrenten noch verstärkt werden[3].

d) Die Beeinflußbarkeit der raumstrukturellen Situation mit dem Instrument „Schnellbahnachse" ist allein schon deshalb eingeengt, weil im Gegensatz etwa zu den Verhältnissen in der zweiten Hälfte des letzten und in der ersten Hälfte dieses Jahrhunderts die Abhängigkeit der Bevölkerung von öffentlichen Verkehrsmitteln infolge der rasch gestiegenen Motorisierung privater Haushalte im Durchschnitt vergleichsweise gering ist. Der Raum ist normalerweise durch Straßen und durch untergeordnete öffentliche Linien erschlossen, so daß sich Entwicklungen — Wachstum der Gemeinden — entlang von Schnellbahnachsen, aber ebenso in den Achsenzwischenräumen vollziehen können, was zu einer ringförmigen Ausbreitung des Siedlungsraumes führt.

---

[3] HEUER, H., SCHÄFER, R.: Möglichkeiten der Beeinflussung kleinräumiger Wanderungsprozesse in großstädtischen Verdichtungsgebieten. In: Raumforschung und Raumordnung, Heft 4, 1976.

e) Die Aufnahmefähigkeit der von den einzelnen Gemeinden ausgewiesenen Bauflächen beträgt in Summe ein Mehrfaches des Entwicklungspotentiales an Einwohnern. Mit zunehmendem Rückgang der Nachfrage nach Siedlungsfläche setzt eine Verstärkung des ruinösen Wettbewerbs zwischen den Gemeinden nicht nur entlang von Achsen ein. Anwendbare Instrumente, mit deren Hilfe die unerwünschte Ausbreitung baulich genutzter Flächen wirksam verhindert werden könnte, fehlen weitgehend.

f) Die Bemühungen zur Verbesserung der Verkehrsverhältnisse in den Gemeinden und der Ausbau regionaler Schnellbahnnetze, die sich in der Vergangenheit mit außerordentlichem Aufwand praktisch ausschließlich auf die Verbesserung des Verkehrsablaufes konzentrierten, ohne die längerfristigen Implikationen zu berücksichtigen, fördern die Stadt-Umland-Wanderung[4]), sind also mit einer Ausweitung des Verkehrsvolumens und der Umweltbelastung verbunden[5]).

g) Es erscheint also fraglich, ob eine dauerhafte räumliche Ordnung im Sinne der Regionalplanung (Verdichtung entlang von Siedlungsachsen, Erhalten von Freiräumen) durch den Ausbau von Schnellbahnachsen für den Personennahverkehr gewährleistet werden kann.

2.2 Funktionale Disparität

Zunächst kann man rein theoretisch feststellen, daß Verdichtungsräume mit völlig unzureichendem Verkehrssystem nicht existieren könnten, weil jegliche Arbeitsteilung und Kommunikation unterbunden wäre; andererseits wären sie mit ihrer Konzentration der menschlichen Aktivitäten dann nicht erforderlich, wenn ein völlig perfektes Verkehrssystem zeit- und mühelos Raumüberwindung ermöglicht.

a) Demnach verdanken Agglomerationen, mithin auch die Stadt, ihre Existenz vor allem den Unvollkommenheiten des Verkehrssystems. Eine Verbesserung der Verkehrsmöglichkeiten führt tendenziell in Richtung disperser Siedlung, zu einer Auflösung der räumlichen Einheit Stadt, in der Regel also zu einer Ausbreitung — eine Verschlechterung der Verkehrsmöglichkeiten hat eher Konzentration, Agglomeration oder ein engeres Zusammenrücken der Aktivitäten zur Folge. Dies ist pointiert ausgedrückt, der Einfluß der Verkehrsinfrastruktur auf die Entwicklung der Stadt als Ganzes bzw. auch auf das Verhältnis von Stadt und Umland.

b) Es ist darüber hinaus unbestritten, daß das Verkehrssystem innerhalb der baulich genutzten Fläche auf die Nutzungsverteilung zentripetale und zentrifugale Gestaltungskräfte ausüben kann[6]). Als zentripetal wird die Konzentration tertiärer Betriebe im Kerngebiet infolge der dortigen guten Erreichbarkeitsverhältnisse bezeichnet, als zentrifugal die Dezentralisation der Wohnstätten.

c) Die Verbesserung der Erreichbarkeit z. B. des Stadtkernes durch eine Schnellbahn erhöht zunächst die Lagegunst der dortigen Standorte im Vergleich zu anderen durch die Maßnahme nicht berührten Gebiete, deren Standortgunst wird also relativ schlechter. Die damit einhergehende Bündelung von Angebot bzw. Nachfrage, sei es auf dem Arbeitsmarkt oder im Bereich „Konsum", kann Expansionstendenzen der im Stadtkern ansässigen Betriebe auslösen oder die Bereitschaft zur Ansiedelung neuer Betriebe steigern. Dies geht zu Lasten von weniger rentierlichen Nutzungen über den Bodenpreis oder die Miete[7]).

---

[4]) Vgl. FÜRST, D.: Die Problemfelder der Stadt: Versuch einer systematischen Einordnung. In: Wirtschaftswissenschaftliches Seminar, Bd. 6: Stadtökonomie, Stuttgart/New York, 1977, S. 15.

[5]) Vgl. SCHIMPFF, G.: Hamburg und sein Ortsverkehr, Berlin/Hamburg, 1903, S. 46, Fußnote 4, wo angegeben ist: „Nach den sonstigen Erfahrungszahlen des Verkehrs in Großstädten gilt aber, wenigstens nach der bisherigen Entwicklung, ein gegenseitiges Verhältnis der Verkehrssteigerung zur Steigerung der Bevölkerung von 3:1 als normal." In München z. B. beträgt heute die mittlere Fahrweite von Einwohnern in der Nähe des Stadtkerns ca. 2 km, am Stadtrand etwa 5 bis 10 km; gleichzeitig ist der Anteil der zu Fuß erledigten Aktivitäten bei den Innenstadtbewohnern wesentlich höher als bei Bewohnern des Stadtrandes.

[6]) Vgl. VOIGT, F.: Verkehr, 2. Band, 2. Hälfte, Die Entwicklung des Verkehrssystems, Berlin 1965, S. 690 ff.

[7]) Vgl. SEIDEWINKEL, H.: Die Preisbildung für Grundstücke unter dem Einfluß des innerstädtischen Verkehrssystems dargestellt unter besonderer Berücksichtigung Hamburgs, Hamburg 1966, S. 82 ff und vgl. SCHIMPFF, G.: a. a. O., wo auf S. 5, Fußnote 1 festgestellt wird: „Die jährliche Abnahme der Bevölkerung in Altstadt Süd beträgt 2,35 %. Wenn die in diesem Aufsatz beschriebenen Schnellverkehrsmittel zur Ausführung gekommen sein werden, dürfte die Umbildung der Innenstadt zur reinen Geschäftsstadt noch schneller vor sich gehen."

d) Der Eingriff in einen statisch oder dynamisch verstandenen Nutzungszustand durch die Veränderungen des Raum-Zeit-Gefüges wirkt sich dabei innerhalb, aber ebenso außerhalb des nun besser erschlossenen Gebietes über das Preisgefälle aus. Die hieraus sich ergebenden Umstrukturierungen der Flächennutzung können über die Veränderung der Umfeld- und Umweltbedingungen, sei es baulicher, verkehrlicher oder sozialer Art, aber auch über die Beschränkung von Ausdehnungsmöglichkeiten ansässiger, aber weniger renditeträchtiger Betriebe mangels noch verfügbarer Reserveflächen längerfristig weitere Abwanderungen nach sich ziehen, so daß sich die eingeleitete Trennung der Funktionen fortsetzt[8]) und das Verkehrsvolumen weiter steigt.

e) Siedlungsachsen führen zu einer ungleichen Ausstattung des Raumes hinsichtlich der Verkehrsinfrastruktur, aber auch — bei Bündelung der Investitionsmittel — hinsichtlich sonstiger technischer und sozialer Infrastruktur. Die unterschiedliche Abhängigkeit der einzelnen Funktionen — etwa im Sinne der Baunutzungsverordnung — bzw. der einzelnen Haushalte und Betriebe trägt zumindest nicht zu einem dauerhaften Abbau von funktionalen Disparitäten bei.

Zeitpunkt und Ausmaß der Auswirkungen hängen dabei wesentlich von externen Randbedingungen ab, ob sich nämlich der Gesamtraum z. B. in einer Wachstumsphase bei hoher Prosperität befindet oder in einem Schrumpfungsprozeß.

2.3 Soziale Ordnung

Zwar ist die Nutzung der Grundstücke durch Bauleitpläne vorzubereiten und zu leiten, um die städtebauliche Entwicklung zu ordnen, diesem im BBauG angegebenen Zweck der Bauleitplanung können die nach der BauNVO anzuwendenden Kategorien der Nutzung aber im Hinblick auf die Stadt- und Regionalentwicklung nicht gerecht werden, weil sie die Bauflächen und Baugebiete nur in groben Kategorien nach Art und Maß der baulichen Nutzung unterscheiden. Die strukturellen Unterschiede z. B. im Bereich „Wohnen" zwischen den nach soziodemographischen und sozio-ökonomischen Merkmalen abgegrenzten Bevölkerungsgruppen, die ablaufenden räumlichen Entmischungsprozesse und die damit verbundenen sozialpolitischen Folgen bleiben verdeckt, solange sich die Diskussion auf die Ebene von „Nutzungen" beschränkt, denn hier liegen die eigentlichen Probleme der Entwicklungsplanung bzw. -steuerung.

a) Die durch Verkehrsausbau erhöhte Lagegunst zentraler Bereiche führt dort zur Expansion von stark publikumsorientierten Dienstleistungsbetrieben, zur Verdrängung und zum Fernhalten von Wohnbevölkerung durch Abriß oder Zweckentfremdung von Wohnraum; hiervon sind vor allem sozial schwache Haushalte betroffen, die eine neue Wohnung aus finanziellen Gründen nur außerhalb ihres angestammten Wohngebietes finden können.

b) Die mit der Verkehrszunahme verbundene Steigerung der Umweltbelastung veranlaßt zusätzlich das Abwandern von Haushalten mit höherem Einkommen und von besonders betroffenen Familien mit kleinen Kindern. Zurück bleiben wenig mobile Restgruppen bzw. Randgruppen[9]).

c) Dieser Verdrängungsprozeß führt zu einer räumlichen Entmischung von Gruppen verschiedener Altersstufen, Schichtzugehörigkeit und Nationalität, also zu einer Segregation nach Haushaltstypen. Die Zuzugsgebiete dieser Gruppen sind in der Regel weniger gut mit Infrastruktureinrichtungen ausgestattet, so daß sich wegen der aufrechterhaltenen Orientierung an den zentralen Standorten hieraus gleichfalls eine erhöhte Verkehrsnachfrage ergibt, die zur Verschärfung der Umwelt- und Umfeldprobleme in den Wegzugsgebieten und in den durchfahrenen Gebieten beiträgt.

d) Ähnliche Mechanismen lassen sich auch für Handwerksbetriebe und andere kleinere Unternehmen nachweisen, deren Existenz von einem ausreichend großen Kundeneinzugsbereich bei gleichzeitig niedrigen Standortkosten, wie sie Altbauviertel bieten, abhängt. Auch hier löst also of-

---

[8]) Vgl. Landeshauptstadt München, a. a. O., S. I—17 ff. und S. V-7 ff.
[9]) Vgl. zum Thema „Wanderungsverhalten" HADERMANN, J., KÄPPLI, J., KOLLER, P.: Räumliche Mobilität, Bd. 1, Zürich 1975, S. 143 ff.

fensichtlich eine neu hinzukommende Siedlungsachse als ein raumdifferenzierendes Element die Gefahr größerer sozialer Unordnung, sei es auch nur sektoral oder partiell, aus.

e) In den Siedlungsachsen selbst steigen im Laufe der Zeit von der Achsenwurzel her wegen zunehmender Nachfrage Boden- und Mietpreise, so daß einkommensschwächere Haushalte und weniger rentierliche Betriebe gezwungen sind, in weiter entfernte oder weniger gut durch Schnellbahnen erschlossene Räume auszuweichen. Dies führt zu einer Segregation nach sozio-ökonomischen Gruppen, die durch unterschiedlich ausgeprägte Wohnformvorstellungen (Eigentum/Miete) noch verstärkt wird[10]).

f) Die mit zunehmender Verdichtung in den Siedlungsachsen wachsende Umweltbelastung auch in diesen Teilräumen führt längerfristig zu ähnlichen Konstellationen hinsichtlich der Standortbedingungen wie in den früheren Wegzugsgebieten: Junge wachsende und mobile Haushalte orientieren sich[11]) negativ an den Verdichtungsbändern und bevorzugen die besseren Wohn- und Wohnumfeldbedingungen der Achsenzwischenräume, die nur graduell schlechtere Zugangsmöglichkeiten zu der Schnellbahnachse bieten als die über den fußläufigen Einzugsbereich der Haltestellen hinausgewachsenen Verdichtungsgebiete innerhalb der Achse.

Aus diesen Tendenzen muß geschlossen werden, daß Siedlungsachsen zwar zunächst Engpässe der Siedlungsentwicklung beseitigen helfen können, in dem sie neuen Siedlungsraum besser erschließen und damit auch auf das Bodenmarkt- und Preisgefüge der Kernstadt einwirken, ihre längerfristige Wirksamkeit aber auch im Hinblick auf die soziale Segregation überwiegend von den externen Randbedingungen des Verdichtungsraumes — Wachstum, Stagnation, Schrumpfung — abhängt.

3. Empirische Befunde

Im Raum München bestehen seit Beginn der 60er Jahre konkrete Zielvorstellungen über achsiale Entwicklungen; 1972 wurden die verkehrsinfrastrukturellen Voraussetzungen für diese Entwicklung geschaffen bzw. wesentlich verbessert; seit 1977 liegt der Regionalbericht vor, der Ziel und Realität miteinander vergleicht.

Der 1963 gebilligte Stadtentwicklungsplan[12]) formulierte als Leitgedanke dieser Planung „die auf ein hochentwickeltes Zentrum hin orientierte, entlang den Strecken der öffentlichen Verkehrsmittel sternförmig in eine Vielzahl von Stadtteilen mit eigenen Nebenzentren gegliederte und mit ihrem natürlichen Umland organisch verbundene Metropole mit Weltstadtcharakter". Die Verwirklichung dieser Planungsidee wird „in einer massierten, in sich gegliederten und gegeneinander scharf abgegrenzten Bebauung entlang den Vorortstrecken der Bundesbahn (S-Bahn-Netz)..." gesehen.

Der Regionalentwicklungsplan München[13]) von 1968 geht davon aus, „daß die schon die bisherige Besiedlung bestimmenden Vorortstrecken der Bundesbahn als die gegebenen Leitlinien auch für die weitere bauliche Entwicklung, soweit sie städtischen Charakter hat, anzusehen sind. In ihrem Einzugsbereich werden vornehmlich die Bauflächen bereitzustellen sein, die im Umland der Stadt zur Aufnahme des zu erwartenden Einwohnerzuwachses erforderlich sind."

Der Regionalbericht für die Region München[14]) stellt nun lapidar fest: „Die regionale Verteilung des Bevölkerungswachstums nach Strukturräumen verdeutlicht die bisherige ringförmige Ausbreitung des Siedlungsdruckes von der Kernstadt des Verdichtungsraumes München nach außen, die im Widerspruch zu den landesplanerischen Zielen der Konzentration der Entwicklung entlang von Achsen zur Erhaltung von Freiräumen steht."

---

[10]) Vgl. HERLYN, U.: Soziale Segregation, in: W. Pehnt (Hrsg.): Die Stadt in der Bundesrepublik Deutschland, Stuttgart, 1974.

[11]) Vgl. ATTESLANDER, P.: Soziologie und Raumplanung, Berlin, 1976.

[12]) Landeshauptstadt München: Stadtentwicklungsplan mit Gesamtverkehrsplan Kurzfassung 1970, S. 9 ff. sowie Abb. 2.

[13]) Planungsverband Äußerer Wirtschaftsraum München: Regionalentwicklungsplan München, I. Einführung und Erläuterung, 1968, S. 31.

Dem Entwicklungsverlauf und den Ursachen des Widerspruchs zwischen den entwicklungsplanerischen Zielen und der tatsächlichen Entwicklung wird nachfolgend an Hand von Sekundärauswertungen statistischen Materials und spezieller Erhebungen im Raum München nachgegangen. Dabei werden zunächst bezogen auf ein achsen- und funktionsorientiertes räumliches Grundraster die Situation hinsichtlich der Bevölkerungsverteilung und -struktur 1970 sowie die Einwohnerentwicklung zwischen 1970 und 1975 dargestellt und mit den Wanderungsbewegungen einer wesentlichen Teilgruppe, nämlich der Stadtbewohner im Jahre 1975, verglichen. Anschließend wird versucht, das Gewicht von Verkehrsmöglichkeiten bzw. Verkehrsinfrastruktur unter den Gründen für Wohnstandortentscheidungen sowie die Abhängigkeit der Wohnstandortbewertungen von funktionsfähigen Verkehrsachsen aufzuzeigen.

3.1 Vorgehensweise

Steht man vor der Aufgabe, Daten über das Standortverhalten privater Haushalte aus verschiedenen Quellen für die Beurteilung von Siedlungsachsen im Raum München zu verwenden, so ist es zunächst notwendig, den Untersuchungsraum problemrelevant zu strukturieren. Diese räumliche Typisierung hat mehrere Funktionen, nämlich

— die Untersuchungsteilräume — 61 Stadtteile und 249 Umlandgemeinden — auf eine überschaubare Anzahl zusammenzufassen,

— einen ersten analytischen Vergleich von Teilräumen verschiedener siedlungsstruktureller Merkmalskombinationen mit ihrer Lage im System der Siedlungsachsen durchzuführen, aus dem sich Folgerungen über den Zusammenhang von Standorttendenzen privater Haushalte und verkehrlicher Gegebenheiten ziehen lassen.

Die Typisierung auf Grund von Strukturmerkmalen geht von der Gebietsfunktion 1970 aus, die je nach Relation von Arbeitsplätzen zu Einwohnern (Arbeitsplatzbesatz) jeden Teilraum einer der drei Kategorien Wohnen, Arbeiten oder Mischung zuordnet[15]. Als zweite Komponente wird die Bevölkerungsentwicklung 1970/1975 aufgenommen, um die räumliche Dynamik in dem Zeitraum zu erfassen, der eine entscheidende Veränderung der Verkehrsinfrastruktur durch Einführung der S-Bahn 1972 zur Folge hatte.

Die räumliche Gliederung nach Kriterien der Verkehrsinfrastruktur beruht auf den ÖV-Zeitzonen in 20-Minuten-Intervallen zum Stadtkern 1970 und differenziert diese nach der durch die S-Bahn ausgelösten Veränderung in Teilgebiete mit und ohne ÖV-Erreichbarkeitsverbesserungen zwischen 1970 und 1975. Diese Merkmalskombination ist mit der Lage zu den Schnellbahnachsen in Verbindung gebracht: Je nach Lage des Siedlungsschwerpunkts wird der Teilraum als achsengleich, d. h. weitgehend fußläufig (< 1,5 km), achsennah (1,5—3 km) oder achsenfern (> 3 km) bezeichnet. Diese Zuordnung zur Achse berücksichtigt keine feinräumlichen Differenzierungen, wie die Lage einzelner Quartiere, da die zur Verfügung stehenden Daten nicht weiter als auf die Basis Umlandgemeinde bzw. Stadtteil disaggregiert werden können.

Das auf Grund der obigen Merkmale entstandene räumliche Raster ergibt eine Matrix mit 270 Zellen, die in folgender Weise zu einem überschaubaren Analyseschema vereinfacht werden:

— Der Stadtkern stellt sich als ein Teilraum dar, in dem die Entwicklung im Hinblick auf die Standortwahl privater Haushalte weitgehend abgeschlossen ist oder durch Veränderungen der Verkehrsinfrastruktur nur noch graduell beeinflußt[16] wird. Dieses Gebiet, das die ÖV-Zeitzone < 20 Min. umfaßt, kann deshalb für die weitere Analyse eliminiert werden.

— Für die verbleibende Matrix wird eine Reduktion unter der Kontrastgebiets-Hypothese vorgenommen: Es wird davon ausgegangen, daß auf Gebiete eines mittleren Typs durch Analyse der beiden extremen Repräsentanten geschlossen werden kann, so durch Betrachtung von Wohnge-

---

[14] Bayerisches Staatsministerium für Landesentwicklung und Umweltfragen, Regionaler Planungsverband München: Regionalbericht Region München o. J. (1977), S. 17.
[15] Wohnen = Arbeitsplatzbesatz 1970 < 40 % (Stadt), < 15 % (Umland); Arbeiten = Arbeitsplatzbesatz 1970, > 65 % (Stadt), > 30 % (Umland).
[16] Vgl. dazu Kap. 2.

Abb. 1   Das analytische Grundraster nach der räumlichen Typisierung

Gebiets-funktion	Einw. 70/75	ÖV-Zeitzone 1970											
		20—40 Minuten				40—60 Minuten				>60 Minuten			
		gleich		fern		gleich		fern		gleich		fern	
		ÖV-Entw. 70/75											
		+	=	+	=	+	=	+	=	+	=	+	=
Wohnen	− (<5%)		●	●	●	●	●	●	●		●		●
	+ (>10%)		●	●	●	●	●	●	●		●		●
Arbeiten	− (<5%)	●				●		●	●		●		●
	+ (>10%)	●	●	●		●	●	●	●		●	●	●

● = Mit Einwohnern besetzte Zellen

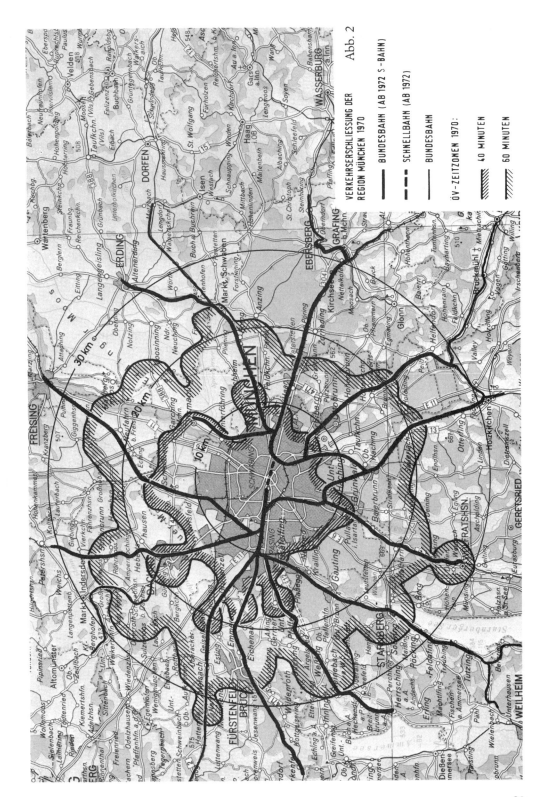

bieten einerseits und Arbeitsgebieten andererseits auf die Entwicklung funktional als Mischgebiete definierter Räume bzw. durch Betrachtung von achsengleichen und achsenfernen auf die Entwicklung in achsennahen Räumen.

Als Ergebnis dieses Vorgehens bleibt die in Abb. 1 wiedergegebene räumliche Matrix mit 48 Zellen, von denen 35 mit Einwohnern besetzt sind. Hierdurch werden 40 % der in den ÖV-Zeitzonen ab 20 Min. wohnenden Bevölkerung (1970) erfaßt, sie repräsentieren mit einer Zunahme der Einwohner 1970/75 um 8 % genau den Regionsdurchschnitt.

Die räumliche Projektion der verkehrlichen Parameter (Abb. 2) zeigt, daß 1970 — also vor Inbetriebnahme der Schnellbahn — die ÖV-Zeitzonen im Umland einer kreisförmigen Struktur nahekommen; die „Ausdehnung" an den Achsen, die diese Tendenz durchbricht, ist nur geringfügig.

3.2 Die Ausgangssituation — Bevölkerungsverteilung und -struktur 1970

Die Raumstruktur, die sich auf Grund der Einwohnerverteilung 1970 ergibt, verdeutlicht zunächst (Tabelle 1) das sehr unterschiedliche Gewicht der einzelnen Zeitzonen. Weitaus mehr als die Hälfte der Bevölkerung (knapp 60 %) lebte 1970 in der ÖV-Zeitzone 20—40 Min., weitere 25 % in der folgenden, nur rund 15 % in der Zeitzone > 60 Minuten[17].

Der Bezug zur Schnellbahn-Achse ist in den Zeitzonen unterschiedlich: Im 20 — 40-Minuten-Bereich, der den Stadtrand und nahe gelegene Stadtrandgemeinden abdeckt, verteilen sich die Einwohner vorwiegend auf achsenferne Standorte (45 von 60 %), während im stadtnahen Umland (40 — 60 Min.) das Verhältnis von achsengleichen zu achsenfernen Anteilen 15:10 % beträgt; in der ÖV-Zeitzone > 60 Min. leben die meisten Einwohner (12 von 15 %) wieder in achsenfernen Lagen. In Summe ergibt sich hieraus, daß doppelt soviel Einwohner (67 %) in achsenfernen wie in achsengleichen Lagen (33 %) wohnen.

Eine Differenzierung dieser Verteilung an Hand einiger soziostruktureller Indikatoren der amtlichen Statistik (VZ 1970) bringt folgende Ergebnisse:

— Dynamische Bevölkerungsgruppen — repräsentiert durch die 21- bis 45jährigen Einwohner — sind stärker in den ÖV-Zeitzonen 20—40 und 40—60 Min. konzentriert und weisen dort in achsengleichen Lagen leicht unterdurchschnittliche, in achsenfernen Lagen leicht überdurchschnittliche Anteile auf (Tab. 2).

— Die Haushaltsgröße (Tab. 3) steigt generell mit zunehmender Entfernung vom Stadtkern von 2,2 auf 3,3 Personen pro Haushalt. In den Bereichen 40—60 und > 60-Min.-Zeitzone sind die Haushalte in achsenfernen Lagen durchschnittlich größer.

— Der als sozio-ökonomische Indikator verwendete Anteil von Einwohnern mit Volksschulabschluß zeigt als wesentliche Tendenz eine Zunahme von innen nach außen, der alle feinräumlichen Differenzierungen überlagert (Tab. 4).

— Hinweise auf spezifische Lokalisationstendenzen unterschiedlicher Wohnformen — z. B. Anteil von Eigentümerwohnungen — liefert die amtliche Statistik nur für das Jahr 1968. Diese Daten zeigen neben der Zunahme von innen nach außen (20 % Eigentümerwohnungen in der Zone 20—40 Min., rd. 50 % in > 60 Min.) unterschiedliche Verteilungen in den einzelnen Raumsegmenten. In der 20—40-Min.-Zone beträgt der Anteil der Eigentümerwohnungen in achsengleicher Lage 27 %, in achsenferner 17 %; im Bereich 40—60 Min. sind die Anteile in etwa gleich (41 % in achsengleichen, 36 % in achsenfernen Lagen), während in der Zone > 60 Min. eine Tendenz zur Achsenferne besteht (58 % Anteil zu 40 % in achsengleichen Orten).

---

[17] Diese wie alle folgenden Aussagen beziehen sich auf die in den Raumtypen (s. Abb. 1) lokalisierte Bevölkerung. Die Repräsentanz dieser Basis wird durch folgende Vergleichswerte belegt: Setzt man alle Einwohner in den Zeitzonen > 20 Min. = 100 %, so ergeben sich als Bevölkerungsanteile 58 % (20—40 Min.), 29 % (40—60 Min.), 12 % (> 60 Min.).

— Für die im Umland liegenden Räume läßt der Erwerbstätigenanteil in der Land- und Forstwirtschaft (Tab. 8) eine klare Zuweisung agrarischer Räume zu achsenfernen Lagen zu, die mit zunehmender Entfernung vom Stadtkern an Bedeutung gewinnen.

— Der Auspendleranteil (Tab. 7) differenziert ebenfalls achsennahe von achsenfernen Bereichen insofern, als in achsenfernen Lagen mehr Erwerbstätige ihren Wohnort zum Arbeiten verlassen müssen als in achsengleichen Orten.

Die einzelnen Befunde über die Bevölkerungsverteilung und -struktur im Jahre 1970 lassen zunächst keine Achsenabhängigkeit erkennen; soweit sich eine Differenzierung nach achsengleichen und achsenfernen Lagen findet, ist sie in den ÖV-Zeitzonen gegensätzlich. Diese Ergebnisse einer reinen Querschnittsbetrachtung werden jedoch durchsichtiger, wenn die unterschiedliche Entwicklungsphase, in denen sich die drei Zeitzonen befinden, berücksichtigt wird:

— Die Einwohnerverteilung 1970 ist die Folge vorausgegangener Siedlungsentwicklung:

Die 20- bis 40-Minuten-Zone umfaßt den Stadtrand und die stadtnahen Umlandgemeinden, also ein Gebiet, das bereits weitgehend baulich genutzt ist und auf Grund der größeren Flächenanteile achsenferner Lagen dort auch einen höheren Bevölkerungsanteil aufweist.

Die 40- bis 60-Minuten-Zone ist 1970 noch durch die frühere Entwicklung der an den DB-Vorortstrecken liegenden Gemeinden geprägt, so daß sich hier ein Übergewicht der achsengleichen Lage zeigt.

Bei der > 60-Minuten-Zone handelt es sich weitgehend um noch nicht verstädterte Bereiche mit relativ gleichmäßig gestreuten Orten, so daß in der Einwohnerverteilung wegen der höheren Flächenanteile die achsenfernen Lagen überwiegen.

— Die Bevölkerungsstruktur 1970 bestätigt das hinsichtlich der Verstädterung bestehende Stadt-Umland-Gefälle durch die Kriterien Schulbildung, Haushaltsgröße, Erwerbspersonen in Land- und Forstwirtschaft sowie Auspendler. Die Wohnform bzw. der Anteil der Hauseigentümer deutet auf die unterschiedliche Entwicklungsphase hin:

Die 20- bis 40-Minuten-Zone ist im achsengleichen Bereich noch heute durch den früheren Vorortcharakter geprägt, im achsenfernen Bereich überwiegt der Mietwohnungsbau der Nachkriegsjahre.

Die 40- bis 60-Minuten-Zone zeigt wegen des noch fehlenden überdurchschnittlichen Mietwohnungsbaus nahezu ausgeglichene Eigentümeranteile in achsengleicher und in achsenferner Lage.

In der > 60-Minuten-Zone wirken sich in achsengleicher Lage die zentralen Orte mit geringerem Eigentümeranteil aus, während in den achsenfernen Lagen ländliche Bau- bzw. Wohnformen vorherrschen.

Der Anteil dynamischer Bevölkerungsgruppen weist auf künftige Entwicklungstendenzen: Am Stadtrand und im stadtnahen Umland werden achsenferne Lagen bevorzugt, weil achsennahe bereits stärker besetzt sind und/oder vom Wohnungsangebot weniger geeignet erscheinen. Damit dürfte sich längerfristig die bauliche Nutzung von Achsenzwischenräumen verstärken.

3.3 Einwohnerentwicklung 1970/75 und -wanderungen

Für den Zeitraum, in dem durch die Inbetriebnahme der Schnellbahn (1972) einschneidende Veränderungen des Raum-Zeit-Gefüges in der Region München erfolgten, zeigt die Bevölkerungsentwicklung der Raumtypen 1970/75 (Tab. 8) folgende Zusammenhänge mit den verkehrlichen Parametern:

— das stärkste Wachstum lag mit + 14,9 % in der ÖV-Zeitzone 40—60 Min., den niedrigsten Zuwachs hatte der 20- bis 40-Minuten-Bereich mit + 3,5 %.

— Achsengleiche Lagen hatten eine Einwohnerzunahme um 6,6 %, achsenferne um 8,1 %, also keine geringere als achsengleiche.

— ÖV-Verbesserung geht bei achsengleicher und achsenferner Lage mit einem Bevölkerungswachstum um 12,9 % einher, bei gleichbleibender ÖV-Lage ergeben sich nur 2,8 %.

Die kumulierende Wirkung von Achsenferne und ÖV-Verbesserung auf die Bevölkerungsentwicklung wird in den beiden ÖV-Zeitzonen 20—40 und 40—60 Minuten am deutlichsten: So wächst die Bevölkerung in achsenfernen Teilgebieten der 20- bis 40-Minuten-Zone um 5 %, die sich als Mittelwert aus 11 % bei ÖV-Verbesserung und nur 1 % bei konstanter Verkehrslage ergeben. Die Vergleichwerte in achsenfernen Lagen der Zone 40—60 Minuten lauten 22 % bzw. 9 %.

Im stadtfernen Umland (> 60 Min.) mit einem Zuwachs von knapp 12 % vollzieht sich diese Entwicklung unabhängig von den verkehrsinfrastrukturellen Verbesserungen, in achsengleichen Lagen ist die Einwohnerzunahme etwas stärker als in Achsenferne.

Diese Entwicklungstendenzen signalisieren Umverteilungsprozesse, die zwar wegen des unterschiedlichen Gewichts der Ausgangsgrößen — der Bevölkerungsverteilung 1970 — und des kurzen Vergleichszeitraumes prozentual noch nicht sehr ausgeprägt sind (Tab. 1), in absoluten Zahlen jedoch nicht unerheblich sind. Die stadtkernnahe ÖV-Zeitzone 20—40 Min. hat 1970 einen Bevölkerungsanteil von knapp 60 % (rd. 442 000 Einwohner), der sich auf Grund unterdurchschnittlichen Wachstums auf rd. 58 % (rd. 457 000 Einw.) im Jahr 1975 reduziert. Auf der anderen Seite steigt im Bereich mit den stärksten Wachstumsraten — Lagen mit ÖV-Verbesserung in der > 60-Minuten-Zeitzone — der Bevölkerungsanteil „nur" von rd. 19 % (rd. 115 000 Einw.) auf 21 % (rd. 129 000 Einw.).

Diese Ergebnisse der Einwohnerentwicklung 1970/75 bestätigen bereits auf Grund eines relativ kurzen Längsschnittes die aus der Querschnittsbetrachtung 1970 unter 3.2 abgeleiteten Entwicklungstendenzen: Das allmähliche Auffüllen von stadtnahen Achsenzwischenräumen, wobei allerdings Lagen bevorzugt werden, die wenigstens mittelbar durch Schnellbahnen besser als früher erschlossen sind.

Die quantitative Bedeutung von Standortveränderungen privater Haushalte für einen bestimmten Raum wird bei rein saldierender Betrachtung der Bevölkerungsentwicklung nicht einmal annäherungsweise erfaßt, da nur Bestandsveränderungen in den Teilräumen erscheinen. Die tatsächliche Mobilität der Bevölkerung sei deshalb an Hand einiger Zahlen des Jahres 1974 verdeutlicht[18]):

— Umzüge: 123 000 in der Stadt, 31 000 im Umland

— Stadt-Umland-Wanderung: 19 000 Zuzüge in die Stadt, 32 000 von der Stadt in das Umland

— Interregionale Wanderung: 108 000 Zuzüge in die Region von außerhalb (davon 68 000 in die Stadt), 103 000 Wegzüge (davon 66 000 aus der Stadt)

In Summe ergeben sich rd. 416 000 Wanderungsbewegungen in einem Jahr, das entspricht 19 % der Regionsbevölkerung. Stellt man diese Mobilitätsrate dem jährlichen Einwohnerzuwachs zwischen 1970 und 1975 von rd. 1,5 % gegenüber, so wird deutlich, daß nur jeder 13. Wanderungsfall in der Bilanz erkennbar wird.

Für ein Segment dieser Wanderungen, die Fortzüge aus der Stadt München ins Umland, stehen genauere Daten über die kleinräumliche Verteilung in den Jahren 1975 und 1976 zur Verfügung, die im folgenden analysiert werden.

Umfang und Richtung der Stadt-Umland-Wanderungen sind in den beiden Jahren ähnlich (Tab. 9, 10); im folgenden wird auf das Jahr 1975 Bezug genommen, weil so ein direkter Vergleich mit den Zahlen der Entwicklung 1970/75 möglich ist.

---

[18]) Vgl. Bayer. Staatsministerium für Landesentwicklung und Umweltfragen: Regionalbericht — Region München, München o. J. (1977).

Die wesentlichen Trends der Wanderungen privater Haushalte im Jahre 1975 sind danach:

— Bevorzugtes Ziel ist die ÖV-Zeitzone 40—60 Min., in die rd. 53 % der Wandernden ziehen. Verglichen mit ihrem Bevölkerungsanteil 1975 von 26 % orientieren sich hierher also doppelt soviel Wanderungen wie erwartet.

— Räume, in denen sich die ÖV-Lage zwischen 1970/75 verbessert hat, werden von den Wandernden eindeutig bevorzugt: rd. 84 % gingen in diese Bereiche, deren Bevölkerungsanteil knapp 50 % beträgt.

— Hinsichtlich der Achsenlage werden achsengleiche Räume (Wanderungsanteil 60 %), auf die 1975 nur 33 % der Bevölkerung entfallen, gegenüber achsenfernen Lagen favorisiert.

Vergleicht man diese Tendenzen mit der Bevölkerungsentwicklung 1970/75, so findet sich eine Parallelität im Hinblick auf die ÖV-Lage und ihre Veränderungsrichtung, nicht jedoch in bezug auf die Achsenlage; die Gesamttendenz der Einwohnerentwicklung ging 1970/75 stärker in achsenferne (+ 8,1) als in achsengleiche (+ 6,6 %) Teilräume.

Diese Unterschiede zwischen Stadt-Umland-Wanderung und Bevölkerungsentwicklung lassen sich dadurch erklären, daß sich Haushalte, die von der Stadt ins Umland ziehen, stärker an der Achsenlage orientieren als andere. Dies würde auf eine erhöhte Achsensensibilität der Gruppe hindeuten, die als Stadtbewohner einen konkreteren Bezugsrahmen im Hinblick auf dieses Wohnstandortmerkmal entwickelt hat:

Die Annahme liegt nahe, daß dieser Bevölkerungsgruppe die Vorteile günstiger ÖV-Verbindungen und die Nachteile der Pkw-Benutzung durch das Leben in der Stadt stärker bewußt sind und günstige Verbindungen mit der Stadt für sie auch nach einem Standortwechsel ins Umland wegen aufrechterhaltener Beziehungsfelder notwendiger sind.

Diese Wanderungstendenz in achsengleiche Teilräume ist von der Lage des neuen Wohnstandortes abhängig: In der ÖV-Zone 20—40 Min. gehen 81 % der Wandernden in achsengleiche Orte, in der 40- bis 60-Min.-Zone sind es noch 58 %, während sich im stadtfernen Umland (> 60 Min.) die Relation zwischen achsengleichen und achsenfernen Lagen umkehrt, Achsennähe also praktisch kaum noch Bedeutung hat. Betrachtet man dieses Ergebnis im Zusammenhang mit der abnehmenden Bedeutung der ÖV-Verbesserung, je weiter außen man sich ansiedelt, so läßt sich das oben Gesagte noch differenzieren:

— Vor dem Hintergrund einer überdurchschnittlichen Orientierung an verkehrlichen Standortmerkmalen legen Haushalte, die von der Stadt ins Umland wandern, auf günstige Achsenlage und auf eine durch die S-Bahn verbesserte Innenstadterreichbarkeit umso mehr Wert, je näher an der Stadt sie sich niederlassen.

Das bedeutet andererseits, daß diejenigen Haushalte, die sich im stadtfernen Umland (> 60 Min.) ansiedeln, unterdurchschnittlich an der Achsenlage und der verbesserten ÖV-Lage interessiert sind.

Die qualitative Differenzierung der Wandernden ist auf Grund der Datenlage nach drei soziografischen Merkmalen möglich: Nationalität, Altersstruktur und Haushaltsstruktur. Hinsichtlich der Relation Deutscher zu Ausländern finden sich nur geringfügige Unterschiede: das Verhältnis liegt zwischen 88 % : 12 % und 90 % : 10 % in den verschiedenen ÖV-Zeitzonen, so daß bei den beiden anderen Merkmalen auf eine Differenzierung nach Nationalität verzichtet wurde.

Der hohe Anteil „dynamischer" Altersgruppen an der Wanderung, speziell der von der Stadt ins Umland, hatte sich in verschiedenen Untersuchungen[19]) als wesentliches Beschreibungsmerkmal gezeigt. Bei den Wegzügen von München ins Umland haben die 21- bis 45jährigen einen Anteil von 60 % (1975), an der Gesamtbevölkerung der Stadt jedoch nur von 41 %. Die Verteilung dieser

---

[19]) Vgl. J. BALDERMANN u. a.: Bevölkerungsmobilität im Großstadtraum. In: Raumforschung und Raumordnung, Heft 4, Bonn-Bad Godesberg 1976.

Gruppe im Raumraster (Tab. 11, 12) zeigt nur tendenzielle Unterschiede in der Weise, daß er von „innen" nach „außen" abnimmt; stringente Zuordnungen zu Achsenlage oder ÖV-Veränderungsrichtung fehlen.

Eine Gliederung der Haushalte nach der Lebensphase zeigt ebenfalls (Tab. 13, 14), daß Familien in der Gründungs- und Expansionsphase[20]) eine Tendenz in die ÖV-Zone 20—40 und 40—60 Min. haben, Unterschiede im Hinblick auf die Achslage und ÖV-Verbesserungen jedoch nicht nachweisbar sind.

Es bestätigt sich für die Gruppe der aus München Weggezogenen also die bereits unter 3.2 festgestellte Tendenz, daß eine soziostrukturelle Differenzierung der Region zwar in radialer Richtung, aber nicht bezogen auf Siedlungsachsen erfolgt.

Zusammenfassend läßt sich sagen, daß die aktuelle Bevölkerungsentwicklung 1970/75 in mehrfacher Hinsicht mit verkehrlichen Merkmalen verschränkt ist: Überdurchschnittliche Zuwachsraten konzentrieren sich auf die ÖV-Zeitzonen ab 40 Minuten und dort wiederum insbesondere auf achsenferne Teilräume, in denen die ÖV-Erreichbarkeit im Rahmen der Einrichtung der Schnellbahn sich verbessert hat. Die aktuellen Wanderungen von Haushalten, die von der Stadt ins Umland ziehen, deuten eine tendenziell stärkere Orientierung in achsengleiche Lagen an; diese Teilgruppe strebt eine — zumindest partielle — Beibehaltung „städtischer" Vorteile in Form von guten ÖV-Verbindungen auch beim Standortwechsel ins Umland an.

Diese Entwicklungstendenzen weisen einerseits auf mehrheitlich gegensätzliches Standortverhalten der aus München Wegziehenden und der übrigen Wandernden hin, und sie belegen andererseits, daß Siedlungsachsen als Wohnstandorte nicht grundsätzlich bevorzugt werden. Gleichzeitig stehen jedoch Standorte in höherer Gunst, deren ÖV-Erreichbarkeit sich seit 1972 verbessert hat. Dieser Widerspruch kann nur folgendermaßen erklärt werden: Die Neubau- bzw. Zuzugsgebiete der achsengleichen Orte liegen im allgemeinen bereits außerhalb des fußläufigen Einzugsbereiches von S-Bahn-Haltestellen, so daß Zubringerlinien oder der Pkw zum Erreichen der ÖV-Achse benutzt werden müssen. Diese Situation unterscheidet sich nicht wesentlich von einem Wohnstandort in Orten größerer Entfernung aber trotzdem guter Verbindung zur Achse.

3.4 Wohnstandortwahl: Gründe und Bewertungen

Informationen, die differenziert über Verhaltensmuster, Einstellungen und Motivationen im Hinblick auf die Wohnstandortwahl Auskunft geben, standen aus folgender Quelle zur Verfügung: Im Rahmen der „Verkehrsuntersuchung Großraum München" wurden 1973/74 schriftliche Umfragen bei mobilen und stabilen Haushalten durchgeführt mit dem Ziel, Einblick in die Bedeutung verkehrlicher Merkmale für die Wohnstandortwahl zu erhalten. Die problembezogene Analyse ausgewählter Ergebnisse dieser Primärerhebungen gliedert sich in zwei Teile: Zunächst erfolgt ein Vergleich von zwei Gruppen unterschiedlichen Standortverhaltens, stabilen und mobilen Haushalten, dem sich eine räumliche Differenzierung der mobilen Haushalte anschließt.

3.4.1 Der Vergleich von stabilen und mobilen Haushalten

Die beiden Stichproben der seinerzeitigen Umfrage wurden unabhängig voneinander gebildet: Stabile Haushalte — länger als zwei Jahre am Wohnstandort ansässig — wurden durch eine Zufallsauswahl in vorher aufgrund einer Gemeinde- bzw. Stadtteiltypisierung vorausgewählten Teilräumen ermittelt und befragt. Mobile Haushalte — im Laufe der letzten zwei Jahre vor der Umfrage innerhalb der Stadt umgezogen oder von der Stadt ins Umland weggezogen — wurden durch eine Zufallsauswahl aus den Belegen des Einwohnermeldeamts ermittelt.

Der räumlich undifferenzierte Vergleich dieser beiden Gruppen aktuell unterschiedlichen Wanderungsverhaltens zeigt auf die Frage nach dem Grad der Zufriedenheit mit einzelnen Standortmerkmalen (Tab. 15) folgendes Bewertungsmuster:

---

[20]) Haushalte mit Erwachsenen < 35 Jahre, mit oder ohne Kinder < 6 Jahre.

— Mit der Wohnung selbst — Größe und Ausstattung — sind 32 % der mobilen, aber nur 20 % der stabilen Haushalte „sehr zufrieden", während die Miethöhe bei den kürzlich umgezogenen häufiger (35 %) Unzufriedenheit auslöst als bei den stabilen Haushalten (19 %).

— Die mobilen Haushalte sind häufiger (29 %) mit den Umweltbedingungen (Luft, Lärm, Grün) „sehr zufrieden" als die stabilen (21 %).

— Merkmale der Wohnlage und der Erreichbarkeit — ÖV, Pkw, Arbeitsplatz — zeigen nur geringfügige Unterschiede im Zufriedenheitsprofil beider Gruppen.

Diese unterschiedliche Bewertungsabfolge wird verständlich, wenn man dem Verlauf der Wohnstandortwahl der mobilen Haushalte (Tab. 16) folgt. So erweist sich als wesentliches Motiv, die Vorwohnung zu verlassen, also einen Standortwechsel vorzunehmen, die unangemessene Wohnungsgröße, -ausstattung (32 %) und/oder die Neugründung des Haushalts. Dieser hohen Bedeutung der internen Wohnsituation entspricht, daß die Wohnungsgröße und -ausstattung für 45 % der mobilen Haushalte ein entscheidender Grund für die Wahl der jetzigen Wohnung war.

Die Umweltbedingungen spielen als Wegzugsgrund für 19 % der mobilen Haushalte eine Rolle und werden von 35 % als Entscheidungsfaktor bei der Wahl der neuen Wohnung angeführt.

Die Lage der Wohnung hat Bedeutung insbesondere als Erreichbarkeit des Arbeitsplatzes (Wegzugsgrund in 18 %, standortentscheidungsmotivierend in 33 % der Fälle); die allgemeine ÖV-Lage spielt als Wegzugsgrund nur eine geringe Rolle (7 %), wird jedoch bei der Standortwahl stärker (24 %) berücksichtigt.

Auf dem Hintergrund dieser Befunde wird deutlich, daß Wohnungsgröße und Mietpreis wesentliche Dimensionen der Wohnstandortwahl sind, und zwar in doppelter Weise, nämlich als Wegzugs- und Zuzugsmotiv: Die unangemessene Größe der Wohnung führt zum Wohnungswechsel, eine befriedigende Lösung wird durch die neue Wohnung angestrebt; in Kombination mit dem Mietpreis erfolgen hierdurch Vorentscheidungen, die den Spielraum für die Berücksichtigung von Lagemerkmalen stark einschränken, so daß sich hinsichtlich der Erreichbarkeitsverhältnisse bei den mobilen Haushalten keine höhere Zufriedenheit ergibt als bei den stabilen Haushalten.

3.4.2 Räumliche Differenzierung der Mobilität

Die 1973/74 durchgeführte Umfrage mobiler Haushalte, die im Verlauf von zwei Jahren ihren Wohnstandort innerhalb der Stadt oder von der Stadt ins Umland gewechselt haben, liefert Informationen über die Bedeutung verkehrlicher Merkmale bei der Wohnstandortwahl und deren Beurteilung zum Befragungszeitpunkt. Die thematische Eingrenzung der Frage, welchen Stellenwert Siedlungsachsen im Zusammenhang mit Standortwahlmotivationen und Einstellungen zur Wohnsituation haben, geschieht dabei

— einmal dadurch, daß das Gewicht von Lagemerkmalen und von Gesichtspunkten der Erreichbarkeit im haushaltsspezifischen System aller Entscheidungs- und Bewertungskriterien festgestellt wird, wie im vorhergehenden Abschnitt schon ansatzweise erfolgt,

— zum anderen in der Weise, daß die Entscheidungs- und Bewertungsmuster der umgezogenen Haushalte auf die Lage der neuen Wohnstandorte projiziert werden unter der Frage, inwieweit und in welcher Richtung Zusammenhänge zwischen bestimmten Motivations- und Beurteilungstendenzen einerseits und der objektivierten Verkehrs- und Achsenlage der Wohnung andererseits bestehen.

Die inhaltliche Gliederung der Fragethemen geht dabei von einer Dreiteilung der Wohnstandortmerkmale aus, und zwar in die Bereiche Wohnung (Größe, Ausstattung und Mietpreis, bzw. Wohnungskosten), Wohnumfeld und Wohnlage (insbesondere Erreichbarkeitsmerkmale).

Das für die Zuweisung der Wohnstandorte der Befragten verwendete Raumraster orientierte sich an der in 3.1 beschriebenen Typisierung nach Gebietsfunktion und aktueller Bevölkerungsentwicklung einerseits und nach ÖV-Zeitzone sowie Achsenlage andererseits. Die Gliederung der Befragungsergebnisse verwendet dabei ein vereinfachtes Schema, das sich hauptsächlich auf die Kriterien

— ÖV-Zeitzone

— Achsenlage

stützt, da die weitere Differenzierung häufig zu einer geringen Zellenbesetzung führt, die keine gesicherte Interpretation mehr gestattet.

a) Die Bedeutung von Wohnungsmerkmalen

Für sechs von zehn Haushalten waren die unangemessene Wohnungsgröße oder haushaltsstrukturelle Veränderungen ein wesentlicher Grund, die Vorwohnung zu verlassen (Tab. 16). Dieses Merkmal trug bei 45 % der mobilen Haushalte zur konkreten Entscheidung über den neuen Standort bei. Die aktuelle Bewertung anhand einer Zufriedenheitsskala zeigt, daß Wohnungsgröße und -ausstattung den höchsten Anteil (31 %) von „Sehr-Zufrieden"-Urteilen haben.

Betrachtet man die räumliche Differenzierung dieser Ergebnisse (Tab. 17—18), so läßt sich tendenziell erkennen, daß für Befragte mit neuem Wohnstandort in der ÖV-Zeitzone 40—60 Minuten die Wohnungsgröße als Wegzugs- und Zuzugsgrund bedeutsamer ist als für Befragte der anderen Zeitzonen.

Das zweite wesentliche Wohnungsmerkmal — der Mietpreis bzw. die Wohnungskosten — bestimmte zwar nur 12 % der Haushalte mit zum Verlassen der Vorwohnung, war jedoch bei jedem Vierten ein wichtiger Grund, die jetzige Wohnung zu wählen. Trotzdem ist nur jeder 10. Haushalt mit den jetzigen Wohnungskosten zufrieden, aber 33 % sind weniger bzw. gar nicht damit zufrieden (Tab. 15); ein Anteil ungünstiger Bewertungen, die von keinem anderen Merkmal erreicht wird. Der Grad der Unzufriedenheit ist zwar in allen Zeitzonen in etwa gleich, jedoch ist er jeweils in achsengleichen Lagen teilweise höher als in achsenfernen (Tab. 19).

b) Das Wohnumfeld

Unangenehme Umweltbedingungen waren für jeden fünften Haushalt ein Grund, die Vorwohnung zu verlassen, spielten jedoch bei 35 % als Zuzugsgrund (Tab. 16) eine Rolle. Als sehr zufrieden mit diesem Wohnumfeldmerkmal bezeichnen sich knapp 30 % (Tab. 15).

Die räumliche Gliederung (Tab. 17—19) zeigt, daß bei Haushalten, die sich in achsengleichen Wohnstandorten ansiedelten, die Umweltbedingungen als Wegzugs- wie auch als Zuzugsgrund eine größere Bedeutung hatten als bei jenen mit der Tendenz in achsenferne Lagen. Die starke Umweltorientierung der achsengleichen Haushalte führt jedoch nur in den Zeitzonen > 40 Minuten zu einer günstigeren Bewertung dieses Merkmals im Sinne überdurchschnittlicher Zufriedenheit.

c) Wohnlage, Erreichbarkeit

Erreichbarkeitsmerkmale nahmen in der schriftlichen Umfrage mobiler Haushalte einen breiten Raum ein, einmal allgemein auf Verkehrsmittel (ÖV, IV), zum anderen auf bestimmte Ziele, Einrichtungen (z. B. Arbeitsplatz, Schule, Sportmöglichkeiten) bezogen. Die im Untersuchungszusammenhang wichtigsten — die „Lage im Netz öffentlicher Verkehrsmittel" und die „Erreichbarkeit des Arbeitsplatzes" — sollen im folgenden dargestellt werden.

Als Grund, die Vorwohnung zu verlassen, hatte die Zuordnung der Wohnung zu öffentlichen Verkehrsmitteln eine geringe Bedeutung (7 %), jedoch bei der Entscheidung für die neue Wohnung (24 %) eine wesentlich höhere (Tab. 16); die aktuelle Bewertung läßt rund 20 % mit dem ÖV sehr zufriedene, aber auch einen gleich großen Anteil weniger oder gar nicht zufriedener Haushalte erkennen (Tab. 15).

Die räumliche Gliederung dieses Wohnstandortmerkmals (Tab. 18, 19) zeigt, daß im Bereich 20—40 Minuten und > 60 Minuten die ÖV-Lage bei Haushalten mit Standortwahl in achsengleichen Gegenden ein wichtigerer Zuzugsgrund war als in achsenfernen; bei Haushalten in der 40—60-Minuten-Zone ist dieser Zuzugsgrund unabhängig von der gewählten Achsenlage. Die aktuelle Standortzufriedenheit mit der Lage im Netz öffentlicher Verkehrsmittel läßt keine raumbezogenen Zusammenhänge erkennen.

Die Erreichbarkeit des Arbeitsplatzes hat von allen Lagemerkmalen die größte Bedeutung, wenn man seinen Stellenwert unter den Wegzugsgründen (18 %) und den Zuzugsgründen (33 %) betrachtet: es liegt unter beiden Aspekten an dritter Stelle nach Wohnungsgröße und Umweltbedingungen (Tab. 16).

Die räumliche Projektion dieses Merkmals (Tab. 17—19) zeigt einen überwiegend negativen Achsenbezug. Für Haushalte mit der Tendenz in achsenferne Lagen spielte die Erreichbarkeit des Arbeitsplatzes eine größere Rolle bei Wegzug und Zuzug als in der kontrastierenden achsengleichen Lage, soweit es die ÖV-Zeitzonen 20—40 Minuten und 40—60 Minuten angeht. Auch die aktuelle Zufriedenheit ist in diesen Teilgruppen überdurchschnittlich hoch. Hierbei besteht kein wesentlicher Unterschied in der Beurteilung der ÖV-Lage und der Pkw-Erreichbarkeit.

Versucht man ein Resümee der dargestellten Ergebnisse zur räumlichen Differenzierung der Wanderungsgründe und Bewertungskriterien im Hinblick auf die Wohnstandortwahl mobiler Haushalte zu ziehen, so ist zu konstatieren, daß

— hohe Zufriedenheit mit der Wohnungsgröße, -ausstattung in achsengleicher Lage durch überdurchschnittliche Wohnungskosten erkauft wird,

— gute Umweltbedingungen überwiegend in achsengleichen Lagen gesucht, generell aber nur in größerer Entfernung vom Stadtkern gefunden werden,

— große Wichtigkeit der ÖV-Lage ebenso wenig als Zuzugsgrund mit der Einschätzung der Erreichbarkeit des Arbeitsplatzes korrespondiert wie die Pkw-Erreichbarkeit.

Dieses letztgenannte Ergebnis erscheint widersprüchlich; es deutet daraufhin, daß die mit dem Wohnstandortwechsel erreichten Verbesserungen hinsichtlich Wohnung und Wohnumfeld grundsätzlich mit höherem Verkehrsaufwand verbunden sind, dieser Mehraufwand von den betreffenden Haushalten aber weniger gravierend empfunden wird als ursprünglich erwartet.

3.5 Standortverhalten und Schnellbahn

Im Rahmen der sogenannten S-Bahn-Studie[21]) waren rund 1350 identische Haushalte 1972 kurz vor Inbetriebnahme des neuen Schnellbahnsystems und anderthalb Jahre später befragt worden. Die Auswahl der Befragten erfolgte aufgrund einer räumlichen Typisierung, die neben siedlungsstrukturellen Merkmalen die Erschließungsqualität durch die Schnellbahn sehr differenziert berücksichtigte und die Achsenlage feinräumlich gliederte: < 1000 m, 1000—2000 m und mehr als 2000 m zur nächsten S-Bahn-Station wurden mit der Bedienungshäufigkeit zu einer fünfstufigen Skala der Erschließungsqualität kombiniert. Hierdurch wurde der wohnquartierbezogenen Achsennähe und der für den Benutzer wesentlichen Bedienungsqualität Rechnung getragen, allerdings in einem wegen der Abdeckung des Gesamtraumes notwendigerweise groben Raumraster.

Die Befunde dieser Studie interessieren vor allem im Hinblick auf Einstellungs- und Verhaltensänderungen, die das neue Verkehrssystem bei Haushalten unterschiedlicher Achsenlage ausgelöst hat. Ausgehend von der Wohnstandortwahl und ihren Konsequenzen für die Haushalte wird nachfolgend im ersten Abschnitt der Einfluß der S-Bahn auf die Wohnstandortbewertung dargestellt. Die weiteren Implikationen der einmal getroffenen Standortwahl und der Veränderungen des Raum-Zeit-Gefüges durch die Schnellbahn im Hinblick auf Raumorientierung und Verkehrsmittelwahl werden im zweiten Abschnitt dieses Kapitels beschrieben.

---

[21]) Landeshauptstadt München: Einfluß der Verkehrsinfrastruktur auf das Verkehrsverhalten der Bevölkerung am Beispiel der Münchner S-Bahn (S-Bahn-Studie), München 1976.

3.5.1 Wahl und Bewertung des Wohnstandorts

Die Vorher-Nachher-Befragung und die begleitenden psychologischen Studien lassen folgende Struktur der Motive für die Wohnstandortentscheidung (Tab. 21) erkennen:

a) Fixierte Kriterien

Haushaltsstruktur und -größe sowie deren absehbare Veränderungen sind maßgeblich für ausgeprägte Vorstellungen über die Wohnungsgröße, die einen wesentlichen Orientierungsmaßstab bei der Entscheidung bildet.

Ebenso weitgehend festgelegt erweisen sich der Mietpreis oder die Aufwendungen für den Erwerb von Eigentum.

Diese beiden Kriterien führen aufgrund der Angebotssituation auf dem Wohnungsmarkt bereits zu einer grobräumlichen Standortvorentscheidung. Diese wird dort noch weiter eingeengt, wo als Wohnform Eigentum angestrebt wird: Das Angebot von Kaufeigenheimen tendiert aufgrund der Bodenpreisentwicklung in Räume zwischen den ÖV-Achsen.

b) Disponible Merkmale

Auf dem Hintergrund dieser durch die Wohnungsmerkmale bestimmten Randbedingungen entfaltet sich ein Muster von modifizierenden Standortentscheidungsgesichtspunkten, die sich beziehen auf

— die grobräumliche Lage, wenn man z. B. 'raus aus der Stadt' ziehen will,

— Wohnumfeld, wenn man etwa Ruhe, Grün, eine 'schöne', angenehme Umgebung sucht,

— die Verkehrslage, die insbesondere unter den Aspekten der Erreichbarkeit des Arbeitsplatzes und der Verbindungen in die Münchner City eine Rolle spielt.

Die Hierarchie der Entscheidungskriterien läßt sich anhand von Tabelle 21 quantitativ verdeutlichen: von durchschnittlich 1,9 pro Haushalt genannten Zuzugsgründen entfallen auf fixierte, die Wohnung selbst betreffende Merkmale 0,7; auf Umwelt- und Wohnlageaspekte 0,5 und auf Erreichbarkeitskriterien 0,2; der Rest von 0,5 verteilt sich auf eine Reihe anderer Gründe. Die Konsequenzen dieser Entscheidungsmuster spiegeln sich in den Ergebnissen der S-Bahn-Studie in einer von der verkehrsinfrastrukturellen Ausstattung beeinflußten Standortbewertung. Die Wohnstandortzufriedenheit (Tab. 22), die mit einer fünfstufigen Skala[22]) gemessen wurde, weist vor S-Bahn-Eröffnung nur relativ geringe Differenzen zugunsten achsnaher Bereiche auf. In der zweiten Befragung, als anderthalbjährige Erfahrungen mit der Schnellbahn gesammelt werden konnten, verändert sich das Bild in Richtung auf eine geringere Standortzufriedenheit dort, wo ungünstige S-Bahn-Erschließung vorliegt: Die Skalenmittelwerte liegen bei guter S-Bahn-Erschließung konstant bei 1,7, während in sehr schlechter S-Bahn-Erreichbarkeit der Wert von 1,9 auf 2,2 sinkt.

Bestätigt wird dies durch weitere Untersuchungsbefunde: Die Bewertung des Wohnstandorts hinsichtlich einer Reihe von Einrichtungen und Angeboten (Tab. 23) zeigt eindeutig positive Einschätzungsveränderungen im Hinblick auf öffentliche Verkehrsmittel; diese steigt insgesamt von einem Skalenwert 2,7 auf 2,3, am stärksten in Orten guter Erschließung (von 2,6 auf 1,9), am geringsten bei sehr schlechten Erreichbarkeitsverhältnissen (von 3,5 auf 3,3).

Der enge Zusammenhang zwischen Wohnstandortzufriedenheit und Erschließungsqualität wird auch deutlich an der Frage nach der voraussichtlichen Wohndauer (Tab. 24), die von 87 % der Befragten in guter S-Bahn-Erreichbarkeit mit 'immer' beantwortet wird, jedoch von nur 76% in sehr schlechter Lage.

Die eingangs bereits angesprochene Bedeutung der Wohnform wird bei einem systematischen Vergleich von Hauseigentümern mit Wohnungsmietern transparent (Tab. 25). 40% der Haushalte,

---

[22]) Dabei bedeutet der Wert 1: sehr zufrieden, der Wert 5: sehr unzufrieden.

die sich ein Haus gekauft haben, leben in schlechter S-Bahn-Erreichbarkeit, insbesondere die erst nach 1970 zugezogenen (50%); die Vergleichswerte für die Mieter sind 20% und 19%. Generell führt der Eigentumserwerb zu höherer Wohnstandortstabilität: 93% der Hauseigentümer, aber nur 66% der Mieter beabsichtigen 'immer' dort zu bleiben, wo sie jetzt wohnen. Eine zusätzliche Modifikation ergibt sich dabei durch die Wohndauer: Von den länger ansässigen (seit 1950 und früher) Haushalten wollen 98% (Hauseigentümer) bzw. 90% (Wohnungsmieter) ihren Standort beibehalten, während von den Neuzugezogenen (ab 1970) nur 85% der Hauseigentümer und 48% der Wohnungsmieter diese Tendenz haben.

3.5.2 Verkehrsverhalten

Die Inbetriebnahme der S-Bahn hat das Raum-Zeit-Gefüge der in der Region wohnenden Haushalte verbessert; besonders ausgeprägt in den östlichen Umlandorten, die durch die Schnellbahn eine direkte Verbindung in die Münchner Innenstadt erhielten. Die wesentlichen Ergebnisse der S-Bahn-Studie hinsichtlich der Auswirkungen des neuen Verkehrsmittels auf die Zielstruktur und den Dispositionsspielraum bei der Verkehrsmittelwahl sind am Beispiel des Berufsverkehrs folgende:

Die S-Bahn weist gegenüber den DB-Vorortzügen eine Zuwachsrate von +45% auf und ist wesentlich daran beteiligt, daß der 'modal split' sich zugunsten des ÖV veränderte, er nimmt um 16% zu. Der ÖV-Anteil zeigt sich dabei klar abhängig von der S-Bahn-Erschließungsqualität (Tab. 26): In Wohnstandorten des Umlandes mit guter S-Bahn-Erreichbarkeit benutzen 38% der Berufstätigen ein öffentliches Verkehrsmittel (37% S-Bahn) auf dem Weg zur Arbeit, in schlechter Erreichbarkeit sind es nur 25% (S-Bahn 15%), dem entspricht, daß der Pkw-Anteil zwischen 48% in guter Erreichbarkeit und 60% in sehr schlechter Erreichbarkeit streut. Der S-Bahn-Anteil hängt darüber hinaus mit der bisherigen Erschließung zusammen. Die westlichen Orte des Umlandes hatten bereits vor Inbetriebnahme der S-Bahn durch den DB-Vorortverkehr direkte und häufige ÖV-Verbindungen in die Münchner Innenstadt, die von 29% der Berufstätigen benutzt wurden, während der Vergleichswert für die östlichen Umlandorte bei nur 12% liegt. Die Inbetriebnahme der S-Bahn bringt diesem Verkehrsmittel nach eineinhalb Jahren im Westen einen Anteil von 33%, im Osten von 24%.

Auch die Raumorientierung im Berufsverkehr ändert sich. In den ersten 18 Monaten nach S-Bahn-Eröffnung hat rund jeder 5. Berufstätige seinen Arbeitsort gewechselt, das entspricht einer Mobilitätsrate von 13% jährlich. Diese Zieländerungen führen zu einer tendenziellen Umorientierung auf Räume vorher ungünstiger ÖV-Erreichbarkeit, wie den Münchner Stadtrand und nicht mit dem Wohnquartier identische Orte im Umland.

Zusammenfassend lassen sich aus der S-Bahn-Studie für die Beurteilung von Siedlungsachsen folgende Ergebnisse hervorheben:

a) Vor dem Hintergrund der durch Wohnungsgröße und -preis gegebenen haushaltsspezifischen Fixierungen deutet sich — korrespondierend mit dem Angebot auf dem Wohnungsmarkt — eine Segmentierung der wohnungssuchenden Haushalte nach der Wohnform an:

— Eine Tendenz der Wohnungsmieter in achsennahe Lagen mit einem relativ hohen Mobilitätspotential (Umzugswahrscheinlichkeit).

— Eine Tendenz der Hauseigentümer in achsenferne Lagen mit überdurchschnittlicher Standortstabilität.

Die Ursachen für Tendenzen zum Standortwechsel werden bei den Mietern im wesentlichen durch den Wunsch nach Eigentum mitbestimmt, während bei den Hauseigentümern — vor allem den erst neu zugezogenen — die ungünstigen Erreichbarkeitsverhältnisse genannt werden.

b) Verkehrsinfrastrukturelle Verbesserungen wie die Inbetriebnahme einer Schnellbahn steigern die Wohnstandortzufriedenheit; diese Tendenz ist in Orten guter Erschließungsqualität am ausgeprägtesten.

c) Längerfristige Anpassungsreaktionen werden beim Vergleich unterschiedlicher ÖV-Lagen deutlich: In Umlandorten mit traditionell guten Verbindungen zur Stadt durch den DB-Vorortverkehr sind die Nutzeranteile der S-Bahn höher. Dies bedeutet, daß durch längere gute Erfahrungen mit der Schnellbahn der Anteil dieses Verkehrsmittels noch ansteigen dürfte und sich damit auch positive Rückwirkungen auf die Wohnstandortbewertung ergeben werden.

Die S-Bahn-Studie bestätigt damit, daß regionale Schnellbahnachsen zwar das Stadt-Umland-Verhältnis aus der Sicht der Wohnbevölkerung wesentlich zugunsten des Umlandes verändern, aber trotzdem nicht die bereits in den vorausgegangenen Abschnitten erkennbare Tendenz zu einer verstärkten Ansiedlung außerhalb der Achsen aufheben können.

4. Folgerungen für die Beurteilung von Siedlungsachsen

Regionale Siedlungsachsen werden als ein Instrument betrachtet, mit dessen Hilfe Verstädterungsprobleme in Verdichtungsräumen gelöst bzw. verhindert werden können. Sie sollen geeignet sein, die ringförmige Ausbreitung von Siedlungsgebieten zugunsten einer Bündelung der baulich genutzten Flächen zu vermeiden, und dazu beitragen, funktionale Disparitäten abzubauen sowie soziale Segregationserscheinungen zu beseitigen.

Als wesentliche Voraussetzung für die Funktionsfähigkeit einer regionalen Siedlungsachse wird das Vorhandensein einer leistungsfähigen Verbindung des öffentlichen Personennahverkehrs (S-Bahn) angesehen. Für die Erstellung dieser Verkehrsinfrastruktur werden in der Bundesrepublik von der öffentlichen Hand Milliardenbeträge aufgewendet, der laufende Betrieb der Schnellbahnen erfordert gleichfalls respektable Summen.

Die Stadt-Umland-Entwicklung vollzieht sich wie die Regionalstatistiken zeigen wellenförmig, indem sich zunächst das nahe Umland auffüllt und dann der Verdichtungsprozeß in dem anschließenden Umlandring einsetzt[23]).

Die empirischen Befunde über das Standortverhalten privater Haushalte im Raum München bestätigen diese Beobachtungen über die ringförmige Ausbreitung der Verdichtungsgebiete zwar im Prinzip, modifizieren die dortigen Feststellungen jedoch in der Weise, daß hinsichtlich der Ausbreitung ins Umland DB-Vorortlinien bzw. Schnellbahnachsen einen wenn auch zeitlich beschränkten Entwicklungsvorsprung aufweisen. Dieser Vorsprung wird dadurch aufgezehrt, daß sich die Achsenzwischenräume, zeitlich nachhinkend, gleichfalls baulich verdichten.

Im einzelnen können aus den Münchner Beobachtungen die nachstehende Folgerungen gezogen werden. Dabei mögen die Details von Zeitpunkt und Dauer der einzelnen Beobachtungen abhängen, die erkennbaren Tendenzen scheinen symptomatisch zu sein.

4.1 Eingeschränkte Ordnungsfunktion

Das Ziel, die Siedlungsentwicklung entlang von Achsen zu konzentrieren und die Zwischenräume weitgehend auf ihren früheren Entwicklungsstand zu beschränken, ist nach den Angaben des Regionalberichts nicht erreicht worden. Weder entlang den ehemaligen DB-Vorortlinien noch den jetzigen S-Bahnlinien ist innerhalb der Zeitspanne 1970—1975 eine Bevölkerungsentwicklung zu beobachten, die auf eine Abkehr von der bisherigen Tendenz zu ringförmiger Ausbreitung des Verdichtungsraumes hinweisen würde.

Es ist im Gegenteil festzustellen, daß spätestens mit der Einführung der S-Bahn 1972 — die Baulandsicherung der Wohnbaugesellschaften erfolgte im allgemeinen bereits vorher — eine verstärkte Besiedelung der achsfernen Bereiche des stadtnahen Umlandes eintrat.

---

[23]) Vgl.: FRIEDRICHS, J.: Stadtanalyse — soziale und räumliche Organisation der Gesellschaft. In: rororo studium, Sozialwissenschaft, Hamburg 1977.

Während 1970 noch die achsengleichen Orte der 40—60-Min.-Zone einen höheren Bevölkerungsanteil aufweisen als die in achsenferner Lage, überwiegt die Einwohnerentwicklung zwischen 1970 und 1975 in den achsenfernen Bereichen, allerdings dort, wo sich die ÖV-Erreichbarkeit des Stadtkerns mit der Aufnahme des S-Bahn-Betriebes verbessert hat. Nur eine spezielle Gruppe der zuziehenden Haushalte, nämlich die aus München wegziehenden, zeigen eine höhere Affinität zu Schnellbahnachsen.

Die wohl noch von Beobachtungen aus der Zeit geringerer Motorisierung privater Haushalte genährte Vorstellung von einer mit leistungsfähigen Verbindungen des öffentlichen Personennahverkehrs erreichbaren räumlichen Ordnung können deshalb durch die Beobachtungen im Raum München nicht bestätigt werden.

4.2 Befristete Verringerung funktionaler Disparität

Bei der Wohnstandortwahl privater Haushalte dominieren als Zuzugsgrund eindeutig Merkmale der Wohnung (Größe, Ausstattung, Preis) und des Wohnumfeldes. Die verkehrlichen Kriterien treten demgegenüber weit zurück. Umzüge führen deshalb in der Regel nicht zu einer Verminderung des Verkehrsaufwandes, sondern zu einer Zunahme des Verkehrsvolumens (Personenkilometer). Zwar spielt die Lage im Netz öffentlicher Verkehrsmittel als Zuzugsgrund bei den in München Um- und Wegziehenden eine nicht unerhebliche Rolle, doch zeigt sich bei dem Kriterium „Erreichbarkeit des Arbeitsplatzes" ein eher negativer Achsenbezug bei gleichzeitig überdurchschnittlicher Zufriedenheit mit der jeweiligen Situation.

Die Unzufriedenheit mit den Wohnungskosten gibt einen unmittelbaren Hinweis auf die mögliche Ursache für die Tendenz, Achsen als Wohnstandort überdurchschnittlich zu meiden: Sie ist in achsengleichen Lagen unverhältnismäßig hoch. Hinzu kommt, daß gute Umweltbedingungen in achsengleicher Lage überwiegend nur noch in größerer Entfernung vom Stadtkern gegeben sind.

Die mit der Verdichtung von Aktivitäten im Siedlungsraum einhergehende Verknappung von Grund und Boden, aber auch von Umweltressourcen führt zu Standortanpassungszwängen für private Haushalte, als deren Folge eine zunehmende Funktionstrennung zu beobachten ist. Zwar treten mit der Inbetriebnahme einer Schnellbahnverbindung für die bereits ansässigen Haushalte Verbesserungen in Form von Reisezeitverkürzungen ein, die mit einer Verminderung der bestehenden Funktiontrennung gleichzusetzen ist, für die neu hinzuziehenden Haushalte ergeben sich jedoch in mehrerer Hinsicht Verschlechterungen: Der neue Standort liegt zeitlich und räumlich weiter entfernt von den bisherigen Zielgebieten (Arbeitsplatz usw.); die Standorte mit fußläufigem Zugang zur Schnellbahn sind teuer, im allgemeinen auch bereits besetzt und deshalb werden relativ achsenferne Wohnungen gewählt.

Mit der von der Entwicklungsdynamik eines Verdichtungsraumes abhängenden Verschiebung im zahlenmäßigen Verhältnis der zum Zeitpunkt der Schnellbahninbetriebnahme Ansässigen zu den danach Zuziehenden wird also die ursprüngliche Verringerung funktionaler Disparität allmählich wieder hinfällig.

4.3 Vorübergehende Verbesserung der Lebensbedingungen

Das zentrale mit der Achsenkonzeption verfolgte entwicklungsplanerische Anliegen ist die Verbesserung der Lebensbedingungen und die Erhöhung der Chancengleichheit. Die Wohnstandortwahl privater Haushalte wird in erster Linie von dem Bedarf an ausreichendem Wohnraum und von den Wohnungskosten bestimmt. Aufgrund der Marktsituation bedeutet dies für die Mehrzahl der Wohnungssuchenden eine weitgehende Einengung der Auswahlmöglichkeiten, die durch unterschiedliche Raumpräferenzen verschärft wird.

Diese Randbedingungen müssen zu Lasten anderer Standortmerkmale eingehalten werden. Siedlungsachsen ändern nichts an den sozio-demographischen und den sozio-ökonomischen Merkmalen wohnungssuchender privater Haushalte; infolgedessen können sie die Ursache für soziale Segregationen und diese selbst nicht beseitigen.

Wohl werden durch den Ausbau der Verkehrsinfrastruktur neue Räume besser erschlossen und damit für soziale Gruppen zugänglich, die ihren bisherigen Standort verlassen wollen oder dazu gezwungen sind; insofern kann eine Verbesserung der Wohnbedingungen eintreten, wenn als Alternative nur die Reduzierung der Wohnungsanforderungen bis unter die ökonomisch tragbare Grenze gegeben ist. Im allgemeinen erfolgt diese Verbesserung aber zusammen mit erhöhten Anforderungen an die technische und die soziale Infrastruktur des Zuzugsgebietes.

Wie lange die Verbesserung der Wohnbedingungen anhält, hängt, ähnlich wie die Verringerung funktionaler Disparitäten, von der Entwicklungsdynamik — dem Zuwachs bzw. dem Umverteilungspotential — des Verdichtungsraumes ab, nämlich davon, wie viele Haushalte in welcher Zeit mit gleichen Standortvorstellungen in denselben Raum drängen. Auch hier werden die Standortvorteile mit zunehmender Zeit abgebaut.

Vor dem Hintergrund empirischer Daten zum Standortverhalten privater Haushalte erweisen sich die sog. regionalen Siedlungsachsen im Vergleich zu den mit ihrer Hilfe angestrebten Zielen als unwirksam bzw. nur zeitlich befristet wirksam.

Sie erscheinen als ein Instrument des akuten Krisenmanagements, mit dem Engpässe bewältigt werden sollen, ohne die Ursachen der ungeordneten Siedlungsentwicklung zu beseitigen. Die Erschließung zusätzlicher Siedlungsräume entlang leistungsfähiger Verkehrsachsen fördert nämlich den Prozeß der Funktionsentmischung mit zunehmenden Disparitäten im Gefolge, steht also im Gegensatz zu den angestrebten Zielen. Intensivere Funktionsmischung innerhalb großer Verdichtungsräume scheint nur durch eine polyzentrische räumliche Ordnung erreichbar zu sein. Dies setzt freilich Institutionen voraus, die in der Lage sind, vor dem Hintergrund langfristiger Entwicklungsplanung die Koordination der alltäglichen Einzelentscheidungen vorzunehmen.

Die Kosten für die Erstellung der Verkehrsinfrastruktur von Siedlungsachsen binden einen hohen Anteil des verfügbaren Investitionsvolumens und belasten durch laufende Betriebskostenzuschüsse die Haushalte der öffentlichen Hände. Ein umfassender Vergleich dieser Kosten mit dem Nutzen von Siedlungsachsen ist bisher nicht durchgeführt. Wie die Auslastungsgrade der Verkehrsmittel in Verkehrsachsen zeigen, ist die Vorhaltung solcher Infrastruktureinrichtungen wegen der Einseitigkeit der Verkehrsströme (Morgen-/Abend-Spitze) überdurchschnittlich aufwendig. Mehr Gegenläufigkeit der Verkehrsströme könnte den Auslastungsgrad von Verkehrseinrichtungen verbessern und zusätzliche Transportkapazitäten ohne Mehrkosten nutzbar machen bzw. die Infrastrukturkosten und betrieblichen Kosten senken. Erreichbar ist dies allerdings nur durch eine bessere räumliche Verteilung und Zuordnung der verschiedenen Funktionen innerhalb des gesamten Verdichtungsraumes. Dies bedeutet mehr Polyzentralität, und diese setzt auch die Dezentralisation der Arbeitsplätze voraus.

Wohl nicht zu Unrecht muß auf Grund der bisherigen Beobachtungen befürchtet werden, daß das langlebige Instrument „Verkehrsachse", das in einer relativ kurzen und überhitzten Entwicklungsperiode entwickelt wurde, nach dem Abflauen der externen Wachstumskräfte einen regionsinternen Verlagerungsprozeß in Gang hält, der die Stadt-Umland-Probleme auf lange Sicht nicht mindert, sondern erhöht. Nachdem selbst in einem Verdichtungsraum wie München, in dem eine ungewöhnliche Wachstumsphase zeitlich mit der Inbetriebnahme eines weiter ins Umland reichenden Schnellbahnsystems zusammenfiel, keine eindeutige axiale Entwicklung feststellbar ist, muß angenommen werden, daß sich das Instrument „Achse" nicht bewährt. Vermutlich ist die Vorstellung, Achsen sollen die „Tiefe des Raumes" erschließen, keine taugliche Konzeption zur Lösung der regionalplanerischen Probleme in großen Verdichtungsräumen.

Räumliche Typisierung

Tabelle 1   *Die Bevölkerungsverteilung in den Raumtypen 1970 und 1975 in %*

5. Anhang: Ergebnistabellen

Gebietsfunktion	Einw. 70/75	ÖV-Zeitzone 1970											
		20—40 Minuten				Achsenlage 40—60 Minuten				>60 Minuten			
		gleich		fern		gleich		fern		gleich		fern	
	ÖV-Entw. 70/75	+	=	+	=	+	=	+	=	+	=	+	=
Wohnen	− (1970)	×	51	40	262	0	34	40	2	1	×	11	27
Wohnen	− (1975)	×	45	38	237	0	31	36	2	1	×	10	26
Wohnen	+ (1970)	×	×	9	41	9	4	43	5	9	×	10	19
Wohnen	+ (1975)	×	×	10	49	13	4	60	5	12	×	11	21
Arbeiten	− (1970)	69	×	×	×	58	×	8	×	15	×	×	38
Arbeiten	− (1975)	65	×	×	×	54	×	8	×	13	×	×	37
Arbeiten	+ (1970)	9	21	94	×	27	15	1	×	7	×	10	8
Arbeiten	+ (1975)	10	21	100	×	33	16	1	×	9	×	11	11
Summe	1970	78	72	143	303	94	53	92	7	32	×	31	92
Summe	1975	75	66	148	286	100	51	105	7	35	×	32	95
Summe		150	141	446	434	147	151	99	112	32	35	123	127

Legende: 1970 / 1975

× = keine Einwohner; 0 = Einwohneranteil < 1%

Räumliche Typisierung

Tabelle 2: Altersstruktur: Anteil der 21- bis 45jährigen an der Gesamtbevölkerung (1970)

Gebiets-funktion	Einw. 70/75	ÖV-Entw. 70/75	ÖV-Zeitzone 1970										
			20—40 Minuten				40—60 Minuten				>60 Minuten			
			Achsenlage										
			gleich		fern		gleich		fern		gleich		fern	
			+	=	+	=	+	=	+	=	+	=	+	=
Wohnen	−	+	−	39	45	42	38	42	40	(−)	27	−	32	30
Wohnen	+	=	−	−	39	39	37	36	41	37	43	−	42	33
Arbeiten	−	+	36	−	−	−	34	−	38	−	33	−	−	35
Arbeiten	+	=	43	38	45	−	40	36	(−)	−	33	−	31	33
	∅		37	39	45	41	36	40	40	35	36	−	35	33
			38		43		37		40		36		33	

Räumliche Typisierung

Tabelle 3   *Haushaltsstruktur: Personen pro Haushalt (1970)*

Gebiets-funktion	Einw. 70/75	ÖV-Entw. 70/75	ÖV-Zeitzone 1970											
			20—40 Minuten				40—60 Minuten				>60 Minuten			
			Achsenlage											
			gleich		fern		gleich		fern		gleich		fern	
			+	=	+	=	+	=	+	=	+	=	+	=
Wohnen	−	+	—	—	—	—	2,9	2,8	2,8	(−)	4,5	—	3,5	4,0
Wohnen	+	=	—	—	3,0	2,5	3,0	2,7	2,9	(−)	2,3	—	3,8	3,3
Arbeiten	−	+	2,6	—	—	—	2,6	—	2,9	—	3,0	—	—	2,8
Arbeiten	+	=	2,3	2,4	2,4	—	2,8	2,9	(3,8)	—	2,9	—	2,8	3,4
Ø			2,6	2,2	2,3	2,2	2,7	2,9	2,9	(−)	2,8	—	3,3	3,2

115

Räumliche Typisierung

Tabelle 4 Bevölkerungsstruktur: Anteil Volksschulabschluß (1970)

Gebietsfunktion	Einw. 70/75	ÖV-Zeitzone 1970											
		20—40 Minuten				Achsenlage 40—60 Minuten				>60 Minuten			
		gleich		fern		gleich		fern		gleich		fern	
		ÖV-Entw. 70/75											
		+	=	+	=	+	=	+	=	+	=	+	=
Wohnen	−	—	68	44	58	87	70	82	88	93	—	85	87
Wohnen	+	—	—	63	60	62	76	63	75	81	—	86	80
Arbeiten	−	67	—	—	—	65	—	61	—	72	—	—	74
Arbeiten	+	56	58	68	—	59	65	(96)	—	60	—	59	79
⌀		65		59		65		72		73		78	

116

Räumliche Typisierung

Tabelle 5 Wohnform: Anteil Eigentümerwohnungen (1968)

Gebiets-funktion	Einw. 70/75	ÖV-Entw. 70/75	ÖV-Zeitzone 1970											
			20—40 Minuten				40—60 Minuten				>60 Minuten			
			Achsenlage											
			gleich		fern		gleich		fern		gleich		fern	
			+	=	+	=	+	=	+	=	+	=	+	=
Wohnen	−	+	−	4	11	16	58	30	22	(−)	82	−	67	81
	+	=	−	−	37	36	59	61	43	59	53	−	74	57
	−	+	41	−	−	−	38	−	54	−	28	−	−	43
Arbeiten	+	=	30	49	14	−	41	51	(−)	−	44	−	40	57
	+	+	40	15	14	19	43	38	35	59	40	−	59	57
Ø			27		17		41		36		40		58	

Räumliche Typisierung

Tabelle 6 Bevölkerungsstruktur: Anteil der Erwerbstätigen in Land- und Forstwirtschaft 1970 (Umland)

Gebiets-funktion	Einw. 70/75	ÖV-Entw. 70/75	ÖV-Zeitzone 1970									
			20—40 Minuten				40—60 Minuten				>60 Minuten			
			gleich		fern		gleich		fern		gleich		fern	
			+	=	+	=	+	=	+	=	+	=	+	=
			Achsenlage										
Wohnen	−	−	−	−	−	−	3	22	21	(−)	44	−	33	48
	+	−	−	−	7	−	3	32	8	(−)	−	−	39	24
Arbeiten	−	−	2	−	−	−	5	−	3	−	2	−	−	1
	+	−	−	2	2	−	2	1	33	−	7	−	10	20
	+		2	2	4	−	4	7	9	(−)	5	−	28	22
∅			2		4		5		9		5		24	

118

Räumliche Typisierung

Tabelle 7   Anteil der Auspendler an allen Erwerbstätigen (Umland)

Gebiets-funktion	Einw. 70/75	ÖV-Entw. 70/75	ÖV-Zeitzone 1970											
			20—40 Minuten				40—60 Minuten				>60 Minuten			
			Achsenlage												
			gleich		fern		gleich		fern		gleich		fern	
			+	=	+	=	+	=	+	=	+	=	+	=
Wohnen	−	+	−	−	−	−	58	51	52	(−)	37	−	45	33
Wohnen	+	=	−	−	70	−	72	56	77	(−)	−	−	43	59
Arbeiten	−	+	43	−	−	−	26	−	62	−	22	−	−	23
Arbeiten	+	=	−	49	52	−	57	47	45	−	43	−	38	33
	+	=	43	49	58	−	40	48	72	(−)	29	−	43	35
∅			44		58		41		71		29		38	

Räumliche Typisierung

Tabelle 8 Die Bevölkerungsentwicklung 1970/75 — Veränderungsraten (1970 = 100)

Gebiets-funktion	Einw. 70/75	ÖV-Zeitzone 1970											
		20—40 Minuten				40—60 Minuten				>60 Minuten			
		Achsenlage											
		gleich		fern		gleich		fern		gleich		fern	
	ÖV-Entw. 70/75	+	=	+	=	+	=	+	=	+	=	+	=
Wohnen	−	−	−	+ 2	− 3	+ 7	± 0	− 5	− 4	− 3	=	+ 1	=
Wohnen	+	−	−	+20	+28	+48	+16	+49	+16	+38	−	+17	+23
Arbeiten	−	+ 1	−	−	−	± 0	−	+ 9	−	− 4	−	−	+ 3
Arbeiten	+	+15	+ 9	+15	−	+33	+13	+22	−	+30	−	+23	+34
	+	+ 5	+ 3	+11	+ 1	+30	+ 7	+22	+ 9	+17	−	+13	+10
	∅	+ 1		+ 5		+11		+21		+17		+11	

120

Wanderungsbewegung

Tabelle 9   Die Verteilung der Wegzüge von der Stadt ins Umland 1975 in ‰

Gebietsfunktion	Einw. 70/75	ÖV-Entw. 70/75	ÖV-Zeitzone 1970											
			20—40 Minuten				40—60 Minuten				>60 Minuten			
			\multicolumn{4}{Achsenlage}											
			gleich		fern		gleich		fern		gleich		fern	
			+	=	+	=	+	=	+	=	+	=	+	=
Wohnen	−														
Wohnen	+				16		0	2	10	3	1		9	11
Arbeiten	−		195	70			112	4	118	6			17	54
Arbeiten	+		70		46		136		24		14		15	6
Summe			265	70	62		298	6	212	9	30		41	77
							304			221			30		118	

Wanderungsbewegung

Tabelle 10   Die Verteilung der Wegzüge von der Stadt ins Umland 1976 in ‰

Gebietsfunktion	Einw. 70/75	ÖV-Zeitzone 1970											
		20—40 Minuten				40—60 Minuten				>60 Minuten			
		gleich		fern		gleich		fern		gleich		fern	
	ÖV-Entw. 70/75	+	=	+	=	+	=	+	=	+	=	+	=
Wohnen	−												
	+	233		9		100		11	3	1		13	13
Arbeiten	−		60	34		72		152	8	18		15	21
								23					5
	+	233	60	43		160	2	0		18		21	6
						332	4	186	11	37		49	45
Summe		293		43		336		197		37		94	

122

Wanderungsbewegung

Tabelle 11   Anteil der 21- bis 45jährigen an den Wegzügen von der Stadt ins Umland 1975

Gebiets-funktion	Einw. 70/75	ÖV-Entw. 70/75	ÖV-Zeitzone 1970											
			20—40 Minuten				40—60 Minuten				>60 Minuten			
			gleich		fern		gleich		fern		gleich		fern	
			+	=	+	=	+	=	+	=	+	=	+	=
Wohnen	−	+							68				58	44
	+	+	60		57		59		59	68			49	56
Arbeiten	−	+		59			63		68		59		76	61
	+	+	60	62	73	69	60		60	58	51		61	64
∅			61	61	69	69	60	60	60	60	57	57	54	52

Wanderungsbewegung

Tabelle 12 Anteil der 21- bis 45jährigen an den Wegzügen von der Stadt ins Umland 1976

Gebiets-funktion	Einw. 70/75	ÖV-Entw. 70/75	ÖV-Zeitzone 1970											
			20—40 Minuten				40—60 Minuten				>60 Minuten			
			gleich		fern		gleich		fern		gleich		fern	
			+	=	+	=	+	=	+	=	+	=	+	=
			Achsenlage											
Wohnen	−	+	56						52				54	55
Wohnen	+	=		57	68		60		61	52			58	60
Arbeiten	−	+	56	60	72		65		51		67		48	62
Arbeiten	+	=			71		60		63	54	58	59	53	56
	∅		58			71		61		59	59		55	

124

Wanderungsbewegung

Tabelle 13   Anteil junger Haushalte an den Wegzügen von der Stadt ins Umland 1975

Gebietsfunktion	Einw. 70/75	ÖV-Zeitzone 1970											
		20—40 Minuten				40—60 Minuten				>60 Minuten			
		Achsenlage											
		gleich		fern		gleich		fern		gleich		fern	
	ÖV-Entw. 70/75	+	=	+	=	+	=	+	=	+	=	+	=
Wohnen	−												
Wohnen	+	67		69		58		71				68	65
Arbeiten	−		59			66		63	40			57	61
Arbeiten	+		66	70		60		61		64			61
	∅	66		70		58	59	61	49	56 58	58	54 54	56 57

Tabelle 13, Seite 125

Wanderungsbewegung

Tabelle 14   Anteil junger Haushalte an den Wegzügen von der Stadt ins Umland 1976

Gebiets-funktion	Einw. 70/75	ÖV-Zeitzone 1970											
		20—40 Minuten				40—60 Minuten				>60 Minuten			
		Achsenlage											
		gleich		fern		gleich		fern		gleich		fern	
	ÖV-Entw. 70/75	+	=	+	=	+	=	+	=	+	=	+	=
Wohnen	−							51				52	46
Wohnen	+	69		58		54		59	75			62	64
Arbeiten	−		48	66		68		40		64			75
Arbeiten	+	65	57	65		56		55	53	63		29	
∅		61			65	56		55		60	60	50	59

Tabelle 15   Die Standortbewertung: Zufriedenheit mit Einzelmerkmalen der Wohnsituation

Merkmal	Mobile Haushalte					Stabile Haushalte				
	sehr zufrieden %	zufrieden %	weniger zufrieden %	gar nicht zufrieden %	spielt keine Rolle, k. A. %	sehr zufrieden %	zufrieden %	weniger zufrieden %	gar nicht zufrieden %	spielt keine Rolle, k. A. %
Wohnungsgröße, -ausstattung	32	40	8	5	15 = 100	20	50	15	5	10 = 100
Umweltbedingungen	29	33	13	9	16 = 100	20	38	19	12	11 = 100
Pkw-Erreichbarkeit	21	28	6	4	41 = 100	17	35	7	3	38 = 100
Lage im ÖV-Netz	20	40	14	7	19 = 100	21	50	13	6	10 = 100
Erreichbarkeit des Arbeitsplatzes	22	39	12	5	22 = 100	20	40	11	3	26 = 100
Nachbarschaft, Wohnlage	21	43	7	4	25 = 100	18	57	10	3	12 = 100
Einkaufsmöglichkeiten	20	40	17	9	14 = 100	17	52	17	7	7 = 100
Erreichbarkeit von Sport-, Erholungsmöglichkeiten	17	39	7	3	34 = 100	13	45	10	4	28 = 100
Erreichbarkeit von Schulen, Kindergärten	12	19	6	2	61 = 100	12	30	7	2	49 = 100
Höhe der Miete	10	37	22	11	20 = 100	10	46	15	4	25 = 100

Tabelle 16   Wegzugs- und Zuzugsgründe mobiler Haushalte

	Wegzugs-gründe %	Zuzugs-gründe %
Wohnungsgröße, -ausstattung	32	45
Höhe der Miete	12	25
Umweltbedingungen	19	35
Nachbarschaft, Wohnlage	12	24
Einkaufsmöglichkeiten in der Umgebung	6	15
Erreichbarkeit des Arbeitsplatzes	18	33
Lage im Netz öffentlicher Verkehrsmittel	7	24
Pkw-Erreichbarkeit, Parkmöglichkeiten	4	10
Erreichbarkeit von Schulen, Kindergärten	5	12
Erreichbarkeit von Sport-, Erholungsmöglichkeiten	4	10
Kündigung durch den Vermieter	7	(entfällt)
Neugründung des Haushalts	28	(entfällt)
Keine Auswahlmöglichkeit	(entfällt)	16
Summe	154*	249*

* Mehrfachnennungen

Tabelle 17   Die Wegzugsgründe mobiler Haushalte

	ÖV-Zeitzone 1970					
	20—40 Min.		40—60 Min.		>60 Min.	
			Achsenlage			
	gleich	fern	gleich	fern	gleich	fern
Wohnungsgröße, -ausstattung	27	14	37	34	29	30
Höhe der Miete	10	10	14	10	11	10
Umweltbedingungen	19	16	26	22	23	13
Nachbarschaft, Wohnlage	9	10	11	15	16	14
Einkaufsmöglichkeiten in der Umgebung	4	12	5	10	6	8
Lage im ÖV-Netz	9	10	6	5	7	9
Pkw-Erreichbarkeit	5	—	3	3	3	4
Erreichbarkeit des Arbeitsplatzes	15	16	14	24	20	22
Erreichbarkeit von Schulen, Kindergärten	4	2	3	5	5	6

Tabelle 18   *Die Zuzugsgründe mobiler Haushalte*

	ÖV-Zeitzone 1970					
	20—40 Min.		40—60 Min.		>60 Min.	
	|| Achsenlage				
	gleich	fern	gleich	fern	gleich	fern
Wohnungsgröße, -ausstattung	48	41	55	49	52	31
Höhe der Miete	22	20	31	21	19	19
Umweltbedingungen	45	35	43	40	49	22
Nachbarschaft, Wohnlage	19	27	36	23	27	20
Einkaufsmöglichkeiten in der Umgebung	14	18	15	20	15	12
Lage im ÖV-Netz	27	22	26	27	27	17
Pkw-Erreichbarkeit	14	14	9	16	14	9
Erreichbarkeit des Arbeitsplatzes	33	41	35	37	31	28
Erreichbarkeit von Schulen, Kindergärten	15	14	14	14	12	9

Tabelle 19   *Die Zufriedenheit mit Einzelmerkmalen des Wohnstandorts*

	ÖV-Zeitzone 1970					
	20—40 Min.		40—60 Min.		>60 Min.	
	|| Achsenlage				
Anteil „sehr zufrieden" mit:	gleich	fern	gleich	fern	gleich	fern
Wohnungsgröße, -ausstattung	31	29	36	35	34	25
Höhe der Miete	6	8	5	13	8	10
Umweltbedingungen	36	39	36	29	34	19
Nachbarschaft, Wohnlage	22	31	27	20	23	16
Einkaufsmöglichkeiten in der Umgebung	15	6	15	23	14	18
Lage im ÖV-Netz	22	20	18	20	18	16
Pkw-Erreichbarkeit	26	25	21	22	20	18
Erreichbarkeit des Arbeitsplatzes	19	31	19	28	20	19
Erreichbarkeit von Schulen, Kindergärten	12	10	11	13	11	10
Anteil „weniger bzw. nicht zufrieden" mit:						
Höhe der Miete	33	24	39	33	34	27

Tabelle 20 Ausgewählte soziodemografische Merkmale mobiler Haushalte

Anteil	ÖV-Zeitzone 1970					
	20—40 Min.		40—60 Min.		>60 Min.	
			Achsenlage			
	gleich	fern	gleich	fern	gleich	fern
Junge Haushalte	50	57	66	62	60	63
Große Haushalte (≥3 Personen)	41	41	34	33	38	36
Hohe soziale Schicht	34	25	28	24	23	23
Pkw-Besitz	70	67	67	72	65	63
Hohe Erwerbsquote (>50%)	48	53	49	57	53	51
Wohnfläche pro Person hoch (>30 qm)	30	39	44	38	33	30
Hauseigentümer	15	16	12	6	10	5
Hohe Umzugshäufigkeit in den letzten 10 Jahren (≥3mal)	28	29	35	32	25	37
Beabsichtigter Wohnungswechsel: ja	34	37	38	44	43	51

S-Bahn-Studie

Tabelle 21　　　　　　　*Zuzugsgründe in die jetzige Wohnung*

Gründe	Gesamt vor %	S-Bahn-Erreichbarkeit im Umland				
		gut vor %	weniger gut vor %	befriedigend vor %	schlecht vor %	sehr schlecht vor %
Bisherige Wohnung war zu klein	17	16	29	16	12	13
Eigenen Haushalt gegründet	14	14	17	14	8	13
Bisherige Wohnung nicht komfortabel genug	9	9	20	8	6	6
Wollten aus der Stadt raus, lieber außerhalb wohnen	13	18	21	11	9	18
Gute Wohngegend	17	22	37	15	18	11
Ruhige Lage in schöner Umgebung	19	23	41	15	21	14
Arbeitsplatz besser zu erreichen	10	11	13	11	9	7
Gute Verkehrsverbindung nach München	6	9	7	7	12	2
Günstige Mietwohnung hier angeboten	11	10	7	11	13	7
Dienst-, Werkswohnung bekommen	5	2	8	8	6	1
Günstiger Bauplatz für Eigenheimbau	18	22	17	16	13	25
Selbst/Eltern gebaut, Haus gekauft	6	6	12	6	7	6
Verwandte, Freunde hier	8	12	7	7	6	5
Mit Eltern umgezogen	3	1	0	3	9	2
Neu in den Münchner Raum zugezogen wegen Arbeitsplatz	16	24	19	14	13	7
Heimatvertrieben, ausgebombt, Zonenflüchtling etc.	4	6	2	5	4	4
Abriß, Kündigung der bisherigen Wohnung	4	3	8	4	3	2
Sonstiges	3	3	4	3	3	1
K. A.	2	0	0	1	0	1
Summe	192	217	278	183	180	153
Basis	1071	181	110	473	90	217

S-Bahn-Studie

Tabelle 22   Indikatoren der Wohnstandortbewertung — Mittelwerte

	Gesamt		gut		weniger gut		befrie-digend		schlecht		sehr schlecht	
	nach	vor	n	v	n	v	n	v	n	v	n	v
Wohnstandortzufriedenheit	1,8	1,8	1,7	1,7	1,6	1,7	1,9	1,8	2,0	1,8	2,2	1,9
Zufriedenheit mit der Wohnung*	1,7	1,6	1,6	1,5	1,6	1,6	1,7	1,6	1,7	1,7	1,7	1,6
Bewertung der sozialen Infrastruktur am Wohnstandort**	2,5	2,6	1,9	1,9	1,9	2,2	2,4	2,6	2,7	2,7	3,4	3,4
Bewertung des Freizeitangebotes am Wohnstandort**	3,7	3,7	3,4	3,3	3,3	3,4	3,7	3,9	3,7	3,7	4,1	4,4
Basis	1071		181		110		473		90		217	

* Mittelwerte zwischen 1,0 = sehr zufrieden und 5,0 = sehr unzufrieden
** Mittelwerte zwischen 1,0 = sehr günstig und 5,0 = sehr ungünstig am Wohnstandort

S-Bahn-Studie

Tabelle 23 Einschätzung bestimmter Einrichtungen am Wohnstandort (Mittelwerte*)

	Gesamt		gut		weniger gut		S-Bahn-Erreichbarkeit im Umland befriedigend		schlecht		sehr schlecht	
	nach	vor	n	v	n	v	n	v	n	v	n	v
Einkaufsmöglichkeiten	2,7	2,6	2,5	2,5	2,7	2,4	3,1	2,9	2,9	2,7	3,3	3,4
Volksschule	1,9	1,9	1,9	1,6	2,2	2,0	1,7	1,9	2,1	2,3	2,2	2,3
Höhere Schule	3,3	3,1	2,0	2,0	1,9	2,1	3,2	3,2	3,7	3,1	4,8	4,2
Kindergarten	2,3	2,7	1,7	2,1	1,6	2,5	2,3	2,6	2,4	2,8	3,1	3,7
Arbeitsmöglichkeiten für mich	3,5	3,3	3,5	3,3	3,6	3,4	3,5	3,4	3,5	3,5	3,9	3,9
Mietpreise	3,5	3,3	4,2	3,2	4,0	4,1	3,3	3,2	3,5	3,2	3,5	3,6
Öffentliche Verkehrsmittel	2,3	2,7	1,9	2,6	2,1	2,5	2,2	2,6	2,7	3,4	3,3	3,5
Möglichkeiten auszugehen	3,8	3,8	3,8	3,6	4,0	3,5	3,8	4,0	3,8	3,8	4,1	4,4
Grundstückspreise	4,4	4,3	4,8	4,2	4,8	4,3	4,4	4,3	4,0	4,1	4,0	4,0
Freizeitgestaltung	3,3	3,2	2,8	2,8	2,5	3,0	3,4	3,4	3,3	3,2	3,8	4,0
Kulturelles Angebot	3,9	4,1	3,6	3,6	3,5	3,6	4,0	4,3	4,0	4,0	4,4	4,7
Basis	1071		181		110		473		90		217	

* Mittelwerte zwischen 1,0 = sehr günstig und 5,0 = sehr ungünstig am Wohnstandort

S-Bahn-Studie

Tabelle 24 *Voraussichtliche Wohndauer*

	Gesamt		S-Bahn-Erreichbarkeit im Umland							
			gut		weniger gut		befriedigend		schlecht		sehr schlecht
	nach %		nach %		nach %		nach %		nach %		nach %
0—5 Jahre	14		8		23		14		20		14
6—30 Jahre (konkr. Ang.)	4		2		5		4		4		5
Immer	77		87		66		79		74		76
Anderes, k. A.	5		3		6		3		2		5
Summe	100		100		100		100		100		100
Basis	1071		181		110		473		90		217

S-Bahn-Studie

Tabelle 25 Ausgewählte Merkmale nach Wohnform und Ansässigkeit am Wohnort

	Hauseigentümer					Wohnungsmieter				
	Alle	Ansässig seit				Alle	Ansässig seit			
		vor 1950	1950–1960	1961–1969	1970–1972		vor 1950	1950–1960	1961–1969	1970–1972
	%	%	%	%	%	%	%	%	%	%
S-Bahn-Erreichbarkeit Umland:										
gut	14	12	11	19	18	18	24	16	18	17
weniger gut	6	7	3	6	8	14	0	3	7	24
befriedigend	40	36	52	51	23	50	61	55	61	40
schlecht	10	10	15	6	7	8	8	11	10	6
sehr schlecht	30	35	19	19	43	11	8	15	4	14
Summe	100	100	100	101	99	101	101	100	100	101
Voraussichtliche Wohndauer:										
0–5 Jahre	4	2	7	3	9	25	7	11	22	42
6–30 Jahre	2	0	1	4	6	6	2	6	9	7
immer	93	98	92	94	85	66	90	83	65	48
anderes, k. A.	0	1	0	0	0	3	2	0	4	3
Summe	99	101	100	101	100	100	101	100	100	100
Basis	646	234	151	141	120	641	125	102	149	265

S-Bahn-Studie

Tabelle 26   *Hauptverkehrsmittel für den Weg zur Arbeit*

	S-Bahn-Erreichbarkeit Umland											Wohnstandort im Umland			
	gut		weniger gut		befriedigend		schlecht		sehr schlecht			Westen		Osten	
	n %	v %	n %	v %	n %	v %	n %	v %	n %	v %		n %	v %	n %	v %
S-Bahn oder BB	29	19	22	26	27	19	17	13	2	1		25	22	14	7
S-Bahn und andere ÖV	5	7	5	4	4	5	4	5	7	1		5	5	6	3
S-Bahn und Pkw	2	3	2	1	2	2	12	4	5	2		3	2	4	2
Tram, Bus, U-Bahn	1	3	1	0	2	3	2	4	11	12		2	3	7	8
Pkw Selbstfahrer	45	46	51	47	44	51	43	47	48	50		43	42	49	58
Pkw Mitfahrer	3	4	5	5	7	6	5	3	12	5		7	5	7	6
Fahrrad, Motorrad, Mofa	5	4	4	3	4	3	6	5	4	4		5	4	3	3
Ausschließlich zu Fuß	10	14	10	14	10	12	12	20	12	25		11	18	10	15
Summe	100	100	100	100	100	101	101	101	101	100		101	101	100	102
Basis (alle v + n Berufstätigen)	174		115		498		96		260			652		491	

Regionale Siedlungsachsen: Vom abstrakten Siedlungsleitbild zur differenzierten Weiterentwicklung der Siedlungsstruktur
Empirische Befunde und planungspraktische Perspektiven am Beispiel der Siedlungsachsenkonzeptionen im Mittleren-Neckar-Raum und im Rhein-Neckar-Raum

von
Dieter Eberle, Kaiserslautern

INHALT

1. Problemaufriß, Entwicklung der Fragestellung und Auswahl der Untersuchungsräume
    1.1 Einleitung
    1.2 Konturierung des Problemfeldes
    1.3 Entwicklung der Fragestellung
    1.4 Auswahl der Untersuchungsräume
2. Siedlungsachsen als Konzepte zur Erreichung von Zielen
    2.1 Ziele der sternförmigen Achsenkonzeption im Mittleren-Neckar-Raum
    2.2 Ziele der netzförmigen Achsenkonzeption im Rhein-Neckar-Raum
    2.3 Ziele weiterer regionaler Achsenkonzepte
    2.4 Ziele und Aufgaben städtischer Achsenkonzepte
    2.5 Zusammenfassung
3. Die regionalplanerische Konkretisierung von Siedlungsachsen am Beispiel des Mittleren-Neckar- und des Rhein-Neckar-Raumes
    3.1 Mittlerer Neckar-Raum
    3.2 Rhein-Neckar-Raum
    3.3 Zusammenfassung
4. Analyse von Problemen bei der Realisierung der Achsenkonzepte in den Untersuchungsräumen
    4.1 Differenzierungserfordernisse und konzeptimmanente Zielkonflikte
        4.1.1 Differenzierung durch zusätzliche Ausweisung von Achsenstandorten
        4.1.2 Differenzierung und Zielkonflikte bei der Abstimmung von Achsenkonzepten mit der Straßennetzgestaltung
        4.1.3 Zielkonflikte im ökologischen Bereich

- 4.2 Durchsetzungsprobleme und Ansätze für eine Erfolgskontrolle
  - 4.2.1 Möglichkeiten und Grenzen einer Erfolgskontrolle
  - 4.2.2 Empirische Ansätze für eine Erfolgskontrolle
  - 4.2.3 Erklärungsmöglichkeiten für die Analyseergebnisse
- 4.3 Zusammenfassung
5. Folgerungen für die Planungspraxis
  - 5.1 Ausgangspunkte: Zur Notwendigkeit einer Komplexitätsreduktion bei konzeptionellen siedlungsstrukturellen Überlegungen
  - 5.2 Künftige siedlungsstrukturelle Ordnungsvorstellungen, methodische Überlegungen zur Konzeption von Siedlungsstrukturmustern und Vorschläge zu Verfahrensregelungen der Regionalplanung
    - 5.2.1 Die Notwendigkeit einer linearen, axialen Ausrichtung der Siedlungsstruktur
    - 5.2.2 Planungsmethodische Überlegungen und Vorschläge zu regionalplanerischen Verfahrensregelungen
  - 5.3 Zusammenfassende planungspraktische Vorschläge für die Regionalplanung
6. Wissenschaftstheoretische Schlußbemerkungen zur Weiterentwicklung von Achsenkonzepten

1. Problemaufriß, Entwicklung der Fragestellung und Auswahl der Untersuchungsräume[1])

1.1 Einleitung

Die Beschreibung und die Konzeption kleinräumiger axialer Siedlungsstrukturen ist in der Raumforschung und -planung ein Unternehmen mit alter Tradition. Trotz dieser Tradition muß jedoch immer wieder aufs neue zur Debatte gestellt werden, ob solche Achsenkonzepte mit den sich ändernden sozio-ökonomischen Rahmenbedingungen der räumlichen Planung noch vereinbar sind oder ob sie revidiert werden müssen. Im Mittelpunkt des wissenschaftlichen Interesses der vorliegenden Untersuchung über Siedlungsachsenkonzepte steht neben ersten Ansätzen einer Impactforschung (Wirkungsanalyse) und einer Implementationsforschung (Analyse der Durchführung und Anwendung von Plänen)[2]) vor allem das Aufzeigen von Perspektiven für die Weiterentwicklung von Siedlungsstrukturkonzeptionen.

Wie E. PFEIL[3]) in einer kurzgefaßten Entwicklungsgeschichte der Siedlungsstruktur darstellt, zeigte sich im 19. Jahrhundert ein städtisches Wachstum entlang von Ausfallstraßen und Linien öffentlicher Verkehrsmittel. Ausgehend von der Beobachtung und Beschreibung solcher Besiedlungsmuster wurden Erklärungen für diesen Prozeß entwickelt und sogenannte „Ideal-Konstruktionen" in Form von Stern-, Band-, Kamm- und Ringmodellen als normative Siedlungskonzepte postuliert. Dabei differierten die Gesichtspunkte, unter denen diese Modelle jeweils gesehen und analysiert wurden, je nach Fachdisziplin, Theorie- oder Praxisorientierung sehr stark. Die Bandbreite dieser Betrachtungsweisen soll hier, ohne den Anspruch auf Vollständigkeit zu erheben, streiflichtartig kurz umrissen werden:

a) Auf eine sozio-ökonomische Erklärung der räumlichen Stadtentwicklung zielten die Erklärungsmodelle der Amerikaner BURGESS, HOYT und HARRIS/ULLMANN ab, denen Vorstellungen über eine konzentrisch-ringförmige, sektoral-axiale bzw. mehrkernige Stadtentwicklung zugrunde liegen. Die Gültigkeit dieser zwischen 1925 und 1945 entwickelten und inzwischen schon als „klassisch" zu etikettierenden Modelle ist heute umstritten. Zusammengefaßt dargestellt und diskutiert wurden sie in letzter Zeit unter anderem bei FRIEDRICHS, ZSILINCSAR und HAMM[4]).

b) Aus der Architekturperspektive und damit teilweise von möglichen geometrischen Formen inspiriert, entwickelte LYNCH[5]) seine konzeptionellen Ordnungsvorstellungen der Streubesiedlung, des Galaxialschemas, der Kernstadt, des Stern- und Ringschemas[6]). Nach ihrer Gegenüberstellung bewertet er sie an Hand ausgewählter Zielkriterien wie zum Beispiel „Wahlfreiheit" und „Kommunikationsmöglichkeiten".

c) Das Standort- und Verkehrsverhalten von privaten Haushalten auf Siedlungsachsen wurde insbesondere im Zusammenhang mit der Einführung von S-Bahn-Systemen untersucht. Darauf braucht hier nicht näher eingegangen werden; der Beitrag von ECKSTEIN und ROMAUS in diesem Band ist ein Beispiel dafür.

d) Mathematisch orientierte Untersuchungen, für die sich die Bezeichnung „New Urban Economics" eingebürgert hat, versuchen u. a. kleinräumige siedlungsstrukturelle Gegebenheiten mit mo-

---

[1]) Der vorliegende Beitrag wurde Anfang Februar 1980 abgeschlossen.

[2]) Die Implementationsforschung stellt ein in der Bundesrepublik Deutschland relativ neues Forschungsfeld dar. „Mit Implementation ist die Durchführung bzw. Anwendung der im Prozeß der Politikentwicklung entstandenen Gesetze und Handlungsprogramme gemeint." Vgl. MAYNTZ, R.: Die Implementation politischer Programme: Theoretische Überlegungen zu einem neuen Forschungsgebiet. In: Die Verwaltung 1977, Heft 1, S. 51.

[3]) PFEIL, E.: Großstadtforschung. Hannover 1972, S. 329.

[4]) FRIEDRICHS, J.: Stadtanalyse. Reinbek 1977, S. 101 — ZSILINCSAR, W.: Erscheinungsformen des städtischen Wachstumsprozesses. In: Berichte zur Raumforschung und Raumplanung 1976. H. 1, S. 23. — HAMM, B.: Sozialökologie und Raumplanung. In: ATTESLANDER, P. (Hrsg.): Soziologie und Raumplanung. Berlin, New York 1976, S. 106.

[5]) LYNCH, K.: Das Ordnungsschema großstädtischer Siedlungsräume. In: ILS Dortmund: Städtebauliche Verdichtung im Modellvergleich. Dortmund 1976, S. 151.

[6]) Vergleiche dazu auch den Beitrag von BOEDDINGHAUS im vorliegenden Band.

delltheoretischen Ansätzen zu erklären. Dabei werden z. B. auch die Konsequenzen für Nutzungsintensitäten reflektiert, die entstehen, wenn ein S-Bahn-System „bestimmte Punkte ökonomisch näher an das Zentrum" rückt[7]).

Neben dieser theoretischen Beschäftigung der Wissenschaft mit Achsenmodellen hat die Regionalplanung versucht, siedlungsstrukturelle Achsenkonzepte praxisgerecht zu entwerfen und zu realisieren. Bekannt sind die Vorstellungen über ein Siedlungsachsenmodell im Hamburger Raum[8]), auf das als Vorbild einer planungspraktischen Umsetzung und als ältestes Beispiel in der BRD in der Lieratur immer wieder hingewiesen wird.

In letzter Zeit wurde das Problem von Siedlungskonzepten in der Planungspraxis unter dem Stichwort „Steuerung des Suburbanisierungsprozesses" wieder aktualisiert bzw. aktuell gehalten. So sind zum Beispiel in den gemeinsamen Raumordnungsvorstellungen der 4 norddeutschen Bundesländer vom 11. 9. 1975 Siedlungsachsen für die Ordnungsräume Kiel, Hamburg, Bremen, Hannover und Braunschweig vorgesehen[9]). Aber auch die in Baden-Württemberg und Bayern derzeit sich in Arbeit befindenden Regionalpläne, die nach landesplanerischer Absicht Siedlungsachsen enthalten und konkret ausformen müssen[10]) sowie Vorschläge des Deutschen Städtetages zur Erstellung von räumlichen Entwicklungsmodellen als integrierter Bestandteil der Stadtentwicklungsplanung[11]), beleben erneut die Auseinandersetzung um Konzepte für kleinräumige Siedlungsstrukturen. Letztlich hat auch die Ministerkonferenz für Raumordnung in einer Ende Oktober 1977 verabschiedeten „Entschließung zur Gestaltung der Ordnungsräume" empfohlen, daß sich die Siedlungsentwicklung in solchen Ordnungsräumen vorrangig an Siedlungsachsen ausrichten soll[12]).

Die folgende Untersuchung kann nicht die gesamte Palette von Siedlungskonzeptionen thematisieren, sondern beschränkt sich auf eine Auseinandersetzung mit axialen Konzepten in Verdichtungsräumen und deren Randzonen.

Wie noch aufgezeigt wird, muß aus der Vielfalt derartiger axialer Strukturen, in Form von zwei Fallbespielen, eine Auswahl getroffen werden. Sie beschränkt sich auf regionale Achsen divergierenden Musters in unterschiedlich strukturierten Räumen.

1.2 Konturierung des Problemfeldes

a) Der erste Anknüpfungspunkt der folgenden Überlegungen ist das bisher erstaunlich lange Festhalten der Planungspraxis an axialen Siedlungskonzepten, wie etwa dem Stern-Modell, das in einer Zeit, wo neue Konzepte oft schnell ausgedacht und noch schneller wieder verworfen werden[13]), schon fast soviel Planungskontinuität ausstrahlt, wie die Zentrale-Orte-Konzeption. Es muß gefragt werden, ob hier eine schlechthin optimale Konzeption gefunden wurde:

— Ist etwa das axiale Stern-Modell ein langfristiges, universelles Problemlösungsmuster, auch bei räumlich und zeitlich unterschiedlichen Zielsetzungen und Präferenzen von Planungssubjekten

---

[7]) RUSSIG, V.: Siedlungsstruktur im Stadt-Umland. Tübingen 1979, S. 241.

[8]) BAHR, G.: Die Achsenkonzeption als Leitvorstellung für die städtebauliche Ordnung in Hamburg. In: Zur Problematik von Entwicklungsachsen. ARL: FuS Bd. 113, Hannover 1976, S. 201.

[9]) BAHR, G.: a.a.O., S. 239. Selbst für die kleinen Ordnungsräume Flensburg, Neumünster, Wilhelmshaven, Oldenburg und Göttingen wird eine „gewisse axiale Gliederung der Siedlungsentwicklung" (BAHR, S. 226) für notwendig gehalten.

[10]) WITT, H.: Entwicklungsachsen in Baden-Württemberg und ihre Ausformung in Regionalplänen. In: Siehe (8), S. 153. LANDMANN, H. D.: Das Entwicklungsachsenkonzept in Bayern. In: Raumforschung und Raumordnung 1977 / H. 1,2, S. 19.

[11]) Deutscher Städtetag: Räumliche Entwicklungsplanung. DST-Beiträge zur Stadtentwicklung; Reihe E, Heft 5. Köln 1976.

[12]) Entschließung der MKRO zur Gestaltung der Ordnungsräume vom Oktober 1977. Siehe: Staatskanzlei Rheinland-Pfalz: Raumordnungsbericht 1977. Mainz 1978, S. 117.

[13]) Vgl. dazu die Darstellung der verschiedenen Konzeptionen bei: KUMMERER, K./SCHWARZ, N./WEYL, H.: Strukturräumliche Ordnungsvorstellungen des Bundes. Göttingen 1975.

und Planungsobjekten? Ist es im Sinne der Kategorien der Systemtheorie LUHMANNS ein „generalisiertes Medium der Problemlösung"[14], bei dem man jederzeit die Sicherheit hat, daß dieses Instrument auch künftige unbekannte und unvorhersehbare Probleme und Engpässe löst?

— Oder war das Achsenmodell möglicherweise durch eine nahverkehrsbezogene Ausweitung von Wohn-Standortmöglichkeiten, die Problemlösung für einen Engpaß bei der Wohnungsversorgung von Städten während der Phase ihres Einwohnerbooms? Gefragt werden müßte dann nach zukünftigen Engpässen[15] und ob das Achsenmodell dafür noch die einzig adäquate Lösung ist, das heißt, ob es für eine ganze Palette von Engpässen optimale Problemlösungen bietet oder nur mit einem bestimmten, historisch festzumachenden Engpaß verknüpft ist.

— Stellen Siedlungsachsenkonzepte, sei es in Form von Stern-, Gitter- oder anderen Modellen einen optimalen Interessenausgleich zwischen den verschiedenen Zielträgergruppen und den unterschiedlichen Nutzungsansprüchen wie Wohnen, Erholen und Arbeiten dar? Gilt dies auch noch bei sich ändernden Präferenzen, wie zum Beispiel bei steigenden Ansprüchen an das Wohnumfeld oder bei größeren Wünschen nach Eigenheimen? Dies ist zweifellos eine Kernfrage an die Achsenkonzeption: Stellt sie auch bei sich wandelnden Präferenzen von Zielträgergruppen noch die optimale, interessenausgleichende Problemlösung dar?

Eine solche Art der Begründung von Achsenkonzepten als optimaler Ausgleich von Nutzungsansprüchen und damit verbunden wohl auch als Minimierung von externen Effekten[16] bewegt sich jedoch nur auf der Ebene von Plausibilitätserwägungen. Exakte und umfassende Kosten-Nutzen-Betrachtungen fehlen und sind wegen der Komplexität der dabei zu lösenden Probleme auf wissenschaftlich befriedigendem Niveau und auf einer für politisches Handeln wichtigen hohen Transparenzstufe derzeit nicht möglich[17]. Die vergleichende wissenschaftliche Bewertung von Achsenkonzepten beschränkte sich bisher, mit einigen Ausnahmen, weitgehend auf eine eindimensionale, das heißt fachplanungsbezogene Bewertung idealtypischer Siedlungsstrukturen. Als Beispiele aus der letzten Zeit können ROTH[18] und RICHMANN[19] für diese Vorgehensweise angeführt werden.

b) Des weiteren ist als zweiter Hauptpunkt bei der Konturierung des Problemfeldes zu fragen, ob die bisherige Kritik an der mangelnden Durchsetzungsfähigkeit dieser Modelle zu weiterführenden Überlegungen bei den derzeit sich in Arbeit befindenden neuen Planungskonzepten führte.

So stellt, um dazu nur einige wenige Beispiele zu nennen, E. PFEIL 1972 fest, daß in Hamburg das Strahlenmodell immer wieder verwässert wird, „durch das was in dem Gelände zwischen den Strahlen entgegen den Absichten der Stadtplanung geschieht"[20]. Fünf Jahre später stellt BUSMANN[21] fest, daß in den Hamburger Achsenräumen, die Einwohnerentwicklung zwar nicht zu-

---

[14] LUHMANN, N.: Zweckbegriff und Systemrationalität. Frankfurt/M. 1973, S. 204.

[15] Unter der Voraussetzung, der u. a. von FÜRST vertretenen (deskriptiven) politischen Theorie, daß in der politischen Praxis das Optimum von Städten kein Thema ist, „sondern das Interesse... sich auf die Funktionsfähigkeit von Städten und die Antizipation von drohenden Engpässen" richtet. FÜRST, D.: Die Problemfelder der Stadt. In: FÜRST, D. (Hrsg.): Stadtökonomie, Stuttgart 1977.

[16] „Ein extremer Effekt liegt vor, wenn eine ökonomische Aktivität durch eine andere wirtschaftliche Tätigkeit technologisch, d. h. außerhalb des Marktzusammenhanges beeinflußt wird." Vgl.: SIEBERT, H.: Die ökonomischen Ursachen der Umweltprobleme in der Sicht der Wirtschaftswissenschaft. In: Universitas 1977, H. 11, S. 1153. Solche externen Effekte wären zum Beispiel, eine weitere Besiedlung von Achsenzwischenräumen, die Vergrößerung des Weges zu Erholungsgebieten, die damit für die Bevölkerung von Kerngebieten (etwa beim Sternmodell) verbunden wäre.

[17] Auch Nutzwertanalysen zur Bewertung unterschiedlicher Siedlungsstrukturkonzeptionen liefern bis jetzt noch keine befriedigenden Ergebnisse. Vgl.: PELLI, T./PELLI, C. u. a.: Vor- und Nachteile monozentrischer und polyzentrischer Siedlungsstrukturen. Unveröffentlichte Forschungsarbeit im Auftrag des Bundesministers für Raumordnung, Bauwesen und Städtebau. Brugg/Zürich 1977.

[18] ROTH, U.: Der Einfluß der Siedlungsform auf Wärmeversorgungssysteme, Verkehrsenergieaufwand und Umweltbelastung. In: Raumforschung und Raumordnung 1977/H. 4.

[19] RICHMANN, A.: Idealtypische Stadtgestalten im Vergleich. Göttingen 1977.

[20] PFEIL, E.: Großstadtforschung, Hannover 1972, S. 330.

[21] BUSMANN, F.: Zur Problematik der Entlastung von Ballungsräumen durch Schnellbahnen. Köln 1977, S. 266. Vgl. dazu auch HEUER/SCHÄFER, die feststellen, daß „gerade in den letzten Jahren eine verstärkte Siedlungsentwicklung auch in den Achsenzwischenräumen zu beobachten" ist. Außerdem merken sie an, daß „der gezielte Ausbau der Achsenendpunkte bisher nur zögernd vorangekommen ist". HEUER, H./SCHÄFER, R.: Stadtflucht. Stuttgart/Berlin/Köln/Mainz 1978.

rückgegangen, jedoch „erheblich hinter der Entwicklung der Zwischenräume zurückgeblieben" ist. „Ca. ¾ aller in Großbauvorhaben errichteten Wohneinheiten entfiel auf die Zwischenräume, demzufolge also auch der überwiegende Anteil des verdichteten Geschoßwohnungsbaus und keineswegs nur der Einfamilienhausbau". Diese Kritik soll hier jedoch nicht einseitig in den Vordergrund gestellt werden, ohne auf die Erfolge des Modells hinzuweisen, die andere Autoren, wie z. B. BAHR/MELDAU/ROSENTHAL[22]) hervorheben. Aber auch der Regionalbericht München[23]) kritisiert, daß die Ziele des Landesentwicklungsprogramms, nämlich zwischen den Siedlungseinheiten an den Entwicklungsachsen ausreichende Grün- und Freiflächen zu erhalten, häufig nicht mehr durchzusetzen sind. Ist dieses Vollzugsdefizit tatsächlich schon ausreichend durch das Unvermögen der Landesplanungen erklärt, das Achsenkonzept konsequent zu verwirklichen, wie die Hamburger Gutachterkommission festellte[24])? Oder setzt die Kritik, in Überschätzung der tatsächlichen regionalplanerischen Steuerungsfähigkeit eventuell nur die Ziele, die mit dem Modell erreicht werden sollten, zu hoch an? Brauchen wir somit eine Modifizierung der Achsenvorstellungen, um den tatsächlichen Standortbedürfnissen der Flächennachfrager etwas mehr entgegenzukommen oder nur bessere Instrumente zur Durchsetzung dieser Konzeption bzw. beides zusammen?

c) Gefragt werden muß außerdem nach der Stichhaltigkeit der Begründung und der konzeptimmanenten Logik von Siedlungsachsen sowie nach möglicherweise auftretenden Zielkonflikten. Bietet das Modell tatsächlich die ihm im allgemeinen unterstellten guten Erreichbarkeitsverhältnisse? Ergeben sich nicht durchaus auch Zielkonflikte zwischen einer Siedlungsverdichtung auf Achsen und der ökologischen Belastbarkeit dieser Achsen?

In bezug auf die erste Frage muß auf eine Untersuchung von APEL[25]) hingewiesen werden. Er stellt dar, daß polyzentrische Siedlungsstrukturen, in Verbindung mit stärker netzförmig vermaschten Nahverkehrslinien eine bessere Versorgung der Bevölkerung gewährleisten. Bei seiner Untersuchung steht zumindest das sternförmige Achsenkonzept in der Bewertung nicht an erster Stelle.

Neben dieser eindimensionalen Bewertung unter dem Gesichtspunkt der „Erreichbarkeit der Versorgung" gibt es weitergehende Schritte zu einer multidimensionalen Einschätzung der planerischen Verwendungsfähigkeit von axialen Siedlungsstrukturen. Bei der Aufstellung des räumlichen Entwicklungsmodells für die Stadt Dortmund[26]) wurden solche Ansätze ausprobiert. In Form einer Nutzwertanalyse wurden folgende sieben Siedlungskonzepte bewertet[27]):

— Bandmodell mit drei parallelen Bändern
— Disloziiertes Modell
— Kamm-Modell
— Multizentrisches Modell
— Raster-Modell
— Ring-Modell
— Stern-Modell.

Bewertungskriterien waren unter anderem die Möglichkeiten für Wohnen, Erholen, Bildung, für den Verkehr und die technische Versorgung. Dazu kamen Restriktionskriterien, wie zum Beispiel der Faktor Landschaft und die Flächenverfügbarkeit sowie das Ausmaß der Flexibilität der Modelle.

---

[22]) BAHR/MELDAU/ROSENTHAL: Raumordnung über Landesgrenzen hinweg. In: Raumforschung und Raumordnung 1978, H. 1/2, S. 9.

[23]) Bayerisches Staatsministerium für Landesentwicklung und Umweltfragen/Regionaler Planungsverband München: Regionalbericht Region München. München, ohne Jahresangabe (erschienen 1977), S. 87.

[24]) BAHR, G.: a. a. O., S. 205.

[25]) APEL, D.: Stadträumliche Verflechtungskonzepte. Berlin 1977, S. 145.

[26]) Stadt Dortmund: Stadtentwicklungsplanung Dortmund — Planungsgrundlagen, Teil VII. Dortmund 1971.

[27]) Vgl. in diesem Zusammenhang auch den Beitrag von BOEDDINGHAUS in diesem Band, der ebenfalls eine nutzwertanalytische Bewertung durchführt.

Das Ergebnis der Bewertung zeigt, daß das nicht auf Achsen bezogene multizentrische Modell an der Spitze liegt. An zweiter Stelle steht das Kamm-Modell, gefolgt von den ungefähr gleich liegenden Band-, Raster- und Stern-Modellen. Eindeutig am schlechtesten schneidet das Ring-Modell ab.

Trotz einiger Bedenken, die speziell mit der hierbei verwendeten Nutzwertanalyse verbunden sind[28]), drängt sich bei einer Reflexion dieses Ergebnisses der durchaus nicht neue Gedanke einmal wieder auf, daß für jeden Raum ein spezielles, ihm angemessenes Siedlungskonzept entwickelt werden muß und das Rezept „Siedlungsachse" nicht generell verordnet werden kann.

Die des weiteren angeschnittene Frage nach möglichen konzeptimmanenten Zielkonflikten des Siedlungsachsenmodells muß vor allem unter dem Aspekt beleuchtet werden, daß Achsenvorstellungen eine lineare Konzentration der Siedlungsstruktur in Form eines Punkt-Band-Systems beinhalten. Durch diese Konzentration können sich im ökologischen Bereiche Probleme ergeben. So kann die weitere axiale Konzentration der Siedlungsentwicklung, insbesondere in ökologisch empfindlichen Flußtälern, leicht zu Überlastungserscheinungen führen. Es kann durchaus Achsen geben, die nicht mehr weiter entwickelt, sondern eventuell sogar zurückentwickelt werden müßten. In diesem Zusammenhang muß jedoch auch auf eine Untersuchung im Nürnberger Raum hingewiesen werden. Dort erbrachte eine ökologische Risikoanalyse u. a. das Ergebnis, daß gerade durch Achsenkonzeptionen am ehesten ökologische Zielsetzungen realisiert werden können[29]).

1.3 Entwicklung der Fragestellungen

Die im vorigen Kapitel noch nicht systematisch, sondern nur zur Konturierung des Problemfeldes herangezogenen Aspekte, markieren Einstiegspunkte für weitere wissenschaftliche Fragen. Diese Fragen, die zugleich der rote Faden der weiteren Untersuchung sind, können folgendermaßen formuliert werden:

a) *Welche Ziele werden in derzeitigen Planungskonzepten genannt, die mit dem Instrument „Siedlungsachsen" erreicht werden sollen?*

In Kap. 2 sollen die wichtigsten Ziele, Aufgaben und Funktionen[30]) aufgezeigt werden, die mit Siedlungsachsen in unterschiedlich strukturierten Verdichtungs- und verdichteten Räumen erreicht werden sollen. Dabei werden regionale und städtische Achsenkonzepte herangezogen und auch Unterschiede im jeweiligen Reflexionsniveau aufgezeigt.

b) *Wie ist die konkrete, räumliche, strukturelle und funktionale Ausgestaltung einiger ausgewählter Siedlungsachsenkonzepte, um die unter a) genannten Ziele zu erreichen?*

Es geht dabei in Kap. 3 um eine Darstellung der Konkretisierung des Ziel-Mittel-Zusammenhanges[31]), das heißt um Fragen nach den verwendeten Theorien und der konkreten räumlichen Ausformung des Konzeptes. Dabei wird u. a. auch dargestellt, was es für eine Gemeinde bedeutet, Achsenstandort zu sein und wodurch sich diese Einstufung von einer zentralörtlichen Festlegung niederer Stufe unterscheidet. Der hohe Konkretisierungsgrad dieser Fragestellung verlangt eine Beschränkung auf wenige Praxisbeispiele, deren Auswahl noch begründet wird.

c) *Welcher Zielerreichungsgrad läßt sich in den untersuchten Räumen für die Achsenkonzeption bisher erkennen und welche Ursachen haben mögliche Steuerungsdefizite?*

Die Frage des Kap. 4 nach dem Ergebnis einer Erfolgskontrolle, das heißt nach dem Durchsetzungsaspekt, bezieht sich einerseits auf die angestrebte und erreichte konkrete räumliche Entwicklung; andererseits jedoch auch auf mögliche andere Ziele, wie zum Beispiel das der Koordination

---

28) Die Bedenken hängen zusammen mit der mangelnden Operationalisierung der Bewertungskriterien. Die Nutzwertanalyse wurde mit gewichteten und ungewichteten Kriterien durchgerechnet. Das Ergebnis änderte sich nicht.
29) BACHFISCHER, R./DAVID, J. u. a.: Die ökologische Risikoanalyse. In: Landschaft und Stadt 1977, H. 4, S. 160.
30) Diese 3 Begriffe sollen hier synonym verwendet werden.
31) Achsen können als Mittel oder Instrumente zur Erreichung von Zielen, wie z. B. „Freihaltung von Landschaftsräumen" definiert werden.

von Fachplanungen durch das Aufstellen von Siedlungskonzepten. Nach diesen Fragen der bisherigen Zielerreichung soll dann der Versuch unternommen werden, mögliche Leistungsdefizite zu erklären.

d) Welche Probleme in bezug auf die innere Logik des Achsenkonzeptes und welche Zielkonflikte lassen sich bei der planungspraktischen Realisierung von Achsensystemen erkennen?

Diese, ebenfalls in Kap. 4 zu erörternde Frage, greift die innere Logik des Konzeptes auf. Dabei wird analysiert, wie die Planungspraxis bisher mit konzeptimmanenten Zielkonflikten zurecht gekommen ist.

e) Welche konkreten Forderungen hinsichtlich einer Beibehaltung, Modifikation oder Ablösung der Achsenkonzepte lassen sich unter den sich ändernden Erfordernissen der Zukunft für die herangezogenen Beispielsräume ziehen?

Dieser Fragestellung des Kap. 5 liegt ein Verständnis eines engen Theorie-Praxis-Zusammenhanges zugrunde, das sich mit den Worten des Soziologen N. LUHMANN kompakt folgendermaßen ausdrücken läßt: „Eine Kritik von Seiten der Wissenschaft am Handeln anderer ist immer dann leichtfertig, wenn die Wissenschaft nicht bereit oder nicht in der Lage ist, die Probleme des Handelnden selbst zu übernehmen und sie besser zu lösen"[32]. Eine solche Rollenbestimmung, daß der Wissenschaftler auch ab und zu zugleich Planer sein soll, bringt zweifellos Konflikte mit sich. Sie werden keineswegs dadurch schon vollständig gelöst, daß der Wissenschaftler als Planer eben seine Wertvorstellungen aufdeckt oder Konzepte mit alternativen Zielvorstellungen entwickelt. Der Rollenkonflikt bei einem solchen Aufgabenwechsel liegt darin, daß ein Wissenschaftler, etwa vom Standpunkt des kritischen Rationalismus aus, an der Falsifikation, das heißt an der Widerlegung von Theorien arbeitet[33]. Dagegen muß er als Planer an der Verifikation, das heißt an der Untermauerung eines Konzeptes interessiert sein[34].

f) Warum werden idealtypische Achsenkonzepte, wie etwa das Stern-Modell, trotz mancher plausibler Einwände weiter als siedlungsstrukturelle Konzeptionen beibehalten?

Im abschließenden 6. Kap. soll nicht einfach ein „timelag" bei der Transmission zwischen Forschung und Anwendung angeprangert werden. Sondern es wird der Versuch unternommen, Aussagen der Wissenschaftstheorie zum Theorienwandel auf den Wandel von Planungskonzepten anzuwenden. Gefragt werden soll, ob man das Vorherrschen des Siedlungsachsenkonzeptes als eines von einer „scientific-community" akzeptierten allgemeinen Problemlösungsmusters und seine eventuell mögliche Ablösung mit der von KUHN entwickelten und unter dem Stichwort „Paradigmawechsel" bekannten Theorie erklären und voraussagen kann. Dabei soll von dem, durch kritische Einwände 1969 in einem „Postscript" von KUHN[35] präzisierten, Paradigmabegriff ausgegangen werden und eine Kritik an dem generalisierenden Anspruch axialer Konzepte formuliert werden.

1.4 Auswahl der Untersuchungsräume

Als Fallbeispiele für die Fragestellungen b) bis e) werden der Mittlere-Neckar-Raum und der Rhein-Neckar-Raum mit ihrer unterschiedlichen Topographie ausgewählt. Beide Räume sind verschieden strukturiert: der Rhein-Neckar-Raum polyzentrisch, der Stuttgarter Raum im Vergleich dazu eher monozentrisch. Für beide liegen Regionalpläne[36] mit Achsensystemen als Entwurf bzw.

---

[32] LUHMANN, N.: Soziologische Aufklärung. Band 1, Opladen 1974, S. 256.

[33] Diese auf POPPER zurückgehende Auffassung widerspricht der Theorie von KUHN, der bei der Erläuterung der folgenden Fragestellung zitiert wird. Die Theorie von KUHN soll jedoch hier nicht, wie er dies selbst durchführt, auf die Entwicklung wissenschaftlicher Theorien, sondern auf die Verwendung von Planungskonzepten durch Planungspraktiker angewandt werden.

[34] LÜHRS, G./SARRAZIN, TH. u. a. (Hrsg.): Kritischer Rationalismus und Sozialdemokratie II. Berlin/Bonn-Bad Godesberg 1976, S. 10.

[35] KUHN, TH. S.: The Structure of Scientific Revolutions. Zweite erweiterte Auflage, Chicago/London 1970, S. 174—210.

[36] Der Raumordnungsverband Rhein-Neckar stellt sowohl einen Raumordnungsplan als Rahmen für die Regionalplanung der beteiligten regionalen Planungsträger als auch Regionalpläne für Teilräume, wie z. B. den „Unteren Neckar" auf.

als genehmigter Plan vor. Die Mittlere-Neckar-Konzeption besteht aus einem sternförmigen Achsenmodell mit einer S-Bahn. Der Rhein-Neckar-Raum, in dem die Planung in Form von Viereck-, Gitter-, Stern- und Sprossenentwürfen, schon frühzeitig verschiedenste Siedlungsstrukturentwürfe als Denkmodell vorlegte[37]), hat als Achsensystem ein relativ dichtes Gitternetz. Als verkehrsplanerisches Element wird eine S-Bahn für die fernere Zukunft angestrebt. Als erster Schritt ist ein Regionalbahnsystem mit Taktfahrplan vorgesehen. Für beide Räume liegen außerdem Regionalverkehrspläne vor.

Die genannten Unterschiede prädestinieren beide Räume als Fallbeispiele, da damit verschiedene Aspekte der Achsenproblematik thematisiert werden können.

Für die als erstes aufzugreifende Fragestellung nach den Zielen von Achsenkonzepten werden zur Erweiterung des Spektrums und zur Erreichung einer umfassenderen Aussagebreite noch zwei weitere regionale Konzeptionen aus Norddeutschland, die zwei fast extrem konträre Auffassungen vertreten, sowie vier städtische Konzeptionen mit einem erheblich differierendem Reflexionsniveau herangezogen.

Als regionale Konzeptionen sind dies der Hamburg-Raum mit seinen, auf einer vorhandenen S-Bahn beruhenden, schon sehr alten und detailliert durchgeplanten Achsenvorstellungen. Als Gegensatz dazu wird der Großraum Hannover aufgegriffen, der die Zuordnung von Siedlungseinheiten und Verkehrslinien zwar anstrebt, auf den Achsenbegriff als Planungselement jedoch verzichtet.

Als städtische Achsenkonzeptionen werden neben den einfachen Essener und den durchüberlegten Saarbrücker Vorstellungen noch die in ihrem Reflexionsniveau dazwischen liegenden Entwürfe der Städte Bochum und Ludwigshafen exemplarisch zur Darstellung der mit Achsen verbundenen Ziele herangezogen.

2. Siedlungsachsen als Konzepte zur Erreichung von Zielen

Welche Ziele sollen durch das räumlich-funktionale Siedlungsmuster „Achse" erreicht werden? Diese Ausgangsfrage wird zunächst für die im letzten Kapitel zuerst ausgewählten beiden Untersuchungsräume beantwortet. In einem weiteren Schritt werden dann diese Aussagen, zur Darstellung einer größeren Spannbreite von Achsenvorstellungen, ergänzt durch zwei konträre Extrempositionen der Verwendung von axialen Elementen in regionalen Planungskonzeptionen sowie durch einen Blick auf städtische Achsenkonzepte.

2.1 Ziele der sternförmigen Achsenkonzeption im Mittleren Neckar-Raum[38])

Folgende drei Hauptziele lassen sich herauskristallisieren:

a) Konzentration der Siedlungsentwicklung an einer leistungsfähigen Bandinfrastruktur.

Durch dieses Ziel sollen bessere Voraussetzungen für eine leistungsfähige Versorgung mit öffentlichen und privaten Dienstleistungen erreicht sowie der Leistungsaustausch zwischen den größeren zentralen Orten gefördert werden.

b) Freihaltung von Flächen in Achsenzwischenräumen und Verhinderung einer flächenhaften Ausbreitung der Besiedlung um den Verdichtungskern.

Durch diese ordnende Funktion soll eine ausgeglichene klare Zuordnung und Unterscheidung von Siedlung und Freiraum erreicht sowie ökologische Ausgleichsräume gesichert werden. Den

---

[37]) Raumordnungsverband Rhein-Neckar: Raumordnungsplan-Entwurf zum 1. Planungsfall, Teil 1, Mannheim 1972, S. 33, 34.
[38]) Regionalverband Mittlerer Neckar: Regionalplan, Entwurf vom 8. Dezember 1976. Stuttgart 1976, S. 2/1 und 2/2. Bei diesen Zielen waren Vorgaben des LEP zu beachten. Vgl. zu diesen Zielen auch die vom Innenministerium am 9. Mai 1979 genehmigte Fassung des Regionalplans Mittlerer Neckar und dabei insbesondere Punkt 2.1.

Achsenzwischenräumen kommt dabei vorrangig u. a. die land- und forstwirtschaftliche Produktion sowie die Wirkung als Regenerationsfläche für Menschen, Tiere, Wasser und Luft zu. Zusammenhängende große Freiflächen sollen erhalten bleiben.

c) Förderung der Entwicklung und Begünstigung der Zuwanderung im ländlichen Raum (in Verbindung mit den zentralen Orten).

Dies soll vor allem durch das Angebot an Infrastruktur und durch die Konzentration der Mittel in Schwerpunkten erreicht werden.

2.2 Ziele der netzförmigen Achsenkonzeption im Rhein-Neckar-Raum[39])

Die Ziele lassen sich folgendermaßen umschreiben:

a) Konzentration der Siedlungsentwicklung

b) Schonung und Sicherung der Freiräume

c) Bündelung der Bandinfrastruktur, „rationelle Raumerschließung und Versorgung der Bevölkerung, insbesondere durch leistungsfähige Nahverkehrseinrichtungen".

Die Zielsetzungen für Achsen im Rhein-Neckar-Raum unterscheiden sich von den Zielen des Mittleren Neckar-Raumes nur minimal[40]).

2.3 Ziele weiterer regionaler Achsenkonzepte

Zwei recht gegensätzliche Verwendungsstandpunkte von Siedlungsachsen lassen sich am Beispiel des Hamburger Raumes und des Großraumes Hannover aufzeigen. Für beide Räume sind in den gemeinsamen Raumordnungsvorstellungen der vier norddeutschen Bundesländer Siedlungsachsen, definiert als Schwerpunktbereiche in axialer Ausprägung, ausgewiesen[41]). Die Planungspraxis in beiden Räumen ist jedoch unterschiedlich.

Die alte Hamburger Konzeption, die jedoch in Fortschreibungen modifiziert wurde, ist durch eine bewußte Akzentuierung axialer Vorstellungen, gekoppelt mit einem darauf bezogenen Modell der Wohndichteverteilung[42]), gekennzeichnet. Die Ziele sind ähnlich wie diejenigen im Mittleren Neckar- und im Rhein-Neckar-Raum und lassen sich zusammengefaßt folgendermaßen umreißen[43]):

a) Freihaltung von Achsenzwischenräumen für ökologische Ausgleichsfunktionen, Landwirtschaft, Naherholung und Freizeit

b) Erleichterung des Exportes von Wirtschaftskraft aus Hamburg, verbunden mit impulsgebenden Strukturbelebungseffekten über die äußeren Achsenschwerpunkte in ihr jeweiliges Umland

c) Gute Kommunikationsmöglichkeiten durch ein leistungsfähiges Verkehrsband, das durch eine hohe Einwohner- bzw. Arbeitsplatzkonzentration eine ausreichende Wirtschaftlichkeit erreicht.

Im Regionalen Raumordnungsprogramm für den Großraum Hannover[44]) kommt dagegen die Siedlungsachse als Planungselement nicht vor, so daß ihr auch keine besonderen Ziele und Aufgaben zugeordnet werden können. Trotz dieses Verzichtes wird jedoch klargestellt, daß Siedlungs-

---

[39]) Raumordnungsverband Rhein-Neckar: Raumordnungsplan Rhein-Neckar, Mannheim 1979, S. 20. Regionalverband Unterer Neckar: Regionalplan Unterer Neckar, Entwurf Mannheim 1977, S. 28. Bei den Zielen waren landesplanerische Vorgaben zu beachten.

[40]) Auf die Förderung des ländlichen Raumes wird in der Rhein-Neckar-Konzeption an anderer Stelle hingewiesen.

[41]) BAHR, G.: a. a. O., S. 239.

[42]) KRÜGER, R./RATHMANN, P./UTECH, J.: Das Hamburger Dichtemodell. In: Stadtbauwelt 1972/H. 36, S. 293.

[43]) BAHR, G.: a. a. O., S. 206, 107.

[44]) Großraumverband Hannover: Regionales Raumordnungsprogramm 1975. In: Amtsblatt für den Regierungsbezirk Hannover, Nr. 19 vom 30. August 1976, S. 557.

schwerpunkte im Einzugsbereich von Schnellbahnen liegen sollen, sowie daß Siedlungs- und öffentliche Personennahverkehrsplanung aufeinander abgestimmt werden sollen.

2.4 Ziele und Aufgaben städtischer Achsenkonzepte

Städtische Achsenkonzepte sind als Achsen-Zentren-Strukturen kleinräumiger konzipiert, meist stärker konkretisiert und damit nicht unbedingt mit regionalen Achsen vergleichbar. In bezug auf ihre Ziele und Aufgaben soll es jedoch hier versucht werden. Die Auswahl ist auf Konzepte mit typischen, auffallenden Aspekten beschränkt.

Ein relativ unreflektiertes Achsenverständnis weisen die „Untersuchungen zur Stadtentwicklung"[45] in Essen auf. Ein Schwerpunktkonzept wird ergänzt durch Entwicklungsachsen entlang von Bändern des öffentlichen Nahverkehrs. Ohne auf Zielkonflikte einzugehen, sollen diese Achsen fast alle Flächennutzungen aufnehmen, die man nicht in den Schwerpunkten haben will, wie die folgende Zusammenstellung zeigt:
— störende Gewerbebetriebe,
— große Grünflächen,
— beschäftigungsintensive Großbetriebe des tertiären Sektors,
— nach Erreichen der Kapazitätsgrenze der Zentren weitere Wohnnutzung.

Als weitgehender Gegensatz dazu kann das gut durchdachte Achsen-Zentren-Modell von Saarbrücken[46] dargestellt werden. Es soll vor allem ein Instrument zur Erhaltung der Wohnbevölkerung sein. Eine weitere Verdichtung wird nicht angestrebt; Bevölkerungsstagnation oder eine nur leichte Bevölkerungsabnahme an den Achsenschwerpunkten bzw. den Achsenbändern wird als anzustrebender Erfolg dargestellt.

Die wichtigsten Ziele und Aufgaben der Achsen sind[47]:

a) „Sie koordinieren die Verkehrsplanung mit der Raumordnung.

b) Die Siedlungstätigkeit soll vorwiegend auf die Achsen oder die an den Achsen liegenden Zentren ausgerichtet werden.

c) In den Achsen sollen Verkehrs- und Versorgungseinrichtungen eng gebündelt, verbessert und ausgebaut werden.

d) Das Achsenprinzip verhindert die Zersiedelung der Landschaft und erhält notwendige Freiräume".

Neben diesen Konzeptionen von sehr unterschiedlichem Reflexionsniveau seien noch zwei weitere, dazwischen einzustufende Achsenmodelle kurz erwähnt.

Die Stadt Bochum[48] sieht in ihrer punkt-axialen Konzeption eine bessere Versorgung der Bevölkerung mit Infrastruktureinrichtungen, insbesondere durch kurze Entfernungen sowie die Erhaltung von Freiflächen vor. Besonders hervorgehoben wird, daß das räumliche Ordnungskonzept der Steuerung der Bauleitplanung und der infrastrukturellen Fachplanungen dienen soll.

Die Stadt Ludwigshafen[49] sieht die „Ziele und Aufgaben der Achsenstruktur in der Möglichkeit einer leistungsfähigen Verkehrsbedienung durch Konzentration des Verkehrs (insbesondere des öffentlichen Nahverkehrs)" und „in der Erhaltung von Landschaftsräumen zwischen den Achsen". Besonders akzentuiert wird jedoch auch ein Nachteil der Achsenstruktur: das Fehlen von Querverbindungen.

---

[45] Stadt Essen: Untersuchungen zur Stadtentwicklung 11. Essen 1974, S. 3/8 und 3/9.
[46] Saarbrücken: Achsen-Zentren-Modell (Materialien zum Stadtentwicklungsprogramm Heft 3), Saarbrücken 1975.
[47] Siehe (46), S. 80, 81.
[48] Bochum: Räumliches Ordnungskonzept. Bochum 1976, S. 1.
[49] Ludwigshafen: Stadtentwicklungsplan — Langfristiges Entwicklungskonzept. Ludwigshafen 1975, S. 28.

2.5 Zusammenfassung

Als Resumée dieser Ziel-Collage von Plänen unterschiedlichster Ausrichtung und differierendem Niveau lassen sich die folgenden Hauptziele und Aufgaben für Achsenkonzepte herausdestillieren. Mit einer axialen Anordnung von Siedlungsschwerpunkten soll demnach erreicht werden:

a) Eine rationelle Raumerschließung (Kommunikationsvorteile) und insbesondere ein leistungsfähiger und wirtschaftlicher öffentlicher Nahverkehr. Damit können auch zentrale Einrichtungen besser ausgelastet werden.

b) Freihaltung von Landschaftsräumen.

c) Vermittlung von ökonomischen Entwicklungsimpulsen durch Achsenpunkte bzw. durch Achsenendpunkte speziell für den die Verdichtungsgebiete umgebenden ländlichen Raum.

d) Koordination von Fachplanungen und insbesondere der Verkehrsplanung durch Vorgabe des Achsenkonzeptes[50].

Diese Ziele und Aufgaben werden nicht in jedem der dargestellten Pläne in dieser Form thematisiert und enthalten auch nicht alle im einzelnen genannten Ziele[51]. Sie geben jedoch querschnitthaft die mit Achsenkonzepten verbundenen Ziele wieder.

3. Die regionalplanerische Konkretisierung von Siedlungsachsen am Beispiel des Mittleren Neckar- und des Rhein-Neckar-Raumes

Die folgende Darstellung knüpft an den im letzten Kapitel herausgearbeiteten Zielen an und zeigt an Fallbeispielen aus zwei Räumen die Mittel zur Erreichung dieser Ziele. Es geht dabei um die konkrete Ausformung von Achsensystemen und um die theoretische Begründung der Ausgestaltung des jeweiligen Achsenkonzeptes. Die Darstellung muß sich dabei auf ausgewählte Aspekte beschränken[52].

Als Unterlagen werden herangezogen[53]:

— Regionalplanungsentwurf der Region Mittlerer Neckar vom 8. Dezember 1976
— Raumordnungsplan Rhein-Neckar 1979
— Regionalplanungsentwurf Unterer Neckar vom September 1977.

Neuere Überarbeitungen dieser Entwürfe, insbesondere auch die genehmigte Fassung des Regionalplans Mittlerer Neckar, konnten nicht mehr berücksichtigt werden.

3.1 Mittlerer Neckar-Raum

3.1.1 Räumliche Ausformung

Regionale Entwicklungsachsen sind, durch Grünzüge gegliederte unterschiedlich dichte Folgen von jenen Siedlungsbereichen, „in denen bereits eine Konzentration der Siedlungsentwicklung auf der Grundlage einer leistungsfähigen Bandinfrastruktur vorhanden ist oder künftig stattfinden kann"[54]. Sie sind in Karte 1 dargestellt. Neben den vorgegebenen Entwicklungsachsen des Landesentwicklungsprogrammes wird eine zusätzliche regionale Entwicklungsachse von Stuttgart nach Weil der Stadt (— Calw) ausgewiesen. Das System ist sternförmig konzipiert, mit unterschiedlichen Aufgaben für jede Achse.

---

[50] Die Koordination der kommunalen Bauleitplanung wird als Selbstverständlichkeit (Anpassung der Bauleitpläne an die Ziele der Raumordnung und Landesplanung nach § 1, Abs 4 BBauG) in den regionalen Achsenkonzepten meist gar nicht besonders erwähnt.

[51] Hier weggelassen wurde etwa das Ziel „Bündelung der Bandinfrastruktur".

[52] Die Auswahl geschieht in Anlehnung an die im letzten Kap. formulierten Hauptziele.

[53] Die Arbeiten wurden in dieser Untersuchung schon mehrfach zitiert. Die im Raumordnungsplan Rhein-Neckar ausgewiesenen Achsen werden im Regionalplanungsentwurf Unterer Neckar für diese Region präzisiert.

[54] Regionalverband Mittlerer Neckar; a. a. O., S. 8.

Bei der räumlichen Ausformung der Achsen werden Gemeinden mit Flächen im Verlauf von Siedlungsachsen benannt. Daneben werden insbesondere auch Ortsteile angegeben, denen nur eine Eigenentwicklung zukommt, selbst wenn die Gemeinde innerhalb der Achse liegt. Siedlungsbereiche auf Entwicklungsachsen sollen eine maximale Distanz von den Wohnungen zum Haltepunkt einer Stadt- oder S-Bahn bzw. einer Eilzugstrecke von 12 bis 15 Minuten aufweisen (Fußweg oder Zeit bei Benutzung von im Takt verkehrenden Bussen). Außerdem wird die Lage von Grünzäsuren auf den Entwicklungsachsen durch eine tabellenförmige Auflistung präzisiert.

3.1.2 Verkehrliche Grundlage

Die „leistungsfähige Bandinfrastruktur" umfaßt, was den verkehrlichen Teil betrifft: „Schienenstrecken für Fernverkehr der DB oder regelmäßig im Takt verkehrende Nahverkehrssysteme wie Stadtbahn, S-Bahn oder Eilzüge". Dazu kommen regionalbedeutsame Straßen.

Hinsichtlich der Erreichung des Zieles eines wirtschaftlichen und leistungsfähigen öffentlichen Nahverkehrs sind die Vorstellungen oder Theorien von Bedeutung, die man anwendet, um effiziente Instrumente zur Zielerreichung auszuwählen. Es geht darum, welchen Anteil eine enge Zuordnung von ÖV und Wohngebieten an einer Erhöhung des Modal-Splits zugunsten des ÖV, haben könnte. Dazu wird ausgeführt:

„Entscheidend für den möglichen Übergang von der Straße auf die Schiene ist im Personenverkehr, der den Pkw nicht auch zur Berufsausübung benutzt, die Gesamtreisezeit, wobei dieses Kriterium situationsbedingt noch von anderen Kriterien, wie z. B. Bedienungshäufigkeit, Bequemlichkeit, Parkraumangebot und Kosten überlagert wird"[55]. An anderer Stelle wird dann nochmals besonders der Einfluß der Parkplatznot im Verdichtungskern auf die Wahl des Verkehrsmittels hervorgehoben[56]. Auf die Gültigkeit und auf die Bedeutung dieser Theorien für die Erreichung von Zielen axialer Konzeptionen wird in Kap. 4.2.3 noch eingegangen.

3.1.3 Einwohnerverteilung

Gefragt werden soll, nach welchen Wertpräferenzen, Standortbewertungen und funktionalen Zuordnungen die künftige Einwohnerverteilung gesteuert wird. Das heißt, es geht um die Verfahrensweise der Umsetzung des Zieles einer axialen Konzentration der Siedlungsentwicklung in detaillierte Vorgaben für die Bauleitplanung der einzelnen Städte und Gemeinden.

Im vorliegenden Regionalplanungsentwurf für den Mittleren Neckar wird der voraussehbare Bedarf an Wohnungen verteilt, für den bis 1990 neue Wohnflächen bereitzustellen sind. Die Verteilung erfolgt für Städte sowie für die einzelnen Verwaltungsgemeinschaften[57].

Als Grundlage der Verteilung werden drei Siedlungskategorien gebildet. Typisierung und Aufgabenstellung für diese Räume hängen unter anderem von ihrer axialen Lage ab.

Die Ermittlung der Wohnungseinheiten für die jeweiligen Verwaltungsräume ist nicht im Detail nachvollziehbar, da nur einzelne Kriterien genannt werden, die Berechnungsmethode jedoch in dem zugänglichen Material nicht offengelegt wird. Die Lage auf einer Entwicklungsachse spielt als Kriterium bei der Zielprognose eine Rolle.

Gleichzeitig wird in diesem Zusammenhang jedoch schon eingeräumt, daß in Orten mit Eigenentwicklung die Möglichkeit zur Baulandausweisung fast eine Höhe wie in Bereichen mit verstärkter Siedlungsentwicklung erreichen kann[58].

Zur weiteren Präzisierung der Einwohnerverteilung werden, wie im folgenden dargestellt, noch Angaben zur Einwohnerdichte gemacht, die als denkbare Untergrenze für die Bruttowohnbaudichte gelten sollen. Unter anderem werden genannt:

---

[55] Regionalverband Mittlerer Neckar; a.a.O., S. 11/27.
[56] Regionalverband Mittlerer Neckar; a.a.O., S. 11/28.
[57] Regionalverband Mittlerer Neckar, a.a.O., S. 23.
[58] Regionalverband Mittlerer Neckar, a.a.O., S. 7/11.

Karte 1 *Achsen des Mittleren Neckar-Raumes*

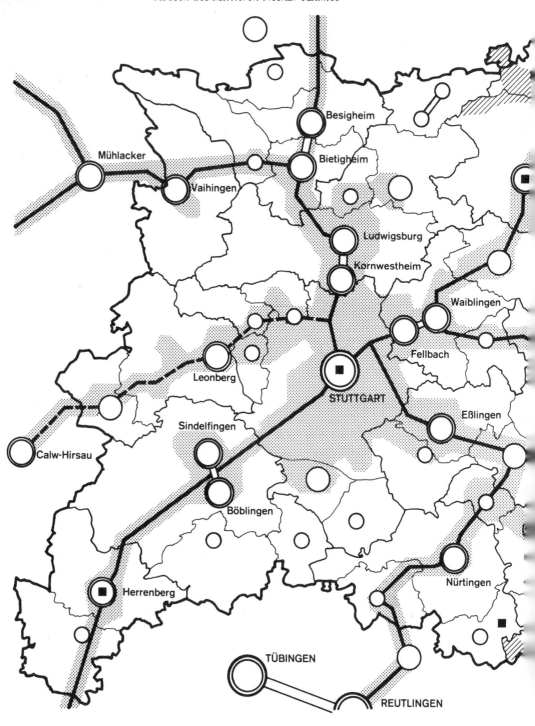

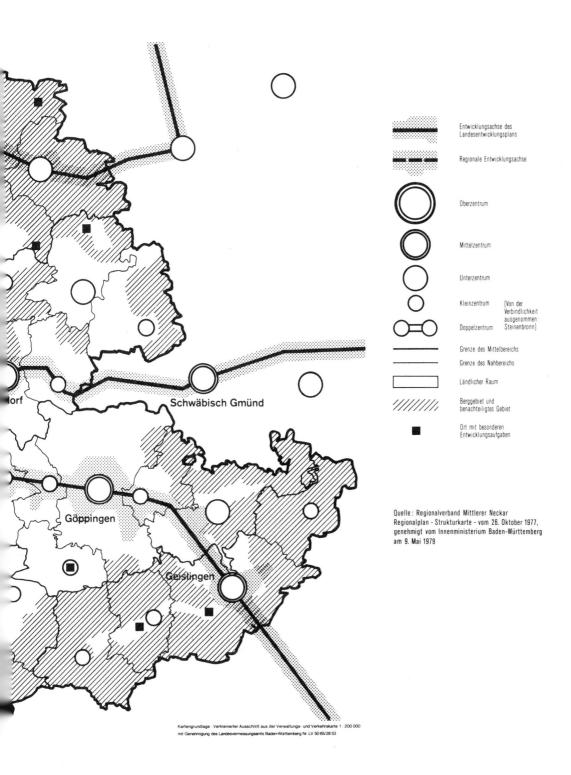

— „Für Bauflächen im unmittelbaren Einzugsbereich des schienengebundenen Personennahverkehrs 90/150 EW/ha;

— für Bauflächen im Einzugsbereich der Haltepunkte bei einem max. Zeitaufwand von 12 bis 15 Min. zu Fuß oder die gleiche Zeit bei einem im Takt verkehrenden Bus: 70/100 EW/ha."

Dabei wird jedoch noch besonders hervorgehoben, daß „das Ziel in der Nähe von S-Bahnstationen eine angemessene Verdichtung anzustreben, nicht bedeutet, daß dort nur einförmige, hochgeschossige Bebauung möglich sei"[59]).

3.1.4 Arbeitsmarktprobleme

Aus dem Gesamtproblem der Steuerung von Arbeitsmarktprozessen im Rahmen der Regionalplanung sollen Fragen herausgegriffen werden, die mit der Zielsetzung „Auslösung von Entwicklungseffekten durch Achsen im äußeren Bereich" verbunden sind. Es geht um die Frage der Mindestgröße von Arbeitsmärkten bzw. von Zentren mit Entwicklungsfunktionen und um das damit eingeschlossene Problem einer arbeitsmarktmäßigen Zuordnung von Gemeinden im Rahmen des äußeren Achsensystems.

Als Größenordnung für einen tragfähigen Arbeitsmarkt, der aus sich heraus Wachstumstendenzen entwickeln kann, werden im Regionalplan 40 000 bis 50 000 Arbeitsplätze als erforderlich angesehen.

Mittelbereiche, die eine solche Größenordnung nicht erreichen, müssen an leistungsfähige benachbarte Arbeitsmärkte angeschlossen werden.

Die Zusammenschlüsse erfolgen in Achsenrichtung mit Ausnahme des Fildergebietes, das auf keiner Achse liegt und mit der weiteren Ausnahme von Leonberg, wo mit diesem Zusammenschluß zwischen zwei Achsen eine dem idealtypischen Stern-System zuwiderlaufende Verbindung in Form einer Querachse[60]) hergestellt wird.

3.2 Rhein-Neckar-Raum

3.2.1 Räumliche Ausformung

Der Raumordnungsverband Rhein-Neckar stand zunächst vor dem Problem, die unterschiedlichen Auffassungen von drei Bundesländern hinsichtlich Achsen zu harmonisieren. Eine explizite Definition des Planungselementes Siedlungsachse wird nicht gegeben, doch werden, was im Grunde wichtiger ist, seine vielfältigen Funktionen aufgezählt.

Das in Karte 2 teilweise dargestellte Achsennetz ist im Gesamtraum gitterförmig und weist im baden-württembergischen Landesteil außer den Landesachsen keine zusätzliche Regionalachsen aus.

Die Achsen sind in den Regionalplänen durch Angabe von Ortsteilen fixiert. Die Abgrenzung der Achsenstandorte ist durch die Entfernungslage zu Haltestellen geprägt. „Liegt der Ortsmittelpunkt im entsprechenden Einzugsbereich, so gilt der Ortsteil als Achsenstandort. Die Abgrenzungskriterien sind nach Schiene und Straße differenziert. Siedlungen im Verdichtungsraum und seiner Randzone werden dann als Achsenstandorte bezeichnet, wenn sie gegenwärtig oder bis 1985 von einer Haltestelle des schienengebundenen Nahverkehrs in 10 Minuten Fußweg = 700 m (Bundesbahn, S-Bahn) bzw. 5 Minuten Fußweg = 350 m (OEG, RHB, Straßenbahn, Stadtbahn) erreicht werden können. Im ländlichen Raum gilt entsprechend diesem Zeitaufwand eine maximale Straßenentfernung von 2 km[61]).

Das Achsennetz wird durch regionale Grünzüge konstitutiv mitbestimmt und gegliedert.

---

[59]) Regionalverband Mittlerer Neckar, a.a.O., S. 8/10.

[60]) Eine Konsequenz daraus für das Achsenkonzept wird jedoch nicht gezogen. Nach Auskunft des Regionalverbandes galt das Prinzip, möglichst wenig zusätzliche Achsen auszuweisen, um das Gesamtsystem nicht „zu verwässern".

[61]) Regionalverband Unterer Neckar: Regionalplan-Entwurf Juni 1977, Mannheim 1977, S. 26.

Achsensystem im Raum Unterer Neckar (Ausschnitt) — Karte 2

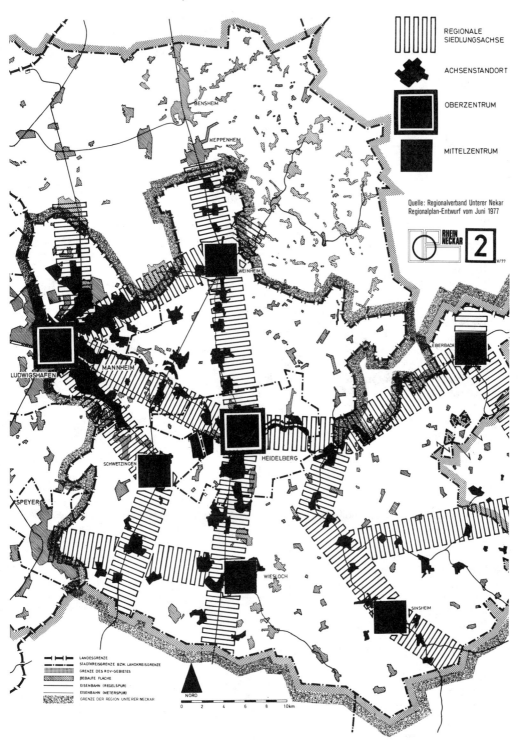

3.2.2 Verkehrliche Grundlage

Im engeren und weiteren Verdichtungsraum bestimmt das Schienennetz den Verlauf der Achsen, im ländlichen Raum sollen dagegen sowohl Schiene wie auch Straße achsenbestimmend sein.

Vor dem für später vorgesehenen S-Bahn-System soll zunächst ein Regionalbahnsystem geschaffen werden. Hinsichtlich der wichtigen Beeinflussung der Verkehrsmittelwahl wird vor allem auf eine Veränderung der Reisezeitverhältnisse hingewiesen[62]), aber auch andere Attraktivitätsfaktoren wie Pünktlichkeit, Regelmäßigkeit und Preisgünstigkeit werden erwähnt.

Tabelle   Kriterien der Wohnstandortgunst

	Bewertung der Kriterien für		
	Verdichtungsraum	Randzonen um den Verdichtungsraum	ländlichen Raum (einschließlich strukturschwacher Räume)
1. Erreichbarkeit des Arbeitsplatzes mit Individualverkehrsmitteln (Pkw, Krad)	6	8	9
2. Erreichbarkeit des Arbeitsplatzes mit dem ÖPNV sowie sonstigen Verkehrsmitteln (Fahrrad, Fuß)	10	9	7
3. Erreichbarkeit der Ausbildungsstätten mit dem ÖPNV sowie sonstigen Verkehrsmitteln (Fahrrad, Fuß)	9	10	10
4. Erreichbarkeit von Handel und Dienstleistungen des nicht-täglichen Bedarfs mit Individualverkehrsmitteln	4	7	8
5. Erreichbarkeit von Akutkrankenhäusern mit Individualverkehrsmitteln	2	5	6
6. Erreichbarkeit von Naherholungsmöglichkeiten zu Fuß	7	2	2
7. Erreichbarkeit von Hallenbädern bzw. beheizten Freibädern mit dem ÖPNV sowie sonstigen Verkehrsmitteln (Rad, Fuß)	3	3	4
8. Geruchsimmissionsfreiheit und Klimagunst (Schwüle, Nebelhäufigkeit)	8	6	4
9. Wohnkosten und/oder Erschließungskosten	5	4	5
10. Landschaftliche Vielfalt	1	1	1

Quelle: Regionalverband Unterer Neckar: Regionalplan Entwurf 1977

---

[62]) Raumordnungsverband Rhein-Neckar: Raumordnungsplan-Entwurf 1977, Mannheim 1977, S. 79.

3.2.3 Einwohnerverteilung

Als Vorstufe für die Verteilung der Einwohner auf der Mittelbereichsebene[63]), das heißt vom Mittelbereich zu den Nahbereichen, wurde zunächst die Wohnstandortgunst von Gemeinden nutzwertanalytisch ermittelt. Wie die folgende Tabelle zeigt, standen dabei Erreichbarkeitskriterien eindeutig im Vordergrund. Die Bewertung erfolgte durch den Planungsausschuß.

Nach dieser Standortgunstbewertung wurden die Hälfte der Wanderungsgewinne (jeweils für Mittelbereiche) auf die einzelnen Achsorte nach ihrer ermittelten Wohnstandortgunst verteilt. Nichtachsenorte in der Umgebung von Mannheim bekamen Zuschläge wie Achsorte. Die andere Hälfte der Wanderungsgewinne wurde entsprechend dem Anteil an der Gesamteinwohnerzahl auf alle Achsorte, Umlandorte und Zentralorte verteilt. Letztlich wurden noch die Wachstumsunterschiede innerhalb der Mittelbereiche „gekappt".

Die auf diese Weise berechneten zukünftigen Einwohnerzahlen für Verwaltungsräume (Nahbereiche) wurden weiter noch in Wohnbauflächenbedarf umgerechnet. Dabei wurden folgende Dichten bewußt noch ohne Berücksichtigung örtlicher Besonderheiten unterstellt:

— 75 EW/ha Bruttobauland im Verdichtungsraum und seinen Randzonen sowie in Mittelzentren des ländlichen Raumes

— 50 EW/ha im ländlichen Raum.

3.2.4 Arbeitsmarktprobleme

Angaben über die Mindestgröße von entwicklungsfähigen Arbeitsmärkten werden nicht gemacht. Eine Zusammenfassung von Arbeitsmarktbereichen, die für axiale Strukturen relevant sein könnte, erfolgt nicht.

Für eine nutzwertanalytische Bewertung der Industrialisierungschancen wurde ein Kriterienkatalog entwickelt, der die Einflußfaktoren industrieller Standortentscheidungen enthalten sollte.

Er umfaßt die Kriterien[64]):

a) Arbeitskräftepotential (Erwerbsbevölkerung in der 30-Minuten-Zone)

b) Verkehrliche Faktoren (Erreichbarkeit von Schnellverkehrsstraßen, Gleisanschluß etc.)

c) Zentralörtliche Ausstattung (Entfernung zu Mittelzentren)

d) Agglomerationsvorteile und Flächenvorteile.

Die vier Faktoren werden annähernd gleich gewichtet[65]). Das Ergebnis wurde mit Restriktionskriterien, wie zum Beispiel ökologischen Gründen verglichen, so daß dann ein Netz von möglichen weiter auszubauenden Industriestandorten erhalten wurde.

Eine achsenrelevante Reflexion der Ergebnisse erfolgt in expliziter Weise nicht, nach Auskunft des Regionalverbandes jedoch indirekt.

---

[63]) Die Einwohnerzielprognose für die einzelnen Mittelbereiche ging von folgenden Zielen aus: Bremsung der Abwanderung aus den Oberzentren — Förderung von schwachen Mittelbereichen und -zentren — Keine sehr große Verlängerung der durchschnittlichen Berufspendlerwege. Rechtsrheinische Wanderungsgewinne im Umland von Mannheim gegenüber Mannheim wurden der linksrheinischen Vorderpfalz zugeschlagen. Raumordnungsverband Rhein-Neckar, a.a.O., S. 25. Die im folgenden dargestellte Einwohnerverteilung muß sich notgedrungen auf die Darstellung einiger ausgewählter Aspekte beschränken.

[64]) Regionalverband Unterer Neckar, a.a.O., S. 93.

[65]) Vorlage zur 19. Sitzung des Planungsausschusses Unterer Neckar am 25. Oktober 1976; S. 1.

3.3 Zusammenfassung

Neben der unterschiedlichen Ausprägung als Stern- bzw. Gittermodell fällt bei den zwei betrachteten Fallbeispielen vor allem auf, daß im Mittleren Neckar konsequent die Schiene und im Rhein-Neckar-Raum Schiene und Straße (im Verdichtungsraum Schiene, im ländlichen Raum beide) achsenbestimmend sein können. Für Achsenstandorte gilt als Entfernungsmaß:

Mittlerer Neckar-Raum: 12 bis 15 Minuten Fußweg oder Fahrzeit bei im Takt verkehrenden Bussen.

Rhein-Neckar-Raum: 10 Minuten Fußweg (S-Bahn, Bundesbahn), 5 Minuten Fußweg (Straßenbahn, Stadtbahn), 2 km Straßenentfernung im ländlichen Raum.

Achsenstandorte werden als Punkte im Rahmen des punktaxialen Systems im Regionalplan Unterer Neckar teilweise als Gemeindeteile (Stadtteile) ausgewiesen. Sie sind Anknüpfungspunkte für die Siedlungsentwicklung und „für weitere raumordnerische Maßnahmen"[66]. So spielt z. B. in der betrachteten Region die axiale Lage bei der Bevölkerungszielprognose unter anderen Aspekten eine erhebliche Rolle[67]. Wie SCHMIDT-ASSMANN[68] dazu hervorhebt, sind die Achsenstandorte das Ergebnis einer „verbindlichen planerischen Selektion" und sind strukturell verwandt mit Zentralitätsfestlegungen. Er bezeichnet daraufhin Achsenstandorte konsequent als „Zentralitätsbestimmung kleiner Münze"[69].

4. Analyse von Problemen bei der Realisierung der Achsenkonzepte in den Untersuchungsräumen

4.1 Differenzierungserfordernisse und konzeptimmanente Zielkonflikte

4.1.1 Differenzierung durch zusätzliche Ausweisung von Achsenstandorten

Untersucht werden soll die regionalplanerische Umsetzung des landesplanerisch vorgegebenen Achsenkonzeptes als konkrete regionale Zielvorgabe für die kommunale Bauleitplanung. Dahinter steht die Frage, ob nicht die Regionalplanung raumspezifisch-problemgerecht möglicherweise einige Ausnahmen und Differenzierungen bei der Festlegung von Achsenstandorten machen muß. Eine gewisse Zahl solcher Differenzierungen wäre sicher ein Indikator, daß ein einheitlich-schematisches Achsenkonzept als Siedlungsleitbild der Ausgangsstruktur des jeweiligen Raumes nicht gerecht wird und daß die Landesplanung im Rahmen von „allgemeinen Grundsätzen" noch zu starre siedlungsstrukturelle Vorgaben vorsieht[70], die notwendigerweise differenziert werden müssen[71].

Eine gewisse Zahl von Differenzierungen gegenüber einem „schematisch-einheitlichen Achsenkonzept" deutet im Rhein-Neckar-Raum (Region Unterer Neckar) darauf hin, daß das Einheitssche-

---

[66] SCHMIDT-ASSMANN, E.: Der zulässige Genauigkeitsgrad regionalplanerischer Ausweisungen in Baden-Württemberg. Unveröffentl. Rechtsgutachten im Auftrag der Stadt Heidelberg. Bochum 1979, S. 44.

[67] Die Bevölkerungsprognose in der Region Unterer Neckar ist außerdem noch verknüpft mit einer nutzwertanalytischen Wohnstandortbewertung, bei der der Faktor Erreichbarkeit sehr betont wird.

[68] Vgl. Fußnote [66].

[69] Vgl. Fußnote [66].

[70] Der Spielraum, den die Landesplanung bis zu einem gewissen Grad durchaus einräumt, läßt sich wie folgt umschreiben: „Die im Landesentwicklungsplan ausgewiesenen Entwicklungsachsen werden in den Regionalplan übernommen. Die darin für ihren Ausbau festgelegten allgemeinen Grundsätze und Ziele werden entsprechend den regionalen Erfordernissen ergänzt und differenziert. Zusätzlich können regionale Entwicklungsachsen ausgewiesen werden, soweit das verfügbare Entwicklungspotential der Region hierfür ausreicht und die im Landesentwicklungsplan angestrebte Konzentration des Siedlungsgefüges und die Bündelung von Infrastruktureinrichtungen erreicht ist oder erreicht werden kann. In verdichteten Räumen werden regionale Entwicklungsachsen nötig sein, um die Siedlungsräume zu ordnen und ausreichende Freiräume zu erhalten". Vgl. Erste Richtlinien des Innenministeriums für die Ausarbeitung von Regionalplänen vom 10. Juni 1975. In: GABl. 1975/Nr. 24, S. 775.

[71] An dieser Stelle muß jedoch schon angemerkt werden, daß der baden-württembergische Landesentwicklungsbericht 1979 diese Differenzierungserfordernisse voll unterstützt. Innenministerium Baden-Württemberg: Landesentwicklungsbericht 1979. Stuttgart 1979, S. 112.

ma „Achse" in dieser Form nicht für jeden Raum und jedes Teilgebiet anwendbar ist und daß die Regionalplanung dies durchaus sieht und Konsequenzen daraus zieht. Solche Ausnahmen sind zum Beispiel Walldorf und Plankstadt, die nach den im letzten Kapitel gegebenen Definitionen keine Achsenstandorte wären[72], aber doch zu solchen ernannt werden sollen. Auch der Vorschlag zwischen Mosbach, Buchen und Hardheim sowohl die Bahn als auch die nicht parallel laufende Straße als Siedlungsachse auszuweisen[73], sowie die Entscheidung, die um Mannheim liegenden Gemeinden im Achsenzwischenraum wie Achsenstandorte zu behandeln, zeigen die raumspezifisch erforderliche Differenzierung der Achsenkonzeption[74]. Ähnliches gilt auch für den Mittleren Neckar-Raum, wo Marbach, Kirchheim und Donzdorf nicht auf einer Achse liegen, aber durch „Ausformung der Siedlungsbereiche" quasi zu Achsenstandorten ernannt werden[75].

Diese Differenzierung des Planungselementes „Achse" auf der regionalplanerischen Ebene wird vom baden-württembergischen Landesentwicklungsbericht 1979[76] unterstützt. Dort wird hervorgehoben, daß „das Instrument der Entwicklungsachsen nicht schematisch angewandt werden kann". Dagegen setzt der baden-württembergische Landesentwicklungsplan (Fortschreibung Stand Januar 1979) einen stärkeren Akzent auf ein einheitliches Vorgehen, wenn er feststellt, daß die von ihm ausgewiesenen „großräumig bedeutsamen Entwicklungsachsen ... in den Regionalplänen durch Ausweisung der Siedlungsbereiche zu gliedern und räumlich weiter auszuformen" sind[77]. Der auch hier durchaus eingeräumte Spielraum für die Regionalplanung bei der Ausformung von Achsen geht jedoch nicht so weit, daß eine landesplanerisch ausgewiesene Achse, von der Regionalplanung als zu entwickelnde Siedlungsachse abgelehnt werden kann.

4.1.2 Differenzierung und Zielkonflikte bei der Abstimmung von Achsenkonzepten mit der Straßennetzgestaltung

Die Koordination von Siedlungsentwicklung und Verkehr ist ein elementarer Bestandteil von Achsenkonzepten. In Kap. 4.2 wird im Rahmen einer Erfolgskontrolle die Abstimmung zwischen ÖV-Netz und Achsen in den Untersuchungsräumen näher analysiert. Deswegen werden im folgenden nur die Probleme zwischen Achsenkonzeptionen und Straßennetzgestaltung diskutiert.

Die Koordination von Achsenkonzepten und Straßenverkehrsplanung soll zuerst als Netzvergleich im Blick auf die geplanten Straßen im Rhein-Neckar-Raum untersucht werden. Von den in Kap. 2.4.6 des Raumordnungsplanes aufgezählten geplanten Schnellstraßenstücken sind einige nicht achsenkonform[78]. Insbesondere widerspricht die geplante Bundesstraße B 37 z östlich von Leimen (Nordvariante) völlig der Achsenkonzeption. Dies gilt auch für den geplanten Tangentenring um Mannheim/Ludwigshafen.

Auch die Netzkoordination zwischen Straßenverkehrs- und Siedlungskonzept im Mittleren Neckar-Raum ist nicht optimal. Der Regionalverkehrsplan fordert konträr zum Achsenkonzept die

---

[72] Regionalverband Unterer Neckar, Regionalplan Unterer Neckar, Entwurf September 1977, Mannheim 1977, S. 19/20.

[73] Regionalverband Unterer Neckar; a.a.O., S. 21.

[74] In diesem Zusammenhang muß auch hervorgehoben werden, daß in einem Teil des rechtsrheinischen Rhein-Neckar-Raumes, südlich von Heidelberg, zwei parallele Nord-Süd-Achsen vorhanden sind. Die Gemeinden, die zwischen diesen beiden auf die Bundesbahn ausgerichteten Achsen liegen, sind jedoch alle als Achsstandorte ausgewiesen. Das Kriterium eines zehnminütigen Fußweges zum Bahnhof trifft jedoch weder auf Walldorf, noch auf Sandhausen, Plankstadt und Eppelheim zu, wobei letztere Gemeinde jedoch einen quer zur Achse verlaufenden Straßenbahnanschluß nach Heidelberg hat. Die Regionalplanung hat hier völlig zu Recht erkannt, daß man das Planungselement „Achse" nicht schematisch anwenden kann.

[75] Regionalverband Mittlerer Neckar; a.a.O., S. 2/3.

[76] Siehe Fußnote [71].

[77] Innenministerium Baden-Württemberg: Entwurf der Fortschreibung des Landesentwicklungsplans Baden-Württemberg. Stuttgart, Januar 1979, S. 9.

[78] B 37 z; Tangentenring um Ludwigshafen/Mannheim, Schriesheim—Sandhofen, B 9 Ludwigshafen-Süd/Speyer-Nord, A 652 Neustadt/Ludwigshafen.

Schaffung eines leistungsfähigen Ringsystems um Stuttgart[79]) und als ersten Punkt sogar „keine wesentliche Verstärkung der Radialen im Straßennetz".

Unter dem Gesichtspunkt des Zieles einer „Bündelung der Bandinfrastruktur auf Achsen" sind diese Abstimmungsdefizite zwischen Achsenkonzeption und Straßennetzgestaltung negativ zu beurteilen. Dies wäre jedoch eine zu oberflächliche Einschätzung. Statt eines Abstimmungsdefizites handelt es sich um notwendige Differenzierungen des Achsenkonzeptes, die teilweise auch planerische Antworten und Lösungen auf konzeptimmanente Zielkonflikte sind. Auch der baden-württembergische „Landesentwicklungsbericht 1979" vertritt diese Auffassung.

Für die Unterschiede zwischen Straßennetzplanungen und Achsenkonzepten ergeben sich, sieht man einmal von dem hier evtl. zu vordergründigen Aspekt einer mangelnden Durchsetzungsfähigkeit der Raumordnung gegenüber Fachplanungen ab, folgende Erklärungsmöglichkeiten:

— Der weitere Straßenbau auf Achsen wird bewußt vermieden, um den öffentlichen Verkehr hier stärker zu präferieren.

— Die schon hochbelasteten Achsen, insbesondere in schmalen Flußtälern, vertragen keine weitere Belastung und müssen sogar entlastet werden.

Das erstgenannte Argument zeigt den Zielkonflikt bei der Bündelung der Bandinfrastruktur. Vierspurige Straßen, die parallel zu S-Bahn-Linien geführt werden, erhöhen nicht unbedingt den Modal-Split zugunsten des ÖV. Deswegen kann eine Abstimmung von Straßennetzgestaltung und Achsenkonzeption nicht schematisch erfolgen, sondern muß, wie es in den Untersuchungsräumen der Fall ist, differenziert gehandhabt werden. Daß gerade der aufgezeigte Zielkonflikt äußerst aktuell ist, zeigt sich derzeit im Stuttgarter Raum. Dort hat u. a. der Verkehrs- und Tarifverbund Stuttgart als Interessenvertreter des Nahverkehrs erhebliche Bedenken gegen den vierspurigen Ausbau der B 14 zwischen Winnenden und Backnang angemeldet. Dies geschah mit der Begründung, daß die geplante Straße eine erhebliche Konkurrenz zur geplanten S-Bahn-Strecke darstelle[80]).

Das an zweiter Stelle genannte Argument zeigt die Grenzen axialer Konzeptionen in besonderen topographischen Räumen, wie z. B. schmalen Flußtälern. KISTENMACHER hat darauf schon eindrücklich hingewiesen[81]). Es könnte nötig sein, das Prinzip der Bündelung von Kommunikationssträngen in Verbindung mit einer Konzentration von Siedlungseinheiten als konstitutives Element des Achsengedankens zugunsten einer partiellen Entflechtung der Verkehrsinfrastruktur aufzugeben[82]). Dies gilt umso mehr, wenn solche schmalen Flußtäler hochempfindliche, ökologisch wertvolle Räume mit wichtigen Frischluftschneisen[83]) sind und damit nicht konzentriert bebaut werden können.

4.1.3 Zielkonflikte im ökologischen Bereich

Achsenvorstellungen sind Konzentrationskonzepte, die damit notwendigerweise sehr schnell in einem Konflikt mit ökologischen Belangen stehen. Am Ende des letzten Kapitels 4.1.2 wurde dies schon verdeutlicht. Eine der Hauptaufgaben der Regionalplanung bei der Konzipierung und räumlichen Ausformung von Achsensystemen besteht darin, diese Zielkonflikte so behutsam wie möglich zu lösen. Besonders negativ macht sich dabei oft derzeit noch das Fehlen von wissenschaftlich abgesicherten Überlastungsindikatoren bemerkbar.

Zwei Beispiele[84]) sollen diese konzeptimmanenten Zielkonflikte von Achsenvorstellungen noch näher verdeutlichen:

---

[79]) Ministerium für Wirtschaft, Mittelstand und Verkehr: Regionalverkehrsplan Großraum Stuttgart. Stuttgart 1976, S. 73.

[80]) Stuttgarter Zeitung vom 19. Oktober 1979, S. 28.

[81]) KISTENMACHER, H.: Zur theoretischen Begründung und planungspraktischen Verwendbarkeit von Achsen. In: Akademie für Raumforschung und Landesplanung: Zur Problematik von Entwicklungsachsen. Hannover 1976, S. 38.

[82]) Man könnte z. B. an die Entflechtung von Nah- und Fernverkehr oder von Ziel- und Durchgangsverkehr denken.

[83]) Als Beispiel kann der für den Rhein-Neckar-Raum wichtige „Neckartalwind" genannt werden. Auch AULIG/BACHFISCHER u. a. weisen dies empirisch für den Nürnberger Raum nach. Vgl. AULIG/BACHFISCHER/DAVID/KIEMSTEDT: Wissenschaftliches Gutachten zu ökologischen Planungsgrundlagen im Verdichtungsraum Nürnberg-Fürth-Erlangen-Schwabach. München 1977, S. III und S. 136.

[84]) Ein weiteres Beispiel zu konzeptimmanenten Zielkonflikten des Achsenmodells wurde in Kap. 4.1.2 schon dargestellt.

a) Regionale Siedlungsachsensysteme können durch den Ausbau des öffentlichen Nachverkehrs die Abwanderung von privaten Haushalten aus dem Kernraum verstärken. Sie schaffen die Möglichkeit, auch weiter von der Kernstadt entfernt eine Wohnung zu suchen. Wegen billigeren Miet- und Grundstückspreisen wird diese Möglichkeit sehr gern genutzt.

Falls nicht gleichzeitig auch eine konsequente Arbeitsplatzdezentralisation angestrebt wird, tragen die dargestellten Suburbanisationsprozesse auch zu einer erheblichen Steigerung des Individualverkehrsaufkommens mit negativen Belastungseffekten (Lärm- und Schadstoffe) für die Achse bei. Trotz vorhandenem Nahverkehrsangebot wird ein großer Teil des Fahrtenaufkommens immer mit dem Pkw unternommen, da das Nahverkehrssystem oft nur als Ersatz für die Anschaffung eines Zweitwagens angesehen wird.

Dieser Zielkonflikt ist nicht mit einem einfachen planerischen Rezept zu lösen. Hier müssen, jeweils im konkreten räumlichen Einzelfall, Vor- und Nachteile, unter Einbeziehung der schon vorhandenen Belastungssituation auf der Achse, abgewogen werden.

b) Oft ist es zur Auslastung von S-Bahn-Systemen notwendig, auf einer Achse noch erhebliche Wohn- und Gewerbeflächen vorzusehen. Soll dazu evtl. auch ein neuer S-Bahn-Haltepunkt gebaut werden, so kann dieser aus der Sicht der Bundesbahn nur wirtschaftlich betrieben werden, wenn ein genügend großes Fahrgastpotential vorhanden ist; d. h. es müssen relativ große Flächen beansprucht werden. Meist stehen jedoch solche Flächen nur noch in den freizuhaltenden Siedlungszäsuren zwischen den einzelnen Achsenpunkten zur Verfügung. Diese Siedlungszäsuren sind oft klimatisch wertvolle Räume oder notwendige Erholungsgebiete. Damit ist ein fast schon „klassischer" Zielkonflikt markiert, der sich bei der Konzeption von Siedlungsachsensystemen immer wieder ergibt[85].

Aktuelles Beispiel dazu aus dem Stuttgarter Raum sind die Meinungsverschiedenheiten um den zwischen Ditzingen und Korntal vorgesehenen S-Bahn-Haltepunkt Weilimdorf[86]. Für die dort geplanten ausgedehnten Wohn- und Gewerbegebiete würden beste landwirtschaftliche Böden beansprucht werden. Die Bundesbahn argumentiert, daß die Haltestelle nur gebaut werden kann, wenn eine entsprechend große Zahl von Pendlern vorhanden ist. Dies bedeutet eine großzügige Flächenbeanspruchung. Die Stadt Stuttgart unterstützt dies, da sie anscheinend über keine anderen, für Industrie und Gewerbe geeigneten Flächen verfügt[87]. Diese an sich achsenkonforme Lösung impliziert gleichzeitig einen erheblichen Zielkonflikt, der in umfangreicher planerischer Kleinarbeit gelöst werden muß. Eine solche Detailarbeit an der planerischen Ausformung von axialen Konzepten ist die eigentliche und entscheidende Hauptaufgabe bei der Konzipierung und Realisierung von Achsen.

4.2 Durchsetzungsprobleme und Ansätze für eine Erfolgskontrolle

4.2.1 Möglichkeiten und Grenzen einer Erfolgskontrolle

Die beiden in Kapitel 3 dargestellten Fallbeispiele von Achsenkonzepten sollen einer ersten „Erfolgskontrolle" unterzogen werden. Dies ist recht schwierig, da der Regionalplan „Unterer Neckar" derzeit noch nicht genehmigt[88] und der Regionalplan „Mittlerer Neckar" erst seit Mitte 1979 genehmigt ist. Andererseits bestehen in Baden-Württemberg Achsenvorstellungen als Teil der Landesplanung und auch der Regionalplanung schon länger, so daß durchaus Aussagen im Sinne eines ersten, vorsichtigen und noch partikularen Ansatzes einer Erfolgskontrolle möglich sind. Außerdem wurde auch bisher schon versucht, regionalplanerische Ziele durch Stellungnahmen zu verwirklichen.

Zunächst muß jedoch besonders auf die methodischen Schwierigkeiten einer regionalplanerischen Erfolgskontrolle hingewiesen werden. Regionalplanerische „Erfolge" sind schwerer zu errei-

---

[85] Vgl. dazu auch die Darstellung im baden-württembergischen Landesentwicklungsbericht 1979. Siehe Fußnote [71], S. 113, 114.
[86] Stuttgarter Zeitung vom 29. Dezember 1979, S. 25.
[87] Siehe Fußnote [86].
[88] Die Aussage bezieht sich auf Februar 1980.

chen, wenn die regionalplanerischen Ziele recht hoch gesteckt sind. Geht man dagegen jedoch von einem geringeren Anspruch aus, wie z. B. dem, daß die Regionalplanung möglicherweise nur „siedlungsstrukturelle Exzesse" verhindern kann oder daß eine rechtzeitige Fertigstellung eines Regionalplans wichtiger sein kann als seine theoretisch bis ins letzte Detail ausgefeilte Durcharbeitung[89], so muß eine Erfolgskontrolle anders aussehen. Das heißt, der Beurteilungsmaßstab muß dann anders abgesteckt sein. Außerdem entziehen sich viele regionalplanerische Aktivitäten einer für Außenstehende nachvollziehbaren Kontrolle. Dies gilt etwa für aufwendige Beratungen und Diskussionen der Regionalplanung mit Bürgermeistern, bei denen diesen z. B. argumentativ dargestellt wird, daß ihre siedlungsstrukturellen Vorstellungen zu weitgehend sind oder sich nicht in ein regionales Konzept einpassen.

Aus wissenschaftlicher Sicht umfaßt eine Erfolgskontrolle streng genommen die folgenden drei Teilschritte[90]:

— Zielerreichungskontrolle mit der Frage, ob die gesetzten Ziele tatsächlich erreicht wurden,

— Vollzugskontrolle mit der Frage, ob das vorgesehene Instrumentarium tatsächlich eingesetzt wurde,

— Wirkungskontrolle: Hierbei wird „ein festgestellter Ist-Wert eines Indikators mit einem hypothetischen Wert, der sich ohne Instrumenteneinsatz ergeben hätte" verglichen.

Die im folgenden in Ansätzen durchgeführte Erfolgskontrolle beschränkt sich auf eine Zielerreichungskontrolle und sucht nach Gründen für mögliche Defizite. Der für die Regionalplanung hochrelevante Bereich der Wirkungskontrolle muß ausgeblendet bleiben, so daß nur von einer ansatzweisen und partiellen Erfolgskontrolle gesprochen werden kann.

4.2.2 Empirische Ansätze für eine Erfolgskontrolle

Als Kriterien für einen Ansatz einer partiellen Erfolgskontrolle (siehe Kap. 4.2.1) der Steuerungswirksamkeit des Achsenkonzeptes werden beispielhaft folgende, für die Achsenkonzeption konstitutiven Elemente herangezogen:

a) Entwicklung der Bevölkerungsverteilung[91]

b) Auswirkungen der Achsenkonzeption im Verkehrsbereich.

Dabei wird analysiert:

— Auswirkungen auf den Modal Split

— Koordinationsfähigkeit der Achsenkonzeption gegenüber dem Verkehrsbereich an den Beispielen „ÖV-Netz" und „Umsetzung siedlungsstruktureller Vorgaben in Modellprognosen der Verkehrsplanung".

Infolge fehlender Daten[92] kann im Rahmen dieser Studie keine wissenschaftlich exakte Untersuchung in Form einer Primärerhebung erfolgen. Die gewählten Beispiele lassen jedoch durchaus verallgemeinerungsfähige Tendenzen erkennen.

a) Entwicklung der Bevölkerungsverteilung. Es ist die Frage zu stellen, wie sich die Wanderungsbewegung im Vergleich zu dem angestrebten Ziel einer Konzentration der Siedlungsentwicklung auf Achsen bisher entwickelt hat.

---

[89] Diese Argumente werden von der Regionalplanungspraxis sehr häufig vorgebracht.

[90] Zur Terminologie vgl.: BACH/HEMBACH/SPEHL: Regionalpolitik und regionale Entwicklungsplanung — 2. Zwischenbericht Trier 1978.

[91] Der ebenso wichtige Bereich der Arbeitsplatzverteilung muß im Rahmen dieser Untersuchung ausgeklammert bleiben.

[92] Wegen fehlender Daten bezieht sich die Untersuchung insbesondere bei der Bevölkerungsverteilung nur auf den Mittleren Neckar-Raum.

Untersuchungen dazu stehen für den Mittleren Neckar-Raum zur Verfügung[93]). BALDERMANN/HECKING/KNAUSS[94]) stellen zu dieser Problematik dar:

„Bevorzugte Zielgebiete der Abwanderung aus der Kernstadt Stuttgart und den zentralen Orten der Region Mittlerer Neckar sind, bei den stark wohnwertorientierten Motivstrukturen, die Räume außerhalb von zentralen Orten und Entwicklungsachsen." Damit scheint ein Hauptziel des Achsenkonzeptes, nämlich die Steuerung der Binnenwanderung[95]) und insbesondere der Abwanderung aus den Kerngebieten auf Achsenstandorte hin nicht erreicht zu werden[96]). Dies räumt auch der baden-württembergische „Landesentwicklungsbericht 1979"[97]) ein. Versucht man jedoch weiter zu differenzieren, so zeigen sich auf den einzelnen Achsen unterschiedliche Verhältnisse. Ein neuer Beitrag von BALDERMANN/HECKING u. a.[98]) läßt in einer „Karte der Einwohnerentwicklung" die Tendenz erkennen, daß die Remstal-Achse durchaus einen Einwohnerzuwachs hatte und daß manche Achsengemeinden, die weiter vom Zentrum entfernt liegen, ebenfalls einwohnermäßig gewachsen sind. Auch der baden-württembergische „Landesentwicklungsbericht 1979" kommt bei einer differenzierteren Betrachtungsweise zu der Aussage, daß für die Neckar/Fils- und die Rems-Achse erkennbar ist, „daß der Zuwachs der Siedlungsflächen in den Entwicklungsachsen größer als in den Zwischenbereichen gewesen ist"[99]).

b) Auswirkungen der Achsenkonzeption im Verkehrsbereich: Ein konstitutives Element von Achsenkonzepten ist, wie schon dargelegt, der Zusammenhang von Siedlungs- und Verkehrsplanung. Deswegen muß gerade hier auch eine Erfolgskontrolle ansetzen. Die Analyse erfolgt auf zwei verschiedenen Ebenen:

1. Auswirkungen der axialen Siedlungskonzeption auf den Modal Split:

Meist wird nach der Einführung eines S-Bahn-Systems eine Zunahme der absoluten Fahrtenzahl im ÖV bzw. auch eine Steigerung des ÖV-Anteils auf den Achsen erreicht. Gefragt werden muß jedoch, ob diese Steigerung des ÖV-Anteils auch im Durchschnitt der Gesamtregion (Achsen und Achsenzwischenräume) möglich ist. Da axiale Siedlungskonzepte eine größere Einwohner- und Arbeitsplatzentwicklung auf den Achsen vorsehen, müßte notwendigerweise nicht nur die Fahrtenzahl im ÖV auf den Achsen, sondern auch der ÖV-Anteil am Gesamtverkehrsaufkommen der Region steigen. Würde dies erreicht, wäre das zweifellos ein „Erfolg" der Achsenkonzeption. Dieser Teilaspekt soll im folgenden aufgegriffen werden, wobei als „Meßlatte" einer Erfolgskontrolle jedoch nur die Modal-Split-Prognose der Regionalverkehrspläne in den Untersuchungsräumen herangezogen werden kann[100]).

Das Ziel von Achsenkonzeptionen, die Verlagerung von Verkehrsströmen von der Straße auf die Schiene, wird im Rhein-Neckar-Raum bezogen auf den Gesamtraum nicht erreicht. Der zukünftige Anteil des öffentlichen Nahverkehrs am Gesamtverkehr bleibt nach den Ergebnissen einer Modal-Split-Untersuchung mit 26,4% gegenüber 27,5% (Ausgangsjahr 1969/70) nahezu konstant[101]). Die absolute Zahl von Verkehrsleistungen im Nahverkehr wird zwar um 46% zunehmen, eine prozentuale Steigerung des ÖV gegenüber dem IV wird jedoch auf den Gesamtraum bezogen nicht erreicht.

---

[93]) Die Erfolgskontrolle muß sich auf diesen Raum beschränken.
[94]) BALDERMANN, J./HECKING, G./KNAUSS, E.: Wanderungsmotive und Stadtstruktur. Stuttgart 1976, S. 144.
[95]) In diesem Zusammenhang muß gefragt werden, ob der Regionalverband Mittlerer Neckar die Binnenwanderung innerhalb der Region bei seinen Zielprognosen überhaupt berücksichtigt hat.
[96]) Bisher zu wenig thematisiert sind die Suburbanisierungstendenzen von Achsenendpunkten bzw. von Achsenstandorten, die nicht zum Kern gehören.
[97]) Siehe Fußnote [71]), S. 112.
[98]) BALDERMANN/HECKING/KNAUSS/SEITZ: Bevölkerungs- und Siedlungsentwicklung. Zur Diskrepanz zwischen regionalen Planungszielen und den Entwicklungstendenzen von Stadt und Region. In: Stadtbauwelt Heft 61, 1979, S. 56/440.
[99]) Siehe Fußnote [71]), S. 112/113.
[100]) Umfangreiche Primärerhebungen waren im Rahmen dieser Untersuchung nicht möglich.
[101]) Raumordnungsverband Rhein-Neckar: Raumordnungsplan Rhein-Neckar. Mannheim 1979, S. 49.

Ein tendenziell ähnliches Ergebnis ergibt ein Modal-Split-Vergleich zwischen 1968 und 1990 im Großraum Stuttgart[102]). Im Regionalverkehrsplan Stuttgart[103]) läßt sich aus Angaben auf Seite 23 ein ÖV-Anteil von 29,5% für 1968 berechnen. Auf Seite 49 wird dagegen für 1990 (Planungsfall 2) ein ÖV-Anteil von nur 25,2% prognostiziert. Die absolute Zahl der Personenfahrten im öffentlichen Verkehr wird natürlich auch hier steigen. Aber trotz Einführung der S-Bahn und trotz axialer Siedlungskonzeption wird der prozentuale Anteil des öffentlichen Verkehrs im Gesamtraum abnehmen.

Diese Ergebnisse der Modal-Split-Prognose sind jedoch durchaus typische Ergebnisse. Das Deutsche Institut für Wirtschaftsforschung kommt in seiner integrierten Langfristprognose für die Verkehrsnachfrage im Jahre 1990 zu dem Ergebnis, daß sich der Anteil des ÖV in Verdichtungsgebieten leicht verringert und daß die Verkehrsteilung durch staatliche Interventionen zugunsten des ÖV „nicht nennenswert korrigiert" wird[104]).

Wie im einleitenden Kap. 4.2.1 schon dargestellt, kann man diese Ergebnisse, je nachdem wie hoch Planungsziele gesteckt werden, verschieden bewerten. Geht man davon aus, daß sich der Modal-Split ohne planerische Maßnahmen zugunsten des ÖV ändern wird, wäre eine Aufrechterhaltung des jetzigen IV/ÖV-Verhältnisses durchaus schon ein Erfolg. Nimmt man dagegen an, daß Achsenkonzepte einen höheren ÖV-Anteil im Gesamtraum als Durchschnittswert erreichen müssen, können die genannten Zahlen nur negativ interpretiert werden.

2. Koordinationsfähigkeit der Achsenkonzeption gegenüber dem Verkehrsbereich in Bezug auf ÖV-Netzabstimmung und siedlungsstrukturellen Input-Faktoren in Verkehrsprognosen:

Die Koordination von Siedlungsentwicklung und Verkehr ist, wie schon dargestellt, ein elementarer Bestandteil von Achsenkonzepten. Eine Erfolgskontrolle auf dieser Diagnose-Ebene trifft damit den Nerv des Konzeptes. Die Überprüfung bezieht sich auf einen Vergleich der Netzstruktur im ÖV und der Einwohnerwerte (als Input-Faktoren für Verkehrsmodelle) in Regionalplänen und Regionalverkehrsplänen.

Relativ gut koordiniert sind in beiden Räumen ÖV-Netz und Achsenkonzeption. Aber widersprüchliche Annahmen im Regionalplan Mittlerer Neckar und im Regionalverkehrsplan zu den siedlungsstrukturell wichtigen Fragen des Park-and-Ride-Verkehrs und der Parkraumbewirtschaftung[105]) sprechen nicht für ein bisheriges hohes Koordinationspotential von regionalen Siedlungsstrukturkonzepten gegenüber der Verkehrsplanung.

Des weiteren sollen zur Frage der Kooperation von Siedlungsachsen und Verkehrsplanung am Beispiel des Regionalverkehrsplans „Großraum Stuttgart" noch die siedlungsstrukturellen Einwohnervorgaben der Regional- und Landesplanung für die angewandten Verkehrsmodelle untersucht werden. Erwartet wird, daß für Achsenzwischenräume keine hohen Wachstumsraten der Einwohnerentwicklung angenommen und an die Verkehrsplanung weitergegeben werden.

Für den Achsenzwischenraum Schurwald sehen dagegen jedoch einige Wachstumsraten der Einwohnerzahlen im Regionalverkehrsplan wie folgt aus [106]):

Raum Schanbach: 1,86

Raum Baltmansweiler, Hohengehren, Thomashardt: 1,67

Raum Schlichten, Baiereck: 1,59.

---

[102]) Der verkehrliche Planungsraum ist größer als der Raum des Regionalverbandes Mittlerer Neckar. Die Angaben beziehen sich auf den Durchschnitt des verkehrlichen Planungsraumes.

[103]) Ministerium für Wirtschaft, Mittelstand und Verkehr: Regionalverkehrsplan, Großraum Stuttgart. Stuttgart 1976.

[104]) DIW, Berlin: Integrierte Langfristprognose für die Verkehrsnachfrage im Güter- und Personenverkehr in der Bundesrepublik Deutschland bis zum Jahre 1990 — Band 1. Beiträge zur Strukturforschung Heft 43/I. Berlin 1977, S. 35 u. 40.

[105]) Der Regionalverkehrsplan stellt auf Seite 32 lapidar fest, daß Einflüsse von Parkraumrestriktionen und von Park-and-Ride ausgeklammert werden. Der Regionalplan spricht sich auf den Seiten 11/32 und 11/20 jeweils dafür aus.

[106]) Ministerium für Wirtschaft: Mittelstand und Verkehr; a.a.O., Karte Prognose, Plan 2.

Bei diesem Einwohnerzuwachs kann es sich sicher nicht mehr um die für den Achsenzwischenraum vorgesehene Eigenentwicklung handeln. Ähnliche Zahlenwerte treten auch noch in anderen Achsenzwischenräumen auf. Die Koordinationsschwächen sind offensichtlich und signalisieren, wie wenig sich regionalplanerische Siedlungsvorstellungen gegenüber einer starken Fachplanung, wie der Verkehrsplanung durchsetzen können beziehungsweise wie wenig Aufmerksamkeit ihnen dort geschenkt wird. Hier ist sicher eine erhebliche Schwäche von Achsenkonzepten aufgedeckt, die jedoch nicht den Regionalverbänden und der Regionalplanung zur Last gelegt werden kann. Das Abstimmungsverfahren zwischen Regional- und Verkehrsplanung müßte institutionell besser geregelt werden [107].

4.2.3 Erklärungsmöglichkeiten für die Analyseergebnisse

Die Erklärungsmöglichkeiten für die aufgedeckten Problemlösungsschwächen sind weitgehend bekannt. Sie hängen mit der allgemeinen Steuerungsschwäche der Regionalplanung zusammen [108]. Deswegen wird hier nur kurz darauf eingegangen.

a) Die nicht achsenkonforme Entwicklung der Bevölkerungsverteilung läßt sich auf den folgenden Erklärungsebenen reflektieren:

1) Die angestrebte Konzentration der Siedlungsstruktur widerspricht den bisher vorherrschenden Standortpräferenzen privater Haushalte [109].

2) Der Steuerungsspielraum der Regionalplanung ist begrenzt, wobei u. a. zu nennen sind:

— Überangebot an bereits genehmigten Bebauungsplänen

— Skeptische Einschätzung der restriktiven Wirkung des Steuerungsinstrumentes „Eigenentwicklung" [110]

— Eingeschränkte Steuerungsfähigkeit mit dem Instrument „Einwohnerrichtwerte" sowie Modifizierung der Gültigkeit der Einwohnerrichtwerte durch das Stuttgarter Innenministerium [111]: In strukturschwachen Randzonen von Verdichtungsräumen dürfen wie in ländlichen Gebieten die Einwohnerrichtwerte kein Hinderungsgrund mehr für eine großzügige Anweisung von Bauflächen sein.

— Die Berechtigung einer flächenscharfen Ausweisung von Gemeindeteilen als Achsenstandorte durch die Regionalplanung ist bisher juristisch noch nicht eindeutig geklärt [112]. Dadurch er-

---

[107] Vgl. dazu auch die neue Regelung in Baden-Württemberg: Innenministerium Baden-Württemberg: „Grundsätze der Landesregierung über das Zusammenwirken der Regionalplanung und der raumbedeutsamen Fachplanungen des Landes" (Beschluß des Ministerrates vom 27. 9. 1979).

[108] Vgl. dazu: SCHARPF, F. W./SCHNABEL, F.: Steuerungsprobleme der Raumplanung. Band 27 der Reihe „Beiträge der ARL". Hannover 1979.

[109] Über die bisherigen Standortpräferenzen privater Haushalte gibt es relativ gut abgesicherte Untersuchungen. Das intraregionale Wohnstandortverhalten läßt sich mit einer Bedürfnishierarchie darstellen. An erster Stelle steht die Wohnung selbst (Wohnkomfort), dann folgt die Qualität des Wohnumfeldes (Ruhe, Luftqualität, im Grünen wohnen). Eine geringere Rolle spielte bisher die Erreichbarkeit von Infrastruktureinrichtungen und des Arbeitsplatzes, wobei jedoch neue Tendenzen einer stärkeren Berücksichtigung der Erreichbarkeit derzeit schon absehbar sind. Zu beachten ist jedoch, daß diese Reihenfolge vom Stadium des Lebenszyklus abhängig ist und daß bei einer höheren Wahlmöglichkeit auf dem Wohnungsmarkt versucht wird, auch die an zweiter oder dritter Stelle stehenden Ansprüche gleichzeitig zu befriedigen. Auch auf das starke Interesse an Eigenheimen muß in diesem Zusammenhang hingewiesen werden. Diese Tendenzen erklärten das bisherige Interesse an Wohnungen in Achsenzwischenräumen, wenn man bedenkt, daß Achsenstandorte im Bezug auf Emissionen und höhere Bebauungsdichten sowie durch oft fehlende Grünanlagen ein schlechteres Wohnumfeld bieten. Siehe dazu: — STEINBERG, E.: Wohnstandortwahlverhalten von Haushalten bei intraregionaler Mobilität. In: Informationen zur Raumentwicklung 1974, Heft 10, 11. — GEWOS: Rhein-Neckar-Wohnungsmarktanalyse, Kurzfassung Hamburg 1977, S. 27. Zum neuen Stellenwert des Faktors „Erreichbarkeit" siehe: KANN, O.: Viele Wohnungswünsche sind nicht mehr finanzierbar. In: Frankfurter Allgemeine Zeitung v. 5. 1. 80, S. 10

[110] Regionalverband Mittlerer Neckar, a.a.O., S. 7/11

[111] Innenministerium Baden-Württemberg: Anhörungsentwurf zur Bedeutung der Bevölkerungsrichtwerte in den Regionalplänen für die Bauleitplanung vom 25. 4. 1977.

[112] Vgl. dazu den Klärungsversuch im baden-württembergischen „Landesentwicklungsbericht 1979". Siehe Fußnote [71], S. 84

geben sich partiell erhebliche Konflikte mit Kommunen, was eine rationale und effiziente räumliche Steuerung nicht unbedingt fördert.

— Flächen in flußläufiger Entfernung von S-Bahn-Haltestellen sind teilweise schon weitgehend bebaut.

— Baulandpreise sind in hohem Maße steuerungswirksam, jedoch der direkten Steuerung der Regionalplanung entzogen.

Die dargestellten Ursachen sind partiell nicht quantitativ belegbar [113]. Sie werden jedoch von Regionalplanungspraktikern weitgehend bestätigt.

b) Des weiteren soll bei der Suche nach Gründen für mögliche Problemlösungsschwächen von Achsenkonzepten noch auf die dargestellten verkehrlichen Aspekte eingegangen werden, wobei zunächst die Gültigkeit der verwendeten Theorien für die IV-ÖV-Aufteilung im Mittelpunkt steht.

Die Steuerung der Aufteilung von Verkehrsströmen zwischen Individualverkehr und öffentlichem Verkehr wird bisher meist über eine Veränderung der Reisezeitverhältnisse und über eine Steigerung von Attraktivitätsfaktoren, wie Bequemlichkeit und regelmäßige Bedienung im ÖV angestrebt [114]. Eine auf diese Weise dann induzierte positive Entwicklung des ÖV-Anteils, die neben Umweltgründen vor allem aus betriebswirtschaftlichen Gründen zur Verkleinerung von Defiziten der Verkehrsträger notwendig wäre [115], ist ein gewichtiger Faktor für die Konzeption linearer Siedlungssysteme, wie Achsen.

Gerade hier fehlen jedoch noch wesentliche theoretische Grundlagen. Die durch einen S-Bahn-Bau und durch eine enge Zuordnung von Siedlungseinheiten zu Haltestellen angestrebte Reisezeitverkürzung braucht nicht automatisch zu einer Verlagerung von Verkehrsströmen zu führen. Die Theorie, daß sich IV-ÖV-Entscheidungen nach Reisezeiten richten, „kann nur als notdürftige Hilfslösung betrachtet werden" [116]. Die Verkehrsmittelwahl müßte eigentlich mit einem umfassenden, interdisziplinären Theoriegebäude erklärt und prognostiziert werden, das auch die erst zukünftig relevanten Engpässe, wie die Energieknappheit, umfaßt. Das Faktum, daß die Methode des Reisezeitvergleichs bisher so dominiert, wird dadurch erkenntnistheoretisch erklärbar, daß die Verkehrsplanung sich bisher sehr oft nur innerhalb ihres spezifisch eigenen Fragehorizontes bewegte und somit nur dasjenige Wissen sammeln konnte, das ihr Frageraster zuließ [117]. Um überhaupt denjenigen Anteil des Verkehrsverhaltens zu ermitteln, der durch Reisezeitvergleiche und durch fassende Verhaltenstheorie aufgestellt werden, die neben „harten" Variablen wie Reisezeitvergleiche und Kostenvergleiche auch sogenannte „weiche" Variablen wie Wahrnehmung von Kosten- und Zeitvorteilen (determiniert durch Gruppenzugehörigkeit, Gruppen-Konformitätsdruck, Persönlichkeitseigenschaften), Lernfähigkeit von Verhaltensveränderungen, Image von ÖV-Benutzer etc. umfaßt sowie insbesondere auch Restriktionen am Zielort (Parkplatzmangel) mit einbezieht. Ein solches komplexes, psychologisch orientiertes Entscheidungsmodell könnte die Grenzen und die neuen Möglichkeiten der Beeinflußbarkeit der Verkehrsmittelwahl durch Maßnahmen der räumlichen Planung also auch durch axiale Siedlungsstrukturkonzeptionen aufzeigen.

---

[113] Vgl. u. a. den Versuch von CULEMANN/KOSSAK, für den Mittleren-Neckar-Raum ein Überangebot an bereits genehmigten Bebauungsplänen zu konstatieren. Beim Raumordnungsverband Rhein-Neckar wird dagegen eine solche pauschale These für das eigene Gebiet nicht vertreten. Vgl.: CULEMANN/KOSSAK: Modelle zur künftigen Siedlungs- und Regionalentwicklung. Baden-Baden 1977, S. 50.

[114] Regionalverband Unterer Neckar, a.a.O., S. 115.

[115] BUSMANN weist in diesem Zusammenhang auf die Forderung nach angemessener „Fütterung der Schiene" hin, um „die einmal getätigten hohen Investitionen für den Schnellbahnbau... wirksam zu amortisieren". Vgl.: BUSMANN F., a.a.O., S. 155.

[116] POLUMSKY, D.: Zentralitätsaspekte im regionalen Reiseverhalten. Aachen 1979, S. 86.

[117] So bleiben z. B. psychologische Fragen nach dem „Image" von ÖV-Benutzern oft ausgeblendet. Solche unreflektierten aber verhaltenssteuernden Einstellungen sind mittels Polaritätsprofilen durchaus meßbar. Vgl. als Beispiele, die solche Methoden anwenden: — DECKERT, P./HARTENSTEIN, W.: Verkehrsmittelwahl im Berufsverkehr. Frankfurt/M. 1971. — Landeshauptstadt München: Einfluß der Verkehrsinfrastruktur auf das Verkehrsverhalten der Bevölkerung. München 1976.

Die Ergebnisse von Modal-Split-Prognosen sind aufgrund der dargestellten unzureichenden theoretischen Grundlagen kritisch einzuschätzen. Das zukünftige IV-ÖV-Benutzungsverhältnis ist derzeit als Folge der sich ändernden Rahmenbedingungen nur sehr schwer abzuschätzen, so daß die Siedlungsstrukturplanung diesbezüglich eher mit Annahmen als mit abgesicherten Theorien arbeiten muß.

Die letztlich noch darzustellenden Gründe für das Abstimmungsdefizit zwischen den siedlungsstrukturellen Vorstellungen der Regionalplanung und den Einwohnerprognosewerten, die die Verkehrsplanung verwendet, brauchen hier nicht breit ausgeführt werden. Solche Differenzen zwischen Fachplanung und koordinierender Regionalplanung sind weithin bekannt und vermutlich auch nur behutsam und längerfristig lösbar.

4.3 Zusammenfassung

Die vorgenommene Reflexion einzelner Aspekte von Achsenkonzeptionen, die keinen flächendeckend-umfassenden Anspruch erheben will, hat folgendes deutlich gemacht:

a) In der Planungspraxis rücken die Differenzierungserfordernisse des abstrakten, idealtypischen Achsenmodells sowie die planerische Kleinarbeit bei der Lösung konzept-immanenter Zielkonflikte in den Vordergrund. Unterschiedliche raumspezifische Verhältnisse sowie auch differenzierende politisch-strategische Gesichtspunkte bei der Planaufstellung machen es nahezu unmöglich, allgemeingültige siedlungsstrukturelle Planungsrezepte aufzustellen. Dies wäre nur auf einer relativ abstrakten Ebene möglich [118]. So kommt es zum Beispiel in der Zukunft nicht primär darauf an, daß abstrakte raumordnungspolitische Leitbilder (Achsensysteme, Ringsysteme etc.) einer Umweltverträglichkeitsprüfung unterzogen werden, wie dies jüngst noch der Entwurf des Landschaftsrahmenprogramms Baden-Württemberg forderte [119]. Wie die Planungspraxis zeigt, ist eher eine planerische Kleinarbeit bei der Weiterentwicklung der Siedlungsstruktur erforderlich, bei der detaillierte Bewertungsvorgänge von konkreten Gebieten im Sinne einer Eignungsprüfung für potentielle Nutzungen und die Lösung von Zielkonflikten im Mittelpunkt stehen.

b) Eine Erfolgskontrolle für die Überprüfung der tatsächlichen siedlungsstrukturellen Entwicklung im Vergleich zu einem angestrebten Achsenkonzept muß differenziert erfolgen. Es läßt sich die Tendenz erkennen, daß „Erfolg" oder „Nichterfolg" nicht pauschal für einen Raum konstatiert werden können, sondern in Bezug auf einzelne Achsen und Achsenzwischenräume unterschiedlich sind. Die aufgezeigten Steuerungsdefizite sind primär ein allgemein regionalplanerisches Problem und hängen zumindest nicht in erster Linie von dem gewählten Siedlungsleitbild ab.

c) Ungesicherte theoretische Grundlagen, wie zum Beispiel der künftige Stellenwert der „Erreichbarkeit" bei der Standortwahl privater Haushalte und insbesondere die Determinanten des künftigen IV-ÖV-Verhältnis erschweren die Planungsarbeit. Dies gilt auch für unterschiedliche Prognosen für den künftigen Wohnflächenbedarf, die erheblichen Einfluß auf siedlungsstrukturelle Leitvorstellungen haben [120].

Für die weitere regionalplanerische Arbeit an Siedlungsstrukturkonzepten lassen sich, insbesondere aus den Aussagen von Punkt a) einige Konsequenzen ziehen, die in Kap. 5 dargestellt werden.

---

[118]) Vgl. dazu die Aussage von WITT in der ersten Achsenpublikation des Arbeitskreises Entwicklungsachsen der ARL. WITT sieht das Problem ähnlich, wenn er, bezogen auf Baden-Württemberg, von Achsen als „abstrakten Zielträgern" (S. 178) spricht.

[119]) KAULE/KOSSAK/SIMONS u. a.: Konzept Landschaftsrahmenprogramm Baden-Württemberg. Teil A: Grundsätze der Landschaftsentwicklung. Stuttgart 1979, S. 25.

[120]) BALDERMANN/HECKING u. a. prognostizieren für die Region Mittlerer Neckar bis 1990 ein Wohnungsvolumen von 150 000 bis 200 000 Wohneinheiten. Der Regionalplan Mittlerer Neckar rechnet nur mit 100 000 Wohneinheiten. Vgl.: BALDERMANN/HECKING u. a.: Wohnflächennachfrage und Siedlungsentwicklung. Unveröffentlichtes Manuskript 1979, S. 99.

5. Folgerungen für die Planungspraxis

5.1 Ausgangspunkte: Zur Notwendigkeit einer Komplexitätsreduktion bei konzeptionellen siedlungsstrukturellen Überlegungen

Die Entwicklung von Siedlungsstrukturkonzepten ist ein hochgradig komplexer Vorgang, der ohne eine Komplexitätsreduktion nicht bewältigt werden kann. Um überhaupt lösbar zu sein, muß diese Aufgabe auf „entscheidungsfähige Problemgrößen" [121] reduziert werden.

Im folgenden werden einige Aspekte des bisherigen Umgangs mit diesem Komplexitätsproblem beim Entwurf von Siedlungskonzepten kurz umrissen, um damit den Stellenwert des Faktors Komplexitätsreduktion [122] für Achsen- und andere Siedlungsstrukturkonzepte zu verdeutlichen und erste Folgerungen für die Planungspraxis zu ziehen.

Die Formen der Komplexitätsreduktion beim Entwurf von Siedlungsstrukturkonzepten lassen sich vereinfacht wie folgt typisieren:

1) Reduktion der Ziele, die mit Siedlungsstrukturkonzepten erreicht werden wollen:

1.1) Das Optimalitätsziel, als Ausgleich zwischen verschiedensten Ansprüchen an die Siedlungsstruktur, wird aufgegeben und ersetzt durch wenige Ziele mit denen jetzige oder künftige Engpässe gesteuert werden sollen. Als Beispiel dazu können die Ausführungen von FÜRST [123] herangezogen werden, der darlegt, daß in der politischen Praxis das Optimum von Städten kein Thema mehr sei.

1.2) Siedlungsstrukturen werden nur unter dem eindimensionalen Ziel einer bestimmten Fachplanung gesehen. So wurden zum Beispiel „optimale" Siedlungsmodelle aus der Sicht eines betriebswirtschaftlich effizienten öffentlichen Nahverkehrs entwickelt [124]. Die volle Komplexität der Probleme des Entwurfs von Siedlungsstrukturen bleibt jedoch ausgeblendet.

Durch diese Zielreduktionen wird die anzustrebende Zielpalette in einem überschaubaren Rahmen gehalten.

Ein solches Vorgehen ist insbesondere, wenn das Zielsystem zu sehr auf Eindimensionalität hin eingeschränkt wird, nicht sinnvoll. Die Weiterentwicklung der Siedlungsstruktur ist ein zentraler Punkt regionalplanerischer Konzeptionen. Es kommt dabei darauf an, daß die unterschiedlichsten Zielvorstellungen berücksichtigt und gegeneinander abgewogen werden.

2) Reduktion der Steuerungseingriffe: Eine aus der Sichtweise der Ökonomie geprägte Richtung versucht Ansätze durchzudenken, um das Flächennutzungsproblem mehr durch die Selbststeuerung des Marktes lösen zu lassen. Die Standortwahl von Haushalten und Betrieben soll, wie zum Beispiel ZIMMERMANN [125] darlegt, nicht so sehr über Siedlungsstrukturmuster beeinflußt werden, sondern es soll direkt am Problem der externen Effekte angesetzt werden. Durch eine „verursacherprinzipsgerechte Internalisierungsstrategie" sollen unter anderem Emissionsgebühren oder Ballungsabgaben erhoben werden. Es wird dabei argumentiert, daß Bevölkerungsverteilungsstrate-

---

[121] Zur Komplexitätsreduktion vgl. die in systemtheoretischer Terminologie gemachten Ausführungen von LUHMANN, die sich recht gut auf das hier angeschnittene Problem übertragen lassen. Vgl.: LUHMANN, N.: Zweckbegriff und Systemrationalität. Frankfurt 1973, S. 256.

[122] LUHMANN mißt dem Begriff der Komplexität trotz seiner heterogenen Verwendung eine, interdisziplinär gesehen, theoretisch zentrale Stellung bei. Vgl.: LUHMANN, N.: Komplexität. In: TÜRK, K. (Hrsg.): Handlungssysteme. Opladen 1978, S. 12.

[123] FÜRST, D.: Die Problemfelder der Stadt: Versuch einer systematischen Einordnung. In: FÜRST, D. (Hrsg.): Stadtökonomie. Stuttgart/New York 1977, S. 18. In gleicher Weise argumentiert der 1978 mit dem Nobelpreis für Ökonomie ausgezeichnete Entscheidungstheoretiker HERBERT A. SIMON, wenn er darlegt, daß sich die meisten menschlichen Entscheidungsprozesse nur in Ausnahmefällen mit dem Auffinden und der Auswahl optimaler Alternativen befassen. Vgl.: MARCH, J. G./SIMON, H. A.: Organisation und Individuum. Wiesbaden 1976, S. 132.

[124] Vgl.: LEHNER, F.: Siedlung, Wohndichte, Verkehr. Bielefeld 1963. Neuere Beispiele sind Forschungsaufträge von Bundesministerien wie etwa „Siedlungsstrukturelle Folgen der Netzgestaltung von Schnellbahnsystemen".

[125] ZIMMERMANN, K.: Umweltprobleme der Verstädterung. In: FÜRST, D. (Hrsg.): Stadtökonomie. Stuttgart/New York 1977, S. 147.

gien „von der politischen Durchsetzbarkeit und ökonomischen Rationalität her kein optimaler politischer Ansatz" sein könnten. Die Komplexitätsreduktion wird also dadurch erreicht, daß die Steuerung der Siedlungsstruktur in höherem Maße der Selbststeuerung des Marktes überlassen bleibt, wobei typische Formen des Marktversagens korrigiert werden sollen.

Dieser Ansatz ist sicher derzeit kaum durchsetzbar, zumal es auch methodisch außerordentlich schwierig ist, eine überzeugende Strategie zu finden, wie das Marktversagen korrigiert werden kann.

3) Reduktion der vielfältig möglichen räumlichen Zuordnungsmuster von Flächennutzungen durch einfache, bildhafte räumliche Modellvorstellungen:

Aus der Klasse aller möglichen Zuordnungen wird eine bestimmte Anzahl von meist symetrischen Mustern, wie Sternschema, Ringschema oder Gitterschema [126] ausgewählt und mit einem oft vereinfachten Zielkatalog bewertet. Im Vordergrund dieser Richtung, die ihren Ausgangspunkt in der durch Formen geprägten Sichtweise des Architekten hat, stehen geschlossene, schematische Zuordnungsmuster. Als Praxisbeispiele können unter anderem frühere Arbeiten des Raumordnungsverbandes Rhein-Neckar herangezogen werden [127]. Aber auch der neueste Landesentwicklungsbericht Baden-Württemberg argumentiert partiell auf dieser Ebene, wenn er zu erwägen gibt, unter Umständen Siedlungsbereiche quer zur Achsenrichtung vorzusehen [128].

Diese durchaus plausible Vorgehensweise, die primär auf der Ebene einfacher bildhafter Vorstellungen nach Weiterentwicklungsmöglichkeiten für die Siedlungsstruktur sucht, kann man als heuristisches Verhalten einstufen[129]. In anderen wissenschaftlichen Disziplinen, wie etwa der Betriebswirtschaftslehre, gewinnt in letzter Zeit gerade eine solche „heuristische Vorgehensweise der Praxis", die auf Intuition und einfachen Plausibilitätsüberlegungen beruht, wieder eine größere Aktualität und wird zum Gegenstand wissenschaftlicher Untersuchungen[130].

Für die regionalplanerische Arbeit an Siedlungsstrukturkonzepten ist ein solches Vorgehen einer Orientierung an einfachen bildhaften Ordnungsmodellen als erster Schritt im Sinne einer Hilfskonstruktion zur Findung eines Grobkonzeptes durchaus sinnvoll. Eine solche methodische Hilfe zur Komplexitätsreduktion erleichtert die Kommunizierbarkeit von abstrakten siedlungsstrukturellen Überlegungen und Begründungen. Innerhalb des gesamten Planungssystems kommt dieser Vorgehensweise somit durchaus ein gewisser Stellenwert zu. Der Planungsprozeß kann sich jedoch nicht nur darauf beschränken. Dort, wo innerhalb des Planungsprozesses Begründungsschärfe und Differenzierungserfordernisse gefordert sind, muß jedoch anders vorgegangen werden, d. h. es müssen problemgerechte nutzwertanalytische Bewertungsverfahren verwendet werden.

Wie in Kapitel 4 gezeigt wurde, kommt es in der Planungspraxis nicht so sehr darauf an, eine neue Siedlungsstruktur zu entwickeln. Es dominiert die inkrementale[131], d. h. die in kleinen Schritten notwendige Weiterentwicklung der Siedlungsstruktur. Dabei stehen, wie dargestellt, Differenzierungserfordernisse und die spezifische Lösung von Zielkonflikten in Teilräumen im Mittelpunkt. Auf dieser Ebene des Planungsprozesses kann nicht mehr in allgemeinen Siedlungsleitbildern gedacht werden, sondern es muß nach differenzierten Weiterentwicklungsmöglichkeiten für die Siedlungsstruktur gesucht werden. Dazu sind spezifische Bewertungsverfahren für die in Frage kommenden Flächen erforderlich, da nur auf diese Weise ein Konzept adäquat begründbar ist. Nur

---

[126] LYNCH, K.: Das Ordnungsschema großstädtischer Siedlungsräume. In: BOEDDINGHAUS, G.: Städtebauliche Verdichtung im Modellvergleich. Dortmund 1976, S. 151 ff.

[127] Raumordnungsverband Rhein-Neckar: Raumordnungsplan-Entwurf zum 1. Planungsfall, Teil 1. Mannheim 1972, S. 32 ff.

[128] Siehe Fußnote [71], S. 113.

[129] „Heuristiken sind Verhaltensregeln, die in dem Sinne empirische Gültigkeit besitzen, daß gute Gründe für ihren Einsatz in bestimmten Problemsituationen sprechen, Erfolg durch sie aber nicht zu garantieren ist". Vgl. zu dieser Definition und zu ihrer umfangreichen Ableitung aus der Literatur: WITTE, TH.: Heuristisches Planen — Vorgehensweisen zur Strukturierung betrieblicher Planungsprobleme. Wiesbaden 1979, S. 28.

[130] Siehe Literaturhinweis (129).

[131] LINDBLOM, CH.: The Science of Muddling Through. Deutsche Übersetzung in: NARR/OFFE: Wohlfahrtsstaat und Massenloyalität. Köln 1975, S. 161 ff.

durch eine solche Begründungsschärfe gewinnt die Regionalplanung die notwendige Glaubwürdigkeit und Überzeugungskraft gegenüber der Bauleitplanung. Das Verfahren dazu wird in Kapitel 5.2 näher erläutert.

5.2. Künftige siedlungsstrukturelle Ordnungsvorstellungen, methodische Überlegungen zur Konzeption von Siedlungsstrukturmustern und Vorschläge zu Verfahrensregelungen der Regionalplanung

In diesem Kapitel sollen zwei Fragen aufgegriffen werden, die für die regionalplanerische Arbeit an Siedlungsstruktur- und Achsenkonzepten besonders relevant sind:

— Die Frage nach den künftigen siedlungsstrukturellen Ordnungsvorstellungen für Verdichtungsräume und ihre Randgebiete. Im Zusammenhang mit der hier behandelten Thematik der Siedlungsachsen bedeutet dies, daß die Frage nach der Notwendigkeit einer linearen, axialen Ausrichtung der Siedlungsstruktur diskutiert werden soll.

— Die Frage nach der Planungsmethodik und der Verfahrensweise der Regionalplanung bei der Konzipierung von Siedlungsstrukturkonzepten. Im Mittelpunkt dieses Problemkomplexes steht die Frage der jeweils adäquaten Verwendung von bildhaften Siedlungsmodellen (als leichtverständliche siedlungsstrukturelle Grobkonzepte) und von nutzwertanalytischen Eignungsbewertungsverfahren bei der Ausweisung von „Bereichen mit verstärkter Siedlungsentwicklung" sowie das Problem von effizienten regionalplanerischen Vorgaben für die Bauleitplanung.

5.2.1 Die Notwendigkeit einer linearen, axialen Ausrichtung der Siedlungsstruktur

Achsensysteme bedeuten bekanntermaßen eine lineare Konzentration von Bandinfrastruktur (Straßen, Schiene) und Aktivitätsstätten wie Wohnflächen, Arbeitsplätze und zentrale Einrichtungen. Es muß gefragt werden, inwiefern auch in Zukunft noch dieser lineare Zwang erforderlich ist.

Zunächst ist evident, daß lineare Zwänge nicht durch das Auto als Flächenverkehrsmittel und damit nicht durch das Straßensystem bedingt sind[132]. Dagegen gehen solche Zwänge von schienengebundenen Nahverkehrsmitteln, von der Topographie sowie evtl. von einzelnen ökologischen Gesichtspunkten (lineare Frischluftschneisen) aus[133]. Gerade dieser ökologische Aspekt ist jedoch äußerst vielschichtig und fordert daher geradezu eine differenzierte Bewertung heraus. Aus ökologischen Gründen lassen sich verallgemeinerungsfähige Hinweise auf die Notwendigkeit linearer Siedlungskonzepte nicht ableiten[134].

So bleibt neben den durchaus relevanten topographischen Gründen nur noch der Aspekt einer Zuordnung von schienengebundenem ÖV zu Wohn- und Arbeitsstätten[135] als linearer Zwang für die Ausrichtung der Siedlungsstruktur. Gefragt werden muß, welchen Stellenwert dieses Ziel in Zukunft haben wird und wie die mit diesem Ziel verbundenen Zielkonflikte gelöst werden können.

Das in der allgemeinen Achsendiskussion manchmal zu hörende Argument, die Siedlungsentwicklung habe sich aus verkehrswirtschaftlichen Gründen, etwa zur besseren Finanzierung einer S-Bahn an schienengebundenen Nahverkerkehrslinien zu orientieren, kommt durch eine Wirtschaftlichkeitsuntersuchung zum künftigen ÖV im Rhein-Neckar-Raum[136] zum Teil ins Wanken. Dort wird festgestellt, daß sich bei 0,5 Mrd. DM Investitionskosten und einem Kostendeckungsgrad von

---

[132] Vgl. dazu auch die Argumentation von TESDORPF, der erhebliche Kritik am punkt-axialen System übt. TESDORPF, J.: Zur Kritik des punkt-axialen Systems. In: 41. Deutscher Geographentag Mainz: Tagungsbericht. Wiesbaden 1978. S. 176 ff.

[133] Eine günstige Zuordnung von Erholungsflächen und Wohnflächen ist auch bei nicht-linearen Systemen möglich. Daraus läßt sich nicht allgemein ein linearer Zwang ableiten.

[134] Die Bündelung der Bandinfrastruktur bringt durchaus ökologische Nachteile, wie z. B. Überlastungserscheinungen, mit sich.

[135] Hier sind zentrale Einrichtungen mit eingeschlossen.

[136] PAMPEL, F.: Verkehrsuntersuchung Rhein-Neckar, Wirtschaftlichkeitsanalyse (Teil B). Hamburg 1975. Vgl. dazu auch: PATSCHKE, W.: Steuerung raumbedeutsamer Entwicklungen im Verdichtungsraum Rhein-Neckar durch Neuordnung des öffentlichen Personenverkehrs. In: Internationales Verkehrswesen 1978, Heft März/April.

80% bei den Betriebskosten eine S-Bahn aus verkehrlich-wirtschaftlichen Gründen nicht lohnt[137]). Der Bus, als das eher flächenbedienende und am wenigsten auf axiale Siedlungsstrukturen angewiesene öffentliche Nahverkehrsmittel weist mit 92% den höchsten Kostendeckungsgrad aller ÖNV-Systeme im Rhein-Neckar-Raum auf[138]).

Eine S-Bahn, ausgerichtet auf gebündelte, axiale Verkehrsströme, ist zwar leistungsfähiger und erreicht infolge ihrer Schnelligkeit höhere Kommunikationsvorteile. Der nicht so stark auf axiale Strukturen angewiesene Bus ist jedoch in dem konkret untersuchten Raum — und darauf bleibt diese Schlußfolgerung zunächst beschränkt — betriebswirtschaftlich gesehen, das heißt ohne Einbezug externer Effekte, ökonomischer. Sollte sich der Bus auch bei einer gesamtwirtschaftlichen Betrachtung unter Einschluß aller relevanten Effekte (auch nicht-monetäre) in Teilen einer Region als günstigeres Verkehrsmittel im Vergleich zum Schienenverkehr erweisen, so wäre ein Festhalten an linearen, axialen Siedlungskonzepten in diesen Teilräumen nicht mehr sinnvoll[139]).

Geht man davon aus, daß in Zukunft möglicherweise die vorhandene Energie ein Engpaßfaktor für die Entwicklung der Siedlungsstruktur darstellen könnte, muß unter anderem danach gefragt werden, welche Effekte ein höherer Benzinpreis auf das Verkehrsverhalten auslöst.

Untersuchungen[140]), die einen Kostenpreis von 3,— DM pro Liter Benzin simulierten, kommen bei einem konstanten Kostenbudget für Verkehrsleistungen für einen konkreten Planungsraum zu folgenden Ergebnissen:

— Der Individualverkehr sinkt um 18,1%

— Der öffentliche Verkehr steigt um 23,4%

— 16% der Bevölkerung des Untersuchungsraumes überlegen sich Wohnstandort- bzw. Arbeitsplatzstandortwechsel.

Trotz der wissenschaftlich zweifellos noch unsicheren Basis für diesbezügliche Verhaltensprognosen läßt diese kurze Zusammenfassung die Tendenz erkennen, daß unter dem Gesichtspunkt der Energieknappheit sich auch im Bewußtsein der Bevölkerung die Siedlungsstruktur mehr am ÖV orientieren muß und daß Erreichbarkeitskriterien wieder stärker in den Vordergrund treten.

Betrachtet man Siedlungsmuster aus planerischen Aspekten umfassend unter dem Gesichtspunkt des Verbrauchs von Energie im Verkehrswesen, so muß man u. a. auf Untersuchungen von ROTH[141]) hinweisen. Dieser stellt zunächst für großräumige Siedlungsmuster fest, daß eine dezentrale Besiedlung energetisch gesehen besser ist, als ein zentralisiertes Muster. Ob dies auch für kleinräumliche Siedlungsstrukturkonzepte gilt, kann noch nicht gesagt werden, zumal auch die von Roth bei seiner Untersuchung zugrunde gelegten Formeln von RITTEL[142]) nur schematisch-undifferenzierte Näherungsaussagen erlauben und weit unter dem Methodenniveau der Verkehrsplanung

---
[137]) PAMPEL, F.: a.a.O., S. 57.

[138]) Die einzelnen Kostendeckungsgrade betragen (s. 55): S-Bahn 65% — Regionalbahnverkehr der DB (mit verdichtetem Fahrplan) 84% — Nebenbahnverkehr DB 28% — Regionalstraßenbahn 32% — Straßenbahn Heidelberg über die Stadtgrenzen 9% — Buslinien 92%.

[139]) Diese Folgerung ist nur unter dem Gesichtspunkt „Busbedienung" gesehen. Besondere topographische Verhältnisse können trotzdem Achsen als sinnvolle Planungskonzepte erscheinen lassen.

[140]) — Ohne Verfasser (Dokumentation 44): Simulation der Auswirkungen einer Energieverknappung im regionalen Verkehrssystem eines Ballungsraumes. In: Internationales Verkehrswesen 1977, H. 6, S. 351 ff. Diese Untersuchung soll streiflichtartig das Problem aufzeigen, beansprucht jedoch nicht ein repräsentativer Ausschnitt aus allen zu dieser Problematik vorliegenden Arbeiten zu sein. Zur methodischen Problematik dieser Untersuchung siehe: WAGNER, G.: Literaturauswertung über Energieeinsparpotentiale im Verkehrssektor. In: Informationen zur Raumentwicklung 1979/H. 9, 10, Seite 619. — Siehe zu dieser Problematik auch: Informationen zur Raumentwicklung 1979/H. 9, 10. Seite 575 ff., 603 ff., 613 ff.

[141]) ROTH, U.: Der Einfluß von Siedlungsform auf Wärmeversorgungssysteme, Verkehrsenergieaufwand und Umweltbelastung. In: Raumforschung und Raumordnung 1977, H. 4, S. 162, 163.

[142]) RITTEL, H. W.: Gesellschaftliche Alternativen im Berufsverkehr. In: FRIEDRICHS, G. (Hrsg.): Aufgabe Zukunft-Qualität des Lebens, Band 3. RITTEL selbst räumt jedoch ein, daß es sich bei seinen Formeln nur um „Faustregeln" handelt.

liegen. Für kleinräumige Achsenkonzepte lassen sich aus diesen Ergebnissen noch keine Folgerungen ziehen.

Die zukünftige Ausrichtung der Siedlungsstruktur in Ordnungsräumen sollte eine Zuordnung von schienengebundenen ÖV-Systemen zu Wohnflächen (linere Siedlungsstruktur) berücksichtigen. Die damit verbundenen Probleme und Zielkonflikte liegen auf folgenden Ebenen:

— Eingeschränkte Verfügbarkeit von Flächen in fußläufigen Haltestelleneinzugsbereichen sowie teilweise hohe Baulandpreise

— Erfordernisse einer dichteren Bebauung und mangelnde Wohnumfeldqualität (z. B. Lärm und fehlende Grünflächen im fußläufigen Haltestelleneinzugsbereich).

Damit rückt das Problem der Notwendigkeit einer partiellen Lockerung der Verknüpfung von Wohnflächen und S-Bahn-Haltestellen in den Mittelpunkt des planerischen Interesses. Dies bedeutet einerseits, daß die Forschung verstärkt die Thematik der Grenzen für fußläufige Entfernungen zu ÖV-Haltestellen unter den Rahmenbedingungen teurerer Benzinpreise aufgreifen muß[143]). Andererseits aber auch, daß ÖV-Zubringer-System zur Schiene (sekundäres Verkehrssystem) sowie der Park-and-Ride-Verkehr[144]) in den Vordergrund rücken müssen. Eine vollständige tarif- und fahrplanmäßige Integration von Zubringerbussen und Schienenverkehr (oft als Nahverkehrsverbundstufe II bezeichnet) ist erforderlich und sollte nicht, wie jüngste Beispiele aus dem Mittleren Neckar-Raum zeigen[145]), in Frage gestellt werden.

5.2.2 Planungsmethodische Überlegungen und Vorschläge zu regionalplanerischen Verfahrensregelungen

Visualisierte Siedlungsleitbilder in Form von abstrakten Stern- oder Gittermodellen sind als Orientierungshilfen oder als planerische Grobkonzepte anzusehen. Eine solche Hilfskonstruktion erleichtert die Kommunikationsfähigkeit planerischer Überlegungen. Dies soll an einem Beispiel verdeutlicht werden: Neue Prognosen für den Wohnflächenbedarf im Mittleren Neckar-Raum[146]) liegen erheblich über den Prognosen des Regionalplanes. Sollten sich diese höheren Prognosewerte als richtig erweisen, ergeben sich daraus erhebliche Konsequenzen für die Weiterentwicklung der Siedlungsstruktur. Diese Konsequenzen kann man in einem siedlungsstrukturellen Grobkonzept schematisch-visuell darstellen, in dem man z. B. das sternförmige Achsensystem durch „Sprossen" ergänzt, die quer zu den Achsen laufen. Ein solches Vorgehen kann jedoch nur eine Orientierungshilfe sein. Die Regionalplanung kann dabei nicht stehen bleiben. Sie muß in einem weiteren Schritt dann im Einzelfall beurteilen, wo möglicherweise Siedlungsbereiche quer zur Achse als „Sprossen" vorzusehen sind und wo evtl. auch höhere Baudichten um S-Bahn-Haltestellen zu realisieren sind. Es ist auch, wie in Kapitel 4 schon dargelegt, keineswegs sinnvoll, solche relativ abstrakten siedlungsstrukturellen Leitbilder einer Umweltverträglichkeitsprüfung zu unterziehen, wie dies der Konzept-Entwurf des Landschaftsrahmenprogramms Baden-Württemberg fordert[147]). Dies sollte erst auf einer weiter konkretisierten Ebene geschehen.

Wie schon dargelegt, muß die Regionalplanung ihre Siedlungsstrukturkonzepte eingehend begründen, um gegenüber der Bauleitplanung glaubwürdig und durchsetzungsfähig zu sein. Der dar-

---

143) Forschungsergebnisse, die andeuten, daß eine Verkleinerung der Haltestelleneinzugsbereiche von 300 m bis 500 m in Betracht gezogen werden müssen, sind unter den Rahmenbedingungen künftig teurerer Benzinpreise durchaus problematisch. Vgl. Bundesminister für Verkehr: Forschung Stadtverkehr. Bonn 1979, H. 26, S. 19.

144) Zweifellos muß bei einer Priorisierung des P-+R-Verkehrs als flankierende Maßnahme an eine erhebliche Parkraumrestriktion in den Kernstädten, insbesondere für den Berufsverkehr gedacht werden. Eine solche Strategie wird z. B. im Stuttgarter Raum auch von der Industrie- und Handelskammer unterstützt. Vgl. IHK Mittlerer Neckar: Stellungnahme zum Regionalplan. Stuttgart 1977, S. 20. Vgl. auch LINDENBLATT, D.: Der Beitrag parkpolitischer Maßnahmen zur Verbesserung der Funktionsteilung im Stadtverkehr. Bentheim 1977.

145) Stuttgarter Zeitung vom 16. Januar 1980, S. 22: „Welzheimer Wald kämpft um den Anschluß — Sorge um Integration in den Verkehrsverbund".

146) BALDERMANN/HECKING u. a.: Wohnflächennachfrage und Siedlungsentwicklung. Unveröffentlichtes Manuskript. Stuttgart 1979.

147) KAULE, KOSSAK u. a.: Konzept Landschaftsrahmenprogramm Baden-Württemberg, Teil A. Stuttgart 1979, S. 25.

gestellten Ebene der visuellen Siedlungsleitvorstellungen fehlt für eine solche differenzierte Betrachtungsweise jedoch die im Einzelfall jeweils hinreichende Begründung. Deshalb müssen solche generellen Vorstellungen in weiteren Schritten durch spezielle kriteriengestützte Eignungsbewertungsverfahren für potentielle „Bereiche der Weiterentwicklung der Siedlungsstruktur" konkretisiert werden. In dieser Phase des Planungsprozesses dominieren dann nutzwertanalytische Standortbewertungsverfahren, um mit ihrer Hilfe „Bereiche mit in Zukunft verstärkter bzw. eingeschränkter Siedlungsentwicklung" auszuweisen. Nur mit einer solchen differenzierten Flächenbewertung[148]) sind die vorhandenen räumlichen Probleme adäquat zu lösen. Die Planungspraxis hat, wie u. a. das Beispiel der Region Unterer Neckar zeigt[149]), zum Teil solche Bewertungsversuche in siedlungsstrukturellen Teilbereichen (Wohnbauflächen, Gewerbeflächen, Freiflächen) durchaus schon aufgegriffen und arbeitet zumindest partiell mit Erfolg damit.

Die erforderlichen Bewertungsverfahren können im Rahmen der vorliegenden Untersuchung nicht umfassend dargestellt werden. Der Verfasser dieser Untersuchung hat dies in einer jüngst erschienenen Publikation mit dem Titel „Bewertungsmethoden für regionale Siedlungsstrukturkonzepte" (Band 33 der Reihe „Beiträge" der AKADEMIE FÜR RAUMFORSCHUNG UND LANDESPLANUNG)[150]) umfassend getan. In dem dort aufgezeigten Weg der Operationalisierung einer Entwurfslogik für die Weiterentwicklung der Siedlungsstruktur sowie der Meßbarkeit von Bewertungskriterien und der Anpassung des Modellaufbaus von Bewertungsverfahren an die kognitiven Kapazitäten (z. B.: Informationsverarbeitungskapazität) des bewertenden Individuums, besteht jedoch auch weiterhin noch ein erheblicher Forschungsbedarf[151]).

In dieser Phase des Planungsprozesses können die mit Achsenvorstellungen verbundenen inhaltlichen Aspekte (z. B.: Koordination von Siedlungsplanung und öffentlichem Schienenverkehr) vollständig durch Erreichbarkeitskriterien, die auf mathematischer Basis formuliert sind, ersetzt werden[152]).

Mehr oder weniger konkretisierte und visualisierte Achsenmodelle sind dann überflüssig. Dies soll an einem Beispiel nochmals verdeutlicht werden: Der Regionalplan für die Region Neckar-Alb nennt als Kriterium für die Bewertung potentieller Siedlungsflächen sowohl die „Lage in Entwicklungsachsen" als auch die „Verkehrsgunst"[153]). Damit wird zweimal dasselbe ausgedrückt, da Achsen durch Erreichbarkeitsvorteile definiert sind. Das Kriterium „Verkehrsgunst" reicht allein völlig aus, um den mit Achsen verbundenen inhaltlichen Aspekt von Erreichbarkeitsvorteilen bei der Weiterentwicklung der Siedlungsstruktur zu berücksichtigen.

Die dargestellte Vorgehensweise erlaubt der Regionalplanung die Entwicklung eines adäquat begründeten regionalen Siedlungsstrukturkonzeptes. Für die Umsetzung der Ziele der Regional- und Landesplanung in die Bauleitplanung muß dieses Konzept weiter instrumentiert werden, sei es z. B. quantitativ durch Einwohnerrichtwerte[154]) oder z. B. restriktiv-flächenorientiert durch Festlegung von Flächen, die von einer Besiedlung freizuhalten sind (Vorrangflächen für Freiraumfunktionen). Es wäre zu überlegen, ob nicht die Regionalplanung in Zukunft u. a. in Form einer nutzwertanalytischen Kriterienliste einfach vorgeben sollte, nach welchen Gesichtspunkten die Bauleitplanung von ihr beurteilt wird. Eine solche nutzwertanalytische Festlegung von überörtlich relevanten Kriterien in Form einer „Checkliste" könnte die Effizienz der Regionalplanung gegenüber der der-

---

[148]) Der rahmensetzende, überörtliche Charakter der Regionalplanung muß dabei gewahrt bleiben.

[149]) Vgl. dazu verschiedene Vorlagen des Regionalverbandes Unterer Neckar für den Planungsausschuß.

[150]) EBERLE, D.: Bewertungsmethoden für regionale Siedlungsstrukturkonzepte. Veröffentlichungen der ARL: Beiträge Band 33. Hannover 1979.

[151]) Der Verfasser des vorliegenden Beitrages bearbeitet derzeit einzelne Aspekte dieser Thematik an konkreten Fallbeispielen aus der Regionalplanung. Der dafür von der AKADEMIE FÜR RAUMFORSCHUNG UND LANDESPLANUNG erteilte Forschungsauftrag (Nr. 20/1979) wird voraussichtlich Anfang 1981 abgeschlossen sein.

[152]) Sie werden ergänzt durch Qualitätsmerkmale. Auch Ziele, wie „Freihaltung von Achsenzwischenräumen", lassen sich in Bewertungskriterien operationalisieren.

[153]) Regionalverband Neckar-Alb: Regionalplanentwurf Mai 1977. Tübingen 1977, S. 64.

[154]) Die Problematik der mangelnden Steuerungsfähigkeit des Instrumentes „Einwohnerrichtwerte" soll hier nicht weiter vertieft werden.

zeitigen Praxis durchaus erhöhen. Diese Verfahrensregelung wäre die konsequente methodische Fortsetzung der dargestellten „Eignungsbewertungsverfahren für regionale Siedlungsstrukturkonzepte" für den Umsetzungsprozeß in die Bauleitplanung. Hierzu müßten natürlich verfeinerte Mikrokriterien entwickelt werden. Die mit Achsen verbundenen inhaltlichen Aspekte wären dabei wiederum voll durch die Formulierung von spezifischen Bewertungskriterien (u. a. Erreichbarkeitskriterien) abzudecken. Eine solche Verfahrensregelung wäre möglicherweise sinnvoller, als die, in Verbindung mit der Ausweisung von regionalen Achsenkonzepten zum Beispiel in Baden-Württemberg partiell praktizierte, stadtteilscharfe Vorgabe von Achsenstandorten durch die Regionalplanung[155]).

5.3 Zusammenfassende planungspraktische Vorschläge für die Regionalplanung

a) Erfordernisse einer linearen Ausrichtung der Siedlungsstruktur:

Die Weiterentwicklung der Siedlungsstruktur ist ein Prozeß mit inkrementalem Charakter. Dies bedeutet: Weiterentwicklung in kleinen Schritten und kein grundsätzlicher Neuaufbau von Stern-, Gitter- und sonstigen Systemen[156]). Dabei spielt auch in Zukunft eine günstige Zuordnung von schienengebundenem Nahverkehr und Siedlungseinheiten, d. h. die Linearität der Siedlungsstruktur, eine wesentliche Rolle. Dies muß jedoch insofern eingeschränkt werden, als daraus keineswegs die Folgerung gezogen werden kann, daß lineare Siedlungsmuster, wie das Achsensystem, generell für alle Räume als Siedlungsleitbild infrage kommen[157]). Erforderlich sind sowohl regionale Differenzierungen als auch ein differenziertes Vorgehen innerhalb einer Planungsregion. Sollte sich zum Beispiel in Teilgebieten einer Region ein Bus-System gegenüber einem schienengebundenen Nahverkehrssystem als besser geeignet herausstellen, so entfallen lineare Zwänge.

Hohe Bedeutung erhält in Zukunft die Lösung von konzeptimanenten Zielkonflikten des Achsensystems (Überlastungserscheinungen auf Achsen, lineare Bündelung von Straße und Schiene etc.), sowie die Organisation von Zubringersystemen zu ÖNV-Haltestellen auf Achsen (Erweiterung fußläufiger Einzugsbereiche, Park-and-Ride-Systeme, Einbeziehung von Bus-Zubringern in Takt- und Verbundsysteme). Dafür lassen sich jedoch kaum generalisierungsfähige Lösungsvorschläge entwickeln. Vielmehr sind raumadäquate und problemgerechte Konzepte erforderlich.

b) Methodische Aspekte der Weiterentwicklung der Siedlungsstruktur und regionalplanerische Verfahrensregelungen:

Visualisierte räumliche Ordnungsvorstellungen, wie zum Beispiel axiale Stern- oder Gittermodelle sind Grobkonzepte zur Verdeutlichung von siedlungsstrukturellen Überlegungen[158]). Sie müssen durch detaillierte und interdisziplinär-umfassende nutzwertanalytische Eignungsbewertungsverfahren für Flächen[159]) konkretisiert werden. Eine adäquat begründete regionalplanerische Weiterentwicklung der Siedlungsstruktur ist ohne solche kriteriengestützte Verfahren nicht möglich[160]).

---

[155]) Es handelt sich dabei um Regionalplanungsentwürfe.

[156]) In einigen Räumen existieren zum Beispiel Siedlungsstrukturen, sei es als Planungskonzepte oder als tatsächlich vorhandene Strukturmuster schon sehr lange. Auch die Phase der Neueinführung von S-Bahn-Systemen ist weitgehend abgeschlossen. Derzeit dominieren eher Netzerweiterungen. Diese Feststellung bedeutet jedoch nicht, daß nicht auch Ausnahmen davon durchaus gesehen werden.

[157]) Allgmeine Empfehlungen, wie etwa die schon zitierte Entschließung der MKRO zur Gestaltung der Ordnungsräume, sollte nicht den Akzent auf die generelle Verwendbarkeit von Siedlungsachsen in allen Ordnungsräumen setzen, sondern müßten die problem-, struktur- und raumspezifisch differenzierte Weiterentwicklung der jeweiligen Siedlungsstruktur und damit die „Individualität" jeder Region viel stärker hervorheben.

[158]) Eine strikte Entwurfslogik für die Weiterentwicklung der Siedlungsstruktur kann ohne sie auskommen, wie im folgenden dargestellt wird. Sie dienen jedoch der Komplexitätsreduktion und stellen eine wesentliche Hilfe für die Kommunizierbarkeit planerischer Überlegungen dar.

[159]) Der rahmensetzende Charakter der Regionalplanung muß dabei gewahrt bleiben.

[160]) Vielfache Ansätze dazu sind in der Regionalplanung durchaus schon vorhanden (vgl. dazu die im folgenden unter c) gemachten Äußerungen). Zur methodischen Vorgehensweise siehe: EBERLE, D.: Bewertungsmethoden für regionale Siedlungsstrukturkonzepte. Hannover 1979. Veröffentlichungen der ARL: Beiträge Band 33. In dieser Publikation werden insbesondere weiterentwickelte Formen der Nutzwertanalyse auf siedlungsstrukturelle Bewertungsprobleme angewandt.

Der mit Siedlungsachsen verbundene inhaltliche Aspekt kann dabei u. a. mit Erreichbarkeitskriterien[161]) auf der Basis mathematischer Indices dargestellt und einbezogen werden.

Darüber hinaus sollte überlegt werden, ob die Umsetzung regionalplanerischer Ziele in die Bauleitplanung nicht durch eine Verfahrensregelung erfolgen soll, bei der die Regionalplanung diejenigen Kriterien, mit denen sie die siedlungsstrukturelle Weiterentwicklung auf der Ebene der Bauleitplanung beurteilt, in Form einer nutzwertanalytischen „Checkliste" vorgibt.

c) Anregungen und Folgerungen für die baden-württembergische Regionalplanung:

Das Kapitel 2 der baden-württembergischen Regionalpläne, das sich mit der Ausweisung und Konkretisierung von Achsen befaßt, könnte entfallen. Dieses Kapitel stellt letztlich für die Regionalplanung einen unnötigen Ballast dar. Die unter b) angesprochene Darstellung von Achsensystemen sollte in Kapitel 1 der baden-württembergischen Regionalpläne erfolgen[162]), das sich mit allgemeinen Zielen der Regionalplanung befaßt. Dieses Kapitel wäre dafür der logisch-adäquate Rahmen. Auf eine spezielle Ausweisung von Achsenstandorten, wie dies partiell in Regionalplanungsentwürfen, zum Teil auf Stadtteil-Ebene geschieht, sollte verzichtet werden. Das Planungselement „Achsenstandort" sollte vollständig in das Kapitel 7, d. h. in die Ausweisung von „Bereichen mit verstärkter Siedlungsentwicklung" integriert werden und somit als eigenständiges Planungselement entfallen[163]). Die möglicherweise isoliert mit ihm verbundenen Wirkungen auf die Bauleitplanung waren ohnehin bisher zu wenig präzisiert[164]).

Die Ausweisung von Bereichen mit verstärkter Siedlungsentwicklung in Kapitel 7 der Regionalpläne muß, wie mehrfach schon dargelegt, auf der Basis von nutzwertanalytischen Eignungsbewertungen erfolgen, wobei die mit Achsen verbundenen inhaltlichen Aspekte durch Bewertungskriterien (z. B.: Erreichbarkeit) einbeziehbar sind. Es ist in diesem Zusammenhang hervorzuheben, daß solche Bewertungsverfahren in der Praxis durchaus vielfach angewandt werden. Der logische Aufbau der Bewertungsmodelle sowie die Operationalisierung von Kriterien läßt jedoch oft noch zu wünschen übrig. Dieses bisherige Defizit muß weitgehend auch der Wissenschaft angelastet werden, für die sich hier ein ergiebiges Forschungsfeld auftut. Die Überzeugungskraft der Regionalplanung gegenüber den Gemeinden hängt nicht zuletzt von der Verwendung solcher relativ präzisen Begründungsmethoden für siedlungsstrukturelle Konzepte ab.

---

[161]) Es müssen dabei quantitative und qualitative Erreichbarkeitskriterien einbezogen werden. Auch andere Ziele des Siedlungsachsenmodells, wie zum Beispiel die Freihaltung von Achsenzwischenräumen, lassen sich durch Bewertungskriterien operationalisieren.

[162]) Rückkoppelungsprozesse aus der im folgenden angesprochenen differenzierten Bewertung müssen dabei beachtet werden. Sollten sich bei dieser Bewertung einzelne Achsen als überlastet erweisen, so sind sie in diesem Grobkonzept, das naturgemäß noch wenig Begründungstiefe aufweist, wieder zu streichen. Dieser Rückkoppelungsprozeß gilt vor allem auch für landesplanerisch vorgegebene Achsenrichtungen.

[163]) Im Landesentwicklungsbericht 1979 für Baden-Württemberg werden Achsen unter der Überschrift „Planungselemente" dargestellt. Die notwendige Instrumentierung von Achsen u. a. durch Siedlungsbereiche wird dabei deutlich dargestellt.

[164]) Wie schon dargelegt, werden Achsenstandorte von SCHMIDT-ASSMANN als „Zentrale Orte kleiner Münze" bezeichnet.

6. Wissenschaftstheoretische Schlußbemerkungen zur Weiterentwicklung von Achsenkonzepten

Achsenkonzepte und insbesondere das Sternmodell sind bis jetzt die vorherrschenden Siedlungsstrukturkonzeptionen für Verdichtungsräume. Sie sind in der Planungspraxis allgemein akzeptiert. Als Planungskonzepte kommt ihnen damit durchaus der gleiche Status zu, wie allgemein anerkannten wissenschaftlichen Theorien. Damit läßt sich auch der von KUHN für solche anerkannten Theorien geprägte Begriff des Paradigmas[165]) auf diese Achsenkonzepte übertragen[166]).

KUHN hat diesen Paradigmabegriff in eine umfassende Theorie der wissenschaftlichen Entwicklung eingebaut[167]), die möglicherweise auch für die Weiterentwicklung von Achsenkonzepten zumindest einige Perspektiven aufzeigen kann. Folgt man KUHN, so ist das Ziel der „normalen Wissenschaft" nicht die Überprüfung oder Infragestellung eines solchen Paradigmas, sondern die präzisere und detailliertere Erforschung paradigmakonformer Faktoren.

Auf das Problem der Achsenkonzepte übertragen bedeutet dies, daß Detailprobleme, wie z. B. Einzugsbereiche von S-Bahn-Haltestellen aufgegriffen und präziser erforscht werden, ohne daß das gesamte Achsenkonzept prinzipiell in Frage gestellt wird.

Eine solche Konzentration auf bestimmte ausgewählte Problembereiche und die fortlaufende Verfeinerung des Paradigmas sowie die Ausschöpfung aller seiner Möglichkeiten führt aber früher oder später an die Grenzen des Paradigmas[168]). Es tauchen dann sogenannte „Anomalien" auf, die mit den üblichen Methoden und Ansätzen nicht mehr lösbar sind, es kommt zu „Unzufriedenheiten mit dem theoretischen, methodischen und begrifflichen Rüstzeug"[169]).

Trotz allgemeiner Anerkennung befinden sich die Achsenkonzeptionen für Verdichtungsräume derzeit am Anfang eines solchen kritischen Stadiums. Wie in den vorangegangenen Kapiteln nachgewiesen wurde, gibt es durchaus Probleme, die mit Achsenkonzepten nur noch zum Teil zu lösen sind.

Folgt man der weiteren Argumentation von KUHN, so ergeben sich für die künftige Entwicklung von Achsenkonzepten folgende Perspektiven:

a) Ein altes Paradigma wird nur aufgegeben, wenn gleichzeitig ein anderes an seine Stelle treten kann.

b) Das neue Paradigma „gewinnt seine Überzeugungskraft dadurch, daß es Überlegenheit über das alte Paradigma verspricht"[170]). „Die Annahme eines neuen Paradigmas ist aber keinesfalls nur ein Prozeß der Überzeugung mit Hilfe von Logik und Fakten"[171]). Subjektive Wertvorstellungen und Überzeugungen spielen dabei durchaus eine wesentliche Rolle[172]).

---

[165]) Der Begriff des Paradigmas schließt bei KUHN anerkannte Gesetze und Theorien aber auch Methoden und konkrete Problemlösungen ein, die von den Mitgliedern einer „scientific-community" geteilt werden; Vgl. KUHN, TH. S.: The Structure of Scientific Revolutions. Chicago 1970, S. 174, 175.

[166]) Die Übertragung des Paradigmabegriffes auf Elemente des Planungsprozesses erfolgte zum Beispiel auch bei: GALLOWAY, TH./MAHAYNI, R.: Planning Theory in Retropect/The Process auf Paradigma Change. In: Journal of the American Institute of Planners 1977, Nr. 1, S. 62-69.

[167]) KUHNS Theorie hat in der Wissenschaftstheorie-Diskussion ein „außerordentlich weites Echo gefunden; ihre Stichworte sind zum Alltagsvokabular vieler Sozialwissenschaftler geworden". Vgl. Fußnote [166]), S. 62. KUHN selbst gibt jedoch auch zu, daß seine Theorie nicht sehr originell auf anderen Gebieten längst schon Allgemeingut ist: „Historians of literature, of music, of the arts, of political developement, and of many other human aktivities have long described their subjects in the same way". Vgl. Fußnote [165]), S. 208. Teilweise gibt es auch heftige Widersprüche gegen diese Theorie. Einen Überblick über diese Kritik geben: — STEGMÜLLER, W.: Theoriendynamik. Berlin/Heidelberg/New York 1973, S. 169-183. — LAKATOS, J./MUSGRAVE, A. (Hrsg.): Kritik und Erkenntnisfortschritt. Braunschweig 1974.

[168]) SPIEGEL-RÖSING, I. S.: Wissenschaftsentwicklung und Wissenschaftssteuerung. Frankfurt/M., 1973, S. 59.

[169]) Vgl. Fußnote [165]), S. 59.

[170]) Vgl. Fußnote [168]), S. 60.

[171]) Vgl. Fußnote [168]), S. 60.

[172]) Vgl. Fußnote [165]), S. 94.

Für die weitere Diskussion von Achsenkonzepten bedeutet dies, daß diese Konzepte erst dann abgelöst werden, wenn bessere Konzepte, d. h. ein neues Paradigma, vorhanden sind und daß dieser Prozeß auch nicht-rationale Elemente enthält.

Die Ausarbeitung eines neuen Paradigmas[173] für die Siedlungsstrukturkonzeptionen bleibt eine Aufgabe für die nächsten Jahre. Der hier vorgelegte Beitrag ist im Sinne der KUHN'schen Theorie, d. h. seinem wissenschaftstheoretischen Status nach ein Element beim Aufspüren von Anomalien des alten Paradigmas „Achse".

---

[173] Damit ist jedoch nicht nur ein Übergang von linearen Siedlungskonzepten, wie Achsen zu nicht-linearen gemeint, sondern eine umfassende Neuorientierung der Entwurfslogik für Siedlungsstrukturkonzepte.

Siedlungsachsen und Siedlungsstruktur

Zur Kritik kleinräumiger Achsenkonzepte am Beispiel des Raumes Karlsruhe

von
Klaus Richrath, Karlsruhe

INHALT

1. Siedlungsachsen und räumliche Planung
2. Siedlungsachsen und räumliche Planungskonzepte
    2.1 Historische Konzepte
    2.2 Neuere Konzepte
        2.2.1 Verkehr und Flächennutzung
3. Der Raum Karlsruhe
    3.1 Die Siedlungsachsen des Raumes Karlsruhe
    3.2 Die Siedlungsstruktur des Raumes Karlsruhe
        3.2.1 Wohngebiete und Personennahverkehr
        3.2.2 Arbeitsstätten und Berufsverkehr
        3.2.3 Ausbildungsstätten und Ausbildungsverkehr
        3.2.4 Einkaufsstätten und Einkaufsverkehr
        3.2.5 Naherholungsgebiete und Naherholungsverkehr
    3.3 Anmerkungen zum Personennahverkehr
4. Siedlungsachsen und Planungswirklichkeit
    4.1 Systembedingte Konflikte
    4.2 Entwicklungsbedingte Konflikte
    4.3 Raumbedingte Konflikte
    4.4 Konfliktstrategien der Landes- und Regionalplanung
5. Siedlungsachsen und Alternativen
    5.1 Planungsalternativen für den Raum Karlsruhe
    5.2 Anmerkungen zur Planungspraxis
6. Zusammenfassung

1. Siedlungsachsen und räumliche Planung

Achsen und Schwerpunkte bilden die zwei „Hauptstrukturelemente" des Zielsystems für die Entwicklung der Bundesrepublik Deutschland und ihrer Teilräume[1]). Das daraus abgeleitete oder darauf bezogene räumlich-funktionale Strukturprinzip ist über den hierarchischen Aufbau der Planungsebenen mit relativ geringen Modifizierungen Grundlage nahezu aller räumlichen Planungen: Das Netz großräumig bedeutsamer Achsen[2]) verzweigt sich, wenn auch mit wechselndem Funktionsverständnis und Zielbezug, bis in die Teilräume der Stadt- und Regionalplanung.

Die relativ allgemeinen, raumbezogenen Ziele des Achsenkonzepts, punkt-axiale Konzentration der Siedlungsentwicklung und Freihaltung von Landschaftsräumen, gewinnen unter den beobachteten und erwarteten Implikationen sozioökonomischer Veränderungen, sich wandelnder Wertvorstellungen und Zielprioritäten seit Mitte der siebziger Jahre auf regionaler und kommunaler Ebene zunehmend konkretere und schärfere Konturen: in den Auseinandersetzungen um Priorität, Dimensionierung, Dichte und räumliche Verteilung relevanter Nutzungen und Einrichtungen, in den Wünschen nach Schonung natürlicher und historischer Ressourcen, nach weniger Umweltbelastungen und nach mehr Gestaltung.

Trotz aller formalen Perfektion des Planungssystems[3]) wächst auf diesen Planungsebenen, auf denen die allgemeinen Grundsätze und Ziele der Raumordnung und Landesplanung mittelbar und unmittelbar rechtliche und gestaltwirksame Verbindlichkeit erhalten, die seit Mitscherlichs „Anstiftung zum Unfrieden"[4]) latente Kritik der Öffentlichkeit an der städtischen und regionalen Wirklichkeit. Während sich das Interesse auf der oberen Ebene von der Verwaltung knappen Bodens der Steuerung anderer, neuer Engpässe zuwendet[5]), rücken auf der unteren Ebene konkrete Einzelmaßnahmen und städtebauliches Detail, Maßnahmen zur Regeneration der Landschaft und zur Erneuerung der Bausubstanz in den Mittelpunkt planerischer Bemühungen, interkommunaler Verteilungskämpfe und gruppenspezifischer Interessenkollisionen.

a) Umbau, Reparatur und Gestaltung sind besonders eng verhaftet mit den jeweils spezifischen naturräumlichen und siedlungsgeschichtlichen Ausprägungen eines Planungsraumes. Veränderte Erwartungshorizonte und Planungsaufgaben, die sich weit mehr als bisher an den Chancen und Restriktionen des örtlichen Potentials als an der Hoffnung auf ein vergleichsweise anonymes Wachstum orientieren, verlagern die Diskussion über mehr oder weniger abstrakte und raumneutrale Zielsysteme hin zu konkreten und raumspezifischen Sachverhalten. Die notwendig abstrakten Konzeptionen der Landesplanung geraten so noch schneller in Gefahr, eine vielgestaltige Wirklichkeit normativ zu überformen. Deutlicher noch als für großräumige Achsen stellt sich im kleinräumigen Maßstab die Frage nach der Generalisierungsfähigkeit von Achsen[6]).

b) Das Korrektiv des „Gegenstromprinzips", wonach auch die „Ordnung des Gesamtraumes die Gegebenheiten und Erfordernisse seiner Teilräume berücksichtigen" soll[7]), scheint zunehmend geschwächt durch die wachsende Bindung der Gemeinden und Regionen an übergeordnete Konzep-

---

[1]) Vgl. Empfehlungen des BEIRATS FÜR RAUMORDNUNG, a) Zielsystem für die räumliche Entwicklung der Bundesrepublik Deutschland (28. Oktober 1971), b) Zielsystem zur räumlichen Ordnung und Entwicklung der Verdichtungsräume in der Bundesrepublik Deutschland (14. September 1972). In: Raumordnungsbericht 1972 der Bundesregierung, Bonn, 1972, S. 149 ff.

[2]) Vgl. Raumordnungsprogramm für die großräumige Entwicklung des Bundesgebietes, Bonn-Bad Godesberg, 1975, S. 51. In: Schriftenreihe des Bundesministers für Raumordnung, Bauwesen und Städtebau, 06.002.

[3]) Vgl. WAGENER, F., Überblick über die Systeme räumlicher Planung in der Bundesrepublik Deutschland. In: SRL-Informationen. (1977) 1, S. 62 ff.

[4]) MITSCHERLICH, A., Die Unwirtlichkeit unserer Städte. Anstiftung zum Unfrieden, Frankfurt a. M., 1965. In: edition suhrkamp 123.

[5]) Vgl. WAGENER, F., Überblick über die Systeme räumlicher Planung . . ., a. a. O., S. 76 f.

[6]) Vgl. KISTENMACHER, H., Zur theoretischen und und planungspraktischen Verwendbarkeit von Achsen. In: Zur Problematik von Entwicklungsachsen, Hannover, 1976, S. 10 ff., 24 ff. Veröffentlichungen der AKADEMIE FÜR RAUMFORSCHUNG UND LANDESPLANUNG, Forschungs- und Sitzungsberichte, Bd. 111.

[7]) Raumordnungsgesetz vom 8. April 1965, § 1 (4).

tionen und Fachplanungen, an perfektionistische Gesetze und Verwaltungsvorschriften und an die disziplinierende Vergabe von Zuschüssen und Zuweisungen. Auf der regionalen Ebene selbst setzt der jeweils erreichbare Konsens zwischen den kommunalen Einzelinteressen mehr oder weniger enge Grenzen für den Auftrag der Regionalplanung, die Grundsätze und Ziele der Raumordnung und Landesplanung sachlich zu konkretisieren und räumlich auszuformen[8]). Die Konzeptionen der Landesplanung bleiben so auch mit zunehmender Annäherung an die konkreten Sachverhalte und Erfordernisse der Stadt- und Regionalplanung oft unverbindlich und abstrakt.

Engere Handlungsspielräume und kleinere Planungsschritte, verteilt über längere Zeiträume, bedürfen um so mehr längerfristiger und flexibler Rahmenkonzeptionen, um Einzelmaßnahmen sachlich einordnen, räumlich zuordnen und zeitlich koordinieren zu können. Je mehr Ansätze dafür aus der Auseinandersetzung mit den relevanten Elementen der Siedlungsstruktur innerhalb konkret beschreibbarer Raumindividualitäten gewonnen werden müssen, desto geringer wird auch die planungspraktische Verwendbarkeit relativ pauschaler Handlungsanweisungen und schematisierender Rezepte[9]).

c) Die mit dem punkt-axialen Strukturprinzip verfolgten Ziele der räumlichen Ordnung und Entwicklung scheinen bisher nicht oder doch nur bedingt und auf Teilgebieten erreicht. Das konzedieren in zunehmend deutlicheren Formulierungen inzwischen auch Raumordnungs- und Landesplanungsberichte. Und das zeigt die Beobachtung der räumlichen Wirklichkeit, deren Veränderungen auf Konflikte innerhalb des Zielsystems und zwischen Zielen, räumlicher Konzeption und Planungsinstrumenten oder deren Anwendung schließen lassen.

Die offenkundigen Diskrepanzen zwischen Konzeption und Wirklichkeit können verschiedene Ursachen und Erklärungsmöglichkeiten haben:

— sach- oder systembedingte Konflikte, d. h. Konflikte zwischen Zielen, Mitteln und Maßnahmen, zwischen dem verfolgten Konzept zur Ordnung und Entwicklung der Siedlungsstruktur und den Bestimmungsgründen und Wirkungsweisen der Elemente der Siedlungsstruktur,

— zeit- oder entwicklungsbedingte Konflikte, d. h. Konflikte zwischen einer im Grundsatz auf Wachstum angelegten Konzeption, veränderten Entwicklungspotentialen und -ressourcen, sich wandelnden Wertvorstellungen und -prioritäten,

— raumbedingte Konflikte, d. h. Konflikte zwischen der nur wenig modifizierten Anwendung eines Schemas und der jeweils spezifischen naturräumlichen und geschichtlichen Individualität unterschiedlicher Räume und Teilgebiete, deren Entwicklungschancen und -hemmnissen.

Konflikte und Widersprüche innerhalb des Achsenkonzepts können bisher meist nur bedingt und in Teilaspekten als manifeste Divergenzen zwischen Plan und Wirklichkeit an der städtischen und regionalen Realität festgemacht werden. Viele Konzepte befinden sich noch in der Phase der Planaufstellung, die Realisierung der meisten ist noch nicht abgeschlossen und bei einer teilweise inflationären Ausweisung von Zentren und Achsen unter inzwischen veränderten Entwicklungsbedingungen in überschaubarer Zukunft auch nicht zu erwarten. Daraus ergibt sich aber auch eine Chance, nämlich aus erkennbaren Fehlentwicklungen und Divergenzen zwischen den räumlich-funktionalen Zielsetzungen des Achsenkonzepts und den Veränderungen der Siedlungsstruktur und ihrer Elemente Ansätze für Korrekturen, Modifizierungen oder Alternativen zu gewinnen.

1.1 Gegenstand, Problemstellung und Grenzen der Untersuchung

Der für die quasi-ubiquitäre Anwendung von Achsen und Schwerpunkten notwendig hohe Abstraktionsgrad verschleiert hinter einer vordergründig einheitlichen Sprachregelung ein weites Interpretationsfeld, auf dem sich Zustandsbeschreibungen, Zielvorstellungen und Handlungsanweisungen vermengen. Der mehrdeutige Begriff „Achse" wird hier im Sinne kleinräumiger, vorwie-

---

[8]) Vgl. Landesplanungsgesetz Baden-Württemberg vom 25. Juli 1972, geänd. 6. Mai 1975, § 29 (1).

[9]) Vgl. KISTENMACHER, H., Zur theoretischen Begründung und planungspraktischen Verwendbarkeit von Achsen, a.a.O., S. 15 ff.

gend städtebaulich und nahverkehrsorientierter „Siedlungsachsen" verwendet[10]), Zielvorstellung und Instrument für die Ordnung und Entwicklung der Siedlungsstruktur.

Siedlungsstruktur meint hier die räumliche Verteilung von Artefakten: Wohnungen, Arbeitsstätten, öffentlichen Einrichtungen oder Verkehrswegen, nach bestimmten Regeln und Übereinkünften. Wesentliche Elemente der Siedlungsstruktur sind in diesem so verkürzten Verständnis von Siedlung und Stadt als einem „durch vorgängige Investitionen produzierten und agglomerativ strukturierten und begrenzten Interaktionsfeld"[11]) neben den natürlichen Gegebenheiten die vorwiegend baulich bestimmten Flächen und Standorte für unterschiedliche Tätigkeiten sowie deren materielle Verknüpfungen, durch die Personen mit Personen und Sachen in Verbindung treten.

a) Innerhalb dieser Eingrenzung und unter dem generellen Ziel der Suche nach Modifizierungen oder Alternativen zum Konzept der Siedlungsachsen behandelt diese Untersuchung die Frage, ob und in welcher Weise die Bestimmungsgründe und Wirkungsweisen der Elemente der Siedlungsstruktur in ihren gegenwärtigen Bindungen und unter Einschätzung ihrer zukünftigen Entwicklungstendenzen den siedlungsstrukturellen Zielen kleinräumiger Achsenkonzepte im Zwischenfeld von Regional- und Bauleitplanung entsprechen oder widersprechen, deren Realisierung erleichtern, erschweren oder gar ausschließen. Bei der besonderen konstitutiven und instrumentellen Bedeutung des öffentlichen Personennahverkehrs für das Konzept der Siedlungsachsen läßt sich diese Frage teilweise darauf einengen, ob und in welcher Weise die Anforderungen der konzeptrelevanten Nutzungen an den Personennahverkehr und umgekehrt die Anforderungen des Personennahverkehrs an diese Nutzungen sich entsprechen oder widersprechen.

b) Diese Gegenüberstellung bezieht sich auf die mehr oder weniger „klassischen" Achsenkonzepte etwa seit Mitte der sechziger Jahre. Vor allem unter den erwarteten Konsequenzen der „Tendenzwende" beginnen die jüngsten Planfortschreibungen der Landes-, Regional- und Stadtentwicklungsplanung diese Konzeptionen einschließlich der mit ihnen verbundenen Instrumente den veränderten Entwicklungsbedingungen und den inzwischen gewonnenen Erfahrungen anzupassen. Zu fragen ist deshalb auch, ob diese Modifizierungen und Korrekturen der „offiziellen" Planung noch dem wesentlichen konzeptionellen und instrumentellen Gehalt der „klassischen" Achsenkonzepte entsprechen, oder ob sie diesen hinter der Fassade eines traditionsreichen Begriffs aufzuweichen beginnen oder schon aufgelöst haben.

c) Diese Fragestellungen werden untersucht am Beispiel des Raumes Karlsruhe in seiner Entwicklung ab 1961. Dieser Raum ist Teilgebiet eines Verdichtungsraumes und einer Stadtregion mittlerer Größenordnung. Er umgreift Teilgebiete zweier Regionen in zwei Bundesländern (Mittlerer Oberrhein, Rheinpfalz) mit jeweils unterschiedlichem Achsenverständnis. Und er umfaßt Landschafts- und Siedlungsräume mit jeweils unterschiedlichen physischen Voraussetzungen für die Ausweisung und den Aufbau von Siedlungsachsen.

Als Gegenstand einer Fallstudie erscheint dieser Raum besonders aus folgenden Gründen geeignet:

— In räumlich-konzeptioneller Hinsicht sind im rechtsrheinischen Teilgebiet Siedlungsachsen durch die historische Siedlungsentwicklung in naturräumlich bedingten Siedlungskorridoren weitgehend vorgezeichnet, so daß Konflikte im kleinräumigen Bereich frühzeitig deutlich werden.

— In instrumentell-organisatorischer Hinsicht sind regionale Planung und vorbereitende Bauleitplanung über das Institut eines Nachbarschaftsverbandes mit der Aufgabe gemeinsamer Flächennutzungsplanung für Stadt und Umlandgemeinden besonders eng verknüpft.

d) Als Ziel steht hinter der Analyse von Divergenzen zwischen erwünschter und realer räumlicher Entwicklung letztlich immer der „bessere" Plan. Der folgt aber nicht schon von selbst aus der Aufdeckung von Konflikten und Widersprüchen. Pläne entwerfen eine denkbare Zukunft und den Handlungsablauf, wie diese zu erreichen sei. Die Spannweite realisierbarer Alternativen kann zwar,

---

[10]) Zu den Begriffen vgl.: Zur Problematik von Entwicklungsachsen, a.a.O., Vorwort (H. KISTENMACHER) S. 1 ff.

[11]) LINDE, H., Sachdominanz in Sozialstrukturen, Tübingen, 1972, S. 30. In: Gesellschaft und Wissenschaft 4.

wenn auch mit Einschränkungen und Vorbehalten, eingegrenzt werden durch das, was als technisch und ökonomisch möglich, als sozial wünschenswert und politisch durchsetzbar angenommen wird[12]). Aber auch bei zukünftig engeren Handlungsspielräumen verbleiben Unsicherheiten über die räumlichen Bedingungen einer erstrebenswerten Zukunft, die vermutlich nur durch Diskussion verschiedenartiger Pläne, Alternativ- und Gegenpläne verringert werden können[13]).

Überdies führt schon die Erklärung einer umfassenden räumlichen Wirklichkeit mit Hilfe weniger Faktoren und Wirkungszusammenhänge sowohl über die traditionelle Arbeitsweise von Architekten und Stadtplanern als auch über die ntowendige Komplexitätsreduktion mathematischer Verfahren zu verkürzten Ergebnissen. Diese Einschränkung gilt um so mehr für den Entwurf komplexer Siedlungskonzepte.

Grenzen für diese Untersuchung sind räumlich gesetzt durch die Eigenart einer Fallstudie selbst, sachlich durch die Betrachtung weniger ausgewählter Elemente der Siedlungsstruktur und schließlich auch zeitlich durch schnell veraltende Daten und darauf reagierende Modifizierungen regional- und landesplanerischer Konzeptionen. Unter den zusätzlichen Restriktionen begrenzter Informationen, ihrer Darstellung und Verarbeitung nach Umfang, sachlicher, räumlicher und seitlicher Differenzierung müssen sich Problemanalysen in ihrem Problemlösungsbeitrag deshalb zunächst darauf beschränken, aus einer Vielzahl spezieller Aussagen und allgemeiner Befunde die Grenzen zukünftiger Handlungsspielräume abzutasten. Analyseergebnisse und Planungsvorschläge für den Untersuchungsraum sind deshalb auch nicht oder nur bedingt übertragbar auf andere Räume, deren Siedlungsstruktur und Siedlungskonzept.

2. Siedlungsachsen und räumliche Planungskonzepte

Widersprüche zwischen den Zielen des punkt-axialen Konzepts, zwischen Zielen und Plan und zwischen Plan und Wirklichkeit haben bisher mit Vorrang die Diskussion über die eingesetzten oder einzusetzenden Instrumente der räumlichen Planung berührt. Weitgehend ausgeklammert blieb das zugrunde liegende Planungskonzept selbst[14]). Mit stagnierenden oder schrumpfenden Entwicklungspotentialen und Investitionsmitteln verlagern sich aber zumindest partiell die Steuerungsaufgaben der räumlichen Planung, und die traditionellen Steuerungsinstrumente werden stumpfer. Die Diskussion wird sich deshalb verstärkt der kritischen Aufarbeitung konzeptioneller Aspekte zuwenden müssen. Ohnehin steht für das Achsenkonzept eine befriedigende wissenschaftliche Begründung noch aus[15]).

Dieses Defizit muß um so mehr überraschen, als gleichzeitig mit der Formulierung des punktaxialen Strukturprinzips durch Praktiker der Planung Anfang der sechziger Jahre[16]) wissenschaftliche Methoden in die Stadt- und Regionalplanung Eingang finden, und Arbeitsweisen und Ergebnisse eben jener Planungspraktiker in Frage gestellt werden. Der dennoch breite Konsens läßt sich vermutlich erklären mit der ebenso selbstverständlichen wie ungeprüften Aneignung eines traditionsreichen Siedlungsmodells: Es bietet in anschaulicher Weise Möglichkeiten zu weiterem Wachstum an, ohne daß die überlieferten Prinzipien der Trennung zwischen Stadt und Land an der Peripherie, historische Kontinuität und Chancen für ein „lebendiges Stadtbild" im Zentrum des Siedlungsrau-

---

[12]) Vgl. ALBERS, G., Zukünftiger Städtebau. In: Systems 69, Internationales Symposium über Zukunftsfragen, Stuttgart, 1970, S. 193.

[13]) Vgl. HEIDEMANN, C., Über informative und normative Sätze in der Planung. In: Bauwelt 62 (1971) 51/52, S. 295 = Stadtbauwelt 32. Vgl. SIEVERTS, T., Chancen der Raumplanung — Planung in Alternativen. In: SRL-Informationen (1975) 1, S. 16 ff.

[14]) Dies gilt auch unter dem Aspekt der in Raumordnungs- und Landesplanungsberichten vielzitierten „Tendenzwende".

[15]) Vgl. KISTENMACHER, H., Zur theoretischen Begründung und planungspraktischen Verwendbarkeit von Achsen, a.a.O., S. 7.

[16]) Vgl. HILLEBRECHT, R., Städtebau und Stadtentwicklung. In: Archiv für Kommunalwissenschaften 1 (1962) 1. Halbjahresband, S. 41 ff.

mes aufgegeben werden müßten. Und es läßt die Verknüpfung von Bündelungseffekten und Agglomerationsvorteilen in Achsen und Schwerpunkten mit den historisch entwickelten Gegebenheiten der Siedlungsstruktur unmittelbar einsichtig erscheinen.

Diese erklärende Betrachtung „historisch-dynamischer" Siedlungsprozesse[17] übersieht allerdings die statischen, wenn nicht restaurativen Aspekte eines darauf bezogenen Planungskonzeptes: Das überkommene zentralörtliche Gefüge der Schwerpunkte wird als relativ unveränderlich ebenso festgeschrieben wie z. B. Transportmittelwahl und Gestaltungskraft vorzugsweise schienengebundenen Personennahverkehrs entlang den Achsen.

2.1 Historische Konzepte

Mit Ausnahme ihrer programmatischen Abstraktion und nahezu ubiquitären Anwendung sind Achsen und Schwerpunkte als „entscheidende Strukturkategorien" der räumlichen Planung ebenso wenig neu wie die städtebaulichen Fragen, die mit ihrer Hilfe gelöst werden sollen: die Beziehung zwischen Stadt und Land, die Suche nach einem Siedlungsgefüge, das Wachstum und Veränderung aufnehmen kann, und die Versorgung der Bevölkerung mit Freiflächen, Wohnungen, Arbeitsstätten, Gütern und Diensten unter günstigen Kosten-Nutzen-Relationen sichert. Dem Katalog neu hinzuzufügen ist der Aspekt der Umweltbeeinträchtigungen, dem auch die Gestaltzerstörung von Siedlung und Landschaft zugerechnet werden kann.

Mit der Entwicklung arbeitsteiligen Wirtschaftens differenziert die räumliche Planung in zunächst grober Aufteilung in Flächen für mehr oder weniger stationäre Tätigkeiten und lineare Verkehrs- und Versorgungssysteme, die zeitlich aufeinander folgende und räumlich voneinander getrennte Tätigkeiten miteinander verbinden. Wesentliche Instrumente sind die Disposition ausgewählter Standorte und deren Attraktivitätssteigerung durch Infrastrukturinvestitionen, besonders durch verbesserte Zugänglichkeit mit vorzugsweise schienengebundenen Nahverkehrsmitteln, deren Trassen in vielen historischen Konzepten das Grundgerüst von Achsen bilden[18].

Die lineare Addition von Siedlungseinheiten gewinnt unter den idealtypischen städtebaulichen Modellvorstellungen gegen Ende des 19. Jahrhunderts an Bedeutung, als mit Soria y Matas „Ciudad Lineal" (1882) der Verkehr als ein entscheidender Faktor für die funktionale Organisation und Gestaltung der Stadt und ihres Umlandes auftaucht[19]. Durch Zuordnung der Nutzungen zu einer begrenzten Zahl linear gebündelter Transportwege sollen die steigenden Aufwendungen zur Befriedigung wachsender Verkehrsbedürfnisse in Grenzen gehalten werden. Nicht zuletzt unter diesem Aspekt (die frühen Siedlungsmodelle und Planungsschemata verfolgen ganz unterschiedliche Zielsetzungen) verdrängen die Vorschläge, denen in irgendeiner Form der Bandgedanke zugrunde liegt andere idealtypische Ausgangskonzepte: Die Quasi-Autarkie der punktförmigen Stadt kann auch in ihren Adaptionen an die Bedingungen der arbeitsteiligen Industriegesellschaft[20] mit wachsenden funktionalen und räumlichen Interdependenzen eine Ausweitung der Verkehrsbedürfnisse und -aufwendungen nicht vermeiden. Die flächenhaften Konzepte[21] setzen neben der Verfügbarkeit großer Flächen technische und ökonomische Bedingungen voraus, die Verkehrsleistungen nahezu überall und jederzeit verfügbar machen.

---

[17] VON BORRIES, H.-W., Ökonomische Grundlagen der westdeutschen Siedlungsstruktur, Hannover, 1969. Veröffentlichungen der Akademie für Raumforschung und Landesplanung, Abhandlungen, Bd. 56.

[18] Vgl. ALBERS, G., Städtebauliche Konzeptionen und Infrastrukturbereitstellung. In: Theorie und Praxis der Infrastrukturpolitik, Berlin, 1970, S. 259. In: Schriften des Vereins für Sozialpolitik, Gesellschaft für Wirtschafts- und Sozialwissenschaften, Neue Folge, Bd. 54.

[19] Vgl. La Compania Madrilena de Urbanisación; La Ciudad Lineal, Madrid, 1931, cit. bei: SCHOOF, H., Idealstädte und Stadtmodelle als theoretische Planungskonzepte. Beitrag zur räumlich-funktionalen Organisation der Stadt, Diss. Karlsruhe, 1965, S. 57 ff.

[20] Vgl. z. B. Howards Gartenstadt 1898. HOWARD, E., Gartenstädte von morgen. Das Buch und seine Geschichte, Berlin, Frankfurt/M., Wien, 1968 = Bauwelt-Fundamente 21.

[21] Vgl. z. B. Wrights Broadacre City. WRIGHT, F. L., Usonien. When Democracy Builds, Berlin, 1950. Die tatsächlichen Veränderungen der Siedlungsstruktur bestätigen allerdings tendenziell Wrights städtebauliche Vorstellungen.

2.2 Neuere Konzepte

Die jüngeren räumlichen Konzeptionen versuchen überwiegend, die verkehrlichen Vorteile der Bandstruktur mit einer vorgefundenen oder organisierten Hierarchie zentraler Standorte zu verknüpfen[22]), z. B. durch radiale Zuordnung verkehrsorientierter Nutzungszonen auf ein Hauptzentrum[23]), durch parallele Zuordnung von Nutzungszonen auf eine bandartige Zentralzone[24]) oder durch gerichtete Rasterstrukturen mit Zentren von insgesamt weniger hierarchischem Aufbau, orientiert an der Standortgunst innerhalb eines differenzierten Verkehrsnetzes[25]).

Die in der Praxis der Stadtentwicklung verwendeten räumlichen Planungskonzepte in der Bundesrepublik Deutschland basieren fast ausnahmslos auf HILLEBRECHTS Vorschlag „zur Entwicklung einer neuen städtebaulichen Form der Stadtregion"[26]). Der Mittelpunkt der Region wird über sternförmig ausstrahlende Entwicklungsbänder mit verkehrsorientierten Bandsiedlungen verknüpft mit dem Kranz der umgebenden Zentralorte. Die Konzentration der Bandinfrastruktur in Achsen ist weitgehend identisch mit deren Verbindungen zum Hauptzentrum (Abb. 1).

Abb. 1 *Hillebrecht Regionalstadt*

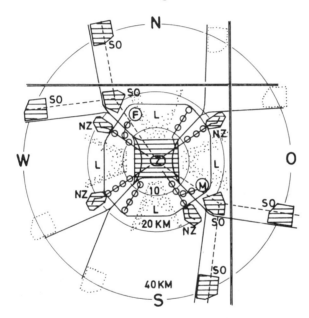

Im Grundsatz wird die Radial- oder Sternstadt entlang den Siedlungskorridoren der Stadterweiterung seit Ende des vergangenen Jahrhunderts in das Umland weitergeführt, wenn auch in einer neuen Dimension und mit einer differenzierteren inneren Organisation. Rückgrat der Achsen sind

---

[22]) Kategorien nach ALBERS, G., Städtebauliche Konzeptionen und Infrastrukturbereitstellung, a. a. O., S. 269.
[23]) Vgl. z. B. Hillebrechts Regionalstadt. HILLEBRECHT, R., Städtebau und Stadtentwicklung. In: Archiv für Kommunalwissenschaften 1 (1962) Erster Halbjahresband, S. 61 ff.
[24]) Vgl. z. B. M.A.R.S. Group, A Master Plan for London. In: The Architectural Review, XII (1942) 546, S. 143 ff.
[25]) Vgl. z. B. Buchanans Directional Grid. In: BUCHANAN, C. and Partners; South Hampshire Study, London, 1966.
[26]) HILLEBRECHT, R., Städtebau und Stadtentwicklung, a. a. O., Historische Bezüge finden sich z. B. in Schumachers Planungskonzept für Hamburg und sein Umland oder auch in Christallers „Verkehrsprinzip" der zentralen Orte. Vgl.: SCHUMACHER, F., Wesen und Organisation der Landesplanung im Hamburgisch-Preußischen Planungsgebiet, Hamburg, 1932 = Veröffentlichungen des hamburgisch-preußischen Landesplanungsausschusses, H. 4. Vgl. CHRISTALLER, W., Die zentralen Orte in Süddeutschland, 2. Aufl. Darmstadt, 1968.

die Trassen des vorzugsweise schienengebundenen öffentlichen Personennahverkehrs. Zusammen mit als „zumutbar" unterstellten Weg-Zeit-Aufwendungen definieren vor allem die technischen und betriebswirtschaftlichen Anforderungen des Personennahverkehrs die Zuordnung relevanter Standorte und Nutzungen, deren räumlich-funktionale Organisation und räumlich-gestalterische Ausformung.

Die Annahmen dieses Siedlungsmodells sind abgeleitet aus raumspezifischen und zeitbezogenen Beobachtungen, wie sie MÜLLER-IBOLD für den Großraum Hannover beschrieben hat[27]). Sie werden verbunden mit den Thesen FOURASTIES über die zukünftige Entwicklung der Gesamtwirtschaft[28]), obwohl diese Prognose keinen räumlichen Bezug für die Verteilung der Beschäftigten aufweist[29]). Unter der Annahme, die erwartete Zunahme der Tertiärbeschäftigten werde ganz überwiegend von Dienstleistungsbetrieben mit traditioneller Innenstadtbindung aufgenommen, wird die damals beobachtete Tendenz der Konzentration von Arbeitsplätzen in innerstädtischen Gebieten als progressiv zunehmend ebenso fortgeschrieben, wie die Dominanz des (unter diesen Entwicklungsbedingungen allerdings zwingend erforderlichen) öffentlichen Personennahverkehrs. Technisch und ökonomisch bedingte Substitutionsprozesse zwischen den Verkehrsmitteln bleiben weitgehend unberücksichtigt, ebenso die vielfältigen Wirkungszusammenhänge zwischen Verkehr und Flächennutzung im Sinne der travel-land use-Ansätze.

2.2.1 Verkehr und Flächennutzung

Der Verkehr ist in diesen Ansätzen einerseits eine abhängige Variable der Siedlungsentwicklung, seine „Gestaltungskraft" beeinflußt andererseits Art, Lage, Umfang, Zuordnung und innere Organisation der Nutzungen. Die wechselseitigen Wirkungszusammenhänge erklären die räumliche Organisation der Siedlungen unter den jeweiligen sozialen, ökonomischen und technischen Bedingungen als Ergebnis permanenter Ausgleichsprozesse zwischen Standorten, die nach Ausstattung und Lage für bestimmte Tätigkeiten als vergleichsweise am besten geeignet betrachtet werden, und dem jeweils verfügbaren Verkehrssystem, dessen Qualität von dem Kompromiß zwischen den divergierenden Wünschen nach maximalen Kommunikationsangeboten und minimalen Kosten bestimmt wird.

Veränderungen der Siedlungsstruktur als Folge gesellschaftlicher und ökonomischer Vorgänge werden ausgelöst durch steigende öffentliche und private Raumansprüche bei steigenden Funktionsgrößen und durch wachsende Mittel der Raumveränderung und -überwindung. Deren Mehrkosten wiederum werden durch höhere Produktivität aufgefangen. Veränderungen der Verkehrsmodalitäten werden bestimmt von der Suche nach neuen und billigeren Verfahren, innerhalb der städtischen Wirtschaft zu verkehren. Substitutionsvorgänge zwischen verschiedenen Verkehrstechniken haben wiederum Auswirkungen auf die Standort- und Nutzungsstruktur, bei sinkendem Anteil der Transport- an den Produktionskosten tendenziell und zusammen mit anderen Bestimmungsgründen in Richtung der bisher zu beobachtenden Dezentralisierung von Standorten und Diversifikation der Flächennutzungen: „Eine Vervollkommnung des Verkehrssystems führt zunächst zu einer höheren Gestaltungskraft, von einem bestimmten Punkt ab jedoch führt eine Verbesserung zu einer Abnahme"[30]).

Die Variablen der Wirkungsprozesse zwischen „flow systems und adapted spaces"[31]) sind die Flächennutzung nach Art, Größe, Lage, Dichte und Gestalt und der Verkehr nach Verkehrsmengen,

---

[27]) Vgl. MÜLLER-IBOLD, K. u. R. HILLEBRECHT, Städte verändern ihr Gesicht. Strukturwandel einer Großstadt und ihrer Region, dargestellt am Beispiel Hannover, Stuttgart 1962. In: neues bauen — neues wohnen, Bd. 2.

[28]) Vgl. FOURASTIE, J., Die große Hoffnung des zwanzigsten Jahrhunderts, Köln-Deutz, 1954.

[29]) Vgl. Kritik bei: BÖKEMANN, D, Das innerstädtische Zentralitätsgefüge, dargestellt am Beispiel der Stadt Karlsruhe, Karlsruhe, 1967, S. 13 f, 64 f. In: Karlsruher Studien zur Regionalwissenschaft, H. 1.

[30]) VOIGT, F., Theorie der regionalen Verkehrsplanung. Ein Beitrag zur Analyse ihrer wirtschaftlichen Problematik, Berlin, 1964, S. 28. In: Verkehrswissenschaftliche Forschungen. Schriftenreihe des Instituts für Verkehrswissenschaft der Universität Hamburg, Bd. 10.

[31]) LYNCH, K. u. L. RODWIN, A Theory of Urban Form. In: Journal of the American Institute of Planners, XXIV (1958) 4, S. 201.

Quellen und Zielen, Verkehrsmitteln und Verkehrswegen. Nach Analysen des werktäglichen Personenverkehrs[32]) reduziert sich die Vielfalt möglicher Reisemotivationen auf fünf bis sechs Reisezwecke, deren Fahrten nach Verkehrsmenge, zeitlicher und räumlicher Konzentration das Verkehrsgeschehen und Standortgefüge maßgeblich beeinflussen. Es sind dies Fahrten von und zur Wohnung, Arbeitsstätte, Ausbildungsstätte, Einkaufstätte, von und zu Naherholungsgebieten, zugleich jene Verkehrsquellen und -ziele, deren Nutzungen und Standorte in den städtebaulichen und regionalen Konzeptionen als relevant betrachtet werden. Die Untersuchung beschränkt sich hier auf die Darstellung einiger ausgewählter Zusammenhänge zwischen diesen Elementen der Siedlungsstruktur und dem Konzept der Siedlungsachsen des Raumes Karlsruhe[33]).

3. Der Raum Karlsruhe

Nach Auswertung vorliegender Gutachten und Analyse der Verflechtungen zwischen Stadt und Umland[34]) wird als Raum Karlsruhe unter Vernachlässigung notwendiger Detailkorrekturen das Gebiet der drei Mittelbereiche Karlsruhe, Ettlingen und Kandel-Wörth definiert. In diesem Gebiet sind die Verflechtungen zwischen der Stadt Karlsruhe und ihrem Umland besonders intensiv und die Notwendigkeit zu gemeinsamer räumlicher Planung besonders groß. Die Grenzen zwischen den drei Mittelbereichen sind fließend, sie werden im Zeitablauf je nach Abgrenzungsmerkmal zunehmend unschärfer.

Dieser Raum ist nahezu deckungsgleich mit der 1970 neubestimmten Stadtregion Karlsruhe. Er überschreitet im Gegensatz zu der inzwischen überholten Abgrenzung des Verdichtungsraums Karlsruhe den Rhein als Landesgrenze zwischen Baden-Württemberg und Rheinland-Pfalz und zwischen den Regionen Mittlerer Oberrhein und Rheinpfalz (Abb. 2).

Die naturräumliche Gliederung des Raumes wird bestimmt durch das nördliche und mittlere Oberrhein-Tiefland, im Westen begrenzt durch den Pfälzer Wald, im Osten durch den Kraichgau und den nördlichen Schwarzwald. Die rechtsrheinische Landschaft ist geprägt durch die Stromniederung, das Hochgestade, die Niederterrasse mit dem Hardtwald, den Kraichgau und die Ausläufer des nördlichen Schwarzwalds (Abb. 3).

Das Siedlungsgefüge des Raumes ist gekennzeichnet durch die Aufreihung der Siedlungen an den historischen Straßentrassen am Rhein, am Gebirgsfluß und in den Tallagen des angrenzenden Berg- und Hügellandes. Im Tiefgestade bestimmen Kiesbänke Lage und Ausdehnung der Siedlungen, im Bergland Mulden und Rodungsinseln. Von jeher ein Land der Klein- und Mittelstädte, hat sich die Siedlungsstruktur während der späten Industrialisierung zugunsten eines relativ engen Netzes von Mittelzentren und zugunsten einer relativ gleichwertigen Infrastrukturausstattung vieler Gemeinden weiter ausgeprägt. Das historisch entwickelte zentralörtliche Gefüge des Raumes erhielt ab 1715 mit Gründung der Residenzstadt Karlsruhe einen neuen, entscheidenden Impuls (Abb. 3).

In den drei Mittelbereichen des Raumes Karlsruhe leben rund 515 000 Einwohner (1975), rund 230 000 Beschäftigte (1970, ohne Landwirtschaft) finden dort ihren Arbeitsplatz. Die vorliegenden Bevölkerungsprognosen bis 1990 weisen bei landesdurchschnittlicher Entwicklung der Erwerbspersonen auf Stagnation bzw. deutliche Abnahme (zwischen +0,8% und —4,2%) mit den landesplanerischen Richtwerten als oberer Variante[35]).

[32]) Vgl.: KESSEL, P., Verhaltensweisen im werktäglichen Personenverkehr, Bonn, 1972. In: Straßenbau und Straßenverkehrstechnik, hrsg. vom Bundesminister für Verkehr, Abt. Straßenbau, Bonn, H. 132.

[33]) Vgl. RICHRATH, K., Beiträge zur Entwicklung des Raumes Karlsruhe. Kritische Anmerkungen zu einigen Aspekten der Regionalplanung, Hrsg. Institut ORL, Universität Karlsruhe, Karlsruhe, 1976.

[34]) Vgl. Zusammenfassung in: Untersuchung der überörtlichen Bedingungen zum Flächennutzungsplan Karlsruhe (Bearb. K. RICHRATH u. W. VOEGELE), Karlsruhe, 1976. In: Mitteilungen des Baudezernats, Stadtplanung FNP 16.

[35]) Vgl. Bevölkerungs- und Erwerbsstellenprognosen 1973/74 und 1976 des Statistischen Landesamtes Baden-Württemberg. Vgl. Systemanalyse zur Landesentwicklung Baden-Württemberg, Dornier System, prognos, Arbeitsgruppe Landespflege, Stuttgart, 1975.

Abb. 2   *Raum Karlsruhe: Stadtregion Karlsruhe 1970*

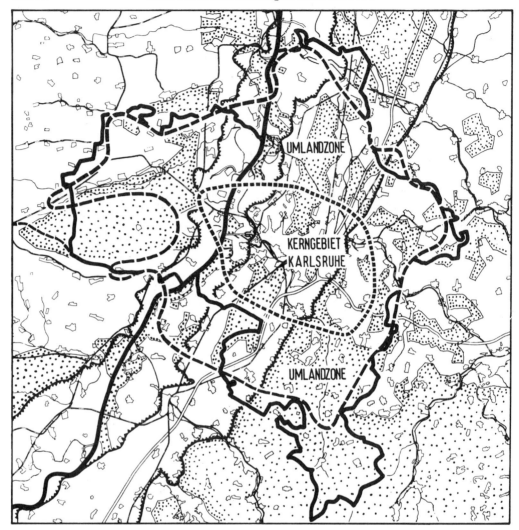

Bedingt durch die Landesgrenze verdoppelt sich die ohnehin inflationäre Vielfalt von Planungsräumen und -kompetenzen[36]). Ihr wird mit dem „Nachbarschaftsverband Karlsruhe" eine weitere Planungsinstitution mit einem weiteren Planungsraum hinzugefügt (Abb. 4). Inhaltlich bleiben die Aufgaben dieses Nachbarschaftsverbandes beschränkt auf die Aufstellung eines gemeinsamen Flächennutzungsplans. Investitionshoheit ist ihm auch für Teilaufgaben bisher nicht übertragen. Obwohl es das Nachbarschaftsverbandsgesetz zuläßt, und obwohl die existentiellen Planungsprobleme des Raumes großräumiger Natur sind, hat der Verband bisher die Rheingrenze nicht überschritten[37]).

Bereits aus dieser groben Charakterisierung des Raumes lassen sich erste kritische Anmerkungen treffen:

---

[36]) Nach der Gliederung von WAGENER: rund 30 Träger der Verwaltungshoheit, rund 90 Träger von Planungsaufgaben ohne deren Untergliederung in Ämter und Referate in einem Raum mit der Einwohnerzahl Hannovers oder Nürnbergs. Vgl. WAGENER, F., Überblick über die Systeme räumlicher Planung . . ., a.a.O., S. 64 f.

Abb. 3 Raum Karlsruhe: naturräumliche Gliederung

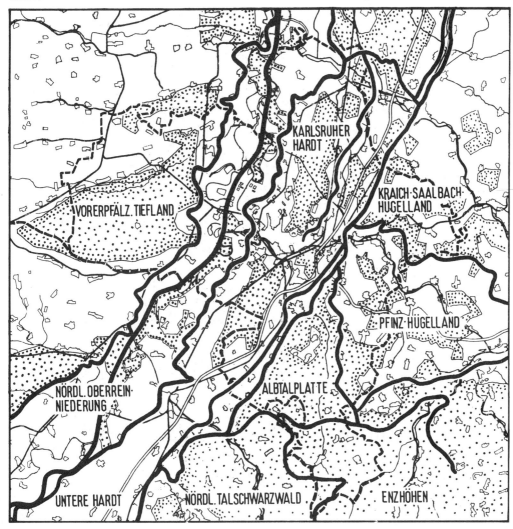

a) Das Prinzip der räumlichen Konzentration an gebündelten Verkehrswegen ist durch die besonderen naturräumlichen Bindungen des Raumes Karlsruhe: Topographie, Untergrund, Vegetation, seit jeher vorgegeben. Der Verlauf der ausgewiesenen Achsen bestätigt nur, was seit der römischen Kolonisation bekannt war und durch zwei Jahrtausende auch als sinnvoll befolgt wurde, nämlich auf den hochwassergeschützten, trockenen Flächen oberhalb des Hochgestades, auf den Kiesinseln des Urstromtales, in den leicht erschließbaren und wasserführenden Tallagen von

---

37) Vgl. Viertes Gesetz zur Verwaltungsreform (Nachbarschaftsverbandsgesetz) vom 9. Juli 1974. Zur Lösung dieser Probleme, z. B. relative Verminderung der großräumigen Verkehrsgunst, Überlastung des ökologischen Potentials aus der Überlagerung klimatischer und naturräumlicher Besonderheiten (Inversionswetterlagen, Rheinniederung) mit hochwertiger Standortgunst für Gewerbe und Energieerzeugung und fortschreitendem Stromausbau (Rheinstaustufen) sind die Einwirkungsmöglichkeiten der Stadt- und Regionalplanung auf nationale und internationale fachplanerische Entscheidungen bescheiden.

Abb. 4   *Raum Karlsruhe: Mittelbereiche und Nachbarschaftsverband*

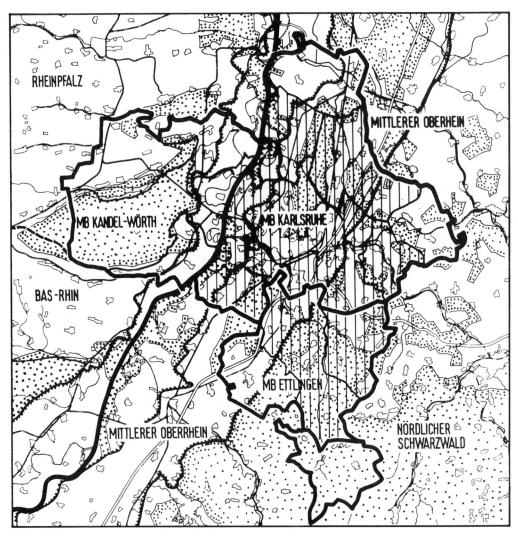

Kraichgau und Schwarzwald, später auch in den Rodungsinseln, zu siedeln. Da die Achsen mit den naturräumlich ohnehin begrenzten Siedlungsräumen weitgehend kongruent sind, verlieren sie als Instrument der Siedlungslenkung an zusätzlicher Steuerungskraft.

b) Diese instrumentelle Schwäche bleibt auch ohne Berücksichtigung der spezifischen naturräumlichen und siedlungsstrukturellen Besonderheiten des Raumes bestehen. Die Siedlungsachsen des rechtsrheinischen Teilgebiets umfassen die Siedlungsgebiete von knapp 90% der Wohnbevölkerung (unter Einrechnung der Siedlungsbereiche, die nicht an Achsen liegen). Auf diese Weise wird das Prinzip der räumlichen Konzentration durch eine quasi-ubiquitäre Ausweisung von Siedlungsachsen unterlaufen. Gleichzeitig sind die Siedlungsgebiete der Stadt Karlsruhe mit rund 60% der Wohnbevölkerung des Raumes der Steuerung durch regionale Achsenkonzeptionen bei nicht immer eindeutiger Kompetenzabgrenzung zwischen regionaler Planung und kommunaler Bauleitplanung nur bedingt zugänglich.

c) Der Regionalverband bestimmt deshalb nur noch wenige Orte in ausgewählten Siedlungsbereichen als „Bereiche mit verstärkter Siedlungsentwicklung". „Ansatzpunkte für eine verstärkte Siedlungsentwicklung innerhalb der Siedlungsbereiche sind (neben einigen Stadtteilen Karlsruhes) insbesondere die Zentralen Orte[38]." Über diesen Umweg denaturieren die Siedlungsachsen als Instrument der Siedlungslenkung letztlich zu (überflüssigen) Hilfskonstruktionen für die Zentralen Orte.

d) Noch stumpfer werden die Siedlungsachsen als Instrument räumlicher Konzentration bei längerfristiger Bevölkerungsstagnation. Unter dem Ziel, weitere Bevölkerungsverluste des Oberzentrums ebenso zu vermeiden wie Abwanderungen aus den ländlichen Teilgebieten der Region, würde sich die Siedlungsentwicklung der Gemeinden weitgehend auf „Eigenentwicklung" beschränken. Diese ist aber allen Gemeinden zugestanden[39].

e) Ohnehin werden die bei reduzierten Entwicklungspotentialen verschärften Konzentrationsforderungen des Bundesraumordnungsprogramms[40] mit zunehmender „Annäherung an die Front" zugunsten politischer Befriedungsstrategien entschärft. Die Landesplanung begegnet den veränderten Wachstumserwartungen mit der Modifizierung ihrer Konzentrationsforderungen zugunsten eines „differenzierten Verdichtungsprinzips": Einrichtungen der Infrastruktur sollen „am stärksten", nichtlandwirtschaftliche Arbeitsplätze „nicht so stark", Wohnstätten „am wenigsten stark" konzentriert werden. Das Achsennetz soll zumindest nicht weiter verdichtet werden[41].

Auf regionaler Ebene wurden zumindest bisher die Achsen der Landesplanung ergänzt, „verbreitert" oder in „Teilachsen" gegliedert. Selbst die Reduzierung „verstärkter Siedlungsentwicklung" auf die (extensiv ausgewiesenen) Zentralen Orte zeigt die Grenzen zwischen den Forderungen nach räumlicher Konzentration eines knappen Entwicklungspotentials und den Zwängen interkommunaler Konsensfindung auf: Da die Nahbereichsgrenzen der Zentralen Orte unterer Stufe mit den neuen Gemeindegrenzen der Kommunalreform weitgehend kongruent sind, erhalten so auch fast alle politischen Gemeinden wieder ihren Anteil bei der regionalen Verteilung des erwarteten Entwicklungspotentials.

Da am Konzept der Achsen unverändert festgehalten wird, stellt sich die Frage, ob die „Modifizierungen" der Landes- und Regionalplanung nicht verschleiern, daß dieses Konzept zumindest bei längerfristigen Schrumpfungs- oder Stagnationsverläufen als Instrument kleinräumiger Siedlungslenkung und -konzentration, wenn nicht gescheitert, so doch in seiner Wirksamkeit erheblich eingeschränkt ist.

3.1 Die Siedlungsachsen des Raumes Karlsruhe

Das regionale Achsenkonzept des Raumes ist durch den Landesentwicklungsplan Baden-Württemberg und das Landesentwicklungsprogramm Rheinland-Pfalz in seiner programmatischen Aus-

---

[38] Regionalverband Mittlerer Oberrhein, Regionalplan. Überarbeitete Fassung, Stand 11/1979, Karlsruhe, 1979, S. 7/3 f., 7/9. Die problematische Kompetenzabgrenzung zwischen Regional- und Bauleitplanung wird hier besonders deutlich. Die Funktionszuweisungen für einzelne Gemeindeteile durch die Regionalplanung sollen zunächst nur als „Vorschläge des Regionalverbandes" angesehen werden. Vgl.: Innenministerium Baden-Württemberg; Stellungnahme zum „Regionalplan 76" des Regionalverbands Nordschwarzwald, Stuttgart, Okt. 1977.

[39] Zur Eigenentwicklung gehört die Befriedigung des Bedarfs an Siedlungsflächen für die natürliche Bevölkerungsentwicklung und für den inneren Bedarf. Vgl. Landesentwicklungsbericht 1979, hrsg. vom Innenministerium Baden-Württemberg, o. O., o. J. (Stuttgart, 1979), S. 77. Ist schon die Erhebung einer Bedarfskategorie zu einem Quasi-Steuerungsinstrument fragwürdig, so ermitteln überdies die Gemeinden selbst im Rahmen des BBauG ihren Flächenbedarf aus Eigenentwicklung und entscheiden über dessen räumliche Verteilung. Vgl. Innenministerium Baden-Württemberg; Stellungnahme zum Entwurf „Regionalplan 76", a.a.O.

[40] Vgl.: Raumordnungsprogramm für die großräumige Entwicklung des Bundesgebietes, a.a.O., S. 46 f.

[41] Vgl. Landesentwicklungsbericht 1975 Baden-Württemberg, Stuttgart, 1975, S. 48 f., 52, 60 ff. Vgl. in diesem Zusammenhang auch die Zulässigkeit zentralörtlicher Einrichtungen außerhalb Zentraler Orte, „wenn der Standort aus planerischen Erwägungen der bessere ist". Entwurf der Fortschreibung des Landesentwicklungsplans Baden-Württemberg, Stand Jan. 1979, Innenministerium Baden-Württemberg, o. O., o. J. (Stuttgart, 1979), S. 7.

Abb. 5 *Raum Karlsruhe: Achsen, Siedlungsbereiche und zentrale Orte*

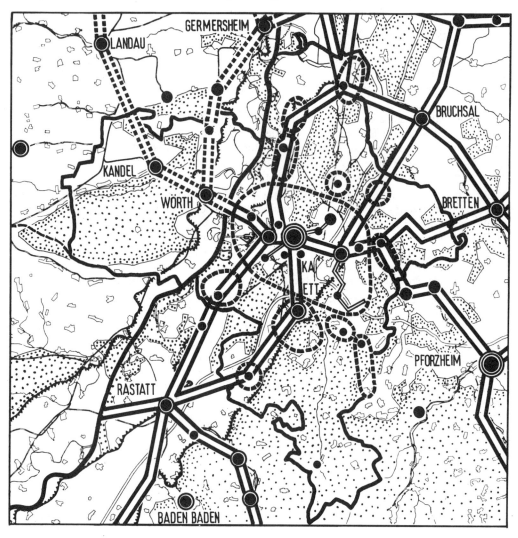

formung weitgehend vorgegeben, rechtsrheinisch relativ differenziert, linksrheinisch vergleichsweise allgemein[42] (Abb. 5).

a) In Rheinland-Pfalz und in der Region Rheinpfalz werden Achsen mit Vorrang unter dem Aspekt verkehrlicher Erschließung und Verbindung betrachtet. „Hauptachsen" folgen überwiegend hochwertigen und/oder gebündelten Verkehrs- und Versorgungsstraßen. „Andere Achsen"

---

[42] Vgl. im einzelnen: Landesentwicklungsplan Baden-Württemberg, a.a.O. — Entwurf der Fortschreibung des Landesentwicklungsplans, a.a.O. — Landesentwicklungsprogramm Rheinland-Pfalz, Mainz, 1968. — Landesentwicklungsbericht 1975 Baden-Württemberg, a.a.O. — Landesentwicklungsbericht 1979, a.a.O. — Landesentwicklungsbericht 1975 der Landesregierung Rheinland-Pfalz, Mainz, 1976. — Regionalverband Mittlerer Oberrhein, Regionalplan, a.a.O. — Regionaler Raumordnungsplan Südpfalz, 3. Abschnitt Planungsziele, Germersheim, 1971. — Entwurf Flächennutzungsplan Stadt Karlsruhe, Programm und Planung, als Manus. veröff.

sind regelmäßig Bundesstraßen⁴³). In den Verdichtungsräumen dienen besondere „Verbindungsachsen" der Aufnahme neuer Wohn- und Gewerbeflächen und der Entlastung der großen Städte, besonders in größeren Zentralen Orten als Endpunkten der Verbindungsachsen. In diesen Achsen sollen Nahverkehrsmittel in möglichst dichter Folge und möglichst schienengebunden verkehren⁴⁴). Auf Grund der unkoordinierten und inzwischen überholten Abgrenzung von Verdichtungsräumen zählt das linksrheinische Teilgebiet des Raumes Karlsruhe nicht zu dieser Raumkategorie.

b) Die rechtsrheinisch im Landesentwicklungsplan Baden-Württemberg ausgewiesenen „Entwicklungsachsen" werden verstanden als „eine unterschiedlich dichte Folge von Siedlungsschwerpunkten" entlang gebündelter Anlagen der Bandinfrastruktur, nach Einführung des „Freiraums" als neues Instrument der Landesplanung „als eine durch Freiräume begrenzte und gegliederte, unterschiedlich dichte Folge von Siedlungsschwerpunkten⁴⁵)". Ausgewiesen in einem schematischen, zusammenhängenden Netz, bilden sie mit den zentralen Orten das Grundgerüst der künftigen Siedlungsstruktur⁴⁶). Auf eine aufgabenspezifische Unterscheidung der Entwicklungsachsen wird aus grundsätzlichen Erwägungen verzichtet⁴⁷). Auch wenn nach Definition und Zielsetzung die siedlungsstrukturellen Aspekte gegenüber denen des inner- und interregionalen Verkehrs und Leistungsaustauschs überwiegen, so überlagern sich in den „Entwicklungsachsen" Ziele und Aufgaben kleinräumiger „Siedlungsachsen" und großräumiger „Kommunikationsachsen".

Die bandförmige Konzentration der Siedlungsentwicklung in die Tiefe des Verdichtungsraumes anstelle ringförmiger Erweiterung, möglichst in Zusammenhang mit bestehenden Siedlungen und Hauptverkehrslinien, dient der ökonomischen Auslastung von Infrastruktureinrichtungen und der Freihaltung von Landschaftsräumen zugunsten ökologischer Funktionen und der Naherholung. Sie bietet die notwendigen Voraussetzungen für Anlage und Betrieb leistungsfähiger Personennahverkehrssysteme und so für die schnelle Erreichbarkeit aller Einrichtungen der Punktinfrastruktur für die Bevölkerung innerhalb wie außerhalb der Verdichtungsräume⁴⁸).

Die Aufgabe der Entwicklungsachsen ist dabei eine zweifache: Gestaltung der Siedlungsstruktur und Intensivierung des Leistungsaustausches. Achsen dienen so einerseits als Instrument zur Förderung des Oberziels gleichwertiger Lebensbedingungen und andererseits, als dessen Unterziel, als räumlich-funktionale Ordnungsvorstellung der anzustrebenden relativen Verdichtung⁴⁹). Im Vordergrund steht ihr instrumenteller Charakter⁵⁰).

Innerhalb der Region werden die Achsen der Landesplanung ergänzt durch „regionale Achsen" und „städtische Achsen" der Stadt Karlsruhe. Sie bleiben auch auf dieser Ebene eine durchgängig

---

⁴³) Die kartographische Darstellung, konsequenterweise als „Erschließungs- und Entwicklungsnetz" bezeichnet, beschränkt sich auf eine schematische Ausweisung raumrelevanter Verkehrs- und Versorgungsstraßen. Vgl. Landesentwicklungsprogramm Rheinland-Pfalz, a.a.O., Bd. II, Karte 16. Der Raumordnungsplan Südpfalz verzichtet überhaupt auf eine kartographische Darstellung. Vgl. Raumordnungsplan Südpfalz, 3. Abschnitt, a. a. O. Der Raumordnungsbericht 1975 behandelt Achsen unter dem Kapitel „Verkehrserschließung". Vgl. Raumordnungsbericht 1975 der Landesregierung Rheinland-Pfalz, a.a.O., S. 36 ff.

⁴⁴) Vgl. Landesentwicklungsprogramm Rheinland-Pfalz, a.a.O., Bd. II, S. 203.

⁴⁵) Landesentwicklungsplan Baden-Württemberg, a.a.O., S. 78. Entwurf der Fortschreibung des Landesentwicklungsplans, a.a.O., S. 9.

⁴⁶) Zur Frage der Entwicklungsachsen in Baden-Württemberg vgl.: WITTE, H., Entwicklungsachsen in Baden-Württemberg und ihre Ausformung in Regionalplänen. In: Zur Problematik von Entwicklungsachsen, a.a.O., S. 153 ff.

⁴⁷) Die Begründung, eine Zweiteilung des Achsensystems in Siedlungs- und Kommunikationsachsen könnte die Polarisierung zwischen verdichteten und ländlichen Räumen weiter verschärfen, ist auch dann, wenn man den prinzipiell gleichen Zielsetzungen der punkt-axialen Verdichtung für alle Landesteile zustimmen will, nicht uneingeschränkt nachvollziehbar. Tatsächlich werden die Ziele für Entwicklungsachsen nach Raumkategorien differenziert. Vgl. WITTE, H., Entwicklungsachsen in Baden-Württemberg..., a.a.O., S. 155.

⁴⁸) Vgl. Landesentwicklungsplan Baden-Württemberg, a.a.O., S. 7 f. sowie Entwurf der Fortschreibung des Landesentwicklungsplans..., a.a.O., S. 9.

⁴⁹) Vgl. GRUBER, R., Vergleichende Analyse zur Anwendung von Entwicklungsachsen als Element landesplanerischer Konzeptionen. In: Zur Problematik von Entwicklungsachsen, a.a.O., S. 55.

⁵⁰) Vgl. Landesentwicklungsplan Baden-Württemberg, a.a.O., S. 6 f. — Vgl. Landesentwicklungsbericht 1975 Baden-Württemberg, a.a.O., S. 48. — Vgl. Entwurf der Fortschreibung des Landesntwicklungsplans, a.a.O., S. 111.

einstufige Kategorie mit überwiegend instrumentellem Charakter: Leistungsaustausch zwischen Stadt und Land bzw. Innenstadt und Außengebieten, Konzentration der Siedlungsentwicklung und Bündelung der Verkehrs- und Versorgungstrassen, Freihaltung der Landschaft[51].

Die raumbedeutsamen Achsen der Landesplanung und die ergänzenden regionalen Achsen werden durch die Bestimmung von Siedlungsbereichen, regionalen Grünzügen und Siedlungszäsuren gegliedert und räumlich verortet[52] (Abb. 5). Siedlungsbereiche als „Hauptelemente der punktachsialen Struktur" sind „Siedlungseinheiten, in denen eine verstärkte Siedlungsentwicklung stattgefunden hat oder zur Verwirklichung raumordnerischer Ziele stattfinden soll"[53]. Sie sind auch außerhalb der Achsen, besonders um Zentrale Orte ausgewiesen. Die planerischen Aussagen zur Differenzierung der pauschalen Funktionszuweisungen der Achsen enthalten getrennt nach Bereichen mit verstärkter Siedlungsentwicklung und Orten mit Eigenentwicklung und/oder besonderen Funktionen Zielvorgaben für die Ansiedlung von Wohn- und Arbeitsstätten und für die Errichtung und den Ausbau von zentralen Einrichtungen und Erholungsgebieten[54].

3.2 Die Siedlungsstruktur des Raumes Karlsruhe

Die Analyse dieser relevanten Nutzungen und des Personennahverkehrs, besonders des öffentlichen Personennahverkehrs als dem eigentlich konstitutiven Element des Achsenkonzepts[55], muß auf quantitative Nachweise und auf die Darstellung detaillierter Sachverhalte, die entweder nur von lokalem Interesse oder nur auf Grund lokaler Kenntnisse nachvollziehbar sind, an dieser Stelle verzichten. Desgleichen muß die Darstellung des Personennahverkehrs auf die Beschreibung reisezweckspezifischer Abhängigkeiten zwischen den jeweiligen Nutzungen und den Verkehrseinrichtungen beschränkt bleiben[56].

3.2.1 Wohngebiete und Personennahverkehr

Die räumliche Verteilung der Wohnbevölkerung im Raum Karlsruhe ist geprägt durch die relativ späte Industrialisierung des Landes am Oberrhein und die Realteilung im bäuerlichen Erbgang. Noch heute ist der Bevölkerungsanteil der Umlandzonen in der Stadtregion Karlsruhe deutlich größer als in anderen deutschen Stadtregionen[57]. Die vergleichsweise schwächere Bevölkerungskonzentration auf die Kernstadt hat durch absolute Bevölkerungsverluste der Stadt Karlsruhe in den vergangenen Jahren weiter nachgelassen. Der Bevölkerungszuwachs des Raumes verteilte sich bis 1970 relativ gleichmäßig auf alle Umlandgemeinden, ab 1970 rechtsrheinisch nahezu ausschließlich auf die Gemeinden der Siedlungsbereiche. Im Zeitablauf verlagerte sich die Intensität des Bevölkerungszuwachses von der Hardtebene in die landschaftlich und klimatisch bevorzugten Ausläufer des nördlichen Schwarzwaldes (Albgau), verstärkt durch Zuwanderungen aus der Stadt Karlsruhe. Der Bevölkerungszuwachs einzelner Gemeinden resultiert bis zu rund 40 % aus städtischen Wanderungsverlusten. Bei insgesamt rückläufiger Bevölkerungsentwicklung behielten diese Teilgebiete seit 1974 eine positive Bilanz[58].

---

[51]) Vgl. Regionalverband Mittlerer Oberrhein, Regionalplan, a.a.O., S. 2/2 f.

[52]) Im Sinne des Landesentwicklungsplans Baden-Württemberg, a.a.O., S. 81, sowie gem. Entwurf der Fortschreibung des Landesentwicklungsplans, a.a.O., S. 9 f.

[53]) Regionalverband Mittlerer Oberrhein, Regionalplan, a.a.O., S. 7/8. Kriterien für die Festlegung von Siedlungsbereichen sind das Maß funktionaler und baulicher Verflechtungen, die Bevölkerungsentwicklung 1950—1978 sowie Eignung, Umfang und Verfügbarkeit von Siedlungsflächen.

[54]) Vgl. Regionalverband Mittlerer Oberrhein, Regionalplan, a.a.O., S. 7/1 ff.

[55]) Versorgungseinrichtungen zum Transport von Nachrichten, Energie, Wasser und Abwasser sind innerhalb der Achsenkonzepte von vergleichsweise untergeordneter Bedeutung.

[56]) Vgl. dazu im einzelnen: RICHRATH, K., Beiträge zur Entwicklung des Raumes Karlsruhe, a.a.O. sowie: RICHRATH, K., Siedlungsstruktur und Nahverkehr in Agglomerationen. Zur Kritik städtebaulicher Planungskonzepte unter dem Aspekt des Personennahverkehrs, Karlsruhe, 1974.

[57]) Vgl.: Stadtregionen in der Bundesrepublik Deutschland 1970, Hannover, 1975. In: Veröffentlichungen der Akademie für Raumforschung und Landesplanung, Forschungs- und Sitzungsberichte, Bd. 103.

Abb. 6   *Raum Karlsruhe: Bevölkerungsentwicklung 1970—1975*

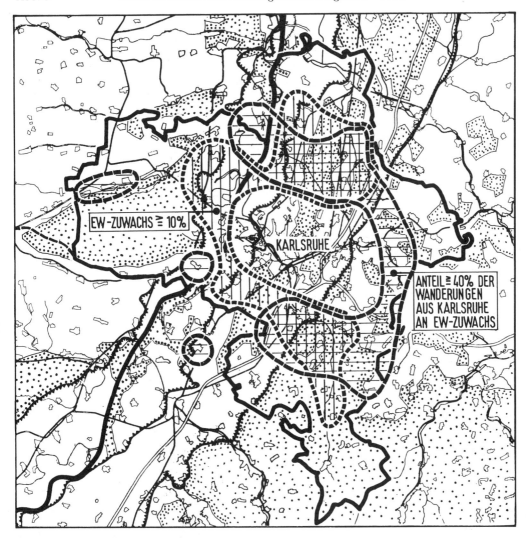

Insgesamt haben sich die zentrifugalen Tendenzen der Bevölkerungsverteilung verstärkt. Das Umland wird ganz offensichtlich und zunehmend selbstverständlicher als Suchraum für einen neuen Wohnstandort betrachtet. Dieser Suchraum bildet im Grundsatz konzentrische Ringe der Nachfrageintensität um die Kernstadt, räumlich und zeitlich differenziert durch quantitativ und qualitativ unterschiedliche Angebote an Wohnungen und Wohngrundstücken (Abb. 6).

Die stärkere Konzentration des Bevölkerungszuwachses auf die Siedlungsbereiche seit 1970 ist bei einem Bevölkerungsanteil der Siedlungsbereiche von nahezu 90% des rechtsrheinischen Raumes ohne hinreichende Aussagekraft. Sie betrifft vor allem die landschaftlich und klimatisch attrak-

---

[58]) Vgl.: Bevölkerungsentwicklung Stadt Karlsruhe 1974, Hrsg. Statistisches Amt der Stadt Karlsruhe, Karlsruhe, 1975, S. 19, sowie: Regionalverband Mittlerer Oberrhein; Strukturschwächen in der Region Mittlerer Oberrhein, Karlsruhe, 1979, S. 12, Tab. 6. Die innerregionalen Wanderungen nach beteiligten Altersgruppen und Wanderungsmotiven entsprechen weitgehend den Beobachtungen in anderen Verdichtungsräumen. Vgl. z. B. PROGNOS, Qualitativer und quantitativer Wohnungsbedarf und Wanderungen in der Freien und Hansestadt Hamburg, Basel, 1976, Abschlußbericht, S. 46 ff. Vgl. BALDERMANN, J. u. a., Wanderungsmotive und Stadtstruktur, Stuttgart, 1976.

tiven Siedlungsbereiche des Albgaus außerhalb der Siedlungsachsen. Die Attraktionskraft der Kleinzentren erweist sich keineswegs als überdurchschnittlich. Deren durchschnittlicher Zuwachs wird vielmehr bestimmt von nur drei Gemeinden, die durch Neuansiedlung, Filialgründung und Verlagerung großer Unternehmen gleichzeitig die höchsten Zuwachsraten an Arbeitsplätzen aufweisen. Der entsprechend überdurchschnittliche Wohnungszugang in der Nähe zu diesen neuen Arbeitsplatzkonzentrationen ist vermutlich weniger auf planmäßige Steuerung der Siedlungsentwicklung zurückzuführen als vielmehr auf die Fähigkeit dieser Gemeinden, mit Hilfe zusätzlicher Gewerbesteuereinnahmen preisgünstiges Bauland zu erschließen und Folgeeinrichtungen bereitzustellen.

Neben den durch Wiederaufbau, Standardsteigerungen in der Wohnungsversorgung und strukturelle Veränderungen der Privathaushalte bedingten quantitativen Unterschieden zwischen Bevölkerungs- und Wohnungszugang spiegeln die lokal unterschiedlichen Zuwachsraten an Wohnungen die räumliche Verteilung des Bevölkerungszuwachses und der innerregionalen Wanderungen. Dem Wunsch oder Zwang, die Stadt zu verlassen, kommt ein breites Angebot an Grundstücken und Wohnungen im Umland entgegen. Während in den Gemeinden der Schwarzwaldausläufer Parzellen und Kaufeigenheime an bauwillige Städter abgegeben werden, versuchen die Arbeiter-Bauern-Pendler in der Rheinebene, die dort geringer bewertete Wohnstandortgunst durch das Angebot von Mieteigenheimen, meist preisgünstig errichtet mit einem hohen Anteil von Eigenleistungen, zu kompensieren. Nicht zuletzt als Folge einer sich ausbreitenden Sozialbrache, wird „eine intensivere ‚Weidewirtschaft' betrieben, als sie je agrarisch möglich gewesen wäre[59]".

Zusammengefaßt lassen sich aus der Entwicklung von Wohnungen und Wohngebieten (mit Ausnahme der ohnehin vorgegebenen Siedlungskorridore) keine eindeutigen Verteilungsmuster ableiten, aus denen auf eine erfolgreiche Durchsetzung des regionalen Achsenkonzepts zu schließen wäre. Auf Grund der quantitativen und qualitativen Veränderungen des Wohnungsmarktes und seiner Determinanten müssen die zukünftigen Steuerungsmöglichkeiten für die räumliche Zuordnung und Strukturierung neuer Wohngebiete zugunsten des Ausbaus von Siedlungsachsen eher geringer als bisher eingeschätzt werden.

a) Unter Berücksichtigung der wesentlichen Determinanten des Wohnungsbedarfs beträgt die Spannweite der Wohnungsbautätigkeit im Raum Karlsruhe bis 1990 zwischen rund 20 000 und knapp 30 000 Wohneinheiten. Bei einem gegenüber 1961 bis 1974 nahezu halbierten jährlichen Wohnungsbauvolumen erweisen sich die Siedlungsachsen auch nach ihrer Gliederung in Siedlungsbereiche als gewaltige Instrumente zur Aufnahme des Wohnungsbedarfs. Der überwiegende Anteil des zukünftigen Wohnungszuwachses resultiert aus weitgehend standortgebundenem Nachhol- und Ersatzbedarf. Dieser „Eigenbedarf" ist als Verteilungsmasse für die regionale Standortplanung nur bedingt disponibel. Nur ein Teil dieses Wohnungszugangs benötigt auch neu auszuweisende Flächen.

Bei stagnierender Bevölkerungsentwicklung und einem statistisch nahezu ausgeglichenen Verhältnis zwischen Wohnungsbestand und wohnungsnachfragenden Haushalten entsteht zusätzlicher Bedarf an Wohnungen und Grunstücken neben dem Wunsch nach mehr Wohnfläche und Wohneigentum vor allem aus lokal unterschiedlichen Veränderungen der Haushaltsgrößen, aus Defiziten in der Versorgung bestimmter Nachfragergruppen und aus lokal ebenso unterschiedlichen Mängeln des Wohnungsbestandes. Dieser Bedarf läßt sich „vor Ort" weit zuverlässiger ermitteln als über die relativ pauschalen Zuteilungsquoten regionaler Wohnungsbedarfsprognosen.

b) Die Standortentscheidungen für zukünftige Wohngebiete sind durch die Bauleitplanung der Gemeinden ohnehin weitgehend getroffen. Ausgewiesen sind rund 200 Bauflächen bzw. Baugebiete für rund 42 500 Wohneinheiten, gegenüber einem geschätzten Bedarf für rund 15 000 bis 20 000 Wohneinheiten[60]. Dieses Überangebot ist großenteils irreversibel, sei es durch Pressionen des lokalen Grundstücksmarktes oder durch Kosten aus der Entschädigungspflicht der

---

[59]) KLEIN, H.-J., Draußen vor der Stadt. Zur Soziologie des Eigenheims. In: Landschaft + Stadt 4 (1972) 2, S. 71.
[60]) Unter der Annahme, daß rund die Hälfte des Ersatzbedarfs am Ort des Wohnungsabgangs wiedererrichtet wird.

Abb. 7 *Wohnungsentwicklung*
Bundesrepublik Deutschland 1950—1980, B-W 1968—1980

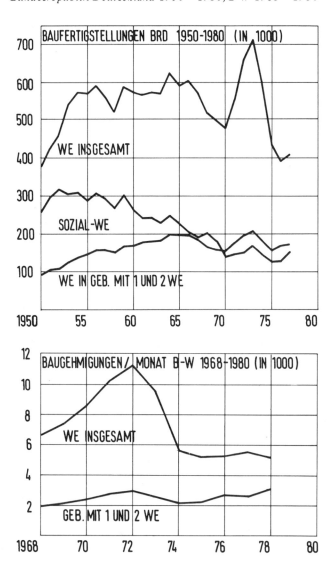

Gemeinden[61]). Die räumliche Verteilung und Zuordnung dieser Flächen erscheint nach übergeordneten planerischen Gesichtspunkten willkürlich. Sie ist mit den Forderungen nach Flächenkonzentration zugunsten der „Gefangenen" des öffentlichen Personennahverkehrs ebensowenig zu vereinbaren wie mit denen nach Freihaltung zusammenhängender Landschaftsräume.

c) Die Verwirklichung dieser Ziele ist indes nicht allein erschwert durch die geringe Reversibilität kommunaler Flächenausweisungen, sondern ebenso durch qualitative Veränderungen auf dem Wohnungsmarkt. Nach Art der Wohngebäude ist die jüngere Wohnungsentwicklung seit 1974 ge-

---

[61]) Praktische Erfahrungen mit § 40 BBauG der novellierten Fassung vom 1. Januar 1977 betr. Entschädigung bei Änderung oder Aufhebung einer zulässigen Nutzung bleiben abzuwarten.

kennzeichnet durch einen drastischen Rückgang genehmigter und fertiggestellter Wohnungen in Mehrfamilienhäusern (und weit weniger durch den vielbemühten „Einfamilienhaus-Boom", Abb. 7). Zwischen 1961 und 1974 blieb der Bau von Wohngebäuden mit drei und mehr Wohnungen zwar mit Vorrang auf die Städte Karlsruhe und Ettlingen konzentriert. Aber auch in den Gemeinden des Umlandes wurde jede zweite bis dritte Wohnung in Mehrfamilienhäusern realisiert, allerdings überwiegend in Wohngebäuden mit nur drei bis vier Wohneinheiten. In Kleinzentren und Siedlungsbereichen verlief diese Entwicklung nicht wesentlich anders als außerhalb der Siedlungsbereiche.

Durch die hochentwickelte Kunst, in „Einfamilienhäusern" vier oder fünf Wohnungen zu „verstecken", blieb dieses Mietwohnungspotential aber ohne erkennbare Auswirkungen auf Dichte und Gestalt peripherer Wohngebiete. Verdeckt blieb sowohl der Multiplikatoreffekt, daß der aus der Stadt abwandernde Bauherrnhaushalt oft noch einen Mieterhaushalt „mitnimmt", als auch die Chance, die in diesem Mietwohnungspotential für Flächenersparnis und Dichte im Sinne der Konzentrationsforderungen des Achsenkonzepts und des öffentlichen Personennahverkehrs liegen könnte.

d) Die betriebswirtschaftlichen Forderungen der öffentlichen Verkehrsbetriebe an die Siedlungsplanung werden bei geringerem Anteil verdichtungsfähigen Geschoßbaus zukünftig noch weniger erfüllt werden können. Mit dem Rückgang des sozialen Wohnungsbaus hat sich zugleich der Anteil jenes Wohnungsbauvolumens deutlich verringert, der nach Bauweise und Standort durch öffentliche Förderung unmittelbar beeinflußt werden kann. Die zukünftig geringere Bedeutung öffentlicher Förderungsmaßnahmen für den sozialen Wohnungs-Neubau als Instrument der Siedlungspolitik schwächt sowohl die Realisierungschancen für die vom Personennahverkehr geforderten Dichten im Einzugsbereich seiner Trassen als auch die betriebswirtschaftlich und sozialpolitisch erwünschte Zuordnung einkommensschwächerer Bevölkerungsgruppen zu den Haltestellen. Die restriktive Bodenpolitik des Achsenkonzepts verstärkt (würde sie strikt praktiziert) zusammen mit den durch Nahverkehrsinvestitionen ausgelösten Bodenpreissteigerungen diese Effekte: „Wer das Glück hätte, in einer knappen Wohnung nahe dem Verkehrsmittel zu wohnen, dürfte (selbst) für den Nulltarif eine höhere Miete bezahlen"[62].

Überdies erschweren oder verhindern die vorhandenen Nutzungen in vielen Fällen eine Besiedlung des Haltestellenbereichs im Sinne der betriebswirtschaftlichen Voraussetzungen des öffentlichen Personennahverkehrs[63] oder machen sie gar unmöglich: bestehende Wohngebiete mit niedrigen Dichten, Gewerbebetriebe, Lagerflächen, Sonderkulturen, Baggerseen. Die pauschalen Dichtewerte, die in ihrer Differenzierung entsprechend einem zur Haltestelle hin ansteigenden Dichteprofil[64] auf dem Wohnungsmarkt zur Zeit ohnehin nur in besonderen Fällen zu realisieren sind, müßten für die verbleibenden Restflächen nochmals beträchtlich erhöht werden.

Allerdings hat die Verkehrswirtschaft auch schon vor den jüngsten Veränderungen auf dem Wohnungsmarkt in ihren Dichteforderungen die gravierenden Auswirkungen steigender Wohnflächenstandards auf die bauliche Dichte ebenso übersehen, wie es die Propheten der „Urbanität durch Dichte" getan haben. Der wachsende Bedarf an Wohnfläche, öffentlichen und privaten Flächen für Grün- und Verkehrsanlagen sowie Einrichtungen des Gemeindebedarfs erfordert eine stetige Steigerung der baulichen Dichte, wenn Einwohnerzahl und Fahrgastpotential um Haltestellen auch nur konstant gehalten werden sollen. Unter diesen Bedingungen hätte z. B. die Geschoßflächenzahl um Schnellbahnhaltestellen seit 1955 mehr als verdoppelt werden müssen.

---

[62] LINDER, W., Nahverkehrsplanung und städtische Lebensbedingungen. In: Großstadtpolitik. Texte zur Analyse und Kritik lokaler Demokratie, hrsg. von R.-R. Grauhan, Gütersloh, 1972, S. 228 f. In: Bauwelt Fundamente 38.

[63] Vgl. PAMPEL, F. und H. LEOPOLD, Modell für die Erfassung der Zusammenhänge von Siedlungsdichte und wirtschaftlichem Leistungsangebot im Nahverkehr mit Omnibussen, Straßenbahnen und Schnellbahnen. In: V + T Verkehr und Technik 21 (1968) 8, S. 212.

[64] Vgl. SCHEELHAASE, K., Öffentlicher Nahverkehr und Siedlungsplanung. In: V + T Verkehr und Technik 23 (1970) 12, S. 312 f. Vgl. KRÜGER, T. u. a., Das Hamburger Dichtemodell. In: Bauwelt 63 (1972) 51/52, S. 293 ff. = Stadtbauwelt 36.

Beispiel: Bebauung einer ÖPNV-Haltestelle für 18 000 EW., r = 600 m (F = 113 ha)

erforderliche Wohnungszahl	1955:	$\dfrac{18\,000 \text{ EW}}{4 \text{ Pers./WE}}$ = ca. 4 500 WE
	1975:	$\dfrac{18\,000 \text{ EW}}{2{,}75 \text{ Pers./WE}}$ = ca. 6 500 WE
erforderliche Geschoßflächenzahl (GFZ)*)	1955:	$\dfrac{4\,500 \text{ WE} \times 70 \text{ m}^2}{0{,}7 \times 113 \text{ ha}}$ = ca. 0,4
	1975:	$\dfrac{6\,500 \text{ WE} \times 95 \text{ m}^2}{0{,}6 \times 113 \text{ ha}}$ = ca. 0,9

*) Annahme: rd. 60% bzw. 70% Nettowohnbauland

Die Veränderungen auf dem Wohnungsmarkt haben in gleicher Weise Rückwirkungen auf die Forderung der Landesplanung, nach der zugunsten der Freihaltung von Landschaftsräumen „grundsätzlich Siedlungsformen gewählt werden (sollen), die möglichst wenig Grund und Boden beanspruchen"[65]. Da die Verteilung des Wohnungsbauvolumens auf Geschoßbau und Flachbau durch die räumliche Planung nur in Grenzen manipulierbar ist, sind Flächenersparnisse weit mehr durch marginale Anhebungen der baulichen Dichte im Flachbau zu erzielen[66] als durch drastische

Abb. 8   *Flächenbedarf und bauliche Dichte*
(Brutto-Wohnbauland Bundesrepublik Deutschland 1975—1990, RO-Bericht 1972)

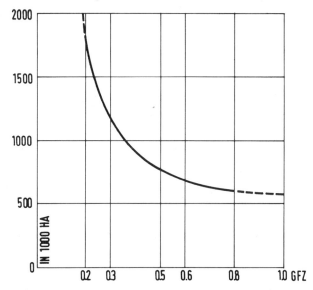

(und teure) Maßnahmen im Geschoßbau (Abb. 8). So ist z. B. die Erhöhung der GFZ von 0,3 auf 0,4 vergleichsweise unproblematisch. Sie bedingt noch nicht den Übergang von traditionellen frei-

---

[65] Landesentwicklungsplan Baden-Württemberg, a.a.O., S. 12. Diese Forderung wird auf anderer Ebene vielfach konterkariert, z. B. durch Vorschriften über größere Gebäude- und Fensterabstände „zur Sicherung des Wohnfriedens" der novellierten Landesbauordnung Rheinland-Pfalz vom 27. Februar 1974, §§ 18, 19.

[66] Ein verfolgenswerter Diskussionsbeitrag in diesem Zusammenhang ist der Vorschlag, staatliche Hilfen im steuerbegünstigten Wohnungsbau nicht nur an Obergrenzen für Wohnflächen, sondern auch an Obergrenzen des Baulandverbrauchs zu binden. Vgl.: Pfeiffer, U., Tendenzen und Trends des Wohnungsmarktes — einige Folgerungen für den Städtebau. In: Bauwelt 68 (1977) 24, S. 104 = Stadtbauwelt 54.

stehenden Wohngebäuden zum verdichteten Flachbau. Die Erhöhung der GFZ von 0,6 auf 0,8 führt dagegen bereits in jenen Bereich baulicher Verdichtung, in dem Freiflächen zu Parkierungsflächen werden und die Belästigungen durch Verkehrslärm gegen die Kosten von Garagenbauten stehen.

Beispiel: Flächenersparnis im Flachbau und Geschoßbau bei alternativer Verteilung der Wohnungen (WE) nach Art der Wohngebäude und alternativen Geschoßflächenzahlen (GFZ)

Wohngebäude mit	Zahl der WE	Summe BGF*)	Bruttowohnbauland**) 0,3 0,6	bei GFZ 0,4 0,8	Flächenersparnis
1 + 2 WE	9 000	150 ha	650 ha	500 ha	150 ha
3 + mehr WE	9 000	90 ha	210 ha	160 ha	50 ha
1 + 2 WE	12 000	200 ha	865 ha	665 ha	200 ha
3 + mehr WE	6 000	60 ha	140 ha	107 ha	33 ha

*) Bruttowohn- und Nutzfläche genehmigter WE 1976 BRD
   WE Flachbau: 127,4 m² + Zuschlag Konstruktion etc. = 165 — 170 m²
   WE Geschoßbau: 75,5 m² + Zuschlag Konstruktion etc. = 95 — 100 m²
**) Dichtegestaffelter Zuschlag für Erschließung, Grünflächen, Gemeinbedarfsflächen etc. 30 — 45%.

e) Auch der Wunsch nach besserer städtebaulicher Gestaltung wird bei Anteilzunahme des Flachbaus unter den gegebenen bau- und bodenrechtlichen Bedingungen und vorgeprägten Wohnerfahrungen nur schwer zu erfüllen sein. Zwar dürfte die prestigebedingte „Horizontverschmutzung" durch „städtebauliche Dominanten" seltener werden, aber die Verbreitung von verdichtungsfähigen Flachbauformen in der städtebaulichen Fachliteratur steht noch immer in umgekehrtem Verhältnis zu ihrer relativ geringen Verbreitung in der städtebaulichen Wirklichkeit. Bemühungen um Alternativen für flächensparende Bauweisen, die weniger „Gesellschaftsplanung mit dem Ziegelstein" propagieren und mehr Rücksicht nehmen auf sich nur langsam ändernde Wohnerfahrungen, auf Einbringung von Eigenleistungen oder unterschiedliche Finanzierungsformen und -termine werden erst jetzt und unter dem politischen Druck der Randwanderungen unternommen.

Die betriebswirtschaftlichen Dichteforderungen des öffentlichen Personennahverkehrs bleiben ein unzureichendes Mittel zur Realisierung flächensparender und „gestaltproduzierender" Dichten. Denn diese Auflagen betreffen auch bei weiterem Nahverkehrsausbau immer nur eine Minderheit der Baugebiete, die so erzielten Flächeneinsparungen im oberen Bereich zulässiger Geschoßflächenzahlen sind marginal im Vergleich zu jenen, die im Flachbau z. B. durch kleinere (weil teurere) Grundstücke erreicht werden können.

Zusätzliche Erschwernisse folgen schließlich aus den kommunalen Verteilungskämpfen um Erhaltung und Zuwachs an Wohnbevölkerung und Einkommensteuern, die sich bei regional stagnierendem Potential verschärfen. Kommunale Ansiedlungspolitik wird so zugleich auch Abwerbungspolitik. Wichtige Mittel der kommunalen Ansiedlungspolitik, z. B. Ausweisung landschaftlich hochwertiger Flächen für Wohnungsbau, Anreize durch Verzicht auf detaillierte Festsetzungen in Bebauungsplänen, geraten innerhalb dieser Strategien schnell in Widerspruch zu den Forderungen nach städtebaulicher Gestaltung und Bewahrung landschaftlicher Qualitäten. Daß die großräumigen Achsenzwischenräume der Hardtebene dennoch und im Gegensatz zu anderen Verdichtungsräumen[67]) von Besiedlung weitgehend verschont blieben, ist weniger ein Verdienst des Achsenkonzepts oder seiner stringenten Handhabung als vielmehr eine glückliche Fügung besonderer naturräumlicher Gegebenheiten.

---

[67]) Vgl. z. B. BALDERMANN, J. u. a., Wanderungsmotive und Stadtstruktur, a.a.O., S. 144, sowie Beispiele in den Beiträgen von EBERLE und ECKSTEIN/ROMAUS. Vgl. Landesentwicklungsbericht 1979, a.a.O., S. 5, 112.

f) Diese, wenn auch nicht achsenbedingte, so doch achsenkonforme Beschränkung der Siedlungsflächen führt umso mehr im kleinräumigen Bereich der Siedlungsachsen zu Konflikten zwischen Bündelungsprinzip und Immissionsverminderung, zwischen Baulandausweisung und räumlicher Strukturierung der Achsen. Die Siedlungsgebiete beginnen in Achsenrichtung zusammenzuwachsen, in Querrichtung folgen sie weniger „zumutbaren" Fußwegentfernungen als den Zufälligkeiten des lokalen Grundstücksmarktes. Sie zerstören dabei kleinräumige Biotope und verwischen die großräumig bedeutsamen landschaftlichen Markierungen zwischen Rheinniederung, Ebene und Bergland. Solange noch andere Flächen verfügbar sind, wird die konzentrische Besiedlung um die Haltestellen von Bus und Bahn oft vermieden, sei es um Lärmimmissionen zu vermeiden oder die Kosten für Lärmschutzmaßnahmen und Aufwendungen für die Überbrückung der Bahn- und Straßentrassen.

Verschärft werden die Belastungen aus Verkehrslärm durch die Überlagerung von Siedlungsachsen und Kommunikationsachsen in den baden-württembergischen Entwicklungsachsen. Die besonderen naturräumlichen Gegebenheiten des rechtsrheinischen Teilgebiets bieten allerdings kaum Möglichkeiten der Trennung an. Die Überlastung der vorhandenen Ortsdurchfahrten zwingt meist zu Ortsumfahrungen. Deren Trassen (und eine potentielle, langfristig nachfolgende Besiedlung) versperren wiederum den freien Zugang zu den Achsenzwischenräumen (Abb. 9), und fügen in Tallagen der kaum zu vermeidenden Beschallung von unten zusätzliche Lärmbelästigungen von oben hinzu. Die Bevorzugung achsenferner Wohngebiete erscheint so neben anderen Motiven nicht nur eine Reaktion auf die Belastungen innerstädtischer Wohngebiete, sondern auch und zunehmend auf die peripherer Achsenstandorte. Die dort meist vorherrschende offene Bauweise behindert zudem den Aufbau lärmgeschützter Wohnquartiere. Die Präferenzen für achsenferne Standorte erhöhen bei nur bedingt manipulierbarer Verkehrsmittelwahl das Verkehrsvolumen und potentielle Störungen in anderen Gebieten. Und sie beginnen durch die Parzellierung achsenferner Landschaftsräume eben jene Vital- und Gestaltwerte zu vernichten, die wesentlicher Impuls für ihre Privatisierung sind.

Abb. 9   *Verkehrsentlastung und Freiraumblockade an Siedlungsachsen*

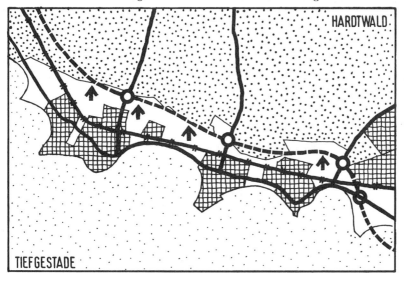

g) Ausbau und instrumentelle Wirksamkeit der Siedlungsachsen erscheinen so nicht allein begrenzt durch ein geringes Potential verdichtungsfähigen Wohnungsbaus und unzureichende Standortsteuerung, sondern ebenso durch die Verkürzung vielfältiger Kriterien der Wohnstandortwahl auf primär verkehrliche Bestimmungsgründe. Erreichbarkeit von Arbeitsplätzen und zentralen Einrichtungen, Entfernung und Kosten haben aber gegenüber den Wünschen nach mehr Wohn- und Freiflächen, Wohnruhe oder Landschaftsbezug einen offensichtlich geringeren Stellenwert als von den Achsenkonzepten unterstellt wird. Beherrschender Funktionswert für die Beurteilung von Wohngebieten ist die „Vitalsituation". Ungünstige „Kommunikationssituationen" werden dagegen weniger als zentrale Determinante denn als kurzfristige Unbequemlichkeit empfunden[68].

Gegen Vitalwert und Landschaftsbezug stehen die verkehrswirtschaftlichen Dichteforderungen des öffentlichen Personennahverkehrs sowie Immissionsbelastungen aus baulicher Verdichtung und Bündelung von Verkehrswegen in gleicher Weise wie die Kosten aus verminderter Erreichbarkeit wesentlicher Einrichtungen gegen die Kosten aus baulicher Verdichtung, Immissionsschutz, steigenden Grundstückspreisen und Mieten im Gefolge von Nahverkehrsinvestitionen[69]. Ohnehin muß bei fortschreitender Motorisierung und Dezentralisierung von Arbeits- und Einkaufsstätten, weiterem Ausbau des Straßennetzes und zunehmender „Autarkie" der Haushalte in Frage gestellt werden, ob wohnungssuchende Haushalte in jedem Falle zwischen guter Erreichbarkeit regelmäßig aufgesuchter Einrichtungen und „Wohnen im Grünen" zu wählen gezwungen sind[70].

Die Widersprüche zwischen dem Angebot überwiegend verkehrsbestimmter Wohnstandorte und wesentlich vielfältigeren Standortkriterien der Nachfrager, zwischen ebenso verkehrsabhängigen Konzentrationsforderungen und wachsendem Bedarf an Wohn- und Freiflächen beeinflussen in erheblicher Weise das Standortgefüge anderer relevanter Nutzungen. Denn die meisten Fahrten zu Arbeits- und Einkaufsstätten, Schulen und Naherholungsgebieten beginnen und enden an der Wohnungstür.

3.2.2 Arbeitsstätten und Berufsverkehr

Ein wesentliches Ausgangsproblem für die räumlichen Planungskonzepte Anfang der sechziger Jahre war die Zunahme des Berufsverkehrs, Folge der damals beobachteten Konzentration der Arbeitsstätten auf die Kerne der Verdichtungsräume bei gleichzeitig steigendem Wohnungsbedarf an der Peripherie[71]. Diese Konzentrationsvorgänge haben sich nicht in der damals unterstellten Weise fortgesetzt.

Zwischen 1961 und 1970 lagen rund 75% aller nichtlandwirtschaftlichen Arbeitsplätze des Raumes Karlsruhe in der Kernstadt Karlsruhe selbst (mit Eingemeindungen) bzw. in Karlsruhe und Ettlingen (ohne Eingemeindungen). Der Anteil beider Städte am Arbeitsplatzzuwachs des Raumes betrug in diesem Zeitabschnitt aber nur noch rund 30%.

Ähnlich wie in anderen Verdichtungsräumen verteilt sich auch im Raum Karlsruhe das Arbeitsplatzangebot im Grundsatz konzentrisch um das Oberzentrum (Abb. 10). Die Entwicklung und räumliche Verteilung der Arbeitsplätze seit 1961 ist neben unterdurchschnittlichen Zuwachsraten des Oberzentrums gekennzeichnet durch überdurchschnittliche Zuwachsraten in Kleinzentren und übrigen Gemeinden. Der Zugang an Arbeitsplätzen in den Zentralorten außer Karlsruhe und Ettlingen konzentrierte sich allerdings zu rund 80% auf Betriebserweiterungen, Verlagerungen und Filialgründungen in nur drei Gemeinden.

Die Zahl der gewerblichen Arbeitsplätze des Raumes Karlsruhe blieb zwischen 1961 und 1970 nahezu konstant. Die absoluten Verluste der Stadt Karlsruhe wurden zur Hälfte durch rechtsrheinische, zur Hälfte durch linksrheinische Zugänge aufgefangen. Der rechtsrheinische Zuwachs konzentrierte sich nahezu ausschließlich auf Gemeinden der Siedlungsbereiche. Außerhalb der Siedlungsbereiche stagnierte die Zahl gewerblicher Arbeitsplätze, ebenso in den Kleinzentren. Denn deren Zuwachs wird von nur zwei Gemeinden bestimmt, die fast 90% der zusätzlich geschaffenen gewerblichen Arbeitsplätze Raumes auf sich vereinigten. Ab 1970 ist die Veränderung der Industriebeschäftigten insgesamt und in allen Siedlungsbereichen deutlich negativ.

---

[68] Vgl. KLEIN, H.-H., Wohneigentum in der Stadtregion. Eine soziologische Analyse eigentumsbezogener Wohnerfahrungen und Wohnerwartungen, Karlsruhe, 1970, S. 196 ff. In: Karlsruher Studien zur Regionalwissenschaft, Schriftenreihe des Instituts für Regionalwissenschaft der Universität Karlsruhe, H. 3.

[69] Vgl. LINDER, W., Nahverkehrsplanung und städtische Lebensbedingungen, a.a.O., S. 212 ff.

[70] Vgl. STEGMAN, M., Accessibility Models an Residential Location. In: Journal of the American Institute of Planners, XXXV (1969) 1, S. 28.

[71] Vgl. MÜLLER-IBOLD, K. u. R. HILLEBRECHT, Städte verändern ihr Gesicht, a.a.O.

Abb. 10 *Raum Karlsruhe: Arbeitsstätten und Berufsverkehr 1970*
(Anteil der AP nach Karlsruhe an örtlichen AP)

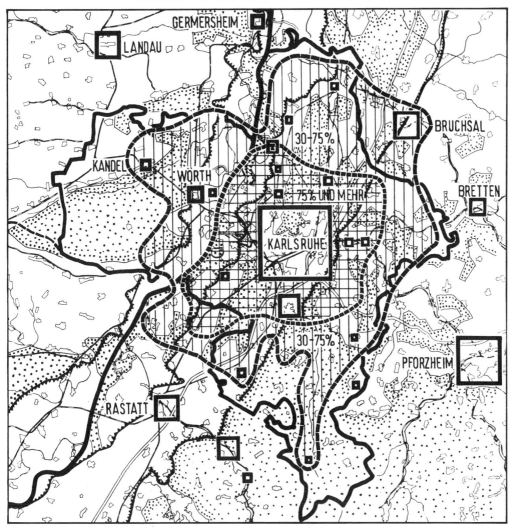

Auch im Dienstleistungsbereich hat sich der räumliche Konzentrationsprozeß auf die Kernstadt nicht in dem früher erwarteten Maße fortgesetzt. Der Anteil der Städte Karlsruhe und Ettlingen an den tertiären Arbeitsplätzen des Raumes betrug 1970 zwar über 80%, ihr Anteil am Zuwachs 1961—1970 aber nur noch rund 55%. Von dem verbleibenden Arbeitsplatzzugang entfiel rund ein Drittel allein auf den Ausbau des Kernforschungszentrums. Ohne diese lokale Besonderheit entsprach der Arbeitsplatzzuwachs in den Kleinzentren ungefähr der durchschnittlichen Entwicklung aller übrigen Gemeinden. Die relativen Zuwachsraten und Anteilsgewinn der Gemeinden außerhalb der Siedlungsbereiche am Gesamtzugang tertiärer Arbeitsplätze übertrafen sogar die der Gemeinden innerhalb der Siedlungsbereiche.

Insgesamt zeigt die Arbeitsplatzentwicklung zwischen 1961 und 1970 eine zunehmende Tendenz zur räumlichen Dekonzentration der Arbeitsplätze, stärker im sekundären Wirtschaftsbereich, aber auch bei den Dienstleistungen. Diese Entwicklung verlief schneller als die räumliche Dekonzentration der Bevölkerung. Allerdings können selbst hohe Veränderungsraten der räumlichen Verteilung die historische Standortkonzentration der Arbeitsplätze zumindest nicht kurzfristig auflösen. Die Ansiedlung neuer Arbeitsplätze weist in zwei Richtungen: neue Arbeitsplatzkonzentrationen, besonders durch Filialgründungen außerhalb der Kernstadt und zunehmende Streulage. Die Standortstreuung erscheint dabei weniger als optimierte Standortentscheidung neuer oder verlagernder Unternehmen denn als Ergebnis unzureichender Standortalternativen und jenes kaum durchschaubaren Grabenkampfes kommunaler Ansiedlungspolitik.

An dem prognostizierten Arbeitsplatzzuwachs 1970—1990 der Region Mittlerer Oberrhein (+ 11%?) wird dieser engere Raum Karlsruhe vermutlich einen gegenüber der Vergangenheit gesteigerten Anteil haben. Gründe dafür liegen sowohl in dem erwarteten überproportionalen Zugang im Dienstleistungsbereich als auch in der räumlichen Verteilung der vorhandenen Betriebe selbst, die durch Erweiterungs- und Rationalisierungsmaßnahmen einen Großteil der neuen Arbeitsplätze aufnehmen werden. Zu den Arbeitsplätzen an neuen Standorten hinzuzurechnen ist ein kaum prognostizierbares Potential an innerregionalen Betriebsverlagerungen. Die trotz günstiger Industriestruktur starke Abnahme gewerblicher Arbeitsplätze der Stadt Karlsruhe seit 1961, vor allem aber seit 1970, läßt bei gleichzeitig überdurchschnittlichem Zuwachs im umgebenden Landkreis auf Betriebsverlagerungen in das Umland schließen[72]. Statistik und Einzelbeispiele bestätigen so Befunde aus anderen Räumen, wonach der neue Standort nur soweit außerhalb der Kernstadt gesucht wird, wie nötig, um ausreichende und billige Flächen zu erwerben ohne Liefer- und Absatzverflechtungen zu gefährden[73].

Verlagerungen werden vor allem ausgelöst durch Flächenrestriktionen in der Kernstadt. Die zahlreichen Industrie- und Gewerbebetriebe in den Mischgebieten der inneren Stadtteile einschließlich der bekannten Verlagerungsabsichten lassen nicht erwarten, daß dieser Dezentralisierungsprozeß bereits abgeschlossen ist. Standortverlagerungen werden zwar erst im äußersten Notfall und nach Ausschöpfung aller Rationalisierungsmöglichkeiten am alten Standort erwogen, der auslösende Faktor Flächenmangel wird aber von Fall zu Fall ergänzt durch verschärfte Umweltschutzauflagen, durch die Bereitschaft nachfolgender Nutzer, hohe Grundstückspreise zu zahlen, und durch die Bereitschaft vieler Umlandgemeinden, Flächen oder gelegentlich auch Betriebsareale nicht persistenter Unternehmen zu niedrigen Preisen abzugeben[74].

Entsprechend den Veränderungen der Beschäftigtenzahl, der räumlichen Verteilung von Wohn- und Arbeitsstätten und der sinkenden Bedeutung von Entfernung und Kosten im Berufsverkehr als Kriterium der Wohnortwahl ist die Zahl der Berufspendler von und nach Karlsruhe 1961 bis 1970 erheblich schneller gestiegen (+ 23,5%) als die der Beschäftigten (+ 3,0%). Die Zunahme der Berufseinpendler nach Karlsruhe ist fast ausschließlich auf Beschäftigte im Dienstleistungsbereich zurückzuführen bei gleichzeitig überproportionaler Anteilssteigerung weiblicher Berufseinpendler. Der Einzugsbereich der Berufseinpendler nach Karlsruhe entspricht ungefähr dem hier abgegrenzten Raum Karlsruhe (Abb. 10). Bei absolut geringen Werten hat sich die Zahl der Berufsauspendler aus Karlsruhe nahezu verdoppelt.

Hauptziel des werktäglichen Berufsverkehrs sind nach wie vor die inneren Stadtteile Karlsruhes mit einem Anteil von fast 70% an der Gesamtzahl der Berufseinpendler in die Stadt. Von 1961 bis 1970 hat sich der Anteil der Pkw-Benutzer unter den Berufseinpendlern nach Karlsruhe von 22% auf rund 58% mehr als verdoppelt, Folge der allgemeinen Motorisierung, aber auch der ungünstigen Lage des Hauptbahnhofes Karlsruhe im Personennahverkehr. Dabei unterscheidet sich die Ver-

---

72) Vgl. Flächennutzungsplan Stadt Karlsruhe, Bestandsaufnahme Gewerbe und Industrie (Verf. Prognos-AG, Basel), Karlsruhe 1975. In: Mitteilungen des Baudezernats, Stadtplanung FNP 12.

73) Vgl. z. B.: SPIEGEL, E., Standortverhältnisse und Standorttendenzen in einer Großstadt. Zu einer Untersuchung mittlerer und größerer Betriebe in Hannover. In: Archiv für Kommunalwissenschaften 9 (1970) 1. Halbjahresband, S. 21 ff.

74) Als überwiegender Störfaktor wird von den Gewerbe- und Handelsbetrieben Lärm- und Verkehrsbelästigung angegeben, als überwiegendes Bedarfsmotiv Flächenerweiterung wegen räumlicher Einengung und/oder Produktionsumstellung, vor allem bei Handelsbetrieben. Der Flächenbedarf für Verlagerungen wird auf 40 bis 50 ha geschätzt, ausgewiesen sind rund 165 ha. Vgl. Gewerblicher Flächenbedarf in Karlsruhe, o. O., o. J. In: Mitteilungen der IHK Mittlerer Oberrhein, Sondernummer 3.

kehrsmittelwahl der Innenstadtpendler trotz höherer Anteile weiblicher Berufspendler und Ausbildungspendler nur geringfügig vom Durchschnitt aller Berufseinpendler in die Stadt[75]. Drei von vier täglichen Personenfahrten im Binnen- und Zielverkehr Karlsruhes mit dem Fahrtenzweck Arbeit werden mit dem Pkw unternommen (1968).

Die Siedlungsachsen bieten ein Siedlungs- und Verkehrskonzept an, das durch Zuordnung der Wohngebiete und Arbeitsstätten einen überwiegenden Anteil des Berufsverkehrs auf öffentliche Verkehrsmittel verweist. Dieses Ziel erscheint nur bedingt erreicht und nur bedingt erreichbar.

a) Ähnlich wie die Wohngebiete als Quellen des Berufsverkehrs haben sich auch viele Arbeitsstätten, besonders solche der „footlose industries", als Ziele des Berufsverkehrs abseits der Achsen angesiedelt. Und ähnlich wie für Wohngebiete öffnet sich auch für viele Arbeitsstätten, und nicht nur im produzierenden Gewerbe, die Schere zwischen baulicher und Beschäftigtendichte, d. h. zwischen erschlossener Fläche und Zahl potentieller Kunden im öffentlichen Nahverkehr.

b) Den unsicheren Schätzungen über den Flächenbedarf für neue und verlagernde Betriebe steht ein deutlich überproportionales und kurzfristig kaum reversibles Flächenangebot der Gemeinden gegenüber. Die verschärften Anstrengungen der Kommunen, verlagerungswillige Betriebe innerhalb der eigenen Gemarkung umzusiedeln, schwächt zusammen mit dem Verzicht der Landesplanung auf gezielte Entlastungsstandorte den Auf- und Ausbau der Achsenendpunkte, und damit auch den erwünschten Abbau der unpaarigen Verkehrsströme des Berufsverkehrs auf den Achsen. Für die zukünftig bedeutsamen Aufgaben der Bestandssicherung mittelständiger Betriebe und des Kleingewerbes im Rahmen innerstädtischer Erneuerungsmaßnahmen leistet das Achsenkonzept kaum Hilfestellung.

c) Relativ bescheidene Standortanforderungen der meisten Betriebe bei einer relativ gleichwertigen Ausstattung des Umlandes mit technischer und sozialer Infrastruktur und ein verschärfter Konkurrenzkampf der Kommunen um Erhaltung und Zuwachs von Arbeitsstätten und Gewerbesteuereinnahmen fördern kaum eine koordinierte Standortpolitik der räumlichen Konzentration auf Siedlungsachsen und Zentrale Orte. Die Standortangebote der Gemeinden, oft bestimmt durch die zufällige Lage gemeindeeigener Flächen zum Null- oder Billigtarif, können Konflikte mit den Forderungen nach Schonung ökologischer Ressourcen, geringeren Immissionsbelastungen, Freihaltung der Landschaft oder gestalterischen Auflagen nicht ausschließen. Neuere Beispiele der Gewerbeansiedlung und -erweiterung im Untersuchungsraum zeigen bereits, wie gering der Stellenwert solcher Argumente gegen die der Arbeitsplatzschaffung oder -sicherung angesetzt werden muß. Ohne eine Konstruktion innerregionaler Finanzausgleiche kann weder der kommunale Konkurrenzkampf abgebaut noch der Suchraum für Gewerbestandorte erweitert werden, Voraussetzungen für deren räumliche Konzentration an Siedlungsachsen und für deren bessere Verträglichkeit mit Freiräumen und anderen baulichen Nutzungen.

d) Langfristige Prognosen über die Veränderungen der täglichen Fahrtenzahl je Person im Berufsverkehr unterstellen Stagnation oder nur unterdurchschnittliche Zunahmen[76]. Die bestehenden Relationen zwischen Berufs- und Gesamtpersonenverkehr nach Zahl der beförderten Personen oder Personenkilometerleistung sowie zwischen individueller und kollektiver Beförderung verschieben sich zumindest nicht entscheidend[77], es sei denn durch gravierende Dauerbelastungen der motorisierten Haushalte oder durch drastische Rohölverknappung. Der verstärkte Einsatz von Fahrgemeinschaften, von Werksbussen größerer Betriebe und von Fahrrädern auf kurzen Pendelwegen würde dann das Verkehrsvolumen eher reduzieren. Der konzeptionell bisher meist vernachlässigte, immer noch große Anteil von Fußgängern und Radfahrern im Berufsverkehr wird bei wachsenden

---

[75] Vgl. Einpendler und Auspendler in Karlsruhe. Ergebnisse der Volkszählung vom 27. Mai 1970, Karlsruhe, o. J.
[76] Vgl. Siedlungsschwerpunkte im Ruhrgebiet. Untersuchungen zum Schnellbahnsystem, Essen, 1970, S. 19, Abb. 20. In: Schriftenreihe Siedlungsverband Ruhrkohlenbezirk 37.
[77] Vgl. Generalverkehrsplan 1975 Baden-Württemberg, Hrsg. Ministerium für Wirtschaft, Mittelstand und Verkehr, Stuttgart 1976, S. 43. Vgl. Deutsches Institut für Wirtschaftsforschung; Integrierte Langfristprognose für die Verkehrsnachfrage im Güter- und Personenverkehr in der Bundesrepublik Deutschland bis zum Jahre 1990, Berlin, 1977, Bd. I, S. 35. In: Beiträge zur Strukturforschung H. 43/1.

Bemühungen um gewerbliche Bestandssicherung, Wohnungserneuerung und Verkehrsberuhigung eher ansteigen als weiterhin absinken. Das Verkehrskonzept der Siedlungsachsen beruft sich aber mit Vorrang auf steigende Verkehrsmengen im Berufsverkehr. Ohnedies würde eine kurzfristige und quantitativ bedeutsame Umorientierung auf öffentliche Nahverkehrsmittel in vielen Fällen deren Beförderungskapazitäten vermutlich überfordern.

Die notwendigen Voraussetzungen des Achsenkonzeptes: quantitativer und qualitativer Ausbau des öffentlichen Nahverkehrs sind bisher nicht oder nicht in dem erforderlichen Umfang erfüllt, um die geringe Verzichtquote motorisierter Berufspendler deutlich zu erhöhen. Der Umfang notwendiger Investitionen und Subventionen ist begrenzt durch eine angespannte Haushaltslage, durch hohe Personalkostenanteile, Deckung wachsender Defizite — und eben durch steigende Kosten zur Erschließung einer zunehmend dispersen Siedlungsstruktur, die wiederum die Motorisierung der Berufspendler tendenziell beschleunigt, und durch eine tendenziell zunehmende Zahl von Fahrten im Berufsverkehr, die sich relativ gleichmäßig und mit geringen Stromgrößen über die Region verteilen, den Einsatz großvolumiger öffentlicher Verkehrsmittel erschwert.

e) Veränderungen im Berufsverkehr werden sich vermutlich aus Strukturwandlungen des Arbeitsplatzangebots zugunsten des tertiären Sektors ergeben. Steigender Flächenbedarf und zunehmende Verfügbarkeit technischer Kommunikationsmittel weisen auf zunehmende Streulage, Transportkostenempfindlichkeit, reale Agglomerationsvorteile und traditionelle Standortpräferenzen auf anhaltenden Ansiedlungsdruck in innerstädtischen Gebieten hin.

Die traditionelle Innenstadtbindung größerer Verwaltungen und Handelseinrichtungen, bisher wenig reflektiert fortgeschrieben, dürfte unter dem Ziel der Erhaltung von Arbeitsplätzen und Gewerbesteuereinnahmen neue kommunalpolitische Unterstützung finden. Öffentlicher Personennahverkehr läßt zwar eine Nutzungsintensivierung der Innenstädte zu, seine im Grundsatz konzentrische Netzcharakteristik führt aber zugleich zu Bodenpreissteigerungen, die die „Hackordnung der Nutzungen" nach dem Kriterium der Rendite verschärfen. Die so gebotene, noch intensivere Nutzung teuren Bodens bewirkt noch mehr Verkehr und Verkehrsimmissionen und gerät so in Widerspruch zu den Froderungen nach Erhaltung historischer Bausubstanz und innerstädtischer Wohnquartiere, ein Konflikt, der durch Gestaltungssatzungen zugunsten einer mehr oder weniger historisierenden „Anpassungsarchitektur" nur unzureichend verschleiert werden kann. Trotz kurzfristiger Erleichterungen kann der öffentliche Personennahverkehr längerfristige Verkehrsüberlastungen der Innenstadt durch den Individualverkehr nicht vermeiden.

f) Dezentrale Standorte für Verwaltungen und Dienstleistungsbetriebe können die ihnen zugedachten Entlastungsaufgaben nur dann erfolgreich wahrnehmen, wenn neben ausreichender öffentlicher Nahverkehrsbedienung die für das Dienstleistungsgewerbe wichtigen Fühlungsvorteile angeboten werden können, z. B. Orte und Stadtteile mit überdurchschnittlicher Ausstattung zentraler Einrichtungen, die an das öffentliche Nahverkehrsnetz hochwertig angeschlossen sind oder mit begrenztem Aufwand angeschlossen werden können. Als Endhaltestellen könnten diese Standorte zugleich mögliche Ansätze für ein Park-and-Ride-System anbieten, wenn nicht bei vergleichsweise bescheidenen Zeitentfernungen im Raum Karlsruhe die Relation Reisezeit : Fahrzeit schnell ungünstig würde. Solche Standorte könnten deshalb nur dann als ergänzendes Entlastungsinstrument eingesetzt werden, wenn ihr Ausbau weniger als verkehrliche Entlastungsmaßnahme und mehr als Instrument aktiver Standortpolitik genutzt würde, bei gleichwertiger Erreichbarkeit aus der Kernstadt wie aus dem Umland geeignet z. B. für solche Büro- und Handelsbetriebe, die wenig zur „Belebung der Innenstadt" beitragen.

3.2.3 Ausbildungsstätten und Ausbildungsverkehr

Die historische Konzentration von Sonderschulen, Realschulen und Gymnasien in Karlsruhe und Ettlingen wurde im Zuge der bildungspolitischen Reformen seit Mitte der sechziger Jahre durch neue Standorte ergänzt. Die Schulentwicklungspläne des Landes konzentrierten den Ausbau weiterführender Schulen weitgehend auf die Zentralen Orte. Bei rückläufigen Schülerzahlen und stagnierenden Investitionsmitteln ist zumindest mittelfristig keine wesentliche Ergänzung des Standortgefüges weiterführender Schulen zu erwarten.

Eine entlastende Wirkung der neuen Schulstandorte auf das Angebot weiterführender Schulen in Karlsruhe läßt sich statistisch bisher nicht nachweisen. Zwar verdoppelte sich zwischen 1961 und 1970 die Zahl der Ausbildungseinpendler nach Karlsruhe, doch sind die Schüler nicht nach Schularten gesondert erfaßt. Entsprechend der Lage weiterführender Schulen, Fach- und Hochschulen ist die Karlsruher Innenstadt Hauptziel der Ausbildungseinpendler (rund 50%). Die Zahl der Pkw-Benutzer hat sich bei geringen absoluten Ausgangswerten seit 1961 zwar verzehnfacht, der Anteil der Benutzer öffentlicher Verkehrsmittel überwiegt aber nach wie vor mit rund 75%[78]. Ausbildungspendler sind auch zukünftig überwiegend „Gefangene" des öffentlichen Nahverkehrs, nach globalen Prognosen zwischen 75% und 80%[79]).

a) Auf Grund der Standortzuweisung weiterführender Schulen in den Zentralen Orten bildet das Nahverkehrsnetz der Siedlungsachsen eine im Grundsatz geeignete Organisationsform des Ausbildungsverkehrs. Allerdings beträgt dessen Anteil am Gesamtpersonenverkehr in Karlsruhe nur 5% bis 6% der werktäglichen Personenfahrten (1968). Durch die Zunahme studentischer Pendler aus der regionalen Zuweisung von Studienplätzen und durch die zukünftig notwendige Konzentration schulischer Einrichtungen bei Anpassung an geburtenschwache Jahrgänge reduzieren rückläufige Schülerzahlen nicht zwangsläufig und in allen Fällen auch das Volumen des zukünftigen Ausbildungsverkehrs.

Bei weiterhin fortschreitender Konzentration von Ausbildungsstätten dürften besonders in ländlichen Räumen die als zumutbar empfundenen Schulwege überschritten werden. Das Nachdenken über die Einrichtung von Wohnheimen und über die Reduzierung „optimaler" Schulgrößen und daran gemessener Standards offenbart beispielhaft die Probleme eines prinzipiell auf Wachstum angelegten Siedlungsmodells bei Stagnation oder Schrumpfungsprozessen. Denn solche Maßnahmen widersprechen dem Prinzip der Siedlungsachsen und Zentralen Orte, „optimale" Versorgungsstandards durch planerische Einflußnahme auf Erreichbarkeit und Dimensionierung von Einzugsbereichen erzielen, zumindest partiell.

b) Nicht anders als bei den Berufspendlern vernachlässigt das Verkehrskonzept der Siedlungsachsen die abseits der Achsen gestiegene Zahl der Haushalte als den Verkehrsquellen der Ausbildungspendler. Unter der Forderung nach gleichwertigen Schulwegbedingungen bedarf es deshalb vermehrt ergänzender Zubringerdienste. Eine aus ökonomischen Gründen sinnvolle stärkere Integration des Schülerverkehrs in das allgemeine öffentliche Nahverkehrsnetz würde zugleich die verkehrliche Standortgunst der Schulstandorte auch für jene Einrichtungen erhöhen können, die vergleichbare Anforderungen an die Verkehrsbedienung stellen, z. B. Arbeitsplätze mit großem weiblichen Beschäftigtenanteil.

3.2.4 Einkaufsstätten und Einkaufsverkehr

Nach traditionellen Vorstellungen korrelieren verschiedene Arten von Einzelhandelsleistungen mit dem hierarchischen Aufbau der Zentrenstruktur. An der Spitze bietet das Oberzentrum das volle Warensortiment und selten nachgefragten Spezialbedarf. An der Basis versorgen Kleinzentren ihre Verflechtungsbereiche mit Gütern des häufig wiederkehrenden überörtlichen Bedarfs. Der funktionalen entspricht eine räumliche Hierarchie.

Deutlich mehr Personen als die eigene Wohnbevölkerung versorgen indes nur Karlsruhe und Ettlingen. Sie verfügten 1961 nach Zahl der Beschäftigten über eine Einzelhandelsausstattung für knapp 60% mehr als die eigene Wohnbevölkerung[80]). Zwischen 1961 und 1970 wuchs im Raum Karlsruhe die Zahl der im Handel Beschäftigten[81]) ungefähr proportional zur Wohnbevölkerung.

---

[78]) Vgl. Ein- und Auspendler in Karlsruhe, a.a.O.

[79]) Vgl. Generalverkehrsplan 1975 Baden-Württemberg, a. a. O., S. 43. S. 43. Vgl. DIW, Integrierte Langfristprognosen..., a.a.O., S. 37.

[80]) Vgl. TIETZ, B., Die Stadt Ettlingen als Einzelhandelsstandort, Saarbrücken, 1967, S. 209, Tab. 56, Karte 12.

[81]) Die Einbeziehung von Großhandel und Handelsvermittlung bewirkt tendenziell eine Verzerrung zugunsten von Karlsruhe und Ettlingen.

Der Zuwachs an einzelhandelsrelevanter Kaufkraft wurde offensichtlich durch Erweiterung der Geschäftsflächen und erhöhte Personalproduktivität aufgefangen. Den absolut größten Beschäftigtenzuwachs 1961—1970 erhielten die beiden Zentralorte höherer Stufe. Ihre handelszentrale Bedeutung stieg gegenüber 1961 bei gleichzeitig unterdurchschnittlichem Bevölkerungszuwachs. Den stärksten relativen Beschäftigtenzuwachs erhielten die nichtzentralen Gemeinden, besonders innerhalb der Siedlungsbereiche. Der Beschäftigtenzuwachs der Kleinzentren verlief dagegen nur durchschnittlich. Deren Beschäftigtenquote im Handel hat sich bei überdurchschnittlichem Bevölkerungszuwachs seit 1961 verringert.

Neben der Nähe zum Oberzentrum ist die relativ schwache einzelhandelszentrale Bedeutung der Umlandgemeinden nicht zuletzt Folge einer bereits weit fortgeschrittenen Umstrukturierung im Einzelhandel. Bevölkerungsverteilung, überproportionale Zunahme der Privathaushalte und deren einzelhandelsrelevanter Kaufkraft, Motorisierung der Konsumenten und der Trend zu größeren Betriebseinheiten führen zu veränderten Einkaufsgewohnheiten und Vertriebsformen an neuen und alten Standorten. Von den ca. 474 000 m² Verkaufsfläche im Oberzentrum Karlsruhe verteilen sich ca. 47 000 m² auf 9 Verbrauchermärkte (über 1000 m²)[82]. Wie in der Bundesrepublik insgesamt dürften Zuwachs und Ersatz von Verkaufsflächen ganz überwiegend auf diese neuen Vertriebsformen entfallen.

Das veränderte Einkaufsverhalten der Haushalte und darauf reagierende Standortentscheidungen der Einzelhandelsbetriebe prägen (wie auch andernorts) den Einkaufsverkehr nach Karlsruhe. Die Verwendungsintensität des Pkw beim Einkauf, rund 80% in der Region[83], wird nur noch im Naherholungsverkehr erreicht. Mit dem Pkw als „Einkaufskorb auf Rädern" und der Ausstattung der Haushalte mit Kühlschränken und Gefriertruhen, mit Normierung und Konservierung von Haushaltsgütern und Lebensmitteln, sinkt die Häufigkeit der Einkäufe. Es wächst die Bereitschaft zu längeren Einkaufswegen zugunsten einer breiteren Sortimentsauswahl und zugunsten der Bequemlichkeit, alles auf einmal an einem Standort „unter einem Dach" zu kaufen. Besonders die jungen, offensichtlich überdurchschnittlich motorisierten Haushalte kaufen weniger am Wohnort, mehr in Mittelzentren und im Oberzentrum. Diese Bevölkerungsgruppe zeigt zugleich die größte Bereitschaft, auch Lebensmittel in Supermärkten und Einkaufszentren anstatt im „Laden um die Ecke" einzukaufen[84].

So deckt die Bevölkerung des näheren Umlandes, teilweise in Übereinstimmung mit den intensiven Pendelverflechtungen[85] und nicht zuletzt auf Grund des Angebots neuer Vertriebsformen im Einzelhandel[86], aber teilweise in Widerspruch zur Theorie der funktionalen und räumlichen Einzelhandelshierarchie inzwischen auch einen erheblichen Anteil ihres täglichen Bedarfs (20—40% bei Lebensmitteln) im Oberzentrum. Konsumenten aus benachbarten Mittelbereichen, die das Oberzentrum schnell erreichen können, umgehen bei Einkäufen des gehobenen periodischen Bedarfs (Bekleidung, Schuhe) das für sie „zuständige" Mittelzentrum mehr oder weniger häufig. Die Nachfrage nach Gütern des aperiodischen Bedarfs ist in dem erwarteten Maße an die Zentralorte höherer Stufe gebunden. Die Einzugsbereiche des häufigen und des spezialisierten Einzelhandelsbedarfs (soweit dieser im Oberzentrum gedeckt wird) unterscheiden sich nach ihrer räumlichen Ausdehnung nicht in dem Maße, das der traditionellen Einzelhandelshierarchie entsprechen würde[87] (Abb. 11).

---

82). Vgl. Regionalverband Mittlerer Oberrhein, Die Struktur des Einzelhandels in den Regionen Mittlerer Oberrhein und Südpfalz unter besonderer Berücksichtigung der Verbrauchermärkte, Karlsruhe, 1976.

83) Vgl. Bevölkerungsbefragung in der Region Mittlerer Oberrhein, Hrsg. Regionalverband Mittlerer Oberrhein, Karlsruhe, 1974, sowie: Repräsentativbefragung Südpfalz, Zwischenberichte, Hrsg. Planungsgemeinschaft Südpfalz, Germersheim, 1976.

84) Vgl. Bevölkerungsbefragung..., a.a.O., S. 71.

85) Vgl. SANDER, E., Zu räumlichen Gemeinsamkeiten von Pendler- und Einkaufsverflechtungen. Dargestellt am Beispiel der Wirtschaftsregion Oberrhein-Südpfalz. In: Raumforschung und Raumordnung, 36 (1978) 1/2, S. 63 ff.

86) Zur Bedeutung der Großmärkte für „güterspezifische Ortspräferenzen" vgl. die entsprechenden Befunde in dem Beitrag von DÜRR.

87) Vgl. Bevölkerungsbefragung... sowie Repräsentativbefragung..., a.a.O.

Abb. 11   *Raum Karlsruhe: Einzugsbereich Einzelhandel*

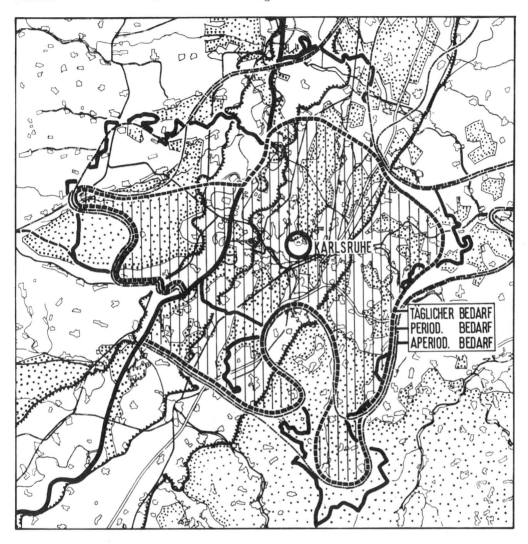

a) Bei Fortschreibung des beobachteten Einkaufsverhaltens und der zweckspezifischen Verkehrsmittelwahl zugunsten des Pkw entsprechen die Strukturveränderungen im Einzelhandel immer weniger den Zielen der Landesplanung, der zentralen Städte und des etablierten Einzelhandels, die die überkommene Einzelhandelshierarchie der zentralen Orte erhalten und ausbauen wollen. Weder die funktionale Zentralisierung in wenigen zentralen Orten höherer Ordnung noch die räumliche Dezentralisierung von Einzelhandelskapazitäten an verkehrsgünstigen Standorten mit großen zusammenhängenden Flächen und niedrigen Bodenpreisen läßt sich mit dem System der funktionalen und räumlichen Hierarchie im Einzelhandel noch befriedigend zur Deckung bringen. Sie gefährden damit auch die konzipierte zentralörtliche Strukturierung der Siedlungsachsen.

b) Die hohe Verwendungsintensität des Pkw beim Einkauf und seine Verfügbarkeit für Einkaufsfahrten am Wochenende führen zu zeitlichen Absatzkonzentrationen und räumlicher Ausdehnung der Einzugsbereiche. Die erforderlichen Flächen, besonders für Parkierung, können an innerstädtischen Standorten meist nicht bereitgestellt werden. Veränderte Einkaufsgewohnheiten und

Vertriebsformen geraten andernfalls schnell in Konflikt zu den Forderungen nach Verbesserung innerstädtischer Wohnqualität oder Erhaltung des Stadtbildes, sei es durch das Volumen großer Kaufhäuser selbst oder durch die folgenden Maßnahmen des Verkehrsausbaus. Diese Konflikte werden verschärft durch eine im Grundsatz konzentrisch organisierte Siedlungsstruktur, deren konstitutives Element öffentlicher Personennahverkehr entlang den Achsen auch unter Einbeziehung des nichtmotorisierten Verkehrs nur noch marginalen Anteil an der Bewältigung des Einkaufsverkehrs hat.

c) Ob die Abwehr oder gar Reduzierung großer Verbrauchermärkte und Einkaufszentren zugunsten der etablierten zentralörtlichen Strukturierung längerfristig erfolgreich sein kann, ist ebenso zweifelhaft wie der zugrunde liegende Ansatz, Strukturprobleme der Marktwirtschaft durch Raumordnungsverfahren und Normenkontrollverfahren gegen Bebauungspläne lösen zu wollen. Diese restriktive Standortpolitik vernachlässigt die gleichzeitigen Konzentrationstendenzen in der Innenstadt, tendenziell verschärft durch die Einrichtung von Fußgängerzonen[88]), über die auch die (wenigen) intelligenten Kaufhausarchitekturen nicht hinwegtäuschen können, „die einen Elefanten in ein Puppenhaus sperren"[89]). Sie vernachlässigt ebenso jenen grauen Markt des Lagerverkaufs, der sich jeder Standortplanung weitgehend entzieht. Dieses Potential ist für den Aufbau entlastender Achsenstandorte zumindest teilweise verloren gegangen, zu Lasten der (Aus-)Wahlfreiheit nichtmotorisierter Nachfragergruppen.

d) Sollen die Ziele der Verkehrsentlastung, der Erhaltung von „Urbanität", Wohnwert und historischer Bausubstanz eingelöst werden, so wird auch die City bei anhaltendem Flächenzuwachs und Strukturwandel des Einzelhandels traditionelle Innenstadtfunktionen abgeben müssen. Das Entwicklungs- und Verlagerungspotential des Handels könnte dann für den Aufbau entlastender Achsenstandorte besser genutzt werden, wenn diese für öffentliche und private Verkehrsmittel gleichwertig erreichbar sind. Eine solche Standortpolitik ist allerdings auch nur bedingt „achsenkonform", denn sie verlangt die Abkehr von einem Erschließungsprinzip, das auch im kleinräumigen Haltestellenbereich dem öffentlichen Personennahverkehr im Grundsatz Vorrang gibt.

e) Ob indes diese entlastenden Einzelhandelsstandorte einer gezielten Standortplanung zugunsten des Ausbaues hierarchisch geordneter Zentraler Orte und Standorte an Siedlungsachsen zugänglich sind, bleibt zweifelhaft. So schließt LINDE nach eingehender Analyse aus dem hier zitierten Erhebungsmaterial, daß unter den technischen und räumlichen Bedingungen im Verdichtungsraum nicht länger Weg-Zeit-Kosten als vielmehr die „Geschmacksmuster der aufgesuchten Offerte" das Einkaufsverhalten prägen. Die Substitution der „Reichweite eines Gutes" durch die „Attraktivität tertiärer Offerten" entspricht jener festgestellten Bedeutungsminderung von Erreichbarkeitsparametern, z. B. bei der Wohnstandortwahl, die das Konzept der Siedlungsachsen begründen und determinieren. „Die Entwertung der ökonomischen Basisgröße des Systemansatzes zugunsten handlungsrelevanter, gesellschaftsgestützter und sozial kontrollierter Geschmackspräferenzen" hat für Konzept und Realisierung von Zentralorthierarchien und Siedlungsachsen insofern weitreichende Konsequenzen, als bei „sozial differenzierten Beschaffungsmustern" eindeutige räumliche Zuordnungen zwischen Wohnstandorten und zentralen Orten nahezu sinnlos werden, und die planerische Einflußnahme auf sich schnell wandelnde Beschaffungs- und Vermarktungsmuster kaum erfolgreich sein kann"[90]).

3.2.5 Freizeiteinrichtungen und Naherholungsgebiete

Flächen und Einrichtungen für Freizeit und Naherholung, ausgewiesen in den Zwischenräumen der Siedlungsachsen zugunsten schneller Erreichbarkeit aus den verdichteten Wohngebieten und zugunsten der Freihaltung zusammenhängender Landschaftsräume dienen innerhalb der regionalen

---

88) Vgl. MONHEIM, R., Fußgängerbereiche, Bestand, Entwicklung, Köln, 1975, S. 75 ff. In: Deutscher Städtetag, Reihe E, DST-Beiträge zur Stadtentwicklung, H. 4.

89) PETERS, P., Von Kaufhäusern und alten Städten. In: Baumeister 73 (1976) 8, S. 630.

90) Vgl. LINDE, H., Standortorientierung tertiärer Betriebsstätten im großstädtischen Verdichtungsraum (Stadtregion Karlsruhe), Hannover, 1977, S. 100 ff. In: Veröffentlichungen der AKADEMIE FÜR RAUMFORSCHUNG UND LANDESPLANUNG, Beiträge Bd. 8.

Planung ganz überwiegend der Befriedigung überörtlicher Freizeit- und Erholungsbedürfnisse am Wochenende. Quantitativ sind Freizeit und Naherholung mit Vorrang aber an die Wohnung und an die nähere Wohnungsumgebung gebunden.

Die räumliche Verteilung größerer Sportanlagen und Bäder im Raum Karlsruhe zeigt weder eine planmäßige Konzentration in zentralen Orten oder in Sportzentren und Sportparks, die durch landschaftliche Attraktivität und Verkehrsgunst ausgezeichnet sind, noch eine gleichförmige Streuung zugunsten gleichwertiger Erreichbarkeit. Gründe für diese Entwicklung liegen in den dehnbaren Kriterien des „Goldenen Plans", in unterschiedlichen Finanzierungsmöglichkeiten, in Besonderheiten des lokalen Vereinslebens und nicht zuletzt in der Verfügbarkeit geeigneter Grundstücke. Die regional wenig koordinierte Verteilung dieser Anlagen beeinträchtigt zugleich Konzept und Realisierung der geplanten regionalen Freizeitschwerpunkte. Denn für diese stellt sich die Alternative, entweder unter Verlust an Attraktivität auf ein vollständiges Angebot für Sport und Freizeit zu verzichten, da einzelne Einrichtungen in den benachbarten Gemeinden bereits vorgehalten werden, oder aber in ökonomisch unsinniger Weise jenen Konkurrenz zu bieten.

Mögliche Zielgebiete für die Naherholung am Wochenende sind bestimmt durch die landschaftlichen Ressourcen des Raumes und deren Erreichbarkeit: Schwarzwald, Kraichgau, Pfälzer Wald, Elsaß und Rheinufergebiet. Trotz dieser Vielfalt landschaftlicher Angebote in relativ geringer Zeitentfernung bevorzugt die Bevölkerung des Raumes Karlsruhe überwiegend den Schwarzwald und hier besonders das Albtal. Vergleichbar mit Untersuchungsergebnissen aus anderen Räumen[91]), verlassen zwischen 60% und 80% der Karlsruher Familien mindestens einmal im Monat die Stadt, zu über 80% mit dem Pkw[92]). Aus der hohen Beteiligungsquote und Verwendungsintensität des Pkw sowie aus der zeitlichen und räumlichen Konzentration der Verkehrsströme in attraktiven Freizeit- und Naherholungsgebieten resultieren die spezifischen Verkehrsprobleme am Wochenende, aus der ökonomisch gebotenen Einschränkung öffentlicher Verkehrsbedienung die Benachteiligung der „Gefangenen" des öffentlichen Personennahverkehrs.

Achsenkonzept und öffentlicher Personennahverkehr können zwar den „mobility gap" dieser Bevölkerungsgruppe bedingt verringern, einen wesentlichen Beitrag zur Verkehrsentlastung können sie kaum leisten. Das Auto, zugleich Freizeitgerät, erlaubt ungebundene Rundtouren und ist bei generell höherer Besetzung als im Berufsverkehr auch billiger als öffentliche Verkehrsmittel.

a) Nach bisherigen Erkenntnissen bestehen enge Korrelationen zwischen hoher Beteiligungsquote im Wochenendverkehr und Wohnstandorten mit hoher baulicher Verdichtung und entsprechend geringen öffentlichen und privaten Freiflächen[93]). Hohe Wohnungsdichten kennzeichnen aber nicht nur innerstädtische Altbaugebiete, sondern ebenso die konzipierte Wohnbebauung um die Haltestellen der Siedlungsachsen. Zumindest konzeptionell wird so die organisierte Stadtflucht am Wochenende unterstützt, für einkommensstarke Schichten die Abwanderung „ins Grüne". Die Privatisierung präferierter Landschaftsräume durch Zweit- und Dauerwohnsitze gerät dann in Widerspruch zu den Zielen der Freihaltung der Achsenzwischenräume zugunsten der Erholung und ökologischer Ausgleichsfunktionen, also zu jenen Zielen, die die hohen Wohndichten der Siedlungsachsen eigentlich rechtfertigen sollen. Diese Zuordnungsprinzipien leisten so weder einen Beitrag zu den Problemen der Flucht aus der Stadt und des Wochenendverkehrs noch zur Erhaltung zusam-

---

[91]) Vgl. z. B. RUPPERT, K. u. J. MAIER, Der Erholungsraum einer Großstadtbevölkerung, dargestellt am Beispiel Münchens, In: Informationen 19 (1969) 2, S. 41.

[92]) Vgl. KLEIN, H.-J.; Empirisch-soziologische Befunde zur Erholung. In: Erholung, Rahmenthema der Vortragsfolge im Seminar des Lehrstuhls für Städtebau und Landesplanung der Universität Karlsruhe, SS 1968, Karlsruhe, 1968, S. 179. Vgl. WACKERMANN, G.; Les Loisirs des Cadres urbains dans les Pays-Rhenans. In: Bulletin de la Faculté des Lettres de Strasbourg 45 (1967) Nr. 6, S. 506 ff. Vgl. Bevölkerungsbefragung..., a.a.O., S. 128.

[93]) Vgl. z. B. CZINKI, L. und ZÜHLKE, W., Erholung und Regionalplanung. In: Raumforschung und Raumordnung 24 (1966) 4, S. 157. RUPPERT, K., Zur Naherholung in Verdichtungsräumen. Erkenntnisse und Perspektiven aus wirtschaftsgeographischer Sicht. In: Natur und Landschaft 45 (1970) 5, S. 123. Für die Besuchshäufigkeit städtischer Freiflächen lassen sich die üblichen Abhängigkeiten nach Alter, Einkommen, sozialer Stellung, Haustyp, Pkw-Besitz etc. nicht nachweisen. Vgl. GARBRECHT, D. und U. MATHES, Die Benutzung städtischer begrünter Freiräume. In: Informationen zur Raumentwicklung (1978) 4, S. 305 f.

menhängender Landschaftsräume. Im Gegenteil ist zu fragen, ob die konzipierte bauliche Verdichtung an Siedlungsachsen zusammen mit einem einseitigen Verständnis von Freizeit diese Probleme nicht noch verstärkt.

b) Die Konzepte der Regional- und Landesplanung reagieren auf die „Funktion Erholen" überwiegend mit dem Angebot „reizvoller Landschaft". Die übliche Annahme, Erholung verlange ganz überwiegend Ruhe in freier Landschaft, ist bisher jedoch nicht zu belegen. Sie prägt aber Gesetzgebung, Angebote der Freizeitindustrie und die Standort- und Infrastrukturplanung vorprogrammierter „Freizeitzentren" und „Freizeitlandschaften". Das beharrliche Festhalten an wenigen, oft überfüllten Ausflugszielen und -wegen läßt sich jedoch ebenso mit der These verbinden, die organisierte Stadtflucht am Wochenende sei eine Suche nach einer „Ersatzöffentlichkeit im Grünen" für nicht mehr vorhandene oder nicht mehr gewünschte städtische Lebensform[94].

Wichtige Gründe für die Wahl des Ausflugsziels sind zwar gesunde Luft und schöne Landschaft[95]. Diese und ähnliche Befragungsergebnisse lassen allerdings offen, in welchem Maße sie durch die gesellschaftliche Gleichsetzung von Ruhe und Erholung normativ überformt, durch entsprechende Angebote in den Achsenzwischenräumen und fehlende oder unattraktive Angebote in der Stadt verfälscht sind. Mögliche Freizeitpotentiale mit anderen Inhalten können so nicht aufgedeckt und alternative Konzeptionen nicht entwickelt werden, die mehr freie Zeit nicht nur als Produkt der Rationalisierung, sondern möglicherweise auch der Rationierung von Arbeit begreifen, und in denen die potentiellen Freizeitfelder Wohnung, Wohnumgebung und Stadt weniger vernachlässigt werden.

c) Der „Freizeitwert der Stadt", zusammen mit „Wohnwert" und „Lohnwert" austauschbarer Slogan aus der Zeit knapper Arbeitskräfte, gewinnt unter dem Druck abwandernder Steuern und Kaufkraft neue Aktualität für die Stadtentwicklung, wenn auch zunächst überwiegend unter einem ebenso verkürzten wie strapazierten Stadtgestaltungsbegriff.

Karlsruhe ist zwar Ziel aus einem weiten Umland über die Regionsgrenzen hinaus zum Besuch von Stadt- und Schloßgarten, Vergnügungsstätten, Sport- und Kulturveranstaltungen. Die Ausstrahlung des kulturellen Angebotes darf indes nicht überschätzt werden. Über die Hälfte der Befragten können keine Meinung zu Kulturleben, Sportgeschehen und Vergnügungsmöglichkeiten des Oberzentrums äußern[96].

Entgegen den von Sport und Kultur mehr oder weniger anspruchsvoll gefüllten Freizeitkatalogen dominieren in der frei verfügbaren Zeit weit alltäglichere Tätigkeiten wie Fernsehen, Spazierengehen, Autofahren, Einkaufen oder Gartenarbeit[97]. Die im Zeitbudget bedeutsame Freizeit in der Wohnung, der Wohnumgebung und in der Stadt fällt in die Kompetenz von Wohnungsbaugesellschaften und kommunaler Bauleitplanung. Sie wird innerhalb regionaler Konzeptionen kaum berücksichtigt. Im Gegenteil erweckt die Herausnahme der Freizeit und Naherholung aus dem städtischen Alltag an die Peripherie den Eindruck, als sollten auf diese Weise zugleich auch ganz andere Probleme durch Verdrängung gelöst werden: Verwertung „unrentierlich" genutzter Freiflächen im Verdichtungsraum, konzeptionelle Defizite im ländlichen Raum.

d) Unter der Annahme zukünftig zunehmender Freizeit (als Ergebnis einer breiteren Verteilung des knapper werdenden Gutes Arbeit), vor allem aber unter der Realität einer auch mittelfristig nicht umkehrbaren Bevölkerungsverteilung erscheinen Freizeit- und Naherholungskonzepte für die Stadt selbst notwendiger als für periphere Räume. Denn die Stadt ist noch immer Wohnumgebung für die Hälfte der Bevölkerung des Raumes Karlsruhe: Ein Viertel dieser Bevölkerung wohnt in den inneren Stadtgebieten. Für sie ist die unmittelbare Zuordnung der Erholungs- und Freizeiträume zu den Wohngebieten der Siedlungsachsen, die erst an der Peripherie der Stadt wirksam wer-

---

[94] Vgl. LENZ-ROMEISS, F., Freizeitplanung — Planung: Chance der demokratischen Stadtentwicklung. In: Bauwelt 63 (1972) 25/25, S. 106 = Stadtbauwelt 34.
[95] Vgl. Bevölkerungsbefragung..., O., S. 177.
[96] Vgl. Bevölkerungsbefragung..., a.a.O., S. 147.
[97] Vgl. SPIEGEL-Umfrage über das Freizeitverhalten der Deutschen (Emnid). In: Der Spiegel 29 (1975) 6—10.

den kann, nur bedingt hilfreich. Bei insgesamt reduzierter Entwicklung neuer Wohngebiete an den Siedlungsachsen und zunehmendem Anteil freiraumbezogener Wohnungen im Flachbau wird dieser Mangel zu Lasten der Altbaugebiete umso evidenter.

Vorrangige Maßnahmen der Naherholung sollten eben diese Wohnstandorte betreffen: Abbau von Immissionsbelastungen, Umbau von Wohnungen und deren unmittelbarer Umgebung, mehr kleine begrünte Freiräume in Wohnungsnähe als wenige große, Verbesserung der Qualität ihres Zugangs und Gebrauchs[98]). Hier verbindet sich regionale Konzeption mit städtebaulichem Detail. Unter dem Aspekt schrumpfender Zuwachsraten im Wohnungsbau und steigender Zuwachsraten im Wochenendverkehr sowie unter dem Ziel der Freihaltung von Landschaftsräumen können die Kombination von „Wohn- und Freizeitschwerpunkten"[99]) bzw. „zwingende Wechselwirkungen" zwischen Wohnsiedlungen und künftigen Formen des Freizeitlebens[100]) nicht länger nur auf neu zu erschließende Gebiete bezogen bleiben.

e) Nicht ausgeräumt sind durch solche Modifizierungen konzeptionelle und instrumentelle Widersprüche. Die räumliche Kombination neuer Wohn- und Naherholungsgebiete dürfte in der Regel den Standortforderungen schienengebundener Nahverkehrsmittel ebenso wenig entsprechen wie der Abbau innerstädtischer Dichten durch größere Wohnungen und mehr Freiflächen. In den Wohngebieten verkehrsüberlasteter Siedlungsachsen wird der Zugang zu den Freiflächen der Achsenzwischenräume überdies erschwert durch die Trennwirkung parallel geführter Umgehungsstraßen (Abb. 9). Neben ihrer Trennwirkung haben diese Entlastungstrassen einen zweiten negativen Effekt: Sie gefährden durch Aufwertung der verkehrlichen Standortgunst im Randbereich der Siedlungsachsen die längerfristige Freihaltung dieser Flächen. Die Sicherung dieser Freiflächen parallel zu den Siedlungsachsen gerät dann ebenso in Konflikt zu den durch Verkehrsinvestitionen ausgelösten Bodenpreissteigerungen wie die Erhaltung von Freiflächen am „Achsenfuß" oder die Umwidmung innerstädtischer Flächen zu Freiflächen, neben besserer Erreichbarkeit u. U. auch kleinklimatisch eine wirkungsvollere Maßnahme als die Ausweisung entfernter ökologischer „Ausgleichsräume".

3.3 Anmerkungen zum Personennahverkehr

Die Wechselwirkungen zwischen Flächennutzung und Verkehr führen unter den vorhersehbaren ökonomischen, technischen und planungsrechtlichen Bedingungen zur Fortschreibung der Konflikte und Widersprüche zwischen räumlicher Konzeption und realer räumlicher Entwicklung. Die Prognosen über die Entwicklung des Personennahverkehrs mit zunehmenden Verkehrsleistungen und zunehmender Individualisierung der Verkehrsleistungen werden allerdings bei fortschreitender Energieverteuerung und Blockade von Straßenprojekten zu überprüfen sein.

Bei einer weiteren Zunahme des Pkw-Bestandes bis 1990 auf rund 23 Millionen wird danach in den Verdichtungsräumen das Verkehrsaufkommen im Individualverkehr nochmals um rund 25% steigen, im öffentlichen Personennahverkehr wird es nahezu konstant bleiben. Der Anteil des öffentlichen Nahverkehrs wird sich bei rund 30% des Gesamtpersonenverkehrs einpendeln[101]).

In diesen Rahmen der zukünftigen Verkehrsentwicklung nach Verkehrsmenge und Verkehrsaufteilung reiht sich auch der Raum Karlsruhe ein. Stadt und Region nehmen nach Pkw-Dichte und werktäglicher Fahrtenzahl/Person einen Spitzenplatz im Regions- und Städtevergleich ein, bei ei-

---

[98]) Vgl. GARBRECHT, D., u. U. MATHES, Die Benutzung städtischer begrünter Freiräume, a.a.O., S. 307, 311.

[99]) KRYSMANSKI, R., Soziologische Bemerkungen zur Erholungs- und Freiflächenplanung. In: Informationen 22 (1972) 12, S. 320.

[100]) GRAF BLÜCHER, V., Freizeitbedürfnisse und Wohnsiedlungen der Zukunft. In: Archiv für Kommunalwissenschaften 7 (1968), S. 86.

[101]) Vgl. DIW, Integrierte Langfristprognose..., a.a.O., S. 31. Vgl.: Motorisierungswelle weiter ungebrochen. Shell-Prognose des Pkw-Bestandes bis 1990, o. O., 1977. In: Aktuelle Wirtschaftsanalysen 8, Deutsche Shell AG. Vgl. dagegen die Schätzung von nur 10% mehr Kraftfahrzeugverkehr bei stärker sinkender Nutzungsintensität und Jahresfahrleistung je Pkw sowie einem Anteil der Pkw an allen Ortsveränderungen im Nahverkehr deutlich unter 40% bei: MENKE, R., Integration der Verkehrsberuhigung in die städtische Generalverkehrsplanung. In: Verkehrsberuhigung, Bonn-Bad Godesberg, 1979, S. 52 f. In: Schriftenreihe des Bundesministers für Raumordnung, Bauwesen und Städtebau, 03.071.

nem erwarteten modal split 1990 von 77,5:22,5 in der Region bzw. zwischen 72:28 und 67:33 in der Stadt, je nach Qualität des auszubauenden Nahverkehrssystems[102]).

Überdurchschnittliche Zunahmen nach Fahrtenzahl, beförderten Personen und Personenkilometerleistung werden im Einkaufs- und Ausflugsverkehr erwartet, unterdurchschnittliche Zunahmen, Stagnation oder Abnahmen im Berufs- und Ausbildungsverkehr[103]). Nach Fahrtenzwecken wächst der Anteil derjenigen Fahrten, die in absehbarer Zeit kaum durch immateriellen Transport von Informationen ersetzt werden können, und für deren hohes Maß an Freizügigkeit oder für deren Notwendigkeit zur Gepäckbeförderung die Konkurrenzbedingungen öffentlicher Verkehrsmittel gegenüber dem Pkw am ungünstigsten sind. Für den öffentlichen Personennahverkehr wird deshalb ein deutlich gesteigerter Anteilsgewinn am prognostizierten Zuwachs der Verkehrsmenge, Voraussetzung für die Realisierung umfangreicher Nahverkehrs- und Achsenkonzepte, kaum zu erwarten sein.

a) Ob diese Veränderungen im Personennahverkehr in dem prognostizierten Maße zum prognostizierten Zeitpunkt eintreffen werden, ist inzwischen unter den erkennbaren Bedingungen zunehmender Energieverknappung und -verteuerung sowie wachsender Blockaden beim weiteren Ausbau des Straßennetzes durchaus unsicher. Auch die Springprozession in der Nahverkehrspolitik erlaubt bisher keine Vorhersagen, ob und mit welcher Zielsetzung veränderte Prioritäten im Nahverkehr gesetzt werden. Zumindest bisher stehen die politischen Pflichtbeteuerungen über die Förderung des öffentlichen Personennahverkehrs in eklatantem Widerspruch zu der tatsächlich geübten Investitionspolitik.

b) Auch bei mittelfristig zu erwartenden Engpässen werden steigende Kraftstoffpreise und wachsende Kosten aus Auflagen zur Erhöhung der Verkehrssicherheit und zur Verringerung der Umweltbelastungen bei der hohen Wertschätzung des Pkw vermutlich eher durch Konsumverzicht der Haushalte in anderen Ausgabenbereichen, durch weniger „optional trips" und mehr car pooling im Berufsverkehr aufgefangen, jedenfalls bis zu einem heute noch unbekannten Grenzwert.

Längerfristige Engpässe in der Energieverknappung und -verteuerung werden vermutlich die Entwicklung neuer Antriebsformen intensivieren. Eine grundsätzliche Abwendung vom Individualverkehr oder doch eine drastische Veränderung des modal split bleibt wenig wahrscheinlich, nicht allein wegen der arbeitsmarktpolitischen Bedeutung der Automobilindustrie oder wegen der hohen Wertschätzung individueller Mobilität, sondern vor allem wegen der langfristigen Kapital- und Standortbindung des bestehenden Straßennetzes.

c) Auch der Manipulation individueller Verkehrsmittelwahl durch ökonomische oder technische Maßnahmen zugunsten von mehr Wirtschaftlichkeit und Sicherheit, weniger Flächen- und Energieverbrauch oder Umweltbeeinträchtigungen und zugunsten der Realisierung der konzipierten Siedlungsachsen sind relativ enge Grenzen gesetzt. Weder Billig- noch Null-Tarife im öffentlichen Personennahverkehr noch „kostenechte" Abgaben im Individualverkehr erscheinen allein geeignet, die Probleme des Spitzenverkehrs ohne unerwünschte Nebenwirkungen auf das konzipierte Standortgefüge zu lösen.

Ebenso begrenzt sind die Chancen zur Realisierung neuer Verkehrsmittel, die die Nachteile beider Teilsysteme tendenziell abbauen und ihre Vorteile vereinigen. Technische und ökonomische Einschränkungen ergeben sich vor allem aus dem Unteilbarkeitscharakter und der langfristigen Kapitalbindung der vorhandenen Verkehrsinfrastruktur selbst. Insofern ist der Ausbau konventioneller Schienenverkehrsnetze das größte Hindernis für die Einführung neuer Systeme. Viele Vorschläge unterliegen zudem dem Fehlschluß, die extreme Individualisierung öffentlicher Nahverkehrsbedienung, z. B. mit programmierten Kleinstkabinen und großer Netzdichte, würde die Nachteile des Pkw ausschließen. Diese weitgehende „Imitation" schreibt im Grundsatz die Implikationen des In-

---

[102]) Vgl. DIW, Integrierte Langfristprognose..., a.a.O., S. 45. Vgl. Siedlungsschwerpunkte im Ruhrgebiet, a.a.O., S. 19. Vgl. Beurteilung möglicher Nahverkehrssysteme in Karlsruhe (R. FUNCK, F. PAMPEL, K. SCHAECHTERLE), o. O., o. J. (1976), Hauptband, S. 30, 93 ff.

[103]) Vgl. DIW, Integrierte Langfristprognose..., a.a.O., S. 35 ff.

dividualverkehrs auf das Siedlungsgefüge mit Ausnahme der Verkehrsemissionen fort. So würde z. B. das technisch anspruchsvollste Prinzip der Dual-Mode-Fahrzeuge bei gleichwertiger Eignung zu engmaschigem Flächenverkehr und zu linearer Verkehrsbündelung „Siedlungsbrei" und „Pyramidenbau großdimensionierter Wirtschaftsräume"[104] sogar noch forcieren können. Denn diese Technik ermöglicht niedrige Dichten in peripheren Wohngebieten und hohe Dichten in den zentralen innerstädtischen Gebieten.

Technisch und ökonomisch erscheint es leichter, individuelle Transportmittel sicherer, energiesparender und umweltfreundlicher zu bauen als umgekehrt öffentliche Verkehrsmittel etwa für den Haus-Haus-Verkehr tauglich zu machen. Unter den technischen Neuerungen kann realistisch nur denen eine Chance eingeräumt werden, die in die vorhandenen Teilsysteme integriert werden können und die durch Verwendung bestehender Betriebseinrichtungen und nachfrageflexibler Kabinengrößen den Nahverkehr wirtschaftlicher gestalten. Diesen Forderungen scheinen zur Zeit Dial-a-Bus-Systeme näherzukommen. Anders als die positiven Zwischenberichte von Experimenten in ländlichen Räumen[105] weisen amerikanische Erfahrungen allerdings auf unzureichende Attraktivität des Rufbus wegen unsicherer Abfahrts- und Ankunftszeiten, Zeitverlusten durch Umwege und Zusteigen sowie hoher Personal- und Energiekosten hin[106].

d) Tendenziell verfolgen diese und andere Versuche eine Anpassung der Beförderungswünsche an die Veränderungen der Siedlungsstruktur. Sie leisten hingegen keinen Beitrag zur Steuerung dieser Veränderungen durch den öffentlichen Nahverkehr im Sinne der Ziel-Mittel-Kombinationen der Achsenkonzepte. Die Forderungen nach räumlicher Konzentration und baulicher Dichte werden ebenso wenig gestützt durch städtebauliche Maßnahmen, die die Umweltbelastungen durch den Individualverkehr vermindern sollen. Die Schere zwischen Bus und Pkw im Energieverbrauch ca. 1:4,5 (L/Pers. km bei 40% Besetzung)[107] erweitert sich im Flächenbedarf auf ca. 1:20 (m²/Pers. bei 50 km/h und 40% Besetzung), in der Abgabe von CO auf ca. 1:200 (g/Pers. km)[108].

Die Verminderung von Lärm- und Abgasbelastungen durch Abstandsflächen führt zu erhöhtem Flächenverbrauch und entspricht kaum dem Gebot der Bündelung und räumlichen Konzentration. Die Abstimmung zwischen Verkehrsmenge und „mental quality" im Sinne von Buchanan's Environments[109] dürfte kaum nahverkehrsorientierte Dichten erlauben, es sei denn zu hohen Kosten. Die Abstimmung zwischen Bedarf und Bestand an Verkehrsflächen, z. B. über erhöhte Parkierungsgebühren oder „road pricing"[110] in innerstädtischen Gebieten verstärkt möglicherweise die Abwanderung von Einwohnern, Arbeitsstätten und bisher citygebundenen Einrichtungen entgegen den allgemeinen Zielen der Stadtentwicklung und entgegen den besonderen Interessen konzentrischer Nahverkehrsnetze.

e) Unter den gegebenen politischen und ökonomischen Bedingungen sind längerfristig gravierende Veränderungen der Verkehrsmittelwahl kaum zuverlässig zu prognostizieren. Abwanderungen vom Pkw zum öffentlichen Verkehrsmittel (und nur Autofahrer können wählen) als Grundvoraussetzung für Anlage und Betrieb so umfangreich ausgewiesener Nahverkehrsnetze könnten nur durch Kombinationen drastischer Behinderungen im Individualverkehr und drastischer Verbesserungen des Leistungsangebots im öffentlichen Nahverkehr initiiert werden. Die Energieverteue-

---

104) LINDER, W., Nahverkehr und städtische Lebensbedingungen, a.a.O., S. 228.

105) Vgl. WICHT, H.-J., Der Rufbus — seine Chancen und Grenzen. In: Bauwelt 68 (1977) 12, S. 388 ff. = Stadtbauwelt 53.

106) Vgl. PIPER, R. R., Transit Strategies for Suburban Communities. In: Journal of the American Institute of Planners 43 (1977) 4, S. 384. Vgl. Forschung Stadtverkehr (1979) 8, hrsg. vom Bundesminister für Verkehr, Bonn-Bad Godesberg, 1979, Sonderreihe, S. 78 f.

107) Vgl. ein entsprechendes Verhältnis der Betriebskosten IV: ÖPNV von 1:4 bis 1:5 bei: MEYER, J. R. u. a., The Urban Transportation Problem, Cambridge, Mass., 1965, S. 313.

108) Vgl. THEIS, H., Der öffentliche Personennahverkehr im Spannungsfeld von verkehrspolitischen und betriebswirtschaftlichen Forderungen. In: Bauwelt 68 (1977) 12, S. 384 f = Stadtbauwelt 53.

109) Vgl. BUCHANAN, C., Verkehr in Städten, a.a.O., S. 41 ff.

110) Vgl. WILLEKE, R., Auf dem Wege zu einer neuen Nahverkehrskonzeption. In: Internationales Verkehrswesen 21 (1969) 2, S. 45 ff.

rung hat bisher mittelbar ebenso die öffentlichen Haushalte und damit auch die öffentlichen Verkehrsbetriebe negativ beeinflußt wie unmittelbar die Verhaltensweisen der motorisierten Privathaushalte. Die Behinderungen des Individualverkehrs durch Verkehrsberuhigungsmaßnahmen betreffen bisher und wohl auch zukünftig nur Teilgebiete des Verdichtungsraums, Substitutionswirkungen werden eher zwischen Individualverkehr und nichtmotorisiertem Verkehr erwartet als zwischen Individualverkehr und öffentlichem Personennahverkehr.

f) Für den Autofahrer wird die Alternative Öffentlicher Verkehr bisher so stark verdrängt, daß eine bewußte Entscheidungssituation noch nicht oder nur in Ausnahmefällen auftritt. Bei der üblichen Aufteilung der Verkehrsarbeit auf die Verkehrsmittel, -kosten und -bedingungen[111] werden die Vorteile des Pkw, die außerhalb seines Gebrauchsnutzens liegen, z. B. universelle Verwendung im Nah- und im Fernverkehr für Personen- und Warentransporte, nur ungenügend quantifiziert. Mangelnde Beförderungskontinuität und -bequemlichkeit, Verfügbarkeit und in den meisten Fällen auch Zeitverluste öffentlicher Verkehrsmittel sind aber Nachteile, die mit Ausnahme kleiner Verzichtsgruppen nur in Kauf genommen werden, wenn kein Pkw zur Verfügung steht.

Werden Komfort und Bequemlichkeit trotz aller methodischen Bedenken als Zusatzzeiten zur reinen Fahrzeit quantifiziert[112] und als Zeitgewinne kapitalisiert, dann ist der Pkw mit Ausnahme weniger Teilgebiete und Tageszeiten in vielen Fällen immer noch schneller und billiger als öffentliche Verkehrsmittel[113]. Er ist schneller auf Grund seines wesentlich geringeren Anteils der Zusatzzeiten an der Gesamtreisezeit und er ist kostengünstiger vor allem auf kurzen Strecken, die den größten Anteil an den täglichen Fahrten aufweisen[114]. Der Autofahrer zahlt in erster Linie für den Besitz des Verkehrsmittels und erst in zweiter Linie für die Fahrt. Die Kosten des öffentlichen Personennahverkehrs folgen aus dem Grundsatz der „Personenproportionalität des Beförderungspreises". Öffentliche Verkehrsmittel denaturieren so zu Luxustransportmitteln[115], besonders auf kurzen Strecken, und die Mehrzahl der Fahrten ist kurz. Der Zwang zur Rationalisierung, in der Regel Verringerung der Fahrtenhäufigkeit, beschleunigt die „wohlbekannte Abwärtsspirale"[116]. Weniger häufige Zugfolgen verlängern über Warte- und Umsteigezeiten wiederum zusammen mit weiteren Gehwegen von und zur Haltestelle auf Grund abnehmender Dichten die Gesamtreisezeit. Die Zusammenhänge zwischen Wirtschaftlichkeit, Leistungsfähigkeit und Reisezeit bleiben auch bei Abbau eigenwirtschaftlicher Betriebsführung zugunsten der Subventionierung von Billig- und Nulltarifen bestehen.

g) Eine anhaltende Individualisierung des Personennahverkehrs bei gleichzeitiger Einschränkung öffentlicher Verkehrsdienste erhöht neben der weiteren Dezentralisierung der Nutzungen, neben Immissionen und Zerstörungen städtebaulicher und landschaftlicher Substanz auch den „mobility gap" zwischen Autofahrern und „Gefangenen" öffentlicher Verkehrsmittel. Die wachsende Mobilität motorisierter Bevölkerungsgruppen zu Lasten einer schrumpfenden Mobilität nichtmotorisierter Bevölkerungsgruppen zählt zusammen mit den Unfallbilanzen im Straßenverkehr zu den schwerwiegenden Skandalen der Verkehrspolitik[117].

Je nach Zurechnung nicht von Privat gemeldeter Pkw und unter Berücksichtigung stillgelegter Fahrzeuge und Zweitwagen verfügen nur etwa jeder vierte Einwohner und etwa jeder zweite Haus-

---

[111] Vgl. Bericht der Sachverständigenkommission nach dem Gesetz über eine Untersuchung von Maßnahmen zur Verbesserung der Verkehrsverhältnisse in den Gemeinden, Bonn, 1970, S. 51 f.

[112] Vgl. Bericht der Sachverständigenkommission . . ., a.a.O., S. 52 f.

[113] Vgl. FIEDLER, J., Die Reisegeschwindigkeit als Konkurrenzkriterium. In: V + T Verkehr und Technik 21 (1968) 11, S. 302 ff.

[114] Vgl. BUSCH, W., Personentransportsysteme der nächsten Jahrzehnte. In: Systems 69, Internationales Symposium über Zukunftsfragen, Stuttgart, 1970, S. 223.

[115] OETTLE, K., Naherholung und Verkehr — Probleme und Lösungsmöglichkeiten. In: Natur und Landschaft 45 (1970) 5, S. 125.

[116] BUCHANAN, C., Verkehr in Städten, Essen, 1964, S. 37.

[117] Vgl. ALTSHULER, A., Transit Subsidies: By Whom, For Whom? In: Journal of the American Institute of Planners 35 (1969) 2, S. 84.

halt über einen Pkw, bei statistischer „Vollmotorisierung" (1 Pkw/PHH) 1990 etwa jeder dritte Einwohner und zwei Drittel aller Haushalte[118]). Alte und Junge, Behinderte und Frauen bleiben vielfach benachteiligt. Der Vorwurf an die Verkehrsplanung, den nichtmotorisierten Verkehr als quantité negligeable weitgehend vernachlässigt zu haben, trifft im Grundsatz auch das Konzept der Siedlungsachsen.

Verkehrszweck und Verkehrsmittelwahl 1976 (%)

Verkehrsmittel	Gesamt	Arbeits-wege	Ausbildungs-wege	Versorg.-wege	Freizeit-wege
Pkw-Fahrer, Pkw-Mitfahrer	47,6	57,5	14,8	35,6	49,4
Öffentliche Verkehrsmittel	11,2	16,2	36,6	8,2	6,6
Zu Fuß, Fahrrad/Mofa	39,9	24,9	46,8	55,5	42,4
Sonstige Verkehrsmittel, keine Angabe	1,3	1,4	1,8	0,7	1,6

Quelle: Sonderauswertung der KONTIV. In: SCHWERDTFEGER, W., Wer geht schon heute noch zu Fuß ... — Ein Beitrag zur Korrektur eines Planer-Weltbildes —. In: Verkehrsberuhigung, a.a.O.

Die auf diesen Sachverhalten abgestützten großräumigen Verkehrsberuhigungskonzepte konzentrieren sich bisher mit Vorrang auf die Verdichtungskerne, für die Verkehrsregion des Verdichtungsraums haben sie einschließlich der erwarteten Substitutionsprozesse zwischen Individualverkehr und nichtmotorisiertem Verkehr vorerst kaum unmittelbare Auswirkungen. Indirekte Folgewirkungen können sich ergeben durch Erschwernisse für den Autofahrer in Nähe der häufigsten Verkehrsquellen und -ziele, in verbesserten Fußwegbeziehungen zu den Haltestellen des Personennahverkehrs und längerfristig in der Aufwertung kleinräumig verteilter Versorgungs- und Freizeiteinrichtungen.

h) Eine wesentliche Ursache zunehmender Einbußen an Mobilität und Auswahlmöglichkeiten für nichtmotorisierte Bevölkerungsgruppen bleibt trotz des hohen Stellenwertes von Erreichbarkeits- und Versorgungsparametern innerhalb der Achsenkonzepte weitgehend außerhalb der Diskussion planerischer Einflußnahme. Fortschreitende Spezialisierung und sich verselbständigende Standards im öffentlichen und privaten Leistungsangebot führen zusammen mit innerbetrieblichen Rationalisierungsmaßnahmen in der Regel zu ständig wachsenden Funktionsgrößen. Und diese unterstützen wiederum über Flächenbedarf und Bodenpreise die Tendenz zur Parzellierung der Lebensbereiche in räumlich voneinander getrennte Wohn-, Einkaufs-, Freizeit-, Jugend- oder Alten-„Zentren" mit jeweils spezifischen, aber stets wachsenden Einzugsbereichen. Bedingt durch die hohe Wertschätzung und stillschweigende Annahme allgemeiner Mobilität (und wohl auch in Abwehr immer neuer, alter Siedlungskonzepte, „die Verkehr gar nicht erst entstehen lassen wollen") wird bisher kaum untersucht, welche Normen und Standards welcher Einrichtungen zugunsten geringerer Verkehrsaufwendungen verändert werden könnten, welche Einrichtungen stärker dezentralisiert und welche auch mobil sein könnten[119]). Denn unter Einrechnung der Verkehrsarbeit von Fußgängern und Radfahrern dürfte der Pkw für kaum mehr als ein Drittel aller Ortsveränderungen verwendet werden[120]).

---

[118]) Vgl. DIW, Integrierte Langfristprognose..., a.a.O., S. 31. Vgl. Die Motorisierung am Beginn ihrer zweiten Entwicklungsphase, o. O., 1971, S. 15. In: Aktuelle Wirtschaftsanalysen 5, Deutsche Shell AG. Vgl. MENKE, R., Verkehrsplanung — für wen? In: Bauwelt 68 (1977) 12, S. 361 = Stadtbauwelt 53.

[119]) Vgl. SPIEGEL, E., Verdichten oder Verdünnen: Infrastrukturplanung bei Bevölkerungsrückgang. In: transfer 3. Stadtforschung und Stadtplanung, Opladen, 1977, S. 47 f. Vgl. auch: Raumordnungsbericht 1978, a.a.O., S. 46 sowie: Landesentwicklungsbericht 1979, a.a.O., S. 68.

[120]) Vgl. MENKE, R., Verkehrsplanung — für wen?, a.a.O., S. 362 f.

i) Eine zentrale Aufgabe des öffentlichen Personennahverkehrs ist dann entsprechend dem Ziel gleichwertiger Lebensbedingungen der soziale Auftrag, den nichtmotorisierten Bevölkerungsgruppen ein hinreichendes Maß an Mobilität und Chancengleichheit zu sichern. Für sie wird die Gesellschaft ein zu bestimmendes Maß an Freiheit garantieren müssen, Standorte und „Gelegenheiten" eigener Wahl zu erreichen. Eine zweite Aufgabe ist, Verkehrsbelastungen und -emissionen besonders in jenen Gebieten in Grenzen zu halten, in denen die historische Akkumulation von Verkehrsquellen und -zielen nur langfristig abgebaut werden kann, sei es wegen der Standortbindung dort investierten Kapitals oder aus Gründen traditioneller Standortnahme.

k) Die instrumentelle Funktion des öffentlichen Personennahverkehrs zur Steuerung einer bestimmten Organisation und Gestalt des Siedlungsgefüges wird indes durch andere Instrumente ersetzt oder zumindest ergänzt werden müssen. Die notwendige Modifizierung des Nahverkehrskonzepts der Siedlungsachsen durch Zubringerdienste wie park-and-ride und Busse erhöht möglicherweise die Chancen einer polyzentrischen Siedlungsstruktur, unterstützt aber kaum die postulierte enge Zuordnung verdichteter Wohngebiete, Arbeitsplätze und Versorgungseinrichtungen um die Haltestellen der Nahverkehrslinien.

Insgesamt wird der öffentliche Personennahverkehr auch unter den Restriktionen knapper Energie kaum jene „Gestaltungskraft" zurückerlangen, die er mit dem Einsatz großvolumiger Fahrzeuge in wenigen Siedlungskorridoren hatte, und die ihm innerhalb der Achsenkonzepte zugewiesen wird. Das Festhalten an der Gestaltungskraft des Schienennahverkehrs kann so weder die zahlreichen Konflikte zwischen den betriebswirtschaftlichen Dichteforderungen des Personennahverkehrs und dem Wunsch nach mehr Geschoß- und Freiflächen, Erhaltung natürlicher Ressourcen und historischer Substanz und nach geringeren Immissionsbelastungen auflösen, noch einen wesentlichen Beitrag leisten für die Entlastung der Verdichtungskerne und für die Freihaltung zusammenhängender Landschaftsräume.

4. Siedlungsachsen und Planungswirklichkeit

Die Analyse ausgewählter Elemente der Siedlungsstruktur am Beispiel des Raumes Karlsruhe deckt eine Reihe von Konflikten auf, die einige offensichtliche Widersprüche zwischen regionalen Achsenkonzepten und regionaler Wirklichkeit zumindest teilweise erklären können. Auch Landes- und Regionalplanung haben inzwischen in ihren Berichten einige dieser Konflikte, besonders jene aus veränderten Entwicklungsbedingungen, benannt. Die entsprechenden Modifizierungen ihrer Ziele und Instrumente mildern oder bereinigen einige Divergenzen zwischen Konzept und Realität, allerdings zu Lasten der Stringenz und Eindeutigkeit des nach wie vor als unverändert gültig und bedeutsam erachteten Achsenkonzepts.

Unter den Einschränkungen einer Fallstudie können Konflikte und Widersprüche nur beispielhaft und ohne Anspruch auf Vollständigkeit, Gewichtung und Übertragbarkeit bezeichnet werden. Überdies überlagern sich Ursachen und Wirkungszusammenhänge zwischen sach-, zeit- und raumbedingten Konflikten und lassen sich deshalb auch nicht immer eindeutig gegeneinander abgrenzen.

4.1 Systembedingte Konflikte

a) Konstituierende Elemente der Siedlungsachsen sind die Anlagen des vorzugsweise schienengebundenen Personennahverkehrs und die das Verkehrsgeschehen maßgeblich bestimmenden Flächennutzungen. Als Variable wechselseitiger Wirkungszusammenhänge werden sie innerhalb der Achsenkonzepte indes festgeschrieben auf die Zeit der Straßenbahn- und Schnellbahnstadt. Gleichwohl erscheinen die Substitutionsprozesse im Personennahverkehr zugunsten des Individualverkehrs nicht in dem Maße reversibel, als daß allein über die Gestaltungskraft des Schienennahverkehrs dieses Organisations- und Gestaltmodell fixiert oder gar restauriert werden könnte. Auch die städtebaulichen Voraussetzungen für den wirtschaftlichen Betrieb schienengebundener Nahverkehrsmittel sind nur in wenigen besonderen Fällen herstellbar.

b) Anders als die unterstellte Priorität verkehrlicher Erreichbarkeit rücken andere und vielfältigere Standortkriterien und Entscheidungskomponenten der Haushalte und Betriebe in den Vordergrund: Flächenbedarf, Bodenpreise, Wohnruhe oder Landschaftsbezug. Die Bereitschaft, dafür auch höhere Kommunikationskosten zu tragen, ist offensichtlich größer als unterstellt[122]). Widersprüche zwischen räumlicher Konzeption und Realität beruhen so vor allem auf dem Konflikt zwischen dem technisch wie ökonomisch realisierbaren Wunsch nach einem Maximum an Standortauswahl und dem reduzierten Standortangebot des Achsenkonzepts.

c) Je leistungsfähiger Schnellbahnen werden, um so grobmaschiger wird ihr Netz, und um so höher wird die Erreichbarkeit einer tendenziell abnehmenden Zahl erschlossener Standorte. Die weitmaschigen Nahverkehrsnetze der Siedlungsachsen reduzieren die Zahl der durch sie erreichbaren Standorte und „Gelegenheiten"[123]). Sie schränken so die Auswahlmöglichkeiten stärker ein, als dies den Wünschen der Gesellschaft und ihrer Bereitschaft, dafür auch höhere Kosten zu tragen, zu entsprechen scheint. Wird das Ziel maximaler gesellschaftlicher und individueller Freiheit in seinem räumlichen Bezug als „Erreichbarkeit" oder „Zugänglichkeit" konkretisiert, d. h. als relative Wahlfreiheit, eine Vielzahl von Märkten und Quasi-Märkten, auf denen Güter, Dienste und Informationen ausgetauscht werden, „mit vernünftiger Geschwindigkeit, auf direktem Wege, ungefährdet und einigermaßen bequem"[124]) zu erreichen, dann scheint die kritisierte reale Veränderung der Siedlungsstruktur die so verstandenen Vorteile „städtischer Existenz" eher zu garantieren als das Konzept der Siedlungsachsen: F. L. WRIGHTS „Nowwhere City" überlagert die historisch entwickelten Siedlungsmuster.

d) Der konzeptionell bedingte Knappheitseffekt führt zu Bodenpreissteigerungen, die den Ausleseprozeß der Flächennutzungen nach ihrer jeweiligen Rendite verschärfen. Radial angelegte Netze potenzieren diese Effekte. Sie unterstützen so weder die Erhaltung der Polyfunktionalität des Hauptzentrums noch den Aufbau polyfunktionaler Subzentren entlang den Siedlungsachsen. Im Haltestellenbereich erschweren sie z. B. Wohnungsbau für jene Bevölkerungsschichten, die in besonderem Maße auf öffentliche Verkehrsbedienung angewiesen sind, und deren Fahrgastpotential zugleich die wirtschaftliche Basis der Verkehrsbetriebe ist. Das Gebot, teuren Boden intensiv zu nutzen, führt bei gegebenem modal split zu mehr Individualverkehr und damit auch zu potentiellen Verlusten an Wohnumfeldqualität durch Immissionen und zu potentiellen Verlusten an natürlicher und historischer Substanz durch den Bedarf an zusätzlichen Verkehrsflächen.

e) Die verkehrswirtschaftlichen Anforderungen des schienengebundenen Nahverkehrs an die Nutzungsstruktur dienen nicht zuletzt als funktionale Legitimation für überkommene städtebaulich-gestalterische Zielsetzungen. Technische Fortschritte der Kommunikationseinrichtungen, deren Substitutionswirkungen bestehende Systeme oder Systemelemente wegen deren langfristiger Kapitalbindung eher weiter differenzieren als ersetzen, und die möglicherweise spezifische physische Kontakte durch Telekommunikation ablösen, begünstigen wahrscheinlich keine bestimmte Form der Stadt. Die typologische Grundform der heutigen Stadt und ihres Umlandes ist nach Einführung der öffentlichen Nahverkehrsmittel erst vor knapp hundert Jahren geprägt worden, und es gibt keinen vernünftigen Grund, die so entstandenen Strukturen als allgemein und überall gültig anzuerkennen und fortzuschreiben.

„Verdichtungsfelder" werden nicht „Sonderformen" der räumlichen Struktur der Verdichtungsräume sein oder diese später ablösen[125]), sondern die Organisationsform der überschaubaren Zukunft. Die großräumige achsiale oder lineare Entwicklung im nationalen oder Landesmaßstab

---

[122]) Die Ergebnisse von Kostenvergleichen bleiben allerdings problematisch, sei es aus Gründen der Kapitalisierung von Annehmlichkeit, Zeitersparnis oder Sicherheit, der Zurechnung von Kosten aus baulicher Verdichtung, Emissionen oder der psychologischen Bewertung von out-of-pocket-Kosten.

[123]) Vgl. MÄCKE, P., Regionalstadt und Regionalverkehrsmittel am Beispiel des Ruhrgebiets. In: Die Regionalstadt und ihre strukturgerechte Verkehrsbedienung, Hannover, 1972. Veröffentlichungen der AKADEMIE FÜR RAUMFORSCHUNG UND LANDESPLANUNG, Forschungs- und Sitzungsberichte, Bd. 71.

[124]) BUCHANAN, C., Verkehr in Städten, a.a.O., S. 39.

[125]) Vgl. Empfehlungen des BEIRATS FÜR RAUMORDNUNG: b) Zielsystem zur räumlichen Ordnung und Entwicklung der Verdichtungsräume in der Bundesrepublik Deutschland, a.a.O., S. 163.

muß nicht auch zwangsläufig durchgängiges Strukturprinzip aller Verdichtungsräume oder aller Teilräume eines Verdichtungsraums sein.

4.2 Entwicklungsbedingte Konflikte

a) Die systemimmanenten Effekte des Achsenkonzepts verschärfen sich unter den zukünftig geringeren Wachstumsraten an Flächen, Infrastruktureinrichtungen und finanziellen Ressourcen. Siedlungsachsen bleiben auch nach ihrer Gliederung in Siedlungsbereiche gewaltige Instrumente zur Aufnahme von Wachstum. Bei quasi-ubiquitärer Ausweisung sind sie deshalb für die Steuerung der räumlichen Entwicklung im Sinne der zahlreichen Konzentrationsforderungen nur noch bedingt hilfreich. Der zukünftig geringere Bedarf an Flächen und Einrichtungen läßt zumindest keine dramatischen Verschiebungen in der räumlichen Verteilung zugunsten der punkt-axialen Ordnungsvorstellung erwarten. Der regionalen Planung bleibt bei überwiegendem Eigenbedarf und langfristigen Festlegungen der kommunalen Bauleitplanung nur ein bescheidener Spielraum für die Steuerung der Siedlungsentwicklung.

b) Ebenso wenig realisierbar erscheint bei zukünftig geringeren Zuwachsraten in Angebot und Nachfrage zentraler Güter und Dienste, bescheideneren Investitionsmittel aber möglicherweise steigendem Anspruchsniveaus der Ausbau eines engmaschigen Netzes von Kleinzentren als strukturierenden Schwerpunkten der Siedlugnsachsen. Offenkundig in Zusammenhang mit dem Fortschrittsstadium der Siedlungsentwicklung beginnen sich einzelne zentrale Einrichtungen statt in punktförmiger Konzentration in wesentlich komplizierteren „zentralen Netzen" zu organisieren. Nach der räumlichen „Entmischung" auf lokaler Ebene vergrößert sich auch auf regionaler Ebene die Kluft zwischen der Theorie einer vollständigen polyfunktionalen Ausstattung an einem zentralen Standort und der Realität mehrerer kooperierender oder konkurrierender Standorte von teilweise nur monofunktionaler Ausstattung. Ebenso wie im Wohnungswesen wird die Wirksamkeit regionaler Standortpolitik zudem geschwächt durch den sich verschärfenden interkommunalen Konkurrenzkampf um knappe Zuschüsse, Gewerbe- und Einkommensteuern.

c) Schließlich setzen geringere Investitionsmittel auch dem Ausbau schienengebundenen Nahverkehrs als konstitutivem Element der Siedlungsachsen enge Grenzen, zumal Netzerweiterungen zur wirksamen Steuerung der Siedlungsentwicklung bereits vor ihrer vollen Inanspruchnahme getätigt werden müßten. Die Auslastung der vorzuhaltenden Nahverkehrskapazitäten ist aber bei geringeren Wachstumserwartungen auch längerfristig ungewiß, nicht zuletzt durch quantitativ und qualitativ sich verändernde Ansprüche an das Verkehrssystem. Die Freiheitsgrade gegenüber den primär nahverkehrsorientierten Kriterien der Standortnahme nehmen zugunsten anderer Bestimmungsgründe tendenziell zu[126]), und die so erzeugte Siedlungsstruktur entspricht immer weniger den betriebswirtschaftlichen Anforderungen eines umfangreichen schienengebundenen Nahverkehrssystems.

4.3 Raumbedingte Konflikte

a) System- und entwicklungsbedingte Konflikte des Achsenkonzepts mögen in der Regel weiter verschärft werden durch Übernahme eines Schemas in eine jeweils besondere naturräumliche und siedlungsgeschichtliche Situation. Im Raum Karlsruhe entspricht zumindest rechtsrheinisch die historisch entwickelte Aufreihung der Siedlungsgebiete an gebündelten Verkehrs- und Versorgungstrassen in den naturräumlich vorgegebenen Siedlungskorridoren der Ebene und in den Tälern des angrenzenden Berglandes weitgehend der räumlichen Ausprägung von Siedlungsachsen[127]). Die bewaldeten Achsenzwischenräume blieben, wenn auch nicht auf Grund der Wirksamkeit des regiona-

---

[126]) Vgl. BÖKEMANN, D., Zur Einführung des Zeitfaktors in die Theorie der zentralen Orte. In: Archiv für Kommunalwissenschaften 8 (1969) 1. Halbjahresband, S. 84 f. Vgl. LINDE, H., Standortorientierung tertiärer Betriebsstätten im großstädtischen Verdichtungsraum (Stadtregion Karlsruhe), Hannover, 1977. Veröffentlichungen der AKADEMIE FÜR RAUMFORSCHUNG und Landesplanung, Beiträge Bd. 8.

[127]) Vgl. ein frühes Achsenkonzept bei: SCHWEIZER, O. E., Zur städtebaulichen Neuordnung von Karlsruhe, Karlsruhe, 1948.

len Achsenkonzepts, durch die besonderen naturräumlichen Bedingungen von Bebauung weitgehend verschont.

Doch selbst unter diesen konzeptadäquaten Voraussetzungen konnten wesentliche Ziele des Achsenkonzepts nicht erreicht, unerwünschte Nebenwirkungen nicht immer vermieden werden. Die großräumige Nord-Süd-Gliederung durch den Rhein und seine Niederungsgebiete, Hardtwald, Gebirgsrand und Taleinschnitte überdeckt nur eine im Grundsatz konzentrisch um die Kernstadt verlaufende Siedlungsentwicklung. Und diese führt zu Problemen der räumlichen und funktionalen Strukturierung der Siedlungsachsen.

b) Entsprechend dem von außen nach innen zunehmenden Siedlungsdruck beginnen die Siedlungen am „Achsenfuß" in Längsrichtung zu ungegliederten Siedlungsbändern zusammenzuwachsen. Die Siedlungsbereiche, nicht zuletzt ein Instrument, um Freiräume zwischen den besiedelten Flächen innerhalb der Achsen zu erhalten, haben dieses Ziel in den bisher wirklich akuten Fällen nicht erreicht. In den kernstadtfernen Siedlungsbereichen behindert ein zu geringes Fahrgastpotential zusammen mit kleinräumigen Erschwernissen einer konzentrischen Haltestellenbebauung die erwünschte räumliche Begrenzung und gestalterische Formulierung der Siedlungsgebiete entsprechend den Forderungen des öffentlichen Personennahverkehrs. Diesem Steuerungsinstrument ganz entzogen sind die achsenfernen Räume, in denen die Siedlungen ihre natürlichen Ausdehnungsgrenzen, z. B. Kies- und Sandrücken in der Rheinniederung, Mulden und Talräume im Bergland, überwuchern zu Lasten landschaftlicher und ökologischer Potentiale.

c) Die im Grundsatz konzentrische Siedlungsintensität behindert in gleicher Weise die konzipierte zentralörtliche Strukturierung der Siedlungsachsen. Während für den Ausbau der Achsenendpunkte (soweit diese nicht als Mittelzentren über ausreichende Eigendynamik verfügen) das notwendige Entwicklungspotential zu gering ist, folgen in Kernstadtnähe Infrastrukturplanung und -maßnahmen einer bisher hektischen Siedlungsentwicklung eher nach anstatt diese zu steuern. Ein relativ hohes Ausstattungsniveau vieler Gemeinden im näheren Umland („Selbstversorgergemeinden") bewirkt tendenziell eine Schwächung der Siedlungssteuerung durch gezielte Infrastrukturinvestitionen. Besonders private Versorgungseinrichtungen wie der Einzelhandel orientieren sich nur noch bedingt an der Hierarchie zentraler Orte. Die Wahl tertiärer Angebote folgt eher dem jeweils spezifischen subjektiven Anspruchsniveau einzelner Nachfragergruppen als den geometrischen Mustern minimierter Zeit-, Kosten-, Mühe-Relationen. Die funktionale Strukturierung der Siedlungsachsen eignet sich so auch immer weniger als Hilfsmittel zur räumlichen Orientierung innerhalb des Verdichtungsraums.

4.4 Konfliktstrategien der Landes- und Regionalplanung

Die aufgezeigten Konflikte zwischen realer Siedlungsentwicklung und einem mehr oder weniger modellhaften Konzept kleinräumiger Siedlungsachsen bedeutet nicht zugleich auch den Nachweis pauschaler Erfolglosigkeit planungspraktischer Bemühungen der Landes- und Regionalplanung auf der Grundlage dieses Siedlungskonzepts. Denn einerseits sinken mit der praktischen Anwendung eines abstrakten Siedlungsmodells auch dessen konzeptionelle Eindeutigkeit und instrumentelle Gestaltungskraft, und die Erfolgserwartungen werden niedriger angesetzt. Andererseits ist nicht erwiesen, welcher Zielerfüllungsgrad sich auf der Grundlage eines anderen kleinräumigen Siedlungsmodells eingestellt hätte.

Bei stagnierender Bevölkerungszahl und der „Tendenz eines ringförmig um die Verdichtungszentren zunehmenden Flächenverbrauchs"[128] mißt die Landesplanung den Entwicklungsachsen und Zentralen Orten eine zukünftig noch wachsende Bedeutung bei. Tatsächlich führt aber die Anpassung an „veränderte gesellschaftliche Prioritäten und neue Rahmenbedingungen"[129] tendenziell eher zu einer Schwächung des „modifizierten Verdichtungsprinzips", sei es „mangels Masse", sei es zugunsten konkurrierender Zielsetzungen, z. B. Förderung lokaler Investitionsbereitschaft in Wohnungen, Arbeitsstätten oder Versorgungseinrichtungen.

---

[128] Landesentwicklungsbericht 1979, a.a.O., S. 39.
[129] Landesentwicklungsbericht 1979, a.a.O., S. 4.

a) So sinkt mit dem Vorrang der Erneuerung bestehender gegenüber der Erschließung neuer Wohngebiete und mit dem Verzicht auf besondere und gezielte Entlastungsmaßnahmen im Verdichtungsraum[130]) das ohnehin geringe Potential für den weiteren Ausbau der Entwicklungsachsen und besonders der Entlastungsorte an den Achsenendpunkten. Es wird weiterhin geschmälert durch die Konzentration der Siedlungstätigkeit auf ausgewählte Siedlungsbereiche, die auch Siedlungsgebiete außerhalb der Achsen einschließen können. Entsprechend definiert der Regionalplan Mittlerer Oberrhein als Ordnungsprinzip der Regionalen Siedlungsstruktur das Netz der Siedlungsschwerpunkte und Infrastruktur der Entwicklungsachsen zusammen mit den Siedlungsschwerpunkten außerhalb der Entwicklungsachsen[131]).

Zur Milderung oder Auflösung der Widersprüche zwischen Wohnstandortpräferenzen und fortschreitend nachteiligen Verdichtungsfolgen entlang den Achsen können Siedlungsbereiche auch ohne unmittelbare räumliche Zuordnung zu den vorhandenen Infrastruktureinrichtungen quer zu den Achsen ausgeformt werden. Wohnungsbau ist auch in Orten zwischen den Achsen vertretbar, wenn ausreichende Freiräume erhalten, regionale Vorrangbereiche gesichert und Zersiedlung vermieden werden[132]).

b) Die zentralörtliche Strukturierung der Entwicklungsachsen wird tendenziell aufgeweicht durch eine zukünftig „praxisorientierte, flexible Handhabung"[133]) der Standortdisposition zentraler Einrichtungen. Der Fortschreibungsentwurf verpflichtet die Regionalverbände nicht länger zur Ausweisung von Kleinzentren in Verdichtungsräumen. Zentralörtliche Einrichtungen selbst des gehobenen und spezialisierten Bedarfs sind auch an nichtzentralen, aber unter planerischen Aspekten evtl. besser geeigneten Standorten möglich. Zentralorte besitzen kein Standortmonopol für die überörtliche Versorgung[134]). Entsprechend versteht der Regionalplan Mittlerer Oberrhein „die Festlegung von Zentralen Orten in verdichteten Räumen primär als Festlegung von Entwicklungsschwerpunkten mit unterschiedlichen Entwicklungszielen, weniger als Konzeption für den Ausbau eines Versorgungsnetzes"[135]). Folgerichtig erhält bei einer flexibleren Handhabung der zentralörtlichen Hierarchie auch die verkehrliche Erreichbarkeit der Zentralen Orte untereinander erhöhte Bedeutung[136]).

c) Der öffentliche Personennahverkehr soll im Verdichtungsraum weiter gefördert werden, seine instrumentelle Bedeutung für die äußere Abgrenzung und innere Strukturierung der Entwicklungsachsen wird im Rahmen einer realistischeren „strukturgerechten Verkehrsteilung"[137]) aber konzeptionell geschwächt und durch die Ausweisung von Siedlungsbereichen und durch das neue Instrument der Freiräume als regionale Grünzüge und Vorrangbereiche[138]) weitgehend ersetzt. Der Bedeutungsrang nahverkehrsorientierter Dichten wird abgelöst durch die neuen Prioritäten der Erneuerung und Verbesserung von Wohnungen und Wohnumfeld. Damit sinken auch in Altbaugebieten tendenziell die historisch bedingten, nahverkehrsorientierten Dichten, und der öffentliche Personennahverkehr verliert weiterhin an konzeptioneller Gestaltungskraft.

d) Die aufgezeigten Konflikte kleinräumiger Achsenkonzepte erweisen sich von Fall zu Fall als so schwerwiegend, daß flankierende Maßnahmen zur Anpassung an veränderte Entwicklungsbedingungen und zur Korrektur unerwünschter Nebenwirkungen das Achsenkonzept zumindest in seiner landesweiten Anwendung nicht hinreichend absichern können. Die Einführung neuer und die flexiblere Anwendung bisheriger Planungselemente führt zu einer räumlichen Ordnungsvorstellung, die

---

[130]) Vgl. Entwurf der Fortschreibung des Landesentwicklungsplans, a.a.O., S. 16, 12.
[131]) Regionalverband Mittlerer Oberrhein, Regionalplan, a.a.O., S. 2/2.
[132]) Vgl. Landesentwicklungsbericht 1979, a.a.O., S. 113.
[133]) Landesentwicklungsbericht 1979, a.a.O., S. 77.
[134]) Vgl. Entwurf der Fortschreibung des Landesentwicklungsplans, a.a.O., S. 7 f.
[135]) Regionalverband Mittlerer Oberrhein, Regionalplan, a.a.O., S. 3/7.
[136]) Vgl. Entwurf der Fortschreibung des Landesentwicklungsplans, a.a.O., S. 9.
[137]) Entwurf der Fortschreibung des Landesentwicklungsplans, a.a.O., S. 25.
[138]) Vgl. Entwurf der Fortschreibung des Landesentwicklungsplans, a.a.O., S. 10.

im Grundsatz mehr Ähnlichkeit aufweist mit LYNCHS „Polycentered Net" als mit dem ursprünglichen Konzept der Siedlungsachsen.

Dieses Konzept (allerdings entworfen für große Agglomerationen) besteht aus zwei sich überlagernden Netzen. Das eine Netz bilden die Freiräume, das andere die Verkehrswege mit hohen Dichten an den Knoten, linearen Konzentrationen an den übergeordneten Trassen und geringeren Dichten innerhalb der Maschen. Die zentralen Standorte bilden einen losen Verbund von hoher gegenseitiger Erreichbarkeit, spezialisiert in den Knoten hoher Dichte, weniger spezialisiert in den kleineren Zentren. Die Netze passen sich den naturräumlichen Gegebenheiten an, mit Wachstum und Niedergang werden Teilgebiete periodisch erneuert[139]) (Abb. 12).

Abb. 12　　　　　　　　K. Lynch; The Polycentered Net

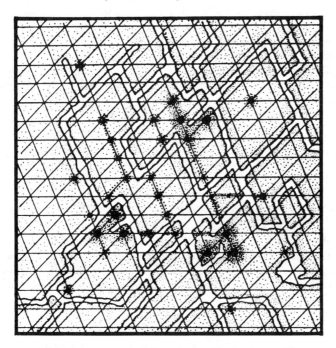

Konflikte zwischen Planungskonzept und Planungswirklichkeit und die darauf reagierenden Strategien der Landes- und Regionalplanung stellen so auch die Frage, ob und in welcher Weise das Konzept der Siedlungsachsen für den Gesamtraum oder für Teilgebiete ersatzlos eingezogen oder durch ein anderes ersetzt werden sollte.

---

[139]) Vgl. LYNCH, K., The Pattern of Metropolis, In: The Future Metropolis, Middletown, Conn., 1961, S. 96 f. = Daedalus, Journal of the American Academy of Arts and Sciences.

5. Siedlungsachsen und Alternativen

Die Ableitung eines solchen Siedlungskonzepts durch schrittweise und systematische Reduktion von Alternativplanungen mit unterschiedlichen Ziel-Mittel-Maßnahmen-Kombinationen ist durch die gewählte Betrachtungsweise im Rahmen einer Fallstudie nicht möglich. Aus der selektiven und sektoral begrenzten Analyse der Siedlungsstruktur des Raumes Karlsruhe lassen sich allenfalls Modifizierungen im Sinne von Planungsalternativen herleiten[140].

Ohnehin ist ein Erfolg auf der Suche nach dem einen besseren, widerspruchsfreien oder doch widerspruchsarmen, für unterschiedliche Räume und deren jeweilige Entwicklungsbedingungen anwendbaren Planungskonzept sowohl aus planungsmethodischen Gründen und planungspraktischen Erfordernissen als auch unter den gegebenen planungsrechtlichen und planungspolitischen Rahmenbedingungen wenig wahrscheinlich.

Denn einige, und vermutlich die wesentlichen Probleme bei der Realisierung von Siedlungsachsen sind nicht ursächliche Probleme allein dieses Konzepts, sondern gleichermaßen die Probleme auch aller anderen kleinräumigen Siedlungsmodelle. Diese Konflikte sind festzumachen an der traditionellen Vorstellung, geschlossene Konzeptionen der räumlichen Ordnung und Entwicklung ließen sich innerhalb pluralistisch verfaßter Gesellschaften herstellen und ohne Substanzverluste durch alle Ebenen transportieren bis hin zu sachlich und räumlich konkretisierten Einzelmaßnahmen. Und sie lassen sich zurückführen auf die widersprüchliche Position der Planung innerhalb marktwirtschaftlich und pluralistisch organisierter Gesellschaften.

a) Voraussetzung eines solchen Planungskonzepts wäre ein verbindliches und hierarchisch organisiertes Zielsystem. Ein geschlossener und in sich widerspruchsfreier Zusammenhang von Grundsätzen und Zielen, Instrumenten und Maßnahmen ist aber innerhalb pluralistischer Gesellschaften nicht befriedigend herzustellen. So kommt z. B. auch LYNCH in seiner (nur bedingt vergleichbaren) Beurteilung räumlicher Organisationsformen großer Agglomerationen zu dem naheliegenden Schluß, daß keine das gleichzeitige Optimum teilweise konkurrierender Wertvorstellungen anbieten kann[141].

Da konkrete Planungsziele und Einzelmaßnahmen nicht, zumindest aber nicht zwingend, aus den allgemeinen Entwicklungsbedingungen und -zielen übergeordneter Konzeptionen deduktiv abgeleitet werden können, werden sie analog zu STORBECKS Ansatz im Mittelfeld von „Leitbild" und Sachproblemen konkretisiert werden müssen[142]. Dem Wesen des Gegenstromprinzips widerspricht aber die Vorstellung, die auf unterer Ebene erarbeiteten kleinräumigen Maßnahmen und Siedlungskonzepte, müßten zwingend funktionale und formale „Miniaturausgaben" übergeordneter Konzeptionen sein.

b) Mit dem gesetzlichen Auftrag, per Rechtsnorm die Zulässigkeit der verschiedenen Bodennutzungen zu lenken, bestimmt auch jedes andere Siedlungskonzept mit Lage, Art und Maß der Nutzungen die damit verbundenen Ertragserwartungen und Bodenpreise. Die unterschiedlichen Verteilungssysteme: Festlegung der Bodennutzung durch Planung, Bildung der Bodenpreise durch den Markt, und die Abhängigkeit der finanziellen Planungsressourcen von Abgaben und Steuern aus der privaten Produktion[143] zwingen bereits während der Planaufstellung oft zu nicht immer plankonformen Kompromissen zwischen konzeptioneller Standortanweisung und realer Standortnahme. Im Konflikt, z. B. zwischen der Erhaltung oder Schaffung von Arbeitsplätzen und der Be-

---

[140] Zur begrifflichen Unterscheidung von Alternativplanung und Planungsalternativen vgl.: HEIDEMANN, C., Über informative und normative Sätze in der Planung, a. a. O.

[141] Vgl. LYNCH, K., The Pattern of Metropolis, a. a. O., S. 94.

[142] Vgl. STORBECK, D., Zielkonflikt-Systeme als Ansatz zur rationalen Gesellschaftspolitik. Methodologische Überlegungen zur Theorie der Sozial- und Wirtschaftspolitik. In: Zur Theorie der allgemeinen und der rationalen Planung, Bielefeld, 1969, S. 74. In: Beiträge zur Raumplanung, hrsg. vom Zentralinstitut für Raumplanung an der Universität Münster, Bd. 1.

[143] Vgl. GRAUHAN, R.-R., Grenzen des Fortschritts? Widersprüche der gesellschaftlichen Rationalisierung, München 1975, S. 63.

wahrung ökologischer oder gestalterischer Werte wird Planung schnell erpreßbar. Der finanzielle Spielraum zu „achsenkonformer" Beeinflussung privater Investitions- und Standortentscheidungen durch Entwicklungsanreize, Verbilligung oder Verteuerung von Entwicklungsfaktoren wird zukünftig eher enger, sei es durch die erwartete Entwicklung der öffentlichen Haushalte insgesamt, durch den Zwang, begonnene Projekte auch unter veränderten Entwicklungsbedingungen fortzuführen, oder auch durch wachsende Folgekosten aus dem Betrieb von Einrichtungen, deren Kapazität und Rentabilität auf inzwischen überholten Prognosen beruhen[144]. Und daß die überwiegend indirekten Steuerungsinstrumente der Planung zukünftig wirkungsvoller als bisher eingesetzt oder durch mehr direkte Steuerungsinstrumente ergänzt werden[145], lassen weder das novellierte Bodenrecht noch die Verdrängung des Engpasses „knapper Boden" durch neue Engpässe erwarten.

c) Das zukünftig ebenfalls knappe regionale Zuwachspotential verschärft vermutlich die Verteilungskämpfe zwischen den Kommunen und schwächt so auch die innerregionale Konsensfähigkeit einheitlicher Konzeptionen. Zugleich schrumpft jene Veränderungsmasse, mit der die vorgefundene Siedlungsstruktur im Sinne solcher Konzeptionen überformt werden könnte. Der theoretisch auch denkbare Weg, unterschiedliche Siedlungsstrukturen durch aktive Sanierung auf eine einheitliche räumliche Ordnungsvorstellung „zurückzuführen", trägt autoritäre Züge und bedarf keiner Diskussion.

d) Zu Konflikten im Planungsvollzug führt schließlich die zukünftig verstärkte Auseinandersetzung mit orts- und gruppenspezifischen Bedürfnissen in Verbindung mit der gesetzlich geforderten Beteiligung der Bürger am Planungsprozeß. Die Durchsetzung „von oben" abgeleiteter Maßnahmen stößt im Konfliktfall mit davon abweichenden, „von unten" erarbeiteten Lösungsvorschlägen auf den zunehmenden Widerstand betroffener Interessengruppen. Manifeste oder erwartete Blockaden, Erschwernisse oder Verzögerungen im Planungsvollzug verstärken zugunsten der Durchsetzbarkeit von Maßnahmen tendenziell den Zwang zu Kompromissen, die nicht oder nur bedingt den Zielen übergeordneter Konzepte entsprechen müssen.

Geschlossene Ordnungskonzeptionen stoßen so auch auf erhebliche Probleme bei ihrer Durchsetzung. Sie stehen zugleich in Widerspruch zu den Forderungen des Raumordnungsgesetzes nach Berücksichtigung der Gegebenheiten und Erfordernisse der Einzelräume, wie zu den zahlreichen Leerformeln in den Präambeln der Landesentwicklungspläne über Pflege und Entfaltung der „Individualität von Teilräumen" und der „Vielfalt der Kulturlandschaft"[146]. In diesem Sinne wünschenswert und wahrscheinlicher erscheinen „hybride" Siedlungsmodelle, die offener sind für jeweils spezifische räumliche Konstellationen und flexibler gegenüber sich schnell wandelnden Moden und Ideologien.

Dazu lassen sich einige allgemeine Forderungen herleiten und einige spezifische Befunde für Modifizierungen des Achsenkonzepts im Raum Karlsruhe, nicht oder nur bedingt übertragbar auf die jeweils besonderen Planungsbedingungen anderer Räume.

5.1 Planungsalternativen für den Raum Karlsruhe

Die besonderen Planungsbedingungen des Raumes Karlsruhe:

— die naturräumlichen und siedlungshistorischen Gegebenheiten,

— planungspraktische Notwendigkeit zu interregionaler Planung,

— planungsrechtliche Verpflichtung zu interkommunaler Planung innerhalb eines Nachbarschaftsverbandes

---

[144] Vgl. HOBERG, R., Stadtentwicklung unter den Bedingungen der Stagnation. In: Bauwelt 66 (1975) 36, S. 151 f. = Stadtbauwelt 47.

[145] Vgl. SCHARPF, F. W., Politische Bedingungen der Wirksamkeit raumordnerischer Steuerungsmittel. In: Raumforschung und Raumordnung 34 (1976) 6, S. 293.

[146] Vgl. Raumordnungsgesetz vom 8. April 1965, § 1 (4) oder z. B. Landesentwicklungsplan Baden-Württemberg, a.a.O., S. 5, Präambel.

verlangen zunächst eine Harmonisierung von Planungsinhalten und -konzepten, Planungsorganisation und -politik[147]).

a) Die besondere Konstruktion eines Nachbarschaftsverbandes könnte trotz planungsrechtlicher Bedenken[148]) und planungspraktischer Blockaden[149]) zu einer geeigneten organisatorischen Ausgangsbasis werden, um auf der Grundlage gemeinsamer vorbereitender Bauleitplanung ein hinreichend konkretes, aber auch hinreichend offenes Rahmenkonzept zu entwickeln. Vorteile liegen in der Eindeutigkeit seines Auftrages gegenüber den in Detail nicht immer eindeutigen Kompetenzabgrenzungen der kommunalen von der regionalen Planung, deren Ambivalenz als kommunale Interessenvertretung und Mittelinstanz der Landesplanung sowie der Größe und Heterogenität ihres regionalen Planungsraums.

Ohne Korrekturen einer halbherzigen Reform überwiegen indes eher die Nachteile eines solchen Verbandes. Die Einführung neuer anstelle der Revision bestehender Planungsinstitutionen läßt anstatt größerer Effizienz und besserer Ergebnisse eher noch unsinnigere Mißverhältnisse zwischen Planungsaufwand und Planungsnutzen befürchten, noch mehr Pläne, Kompetenzzersplitterung und Abstimmungsprozesse. Die erforderlichen Korrekturen, z. B.:

— Ausweitung des Geltungsbereichs über den Rhein,

— Flurbereinigung der Aufgabenverteilung mit Kreis-, Regional- und Stadtentwicklungsplanung,

— parlamentarisch kontrollierte Investitionshoheit,

— Verringerung interkommunaler Konkurrenz als Basis kommunaler Konsensbildung zumindest durch ein System stadtregionaler Finanzausgleiche,

dürften in absehbarer Zukunft allerdings kaum eingelöst werden[150]).

b) Hilfreich für die notwendige Harmonisierung divergierender Achsenkonzepte zugunsten eines gemeinsamen Siedlungskonzepts wäre die Rückführung mehr oder weniger diffuser Achsendefinitionen auf ihre wesentlichen Strukturelemente: Standorte und Flächen für überwiegend bauliche Nutzungen, Verkehrs- und Versorgungstrassen. Dieser kleinste gemeinsame Nenner ist gegenüber der geübten Begriffsakrobatik zugleich offener (wie in Rheinland-Pfalz) und konkreter (wie in der Stadt Karlsruhe). Er bezeichnet eindeutiger, was die räumliche Struktur der Siedlungsachsen ausmacht, und er beschreibt vergleichbare Sachverhalte der Siedlungsstruktur für die unterschiedlichen Ebenen der Stadt- und Regionalplanung ebenso wie für unterschiedlich strukturierte Teilräume.

Die achsiale Addition von „Schwerpunkten" und „Bereichen" ist in dieser Umschreibung zunächst ein Sonderfall möglicher und realer Kombinationsformen linearer, punktförmiger und flächenhafter Elemente. Entstanden zumeist in den frühindustrialisierten Tälern im Umkreis der früheren Konsumentenstädte und entlang den Trassen der Stadterweiterung um die Jahrhundertwende (die wiederum den historischen Überlandverbindungen folgten), hat sich die typologische Grundform kleinräumiger Siedlungsbänder in den Verdichtungsräumen häufig, aber eben nicht als Regelfall ausgebildet.

Für die Siedlungskorridore besonders im rechtsrheinischen Teilgebiet bieten sich freilich keine prinzipiell anderen kleinräumigen Siedlungsmodelle an. Für davon abweichende räumliche Konstel-

---

[147]) Im Rahmen des Staatsvertrages zwischen Baden-Württemberg und Rheinland-Pfalz vom 8. März 1974 betr. Informationsaustausch und Zusammenarbeit in Fragen der Raumordnung innerhalb gemeinsamer Kommissionen dürfte dieses Ziel kaum befriedigend erreicht werden.

[148]) Vgl. PÜTTNER, G., E. RIFFEL, Örtliche und überörtliche Planung in Baden-Württemberg. Gutachten für den Städtetag Baden-Württemberg, Speyer, 1978.

[149]) So dürfte die kommunale Praxis „rechtzeitig" abgeschlossener Flächennutzungspläne den Nachbarschaftsverbandsplan im wesentlichen auf das additive Zusammenzeichnen von Einzelplänen reduzieren (BBauG vom 18. August 1976, § 4 a) und so dessen konzeptionelle Aufgaben zunächst blockieren.

[150]) Vgl. dazu z. B. GÜLDENBERG, E., Auflösung des Verbandes Großraum Hannover? In: Informationen zur Raumentwicklung (1979) 4, S. 227 ff.

lationen lassen sich kleinräumige Konzeptionen nur aus dem Gegenspiel regionaler und örtlicher Planungsansätze entwickeln. Dafür und für die Harmonisierung und Konkretisierung unterschiedlicher Achsenkonzepte kann die Gliederung in Siedlungsbereiche durchaus einen vorteilhaften Beitrag leisten.

c) Wesentliche, weil nicht austauschbare Bestimmungsgründe jeder räumlichen Konzeption des Raumes Karlsruhe bleiben „die grundlegenden Naturgegebenheiten, der Rheinstrom, die Auelandschaft, das Hochgestade, der durchlaufende Hardtwald ... und der grüne Hang des Schwarzwaldes"[151]).

Die Überwindung ehemals natürlicher und technischer Bindungen verlangt, gestalterisch und ökologisch wirksame Landschaftsteile weitgehend dem Bodenmarkt zu entziehen, vergleichbar der Forstplanung des 19. Jahrhunderts. Die besonderen Probleme der Rheinniederung im Gefolge des Stromausbaus (Grundwasserabsenkung und Fließwasseraufheizung durch Staustufen- und Kraftwerksbau) erfordern die Festsetzung großräumig-grenzüberschreitender Schutzgebiete, die unter den klimatischen Bedingungen des Oberrheingrabens (Inversionswetterlagen) durch besondere Klimaschutzgebiete zur Freihaltung von Frischluftbahnen und -inseln ergänzt werden sollte. In diesem Zusammenhang wird auch zu prüfen sein, welche Wirksamkeit kleinräumige Maßnahmen, z. B. Auflagen über das Maß der Bodenversiegelung und Begrünung, Ausweisung von kleinen Erholungsflächen innerhalb der Siedlungsgebiete gegenüber dem Prinzip der Verdichtung mit ergänzenden ökologischen „Ausgleichs"-Räumen und siedlungsfernen „Nah"-Erholungsgebieten haben können.

Ansätze für die detaillierte Abgrenzung großräumiger Restriktionsflächen wie auch für die Ausweisung kleinräumiger Freiflächen bietet die Aufforderung, die künftige Siedlungsstruktur „von außen" zu begrenzen durch topographische Gegebenheiten und landschaftsökologische Restriktionen[152]). Wie im Fortschreibungsentwurf des Landesentwicklungsplans inzwischen präzisiert[153]), hat der Regionalplan Mittlerer Oberrhein diese Aufforderung mit der Ausweisung von ökologisch bedeutsamen Räumen, regionalen Grünzügen und Siedlungszäsuren ausgefüllt[154]).

d) Siedlungsstrukturelle Grundlage jeder modifizierten räumlich-funktionalen Konzeption bleibt so „die natürliche und landschaftliche Gegebenheit ... zwischen dem Rheinstrom und dem Schwarzwald"[155]) und jener „starke Trieb" der Stadt „nach beiden natürlichen Anziehungspunkten ... sich auszudehnen"[156]). Er bestätigt sich auch auf regionaler Ebene in der Ost-West-gerichteten räumlichen Konzentration von Arbeitsplätzen und zentralen Einrichtungen um die Kernstadt. Und er verfestigt sich unter der gebotenen Revision engmaschiger Zentralort- und Achsenkonzepte zugunsten der Konzentration von Entwicklungs- und Entlastungsmaßnahmen auf eine geringere Zahl leistungsfähiger zentraler Orte und Nahverkehrslinien. Es sind dies Standorte mit überdurchschnittlichem Ausstattungsstandard, die bereits hochwertig erschlossen sind, deren Verkehrsgunst durch kurz- und mittelfristige Planungen verbessert wird oder mit begrenztem Aufwand längerfristig verbessert werden kann.

Diese bestimmenden Schwerpunkte reihen sich als regionale Mittelzentren und städtische B-Zentren in einer naturräumlich und siedlungshistorisch bedingten Ost-West-Querzone, verbunden durch die leistungsfähigen Ost-West-Trassen des individuellen und öffentlichen Personennahverkehrs. Diese Verkehrslinien bilden zusammen mit den historischen Nord-Süd-Trassen am Hochgestade und am Gebirgsfuß ein kammartiges Erschließungsnetz (Abb. 13).

e) Der langfristig angelegte Ausbau des Straßennetzes erscheint nahezu irreversibel. Er führt tendenziell zu einer weiteren Egalisierung der Standortqualitäten, die Erreichbarkeitswerte glei-

---

[151]) SCHWEIZER, O. E., Zur städtebaulichen Neuordnung von Karlsruhe, a. a. O., S. 8 f.
[152]) Vgl. Landesentwicklungsbericht 1975, a.a.O., S. 67.
[153]) Vgl. Entwurf der Fortschreibung des Landesentwicklungsplans, a.a.O., S. 10 f.
[154]) Vgl. Regionalverband Mittlerer Oberrhein, Regionalplan, a. a. O., S. 6/1 ff.
[155]) Schweizer, O. E., Zur städtebaulichen Neuordnung von Karlsruhe, a.a.O., S. 8.
[156]) Generalbebauungsplan der Landeshauptstadt Karlsruhe in Baden Karlsruhe, 1926, S. 91.

Abb. 13 *Raum Karlsruhe: möglicher Zentrenverbund und Nahverkehr*

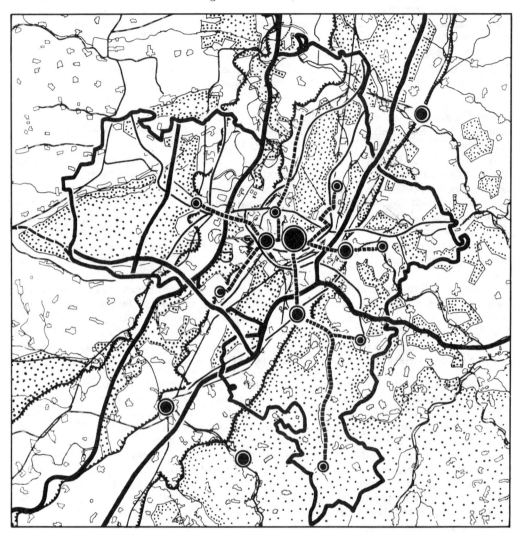

chen sich an, zu Lasten auch der Attraktivität des Verdichtungskerns. Unterschiedliche Erreichbarkeitswerte bleiben im öffentlichen Personennahverkehr erhalten[175]). Veränderungen der verkehrlichen Standortgunst werden sich vermutlich für jene Standorte einstellen, die nach Ausbau der geplanten Verkehrslinien durch beide Teilsysteme gleichwertig erschlossen sind. Gleichermaßen gut zugänglich aus dem Umland mit Pkw und Bus und aus den innerstädtischen Gebieten mit Pkw und Bahn könnten diese Standorte besondere Ansatzpunkte bilden für eine konzentrierte Standortpolitik. Die gutachtlichen Nahverkehrsplanungen sehen neben einer gezielten Entrümpelung der regionalen Buskonzessionen eine Straffung des städtischen Schienennetzes vor, die eine spätere Anpassung an neue Teilsysteme offen läßt[158]). Gegen aktuelle Netzerweiterungen der städtischen Stra-

[157]) Vgl. HARTEL, H. G., Modelle für die Praxis der Bauleitplanung und städtebaulichen Entwicklungsplanung, Bonn-Bad Godesberg, 1977, S. 60 f. In: Schriftenreihe „Städtebauliche Forschung" des Bundesministers für Raumordnung, Bauwesen und Städtebau, 03.054.

[158]) Vgl. Beurteilung möglicher Nahverkehrssysteme in Karlsruhe, a. a. O., Hauptband.

ßenbahn in das Umland sprechen die Größenordnungen der meisten regionalen Verkehrsströme. Sie liegen noch innerhalb der Leistungskapazität des Omnibusses[159]. Dennoch sollten längerfristig mögliche Netzerweiterungen in das Umland nicht vorschnell und unter Vernachlässigung konzeptioneller Aspekte verworfen werden.

Der wenn auch reduzierte längerfristige Ausbau des Nahverkehrs ergibt sich weniger aus der Hoffnung auf wirkungsvollere Steuerung der Siedlungsentwicklung, verkehrliche Entlastung der Innenstadt oder Abbau von Verkehrsemissionen. Neben direkten und indirekten Maßnahmen der Lärmverminderung bleibt hier die Aufgabe, die gebotene Übereinstimmung zwischen Verkehrsmenge, städtebaulichem Fassungsvermögen, Ausnutzung des Baugrundes, Standortwahl und Flächenbedarf herzustellen im Sinne der Festlegung der „environmentalen Kapazität" für die Belastung von Straßen, deren Maßstäbe aus der Flächennutzung der erschlossenen Gebiete abzuleiten sind[160]. Die Entlastung von Entwicklungsachsen[161] kann nicht in jedem Fall als Paradoxon abgetan werden.

Längerfristige Konzeptionen mit entsprechenden Freihaltungen für die Erweiterung des städtischen Schienenverkehrs verfolgen vielmehr das Ziel, die Erreichbarkeit einer begrenzten Zahl zentraler Standorte im Umland zu verbessern an Stelle einer Vielzahl zentraler Orte unterer Stufe. Sie folgen als Konsequenz aus den beobachteten Tendenzen der Standortnahme zentraler Einrichtungen und der veränderten Verhaltensweisen in der Nachfrage nach tertiären Angeboten, die sich immer weniger in die Koordinaten einfacher stadtgeometrischer Muster pressen lassen. Der Umbau eindeutiger räumlich-funktionaler Zentralorthierarchien zu viel weniger eindeutigen Netzstrukturen, deren „Knoten" sich funktional teils ergänzen, teils miteinander konkurrieren, zwingt zu einer stärkeren verkehrlichen Verknüpfung der einzelnen zentralen und teilzentralen Standorte untereinander, auch quer zu den Achsen. Unter dem Aspekt zunehmender Mobilität der Bevölkerung und enger funktionaler Verflechtungen der zentralen Standorte untereinander erscheinen die Kriterien der Erreichbarkeit wichtiger als die eines rechnerischen „Bedeutungsüberschusses". Verkehrliche Erreichbarkeit umschreibt hier weniger den Aufwand des Zugangs zu zentralen Einrichtungen „von außen", als die Qualität der Verbindungen zwischen zentralen und teilzentralen Standorten.

Die entsprechend den Standortkriterien für Park-and-ride-Anlagen mit Pkw und Bahn von innen und von außen gleichermaßen hochwertig erschlossenen oder zu erschließenden Standorte übernehmen mit ihren Angeboten und „Gelegenheiten" an Flächen, Arbeitsstätten, zentralen Gütern und Diensten und Verkehrseinrichtungen die Aufgabe, die Funktionsfähigkeit und Entlastung der Kernstadt zu sichern und die Versorgung der Randzone zu verbessern. Die verkehrliche Erreichbarkeit dieser Standorte begünstigt neben der Ansiedlung zusätzlicher zentraler Einrichtungen die Aufnahme jener Nutzungen, die auf öffentliche Verkehrsbedienung angewiesen sind, ohne selbst zur Belebung der City wesentlich beizutragen. Sie sind zugleich zu bevorzugende Standorte des überörtlichen Wohnungsbedarfs, wenngleich die Möglichkeiten der Steuerung gering bleiben. Das Oberzentrum Karlsruhe und die Mittelzentren Karlsruhe/Ettlingen werden so konkretisiert als ein Geflecht kooperierender Standorte, das städtische Zentren, Zentralorte des Umlandes und monofunktionale Standorte von überörtlicher Bedeutung miteinander verknüpft[162].

f) Aus der Verbindung der naturräumlich-historisch entwickelten Siedlungsstruktur des Raumes mit den beobachteten Veränderungstendenzen ihrer Elemente folgt ein Planungsansatz, dessen bandartige „Zentralzone" formal an den Plan der M.A.R.S. Group für London erinnert[163]. In sei-

---

[159] Vgl. Vorstudie einer Untersuchung über die Möglichkeiten einer künftigen Erschließung der Region Mittlerer Oberrhein durch den öffentlichen Personennahverkehr (ÖPNV) (Bearb. R. FUNK, F. PAMPEL, K. H. SCHAECHTERLE), Karlsruhe, 1975, S. 46. Veröffentlichung des Regionalverbandes Mittlerer Oberrhein, 5.

[160] Vgl. BUCHANAN, C., Verkehr in Städten, Essen, 1964, S. 41 ff.

[161] Vgl. KISTENMACHER, H., Zur theoretischen Begründung und planungspraktischen Verwendbarkeit von Achsen, a.a.O., S. 23.

[162] Vgl. DIETRICHS, B., Konzeptionelle Ansätze zur Entwicklung der Raum- und Siedlungsstruktur. In: Entwicklungsmöglichkeiten künftiger Siedlungsstrukturen, Hannover, 1978, S. 31 ff. Veröffentlichungen der AKADEMIE FÜR RAUMFORSCHUNG UND LANDESPLANUNG, Forschungs- und Sitzungsberichte, Bd. 123.

[163] Vgl. M.A.R.S. Group, A Master Plan for London, a.a.O.

ner strukturellen Disposition ist er eher verwandt mit dem gerichteten Raster (directional grid) der South-Hampshire Study[164]), und LYNCHS polyzentrischem Netz[165]), deren Zentrenstruktur weniger hierarchisch konzipiert ist und die relevanten Standorte und Nutzungen an jeweils geeignete Verkehrsgelegenheiten bindet. Das Konzept hat im kleinräumigen Maßstab ebenso gewisse Analogien zu dem „Prinzip dezentraler Verdichtung"[166]), Konzentration der Siedlungsentwicklung auf wenige, untereinander kooperierende Schwerpunkte. Die inflationäre Ausweisung von Kleinzentren auch im Verdichtungsraum adaptiert Versorgungsprinzipien einer agrarischen Gesellschaft, Siedlungsachsen das Grundmuster der Stadterweiterungen vor knapp 100 Jahren. Es ist weder ein vernünftiger Grund erkennbar, eine aus der Agrargesellschaft überkommene und unter den technisch-ökonomischen Bedingungen von Wasserkraft und Eisenbahn überformte Siedlungsstruktur als allgemeingültiges Modell zukünftiger Entwicklung anzuerkennen, noch kann der Versuch einer Rekonstruktion so entstandener Strukturen unter veränderten sozialen, ökonomischen und technischen Bedingungen erfolgreich sein.

5.2 Anmerkungen zur Planungspraxis

Einige der skizzierten Modifizierungen für den Raum Karlsruhe sind in den Überarbeitungen zum Regionalplan inzwischen enthalten, andere werden zumindest nicht mehr ausgeschlossen. Insofern und zumal in Nähe der Schlagworte von der „Regionalisierung der Region und der Regionalplanung"[167]) lassen sich auch keine neuen Rezepturen für die Planungspraxis herleiten, allenfalls einige Hinweise auf notwendige oder wünschenswerte Veränderungen kleinräumiger Planungsprozesse und ihrer Rahmenbedingungen.

a) Unaufgedeckt bleiben unter dem hier verfolgten Ansatz, der Siedlungsstruktur auf ein System von Artefakten im Raum verkürzt, die Wechselwirkungen zwischen räumlichen Systemen, sozialen Verhaltensweisen und Aktivitäten. „Aber es sind vermutlich diese Aktivitäten, die Veränderungen innerhalb des räumlichen Systems bewirken, das die traditionelle Planung entwickelt hat[168])." Werden die technisch-ökonomischen und gestalterischen Bindungen des schienengebundenen Personennahverkehrs und die damit verknüpfte Geometrie üblicher Erreichbarkeits- und Reichweiteraster nicht durch neue, vergleichbar raumbedeutsame Zwänge, Engpässe und Übereinkünfte abgelöst, dann rücken die zentralen Themen der Freihaltung unbebauter Flächen, deren Grenzziehung zu den bebauten Flächen und der Zuordnung der Nutzungen untereinander sowie zu den Einrichtungen der Infrastruktur verstärkt auch in den Aufgabenbereich der Ökologie, der Sozialökologie und der großräumigen Stadt-Landschaftsgestaltung.

Auch unter der Einsicht in die nur bedingt erfolgreiche Planbarkeit „tertiärer Offerten", der Wohn- und Arbeitsstandorte unter den Bedingungen zunehmend „subjektiver Standortorientierung" und „sich schnell wandelnder Beschaffungs- und Vermarktungsmuster"[169]), bleiben die Fragen der Standortzuweisung und der Standortnahme ein wichtiges Thema der Planungspraxis. Sie bleiben dies weniger als eine Aufgabe, die Zugänglichkeit zentraler Standorte von außen zu verbessern, als vielmehr deren innere Zugänglichkeit und wechselseitige Verknüpfung innerhalb zentralörtlicher „Netze", besonders für die „Gefangenen" des öffentlichen Personennahverkehrs, zu verbessern, und die verkehrliche und „environmentale" Kapazität dieser Standorte miteinander in Einklang zu bringen.

---

164) Vgl. BUCHANAN, C. and Patners, South Hampshire Sudy, a.a.O.

165) Vgl. LYNCH, K., The Pattern of Metropolis, a.a.O.

166) Vgl. Beiträge von MARX und STORBECK in: Ausgeglichene Funktionsräume. Grundlagen für eine neue Regionalpolitik des mittleren Wegs, Hannover, 1975. Veröffentlichungen der AKADEMIE FÜR RAUMFORSCHUNG UND LANDESPLANUNG, Forschungs- und Sitzungsberichte, Bd. 94.

167) In Anlehnung an GIEDION, S., Architektur und Gemeinschaft, Hamburg, 1956, S. 84 ff. = rde 18.

168) DYKMAN, J., Summary: Planning and Metropolitan System. In: Explorations into Urban Structure, Philadelphia, 1964, S. 227.

169) Vgl. LINDE, H., Standortorientierung tertiärer Betriebsstätten im großstädtischen Verdichtungsraum, a.a.O., S. 103.

Weiterzuentwickeln wären deshalb die bisher vorliegenden Forschungsergebnisse über „activity patterns", zumal auch die verwendeten „accessibility patterns" noch immer und im Gegensatz zu ihrer großen planungspraktischen und konzeptionellen Bedeutung auf relativ bescheidenen Kenntnissen über Pendler- und Verkehrsströme und Annahmen über „zumutbare" Weg-Zeit-Entfernungen beruhen. Notwendig erscheinen mehr und bessere Kenntnisse über Möglichkeiten und Grenzen der Substitution von Personenverkehr durch Güter- und Nachrichtenverkehr, und über gruppenspezifische Bestimmungsgründe bei der Wahl von „Gelegenheiten" innerhalb eines immer weniger multifunktional und hierarchisch organisierten, zentralörtlichen Gefüges des Verdichtungsraums.

b) Die zukünftige Leistungsfähigkeit technischer Kommunikationsmittel erlaubt vermutlich für bestimmte Produktions- und Versorgungseinrichtungen eine Rückkehr zu kleiner dimensionierten und räumlich feinkörniger gestreuten Einheiten. Eine solche Entwicklung wäre das begleitende Korrektiv für die skizzierte Reduktion vieler zentraler Orte auf wenige Schwerpunkte innerhalb eines innerregionalen Zentrenverbunds. Die zukünftigen Veränderungen der Kommunikations- und Verkehrstechniken begünstigen aber kaum eine spezifische Form der Stadt oder des Verdichtungsraums[170]).

Weiterzuentwickeln wären deshalb auch die wissenschaftlichen und instrumentellen Ansätze der Ökologie und der großräumigen Gestaltung auf der Ebene der Stadt und der Region[171]) als verbesserte Grundlage für die Ausgliederung von Landschaftsräumen, für die Festlegung ihrer Grenzen und für die Bestimmung von Grenzwerten der ökologischen und gestalterischen Aufnahmekapazität und Belastbarkeit von Siedlung und Landschaft. Die natürlichen und historischen Gegebenheiten des Planungsraumes gewinnen dabei in dem Maße an Bedeutung, wie die technischen Elemente der Siedlungsstruktur austauschbar werden und ihre landschaftsgebundene Eigenart verlieren. Die gestalterischen Empfehlungen der Landes- und Regionalplanung kommen naturgemäß über Leerformeln nicht hinaus.

Der hinter betriebswirtschaftlichen Forderungen des schienengebundenen Nahverkehrs „versteckte" Gestaltungsanspruch wird deutlich in HILLEBRECHTS Vorschlag „zur Entwicklung einer neuen städtebaulichen Form der Stadtregion"[172]) mit „geschlossenen städtischen Bauformen mit umgrenzten Einzugsbereichen mit hohen Verkehrsdichten, die erst eine wirtschaftliche Versorgung mit modernen öffentlichen Verkehrsmitteln, wahrscheinlich auf Schienen, erlauben"[173]). Abgesehen von tiefgreifenden strukturellen Veränderungen der Determinanten relevanter Flächennutzungen und Verkehrseinrichtungen sowie deren Zuordnung zueinander wiederholen die städtebaulichen und regionalen Planungskonzepte den Irrtum einer in der Nachkriegsarchitektur verkürzten Funktionalismusthese, Form folge allein und quasi von selbst aus der Funktion. Dem Ansatz, die Regionalstadt gewinne ihre qualitativen Maßstäbe „aus dem Transponieren neuer Zeitmaßstäbe in Raum und Fläche"[174] muß heute hinzugefügt werden, daß sich diese eben nicht von selbst einstellen.

c) Kritisch zu überprüfen wären schließlich an Hand gesamtwirtschaftlicher Kosten-Nutzen-Rechnungen und unter Korrektur der Fiktion allgemeiner Mobilität die „städtebaulichen Richtwerte" jener öffentlichen und privaten Versorgungseinrichtungen, deren Dimensionierung und Standards ganz überwiegend auf innerbetrieblichen Rationalisierungsrechnungen beruhen. Denn bei räumlich wachsenden Einzugsbereichen auf Grund stagnierender oder abnehmender Nachfragepotentiale und tendenziell sinkender Dichten dürften die Grenzen jener Spirale schnell sichtbar werden, in der das Streben nach „optimalen" Funktionseinheiten in der Regel zu größeren Funktionseinheiten führt und damit auch zu mehr Verkehr, zu mehr Verkehrsaufwendungen und -bela-

---

170) Vgl. FLEISHER, A., The Influence of Technology on Urban Form. In: The Future Metropolis, a.a.O., S. 50.

171) Vgl. EINSELE, M., Gestaltung durch Bauleitplanung? In: Bauwelt 65 (1974) 24, S. 42 ff. = Stadtbauwelt 42. Vgl. OERTEL, D.; Stadtlandschaft und Flächennutzungsplan. In: Bauwelt 68 (1977) 36, S. 1226 ff. = Stadtbauwelt 55.

172) HILLEBRECHT, R., Städtebau und Stadtentwicklung, a.a.O.

173) HILLEBRECHT, R., Neue Aufgaben des Städtebaus. In: Bockelmann, W. u. a., Die Stadt zwischen gestern und morgen, Basel, Tübingen, 1961. In Sonderreihe der List. Gesellschaft e. V., Stimmen der Praxis, Bd. 2.

174) HILLEBRECHT, R., Stadtentwicklung in den USA (Ostküste) und Stadtform. In: Deutsche Akademie für Städtebau und Landesplanung, Mitteilungen (1965) 9, S. 18.

stungen und zur Benachteiligung wenig mobiler Gruppen. Solche Überlegungen können ebenso unter dem Aspekt zunehmender Energieverteuerung und großräumiger Verkehrsberuhigungsmaßnahmen bedeutsam werden.

Eine unter sich wandelnden Planungsbedingungen offenere Planung, flexibler gegenüber allzu starr gehandhabten Ideologien, Richtlinien und Richtwerten verlangt in gleicher Weise die partielle Veränderung und Ergänzung eingeübter und teilweise fest- und vorgeschriebener Planungsmethoden der Bedarfsermittlung und Bedarfsdeckung. Die Verteilung eines mehr oder weniger anonymen Zuwachses vollzog sich über deduktive, vorwiegend quantitativ bestimmte Methoden, die großräumige Festlegung von Infrastruktureinrichtungen und Nutzungsflächen über logisch-systematische Verfahren und normativ geregelte Entscheidungsprozesse. Die verstärkte Auseinandersetzung mit orts- und gruppenspezifischen Bedürfnissen verlangt hingegen mehr qualitative Aussagen, argumentative Diskussion, Phantasie und heuristische Verfahren der Lösungsfindung[175].

d) Nicht zu erkennen sind bisher planungspolitische und -organisatorische Konsequenzen aus der Veränderung von Zielprioritäten und Planungsinhalten. Voraussetzung für die erfolgreiche Lösung von Konflikten zwischen ökonomischen Interessen und ökologischen Forderungen wäre z. B. die Vergrößerung des Suchraums für Standorte mit ökologisch oder gestalterisch problematischen Nutzungen über die kommunalen Steuergrenzen hinaus. Und selbst dann bleibt abzuwarten, inwieweit der erweiterte Entscheidungs- und Handlungsspielraum der unteren Ebene nicht wieder zugeschüttet wird durch die Vielzahl von Planungsinstitutionen, die den Verlust an großräumigen Verteilungs- und Dispositionsaufgaben durch „intensivere" Planungen und Anweisungen bis an und gelegentlich über die Grenzen kommunaler Planungshoheit wettzumachen versuchen.

Voraussetzung für die Wirksamkeit planerischer Ansätze „von unten" wäre eine planungspolitische und planungsorganisatorische Wiederbelebung des Gegenstromprinzips und die Bereitschaft zur Entwicklung und Diskussion von mehr Alternativen an Stelle der Übernahme „von oben" vorgegebener Konzeptionen und Handlungsanweisungen. Allgemeine Rahmenbedingungen eines wirksameren Gegenstromprinzips wären u. a.[176]:

— Begrenzung des Planungsaufwands durch Straffung von Planungsebenen und Planarten, Planinhalten und Abstimmungsverfahren. Eine solche Straffung könnte u. a. jene personellen Planungskapazitäten freistellen, die für mehr kontinuierliche Planungsarbeit auf Gemeinde- und Stadtteilebene benötigt werden.

— Begrenzung von Planinhalten und Planungskompetenzen der Makro-Ebene: Eine solche Begrenzung wäre zu beziehen auf so viele strategisch zentrale Strukturelemente und planungsrechtliche Bindungen wie nötig, um den Planungsspielraum der Mikro-Ebene zu erweitern, deren Entscheidungen integrieren und widersprüchliche Zielvorstellungen abwägen zu können. Basis könnte ein Katalog übergeordneter Planungsbindungen auf der Ebene der Region oder des Nachbarschaftsverbandes sein und eine Liste mit Prüfkriterien, nach denen Vorschläge auf Orts- und Stadtteilebene auf ihre Verträglichkeit mit dem übergeordneten Konzept zu überprüfen wären. Diese Planinhalte könnten z. B. entwickelt werden aus den Mindestinhalten von Regionalplänen und dem für gemeinsame Flächennutzungspläne gewährten Freiraum reduzierter Planinhalte[177].

Die Abgabe von Kompetenzen bedeutet dabei nicht unbedingt auch eine Schwächung zentraler Planungsbefugnisse. Der Verzicht auf allzu detaillierte Handlungsanweisungen könnte kompensiert werden durch wirksamere Kontrolle der verbleibenden, großräumigen Vorgaben. Er könnte zu-

---

[175] Vgl. VOLWAHSEN, A., Argumentative Planung im Stadtteil. In: Bauwelt 69 (1978) 24, S. 898 = Stadtbauwelt 58.

[176] Vgl. LINDEMANN, H. E. u. T. SIEVERTS, Planung unter finanziellen, personellen und zeitlichen Restriktionen. In: Bauwelt 66 (1975) 36, S. 160 ff. = Stadtbauwelt 47. Vgl. Stadtteilentwicklungsplanung. Standortentwicklungs- u. Standortprogrammplanung als Instrument der kommunalen Entwicklungssteuerung. Hrsg.: Die kooperierenden Lehrstühle für Planung an der RWTH Aachen, Köln, 1976 = Planung und Politik 5.

[177] Vgl. z. B. Erste Richtlinien des Innenministeriums für die Ausarbeitung von Regionalplänen vom 10. Juni 1975, Nr. VII 6900/72 sowie BBauG vom 18. August 1976, §§ 3, 5.

gleich jene gegenseitigen Kenntnisdefizite und Interessenkollisionen zwischen Landesplanung und Bauleitplanung verringern, auf die einige der dargestellten Konflikte auch schließen lassen.

— Erweiterung von Planinhalten, Planungskompetenzen und -ressourcen der Mikro-Ebene: Eine solche Erweiterung könnte genutzt werden zur Aufdeckung kleinräumiger Entwicklungspotentiale und -restriktionen und zum Transport differenzierter Maßnahmenkataloge oder ergänzender Gestaltungsanweisungen, zugunsten von mehr Chancengleichheit bei der Verarbeitung von Informationen, zugunsten der Formulierung kleinräumiger Planungsalternativen und als Basis für die konzeptionelle Mitwirkung der Bürger. Voraussetzung wirksamer und qualifizierter Initiativen auf unterer Ebene wäre allerdings die Verringerung interkommunaler Konkurrenz innerhalb der Region oder Teilregion, zumindest durch ein System stadtregionaler Finanzausgleiche. Denn die allgemeinen Postulate über Flächenfreihaltung oder Infrastrukturkonzentration bewirken wenig, wenn sie durch kommunale Zweckkoalitionen in den regionalen Gremien unterlaufen werden, ebenso wenig wie z. B. differenzierte Standortbewertungen nach verkehrlichen, ökologischen oder gestalterischen Gesichtspunkten, wenn der Suchraum für „attraktive" und steuerrelevante Nutzungen an den Grenzen kommunaler Finanzkassen endet, und der Suchraum für unerwünschte Nutzungen jenseits dieser Grenzen beginnt[178]).

Flurbereinigungen und Korrekturen der Kompetenzverteilung innerhalb des bestehenden Planungssystems konnten allerdings auch in den zurückliegenden Jahren der Planungseuphorie und des Reformeifers nicht oder nur unzureichend durchgesetzt werden. Bei gegenwärtig eher gegenläufigen Tendenzen sind die Chancen für Veränderungen zugunsten der Emanzipation der unteren gegenüber den übergeordneten Planungsebenen und besonders gegenüber der Fachplanung nicht gerade höher einzuschätzen.

6. Zusammenfassung

Die Überprüfung kleinräumiger Achsenkonzepte und ihrer Modifizierungen seit Mitte der sechziger Jahre führt unter den Einschränkungen einer Fallstudie zu folgenden Ergebnissen:

— Das „klassische" Konzept der Siedlungsachsen kann weder als räumlich-funktionale Ordnungs- und Entwicklungsvorstellung noch als Instrument zu deren Durchsetzung den Anspruch auf allgemeine Gültigkeit und quasi-ubiquitäre Anwendbarkeit einlösen.

— Das „modifizierte" Konzept der Siedlungsachsen ist ebenso Nachbar und Erbe anderer Planungskonzepte wie Modifikation des räumlich-funktionalen und instrumentellen Gehalts der „klassischen" Achsenkonzepte.

— Den konzeptionellen Modifizierungen und Veränderungen kleinräumiger Planungskonzepte fehlen bisher die begleitenden Modifizierungen und Veränderungen kleinräumiger Planungsprozesse.

a) Die Überprüfung kleinräumiger Achsenkonzepte unter dem Aspekt der Wechselwirkungen zwischen Flächennutzung und Personennahverkehr entkleidet die Siedlungsachsen ihres Anspruchs als eines allgemein verbindlichen und überall anwendbaren räumlich-funktionalen Strukturprinzips der Ordnung und Entwicklung der Siedlungsstruktur. Als eine unter anderen typologischen Organisationsformen für die Elemente der Siedlungsstruktur behalten und erhalten sie überall dort ihre Legitimation, wo sie durch Natur, Geschichte und darauf basierende langfristige Investitionen vorgezeichnet sind, wenn auch nicht zwingend strukturiert durch eindeutig-hierarchische Zentralort-Systeme und strikte Erreichbarkeitsparameter im öffentlichen Personennahverkehr. Dessen Steuerungskraft reicht auf Grund veränderter technischer und sozioökonomischer Bedingungen nicht aus, ein Siedlungskonzept zu realisieren, das im Verdichtungsraum nie mehr als bedingte Gültigkeit erhielt und im ländlichen Raum bis heute nicht befriedigend verwirklicht werden konnte.

---

[178]) Diese Forderungen betreffen sowohl das Verhältnis regionaler und teilregionaler Planung zu Landesplanung und Fachplanungen als auch das Verhältnis kommunaler und interkommunaler Planung zu Regionalplanung und Fachplanungen.

Unter den zahlreichen Konflikten zwischen dem Konzept der Siedlungsachsen, den Bestimmungsgründen der konzeptrelevanten Nutzungen und Verkehrseinrichtungen, veränderten Entwicklungsbedingungen und lokalspezifischen Ausprägungen des jeweiligen Planungsraums erweisen sich die Divergenzen zwischen den Anforderungen des Personennahverkehrs an die Nutzungen und den Anforderungen dieser Nutzungen an den Personennahverkehr als besonders bedeutsam. Anders als die unterstellte Priorität verkehrlicher Erreichbarkeit nach Zeit und Kosten im öffentlichen Personennahverkehr rücken andere und vielfältigere Entscheidungskomponenten der Betriebe und Haushalte in den Vordergrund, und die Freiheitsgrade gegenüber den primär nahverkehrsorientierten Kriterien der Standortnahme wachsen ...

Mit dem Bedeutungsrückgang des öffentlichen und besonders des schienengebundenen Personennahverkehrs als dem konstitutiven Element der Siedlungsachsen verliert das Planungskonzept auch sein wesentliches Gestaltungs- und Durchsetzungselement für die Zuordnung der Nutzungen untereinander, für die räumliche Konzentration der Siedlungsentwicklung, für die Freihaltung der Landschaft und — über das Korrektiv nahverkehrsabhängiger Dichten — für die Formulierung einer bestimmten Stadtlandschaftsgestalt.

Zusammengefaßt unterstellt das Konzept der Siedlungsachsen, daß „städtische Lebensform" (was immer das ist) identisch sein müsse mit bestimmten tradierten Kategorien der Stadtform und Stadtorganisation, und daß diese räumlich-funktionalen Prinzipien vor allem durch technisch-ökonomische Sachzwänge erhalten oder gar wiederhergestellt werden können. Solchermaßen „entpolitisierte, technizistische Ausweichmanöver"[179]) unterschätzen die stetigen Substitutionsprozesse durch technische Fortschritte, ökonomische Entwicklungsbedingungen, sich wandelnde Wertvorstellungen und nicht zuletzt auch die langfristigen Bindungen von Kapital und Nutzungsstrukturen an ein Straßennetz, das einschließlich der mittelfristigen Planungen nur bedingt reversibel ist und nicht mehr kongruent mit dem Erschließungsnetz der Straßenbahn- und Schnellbahnstadt. Unter zukünftig bescheideneren Wachstumserwartungen wird dieser Mangel an Veränderbarkeit und Flexibilität in den langfristig konstant zu haltenden Anforderungen der Siedlungsachsen an bestimmte Verhaltensweisen der Menschen und an die Struktur und Form der Stadt um so evidenter.

Zweifellos markiert HILLEBRECHTS stadtregionales Planungskonzept das Ende jener langen Reihe von Idealstädten und Stadtmodellen, die, wenn nicht vom Glauben an allgemein wünschbare finale Zustände und an technische Fortschritte auf dem Wege dorthin, so doch von der Vorstellung an längerfristig konstante oder konstant zu haltende Entwicklungsprozesse geprägt waren.

HILLEBRECHT hatte immer schon seinen Vorschlag nur als ein mögliches und für einen bestimmten Typus des Verdichtungsraums zugeschnittenes Konzept verstanden. Inzwischen können auch die nach Verallgemeinerung und Ausmagerung des Konzepts verbliebenen „Hauptstrukturelemente", Achsen und Zentrale Orte, in ihren Bestimmungsgründen und Interdependenzen nicht länger und überall als konstant angenommen werden, zumindest nicht in ihrer strikten Ausformung. Damit verlieren auch kleinräumige Siedlungsachsen ihre Legitimation allgemein und überall gültiger Anwendbarkeit.

Das Planungselement Siedlungsachse wird nach Abgrenzung und Funktionszuweisung der Siedlungsbereiche nur noch in wenigen naturräumlich und siedlungsgeschichtlich spezifisch vorgeprägten oder wachstumsbegünstigten Teilräumen benötigt, das Planungsinstrument Siedlungsachse nach Einführung neuer und ergänzender Instrumente überhaupt nicht mehr.

Diese Thesen bedeuten nicht die Nutzlosigkeit städtebaulicher und regionalplanerischer Bemühungen. Sie stellen aber nachdrücklich „die Zweckmäßigkeit oder gar Unentbehrlichkeit bundeseinheitlich vorgespielter, hierarchisch-bürokratischer Definitionsrituale und sich landesplanerisch legitimierender administrativer Restriktionsmechanismen"[180]) in Frage, wie sie sich auch im Konzept der Siedlungsachsen offenbaren.

---

[179]) AUGUST, D., Standortkriterien kommunaler Verkehrsplanung. Zur Entwicklung sozioökonomischer Zielvorstellungen. In: Archiv für Kommunalwissenschaften 9 (1970) 2, S. 285.

[180]) LINDE, H., Standortorientierung tertiärer Betriebsstätten im großstädtischen Verdichtungsraum, a.a.O., S. 103.

Und sie beweisen nicht zwingend die Erfolglosigkeit kleinräumiger Achsenkonzepte, denn es bleibt unbekannt, welcher Zielerfüllungsgrad sich ohne oder mit einem anderen Siedlungskonzept eingestellt hätte. Ohnehin wird bei weitgehender Kongruenz großräumiger Kommunikationsachsen und kleinräumiger Siedlungsachsen in den Entwicklungsachsen des Untersuchungsraums die Landesplanung ihre Erwartungen an Realisierungstringenz und Zielerfüllungsgrad niedriger ansetzen als die Stadt- und Regionalplanung.

b) Die Kritik am Konzept der Siedlungsachsen richtet sich allerdings mehr und mehr nur noch gegen die Fassade eines traditionsreichen Begriffs der räumlichen Planung. Hinter der Begriffsfassade Siedlungsachse bröckelt in den Modifizierungen und Planfortschreibungen auch der „offiziellen" Planung der essentielle Gehalt des Achsenmodells, wenn auch zunächst meist über Ausnahmeregelungen und regionale Ausformungen Ein besonderes Beispiel neben den benannten „Aufweichungen" bietet das Nachdenken über den verstärkten Einsatz von Telekommunikation und über die Mobilität bisher stationärer Einrichtungen zur Sicherung der Infrastrukturversorgung in schwach besiedelten Räumen[181]. Denn sie würden ein Grundprinzip der Achsenkonzepte — Transport der Bevölkerung zu den für ihre Nachfrage dimensionierten Einrichtungen — zumindest für Teilbereiche umkehren.

Bei eingeschränkter Anwendungsfähigkeit des Planungselements und weitgehendem Ersatz des Planungsinstruments dient die Beibehaltung des Planungsbegriffs Siedlungsachse bei veränderten Planungsinhalten allenfalls noch der Vermeidung neuer Verunsicherungen und Sprachregelungen zwischen den Planungsebenen, zumal kein Ersatz durch ein Siedlungskonzept von vergleichbarer konzeptioneller Eindeutigkeit und ubiquitärer Handhabung angeboten werden kann.

Ein Erfolg auf der Suche nach einer solchen Alternative ist sowohl aus planungsmethodischen Gründen und planungspraktischen Erfordernissen als auch unter den gegebenen planungsrechtlichen und planungspolitischen Rahmenbedingungen wenig wahrscheinlich, wenn nicht ausgeschlossen. Möglich (und auch wünschenswert) erscheinen „hybride" Siedlungsmodelle, die von Fall zu Fall verschiedene Elemente aus HILLEBRECHTS „Regionalstadt", Buchanans „Gerichtetem Raster" und LYNCHS „Polyzentrischem Netz" mit dem vorgefundenen Siedlungs- und Landschaftsgefüge zu einem jeweils spezifischen Planungskonzept verbinden. Dessen übergeordnete Vorgaben beschränken sich im wesentlichen auf das Netz ökologisch und gestalterisch bedeutsamer Freiräume, auf das Netz hierarchisch gegliederter Verkehrswege mit den anzulagernden baulichen Nutzungen, auf das Netz der nach Zahl reduzierten zentralen Orte und Standorte höherer Stufe sowie auf einen Satz von Vereinbarungen über deren Bestimmung, Zuordnung und Kapazität.

Als eine mögliche Ausgangsbasis für weiterführende konzeptionelle und instrumentelle Überlegungen könnte überprüft werden, ob und in welcher Weise LYNCHS „Polycentered Net" großer Agglomerationen von 1961 (!) aktualisiert und für vergleichsweise kleinräumige Ordnungs- und Entwicklungskonzepte des Verdichtungsraums adaptiert werden kann, und ob und in welchem Maße solche Adaptionen im Sinne planerischer Kontinuität verträglich sind mit der Fortentwicklung der aktuellen regional- und landesplanerischen Konzeptionen. Die Modifizierungen der Landes- und Regionalplanung wie auch die Vorschläge für den Untersuchungsraum Karlsruhe weisen, wenn auch zunächst nur vordergründig, in die Nähe dieses Konzepts.

c) Die konkrete Ausformung solcher „hybriden" Siedlungskonzepte auf der Grundlage jeweils besonderer naturräumlicher und historischer Gegebenheiten, ortsspezifischer Potentiale und Restriktionen, sozioökonomischer Entwicklungsbedingungen und räumlich-funktionaler Fortschrittsstadien der Siedlungsentwicklung bleibt dann mehr als bisher der lokalen Phantasie und Verantwortung vorbehalten. Eine Voraussetzung wäre die Wiederbelebung des gesetzlich ohnehin verankerten Gegenstromprinzips: Emanzipation der Regionalplanung gegenüber der Landesplanung und der kommunalen Planung gegenüber der regionalen Planung, Emanzipation beider gegenüber der

---

[181] Vgl. Raumordnungsbericht 1979 und Materialien, Bonn, 1978, S. 46. In: Schriftenreihe des Bundesministers für Raumordnung,
Bauwesen und Städtebau, 06.040. Vgl. Landesentwicklungsbericht 1979, a.a.O., S. 68.

Fachplanung. Eine andere Voraussetzung wäre eine ökonomisch-rechtliche Grundlage für mehr interkommunale und innerregionale Solidarität und Konsensfähigkeit, nicht zu reden von dem unerledigten Problem Bodenrecht.

Eine solchermaßen offenere Planung mit einem größeren Maß an Freiheit und Selbstbestimmung erfordert bei allen planungsrechtlichen und instrumentellen Absicherungen siedlungsstruktureller Zielsetzungen und Konzeptionen letztlich die „Erweiterung der Funktion um eine moralische Haltung"[182], Disziplin und den Willen nach Gestaltung, „Phantasie und Horizonte"[183]. Unter den gegenwärtig erkennbaren Tendenzen politischer Reformmüdigkeit, administrativer Verselbständigung und sich nach rückwärts wendender Planungsideologien gewinnen diese Forderungen entgegen der gelegentlichen Kritik an der inkrementalen Planung als „konzeptionslosem Druckwursteln" gleichwohl utopischen Charakter.

---

[182] GIEDION, S., Architektur und Gemeinschaft, a.a.O., S. 85.
[183] BLOCH, E., Funken in ein Pulverfaß. In: Bauwelt 64 (1973) 44, S. 1899.

Zur planungspraktischen Weiterentwicklung und Umsetzung der großräumig bedeutsamen Achsen in der Raumordnung

von
Manfred Sinz, Bonn

INHALT

1. Vorbemerkung
2. Defizite in der Konzeption
3. Partielle Beseitigung der Konzeptionsdefizite
4. Operationalisierung des Achsensystems
5. Operationalisierung der Verbindungsqualität
6. Exemplarische Ergebnisdarstellung
7. Praktische Verwertung beim „Bundesverkehrswegeplan '80"
    7.1 Das Planungssystem der Bundesverkehrswegeplanung
    7.2 Grundprobleme des Bewertungsverfahrens
    7.3 Exkurs zum Schienenverkehr
    7.4 Das Bewertungsverfahren für die Fernstraßen
    7.5 Behandlung des raumordnungspolitischen Nutzens
    7.6 Verdeutlichung an einem Beispiel
    7.7 Berücksichtigung umweltpolitischer Ziele
    7.8 Schlußbemerkungen

1. Vorbemerkung

Der Werdegang des Konzepts der „großräumig bedeutsamen Achsen" nach der Verabschiedung des Bundesraumordnungsprogramms ist in mancher Hinsicht bezeichnend für die Entwicklung und den heutigen Stellenwert von räumlichen Koordinierungsinstrumenten[1]. Dem weitgesteckten Anspruch als wesentliches Instrument zum Abbau großräumiger Disparitäten beizutragen, Entwicklungsimpulse auszulösen und so eine Verbesserung der Raum- und Siedlungsstruktur zu bewirken, konnten weder „Achsen" noch „Entwicklungszentren" gerecht werden. Beiden Koordinierungsinstrumenten mangelte es an theoretischer Begründung, quantifizierten Ausweisungskriterien, Sollwertbestimmungen und konkreten räumlichen Festlegungen. Im Fall der Entwicklungszentren wurde auf eine Verortung sogar ganz verzichtet.

Zu einem wesentlichen Teil ist die mangelnde Konkretheit sicher auf den Kompromißzwang zurückzuführen, dem die Aufstellung von Raumordnungsprogrammen unterliegt. Angesichts der Vielfalt der Achsenkonzepte und der im Entscheidungsprozeß angelegten Inflationstendenz ist als Resultat ein „kleinstes gemeinsames Vielfaches" mit größtmöglicher Unverbindlichkeit am ehesten durchzusetzen; ein Ergebnis, das gerade von den Fachplanungen nicht ungern gesehen wird, weil ihr Handlungsspielraum dadurch am wenigsten eingeengt wird.

Die wissenschaftliche Diskussion über Achsenkonzepte im Gefolge der Raumordnungsprogramme hatte ihren Schwerpunkt in Begriffserklärungen, Konzeptvergleichen und Ansätzen der theoretischen Zielbegründungsforschung. Die Untersuchungen endeten mit Vorschlägen zu einer kritischen Überarbeitung und Konkretisierung des Konzepts der großräumig bedeutsamen Achsen[2].

In der Praxis der Raumordnungspolitik von Bund und Ländern wurden erstmals bei der Neubewertung des 2. Fünfjahresplanes für den Ausbau der Bundesfernstraßen 1976—1980 die Achsen des BROP ausdrücklich berücksichtigt[3]. Fernstraßenprojekten im Zuge von „großräumig bedeutsamen Achsen" wurde ein zusätzlicher raumordnerischer Nutzenbeitrag angerechnet; allerdings unabhängig vom Ausbaustand der bestehenden Verkehrsinfrastruktur, was teilweise zu methodisch fragwürdigen Überbewertungen führen mußte[4].

Vor diesem Hintergrund sind die späteren praktischen Bemühungen um eine Weiterentwicklung und inhaltliche Ausfüllung des Achsenkonzepts in der Raumordnung zu sehen. Sie wurden hauptsächlich vom Verkehrsausschuß der MKRO zur Vorbereitung der raumordnungspolitischen Einflußnahme auf den „Bundesverkehrswegeplan '80" geleistet.

In diesem Beitrag soll über die dabei erzielten methodischen Fortschritte berichtet werden. Diese bauen auf den grundsätzlichen Überlegungen und Vorschlägen zur Funktion großräumiger Achsen auf, die in Band 113 der Forschungs- und Sitzungsberichte der AKADEMIE FÜR RAUMFORSCHUNG UND LANDESPLANUNG niedergelegt sind.

---

[1]) Die nachfolgenden Ausführungen beschränken sich nicht auf die großräumig bedeutsamen Achsen des Bundesraumordnungsprogramms. Sie beziehen sich auch auf die verschiedenartigen Achsenkonzeptionen in den Plänen und Programmen der Länder, da sie sich im Grundsatz nicht voneinander unterscheiden.

[2]) Vgl.: Zur Problematik von Entwicklungsachsen. Veröffentlichungen der AKADEMIE FÜR RAUMFORSCHUNG UND LANDESPLANUNG. (Hrsg.): FuS, Bd. 113, Hannover 1976.

[3]) Dies ist als ein wesentlicher Fortschritt in den Koordinierungsbemühungen der räumlichen Planung anzusehen, da bislang die Pläne und Programme in nicht nachvollziehbarer Weise von den Fachplanungen berücksichtigt wurden.

[4]) Vgl. dazu: DAMM, D.; KANZLERSKI, D.; LUTTER, H.: Bewertung von Maßnahmen im Fernstraßenbau aus der Sicht der Raumordnung. In: Inform. z. Raumentwickl. (1975) 8, S. 395. Weitergehende Ausführungen zu den dabei aufgetretenen Schwächen bisheriger Achsensysteme, vor allem hinsichtlich ungeklärter Zielbeziehungen finden sich bei KISTENMACHER, H.: Zur theoretischen Begründung und planungspraktischen Verwendbarkeit von Achsen. In: Zur Problematik von Entwicklungsachsen, Veröffentlichungen der AKADEMIE FÜR RAUMFORSCHUNG UND LANDESPLANUNG, FuS Bd. 113, Hannover 1976, S. 27—30.

2. Defizite in der Konzeption

Die „großräumigen Achsen" wurden zu einem Zeitpunkt konzipiert, zu dem noch allgemein von einem stetig wachsenden räumlichen Entwicklungspotential ausgegangen wurde. Deshalb findet man bei den Funktionszuweisungen gleichberechtigt neben dem Verteilungsziel — die Achsen sollen periphere Räume in den großräumigen Leistungsaustausch einbeziehen — auch das Wachstumsziel. Die Verbindungen unter den großen Verdichtungsräumen zu verbessern, dient hauptsächlich dem Wachstumsziel. Darüber hinaus wurden „großräumigen Achsen" häufig Aufgaben der siedlungsstrukturellen Ordnung im Sinne von Verdichtungsbändern zugewiesen. Es bestand ein fließender, länderweise unterschiedlicher Übergang zwischen den Aufgaben kleinräumiger Siedlungsachsen, abgestellt auf linienhafte Verdichtung, und denen „großräumiger Achsen", verstanden als Kommunikationslinien zwischen hochwertigen Standorten.

Diese unklaren Ziel- und Funktionsbestimmungen haben die Koordinationsleistung der „großräumig bedeutsamen Achsen" a priori stark behindert. Darüber hinaus wurde in den vorliegenden Plänen und Programmen nicht konsequent zwischen bereits erreichtem Ausbauzustand und künftig angestrebter Sollausstattung unterschieden[5]. Des weiteren war der räumliche Verlauf unpräzise definiert und somit wenig tauglich für die Koordination der wesentlich konkreteren Netze in den verkehrlichen Fachplanungen. Schließlich blieb in den räumlichen Plänen und Programmen unbestimmt, welche Infrastrukturelemente unter dem Achsenbegriff zu subsummieren sind.

Das wohl größte Defizit bestand jedoch darin, daß in den räumlichen Plänen und Programmen keine regionalen und zeitlichen Prioritäten enthalten waren[6]. Es blieb also unklar, ob die „großräumig bedeutsamen Achsen" zuerst innerhalb der großen Verdichtungsräume, zwischen den großen Agglomerationen, von den großen Agglomerationen in die peripheren ländlichen Räume oder innerhalb der peripheren Regionen vorrangig auszubauen sind.

Insgesamt drängte sich der Verdacht auf, daß durch die „Flucht in die Abstraktion" die Auseinandersetzung und der Konflikt mit der Fachplanung nicht gesucht, sondern vermieden werden sollte[7]. Koordinationsanspruch und Koordinationsleistung mußten so zwangsläufig weit auseinanderklaffen.

3. Partielle Beseitigung der Konzeptionsdefizite

Während der Vorbereitung auf die Mitwirkung bei der Fortschreibung der „Bundesverkehrswegeplanung 1980" wurde zumindest ein Teil dieser Definitionsdefizite beseitigt.

Die Bundesverkehrswegeplanung umfaßt die Bundesfernstraßen, die Bundesbahn, die Binnenwasserstraßen und den Luftverkehr. Bei den Wasserstraßen zeichnet sich ein Ende der Neubautätigkeit ab, so daß ihre Einbeziehung in Achsenkonzepte zukünftig allenfalls noch als Bestandsgröße sinnvoll ist. Der Luftverkehr kann wegen seines verhältnismäßig geringen Anteils an der Deckung des Binnenkommunikationsbedarfs vernachlässigt werden. Andere Elemente der linienhaften technischen Infrastruktur wie Rohrfernleitungen oder Stromverbundnetze eignen sich wegen ihrer sehr speziellen technisch-ökonomischen Funktionsbedingungen nicht für die Aufnahme in ein Achsenkonzept. Damit war klar, daß „großräumige Achsen" auf die Infrastrukturelemente Fernstraßen und Schienenwege beschränkt werden können[8].

---

[5] Vgl. dazu KISTENMACHER, H.: Zur theoretischen Begründung und planungspraktischen Verwendbarkeit von Achsen. In: Veröffentlichungen der AKADEMIE FÜR RAUMFORSCHUNG UND LANDESPLANUNG, FuS Bd. 113, Hannover 1976, S. 16.

[6] Vgl. dazu KISTENMACHER, H.: Zur theoretischen Begründung und planungspraktischen Verwendbarkeit von Achsen. In: Veröffentlichungen der AKADEMIE FÜR RAUMFORSCHUNG UND LANDESPLANUNG, FuS Bd. 113, Hannover 1976, S. 25.

[7] a.a.O., S. 24.

[8] Vgl. dazu KISTENMACHER, H.: Zur theoretischen Begründung und planungspraktischen Verwendbarkeit von Achsen. In: Veröffentlichungen der AKADEMIE FÜR RAUMFORSCHUNG UND LANDESPLANUNG, FuS Bd. 113, Hannover 1976, S. 20—21.

Ferner wurde von der Vorstellung abgerückt, „großräumige Achsen" sollten auch der linienhaften Siedlungsverdichtung dienen. Der oft als wesentliches Merkmal von „großräumigen Achsen" hervorgehobene bandartige Bündelungseffekt wurde also aufgegeben[9]). Hochwertige Straßen- und Schienenverbindungen für großräumige Kommunikation und für Leistungsaustausch sind nur an bestimmten Standorten zugänglich. Für den Trassenverlauf zwischen den Knotenpunkten des Achsennetzes ist der Bündelungseffekt allenfalls unter Gesichtspunkten des Ressourcenschutzes von Bedeutung[10]). Dies brachte eine klare Trennung zu „Siedlungsachsen".

Umfangreiche Diskussionen löste die Festlegung der Standorte aus, zu deren gegenseitiger Kommunikation und Leistungsaustausch ein großräumiges Achsennetz dienen soll. Hier machte sich die nicht ausgereifte Zielbegründung für das raumordnerische Leitbild einer „punkt-axialen Ordnung bei dezentraler Konzentration der Siedlungsstruktur" nachteilig bemerkbar.

Weitgehend unbestritten war lediglich die Vorstellung, daß ein hierarchisch gegliedertes System von zentralen Orten die Versorgung der Bevölkerung mit Arbeitsplätzen, Infrastruktureinrichtungen und Dienstleistungen in zumutbarer Entfernung zum Wohnstandort zweckmäßig gewährleistet. Zustimmung fand auch, daß zum Infrastrukturangebot höherwertiger zentraler Orte der Anschluß an das großräumige Schienen- und Straßennetz gehört. Heftig umstritten war jedoch, welche höherwertigen zentralen Orte zusätzlich zu den bereits vorhandenen und ausreichend ausgestatteten ausgewiesen werden sollen, um sie in ihrer Entwicklung zu fördern.

In den letzten Jahren gab es vermehrt Stimmen, die eine Reduzierung des bislang in Plänen und Programmen der Länder ausgewiesenen Systems der zentralen Orte forderten[11]), da das verteilbare Potential an Bevölkerung, Arbeitsplätzen und Infrastruktur schrumpfe und eine Verzettelung der Mittel die Erfolgschancen weiter senke. In diesem Zusammenhang wurden auch quantitative Überlegungen darüber angestellt, welche und wieviele zentrale Orte unter der Nebenbedingung zumutbarer Erreichbarkeitsverhältnisse nach Bevölkerungs-, Wirtschafts- und Infrastruktur als entwicklungswürdig und entwicklungsbedürftig anzusehen sind[12]). Die vielen Diskussionen machten deutlich, daß es keinen eindeutigen Zusammenhang zwischen der Zahl der Zentren, der Wertigkeit der Zentren und der regionalen Entwicklungs- und Versorgungsleistung gibt. Dies war die Voraussetzung dafür, daß auf die in den Programmen und Plänen der Länder festgelegten Zentren als „Standortnetz" für die Achsenbestimmung zurückgegriffen werden konnte[13]).

Neuerdings wird auch eingewendet, daß schnelle und leistungsfähige Fernverkehrsverbindungen auf Straße und Schiene in der Bundesrepublik Deutschland mittlerweile einen ubiquitären Standortfaktor darstellen würden. Entsprechend hätten die großräumigen Erreichbarkeitsverhältnisse für die Standortwahl von Betrieben und Haushalten erheblich an Bedeutung verloren.

Andererseits ist nachweisbar, daß die Erreichbarkeitsverhältnisse im Bundesgebiet gemessen in Reisezeiten und Reisegeschwindigkeiten im Fernverkehr noch immer deutliche Differenzen aufweisen.

---

[9]) a. a. O., S. 21 f.

[10]) Einen Überblick über die damit zusammenhängenden Fragen gibt KISTENMACHER, H. in: Zur theoretischen Begründung und planungspraktischen Verwendbarkeit von Achsen. In: Veröffentlichungen der AKADEMIE FÜR RAUMFORSCHUNG UND LANDESPLANUNG, FuS Bd. 113, Hannover 1976, S. 22—23.

[11]) Vgl. dazu die Diskussion über Entwicklungszentren. In: Inform. z. Raumentwickl. — Themenheft Entwicklungszentren — (1976) 2/3.

[12]) Vgl. dazu den Beitrag von CURDES im o. a. Themenheft der Inform. z. Raumentwickl. und Bewertung der Oberzentren. Bericht der Bundesforschungsanstalt für Landeskunde und Raumordnung für den Ausschuß für Strukturfragen der MKRO. Bonn (1979), unveröff. Manuskript.

[13]) Die Fachplanungen benutzen gerne das Argument, die zentralen Orte der Länder seien nicht nach einer systematischen Methode bestimmt und somit uneinheitlich. Sie könnten daher in den Fachplanungen nicht verwendet werden. Diese Vorhaltung ist wohl eher als Abwehrhaltung zu werten. Denn die Diskussion, ob unterschiedliche räumliche Strukturen eben nicht auch unterschiedliche Zentrenstrukturen notwendig machen, wird dabei nicht geführt.

Tabelle 1

Strukturelle Gebietskategorien	Durchschnittliche Reisezeiten zu ausgewählten Fernreisezielen als gewichtete Mittelwerte der Gebietskategorien		Durchschnittliche Reisegeschwindigkeiten zu ausgewählten Fernreisezielen als gewichtete Mittelwerte der Gebietskategorien	
	Schienenverkehr (Std./Min.) 1975	Straßenverkehr (Std./Min.) 1975	Schienenverkehr (km/h) 1975	Straßenverkehr (km/h) 1975
Große Verdichtungsräume	4.15	3.57	67,5	72,2
Mittelgroße Verdichtungsräume	4.22	3.58	65,6	71,7
Ländliche Regionen mit Oberzentren	4.26	3.51	61,3	70,2
periphere ländliche Regionen	5.50	4.59	58,8	68,6
Bundesgebiet	4.29	4.03	64,9	71,3

Quelle: ROLAND-Erreichbarkeitsmodell, a.a.O., eigene Berechnungen

Die Diskussion brachte schließlich den Konsens, Fernverkehrswege allein reichen nicht aus, um in strukturschwachen Regionen neue Arbeitsplätze zu schaffen[14]. Ebensowenig bewirken Streckenstillegungen bei der Bahn allein nennenswerte Arbeitsplatzverluste[15]. Fernverkehrswege sind demnach eine unabdingbare, wenn auch nicht hinreichende, Voraussetzung für regionale Entwicklungen. Mit dem Konzept „großräumiger Achsen" muß daher vorrangig das Ziel verfolgt werden, die regionale Chancengleichheit der Kommunikationsmöglichkeiten herzustellen und zu erhalten. Diese Norm betont also das Gerechtigkeitsziel. Die stärkere Betonung des Gerechtigkeitsziels bedeutet jedoch nicht, daß jeder Zusammenhang zwischen Erreichbarkeit und regionalwirtschaftlicher Standortgunst bestritten wird. Lediglich das Gewicht in der Begründung wird verlagert. Einigermaßen gleichwertige großräumige Erreichbarkeitsverhältnisse sind heute mehr denn je eine Vorbedingung, um andere regionalwirtschaftliche Maßnahmen wirksam werden zu lassen.

Nicht bestimmt wurde dagegen die raumstrategische Funktion von großräumigen Achsen. Hier machte sich ein raumwirtschaftliches Theoriedefizit bemerkbar. Zum einen gibt es Auffassungen, die sich von einer „Abschottung" der peripheren ländlichen Räume von den großen Agglomerationen und einer bevorzugten Verbesserung der Verbindungen innerhalb dieser Räume eine zweckmäßigere und insgesamt stärkere Entwicklung versprechen[16]. Andere hängen der Vorstellung an, daß Entwicklungsimpulse über großräumig bedeutsame Achsen in die peripheren ländlichen Räume durch „zentripetale Erschließung" die Entwicklung dieser Gebiete vorantreiben[17].

Erreichbarkeitsdefizite unabhängig von der raumstrategischen Lage der Zentren und den Verbindungen bestimmen also ohne weitere Differenzierung den raumordnungspolitischen Ausbaubedarf bei Fernverkehrswegen.

---

[14] Vgl. LUTTER, H.: Räumliche Wirkungen des Fernstraßenbaus. Bundesforschungsanstalt f. Landesk. und Raumordnung (Hrsg.). Bonn 1979. Sonderheft 1.1979. Thematische Literaturanalysen. Referateblatt zur Raumentwicklung.

[15] Vgl. Raumstrukturelle Wirkungen der Stillegung von Eisenbahnstrecken. Der Bundesminister für Raumordnung, Bauwesen und Städtebau (Hrsg.), Bonn 1978. Schriftenreihe des BMBau. Raumordnung. H. 06.022 (1978).

[16] Vgl. STIENS, G.: Vorausgesagte Entwicklungen und neue Strategien für den ländlichen Raum. In: Inform. z. Raumentwickl. (1977) 1/2, S. 139.

[17] Ein Beispiel für die Unsicherheit in der Strategie ist die Empfehlung der 4. Europäischen Raumordnungsminister-Konferenz aus dem Jahre 1978, in der ziemlich unentschieden von Vor- und Nachteilen gesprochen wird. S. dazu in: Inform. z. Raumentwickl. (1978) 11/12.

4. Operationalisierung des Achsensystems

Ausgehend von einer vergleichenden Bestandsaufnahme der Achsensysteme der Länder hat der Verkehrsausschuß der MKRO Ende 1976 beschlossen, die Konkretisierung der „großräumig bedeutsamen Achsen" voranzutreiben[18]. Dabei sollte von folgenden Grundsätzen ausgegangen werden:

1. Großräumig bedeutsame Achsen dienen allein der Sicherung und Verbesserung der Kommunikation auf dem Verkehrssektor.

2. Großräumig bedeutsame Achsen sind als Punkt-Punkt-Verbindungen (Luftlinien-Verbindung) zu verstehen, die auf kleinräumige Siedlungsentwicklungen keine Rücksicht zu nehmen brauchen. In Einzelfällen können sich allerdings kleinräumige, stärker an der Siedlungsentwicklung orientierte Achsen der Länder mit großräumig bedeutsamen Achsen überlagern.

3. Als Grundlage für die Bildung von Achsenabschnitten werden die zentralen Orte mit oberzentralem Einzugsbereich (Oberzentren) nach den Plänen und Programmen der Länder gewählt. Ergänzend können für periphere Gebiete sonstige zentrale Orte herangezogen werden.

4. Die Feststellung von Ausstattungsstandards und die Wahl von Dringlichkeitskriterien für den Ausbau beschränken sich auf die Verkehrswege Schiene und Straße.

5. Maßstab für die Bewertung der Achsen soll nicht der baulich-technische Zustand der Verkehrsträger, sondern ihre Leistungsfähigkeit sein. Als Maßstab der Leistungsfähigkeit sollen für die Straße die Reisegeschwindigkeit und für die Schiene die Reisegeschwindigkeit und die Bedienungshäufigkeit gewählt werden.

6. Die Entscheidung über die Höhe der Sollwerte sowie über Dringlichkeiten wird erst nach Vorliegen der Ist-Analyse getroffen[19].

Wie bereits dargestellt, erwies sich die verbindliche Festlegung der zentralen Orte als Voraussetzung für die Bestimmung der Achsenabschnitte als besonders schwierig. Bei der Ausarbeitung des BROP wurde zwar versucht, ein System „großräumig bedeutsamer Zentren" in Abstimmung mit den „großräumig bedeutsamen Achsen" festzulegen. Diese Aufgabe wurde letztlich jedoch vertagt. Eine Untergliederung des BROP-Achsensystems aus dem BROP heraus ist daher nicht möglich. Andererseits sollte aus Kontinuitätsgründen das BROP-Achsensystem verwendet werden. Es war deshalb vorab notwendig, ein konsensfähiges Raster von „Knotenpunkten" zur Definition von Achsenabschnitten zu finden.

Im Ergebnis wurden schließlich folgende Kriterien für die Bildung des Knotenrasters festgelegt:

1. Grundmenge für die Auswahl der Knotenpunkte sind die zentralen Orte mit Funktionen für die Versorgung oberzentraler Bereiche (Oberzentren), die vom Verkehrsausschuß für die Zwecke der Fernstraßenplanung festgelegt wurden[20]. Außerdem sind in peripheren Räumen zusätzlich zentrale Orte niedrigerer Stufe einzubeziehen. Zentrale Orte im Ausland werden dann einbezogen, wenn sie unmittelbar an der Grenze liegen.

2. Die Achsenabschnitte sollen den Verlauf der großräumig bedeutsamen Achsen im Bundesraumordnungsprogramm in etwa erkennen lassen. Eine Verminderung der Zahl der Achsen ist ebenso zu vermeiden wie eine Erweiterung.

3. Das Achsennetz soll einschließlich der Achsteilabschnitte nur von Oberzentren und sonstigen achsenbildenden Orten bestimmt werden. Als achsenbildend gelten solche Orte, die im Knotenpunkt mehrerer Achsen liegen oder in denen sich die Richtung einer großräumig bedeutsamen Achse erkennbar verändert. Achsenabschnitte mit kleinräumigem Zuschnitt sind nach Möglichkeit zu vermeiden.

4. Liegen Oberzentren auf einer Achse weniger als 20 km Luftlinie voneinander entfernt, ohne zugleich Achsknoten oder Achseckpunkt zu sein, dann wird nur das einwohnerstärkere Oberzentrum berücksichtigt.

---

[18] Zur Vorbereitung der Ist-Analyse setzte der Verkehrsausschuß eine Arbeitsgruppe ein, der Vertreter der Länder Rheinland-Pfalz und Nordrhein-Westfalen sowie seitens des Bundes ein Vertreter des Bundesministeriums für Raumordnung, Bauwesen und Städtebau angehörten. Mit der Durchführung der Analyse wurde die Bundesforschungsanstalt für Landeskunde und Raumordnung beauftragt.

[19] Es handelt sich um eine gekürzte Wiedergabe der Arbeitsergebnisse des Verkehrsausschusses der MKRO.

[20] Dieses einzige derzeit zwischen Bund und Ländern abgestimmte Zentrensystem entspricht im großen und ganzen den Festlegungen in den Plänen und Programmen der Länder. Einzelne als „mögliche Oberzentren" oder „mit Teilfunktion eines Oberzentrums" eingestufte zentrale Orte sind weggelassen. Einschl. Berlin sind 89 Oberzentren enthalten.

5. Liegen Oberzentren auf einer Achse weniger als 50 km Luftlinie voneinander entfernt, ohne gleichzeitig Achsknoten oder Achseckpunkt zu sein, dann gilt die Verbindung als Achsteilabschnitt. Alle übrigen Verbindungen sind Hauptverbindungen; es bleibt unbenommen, über die Hauptverbindungen zu Analysezwecken eine noch weiträumigere Verbindung herzustellen.

Trotz dieser recht genauen Festlegungen mußten in problematischen Einzelfällen pragmatische Lösungen gefunden und mit den betroffenen Ländern abgestimmt werden. Als Resultat liegt die Arbeitskarte „Netzentwurf zur Ist-Analyse der großräumig bedeutsamen Achsen des BROP" vor (siehe Karte 1).

Im Prinzip wäre auch eine ausschließlich „synthetische" Konstruktion des Achsennetzes nach Netzbildungskriterien ohne die Bindung an den Verlauf der im BROP dargestellten „großräumig bedeutsamen Achsen" denkbar gewesen. Das methodische Grundproblem besteht dabei darin, daß ein ökonomisch sinnvoller Mittelweg zwischen einer vollständigen Vernetzung, bei der jeder Knotenpunkt direkt mit jedem anderen verbunden ist, und einem sogenannten „Minimalgerüst" gefunden wird. Ein Minimalgerüst weist nur soviele Verbindungen auf, wie notwendig sind, um mit dem geringstmöglichen Streckenaufwand jeden Knotenpunkt ohne Querverbindungen in ein Netz einzubeziehen. Lösungen für dieses Optimierungsproblem sind im Rahmen graphentheoretischer Ansätze entwickelt worden [21].

In der Praxis werden am häufigsten Verfahren angewandt, bei denen jeder Knotenpunkt mit seinen Nachbarn verbunden wird [22]. Nachbarn sind dabei definiert als Zentren, mit denen eine gemeinsame Grenze der Einzugsbereiche besteht.

Das für die Ist-Analyse der BROP-Achsen entworfene Arbeitsnetz hat lediglich Ähnlichkeiten mit diesem systematischen Konstruktionsprinzip. Es weist weniger Verbindungen auf, als bei strenger Anwendung der Nachbarn-Verbindungsregel zustande kommen würden. Eine Systematik der Weglassungen ist nicht gegeben. Hier müßte bei einer Fortschreibung des BROP wohl eine kriteriengestützte Bereinigung ansetzen.

5. Operationalisierung der Verbindungsqualität

Es ist eine sinnvolle planungspolitische Arbeitsteilung zwischen Raumordnung und verkehrlicher Fachplanung, wenn die Raumordnung die gewünschte Erschließungsqualität des Zentrensystems (Output) und die Bundesverkehrswegeplanung die Ausbaustandards und Bedienungsqualitäten (Input) definiert [23]. Diese Aufgabenteilung ist die zentrale Vorgabe für die Operationalisierung der Kriterien der Ist-Analyse der „großräumig bedeutsamen Achsen" des BROP.

Da der konkrete räumliche Verlauf der Achsenelemente Schiene und Straße zwischen den Knotenpunkten für die großräumige Kommunikation ohne Bedeutung ist, besteht kein Anlaß auf dem gesamten Verlauf der Achsenabschnitte den technischen Ausbaustand zu messen. Zweckmäßiger ist, mit Hilfe des Output-Indikators „Reisegeschwindigkeit" die Verbindungsqualitäten festzustellen, die auf den Kommunikationslinien zwischen den zentralen Orten vom Verkehrssystem hergestellt werden. Die Achsenbänder in der Kartenunterlage geben dabei nur an, zwischen welchen Zentrenpaaren die Verbindungsqualitäten festgestellt werden sollen und wo nicht.

Die Reisegeschwindigkeiten zwischen zentralen Orten als Maßstab der Verbindungsqualität „großräumig bedeutsamer Achsen" heranzuziehen, knüpft an Überlegungen an, die bei methodischen Studien zur Planung und zur raumordnerischen Bewertung der Struktur von Verkehrsnetzen

---

[21] S. dazu LASCHET, W.; WITTE, H.; VOIGT, F.: Ansätze zu einer optimalen Strecken- und Netzplanung der Deutschen Bundesbahn — dargestellt am Beispiel Nordrhein-Westfalen. — Opladen: Westdeutscher Verlag, 1979.

[22] Vgl. KODAL, K.; SCHÖNHARTING, J.; STEIERWALD, G.: Einteilung der Straßen in Nordrhein-Westfalen. Der Minister für Wirtsch., Mittelstand und Verkehr des Landes Nordrhein-Westfalen (Hrsg.). Düsseldorf (1978).

[23] Vgl. dazu auch die Vorschläge von KISTENMACHER, H.: Zur theoretischen Begründung und planungspraktischen Verwendbarkeit von Achsen. In: Veröffentlichungen der AKADEMIE FÜR RAUMFORSCHUNG UND LANDESPLANUNG, FuS Bd. 113, Hannover 1976, S. 32 f.

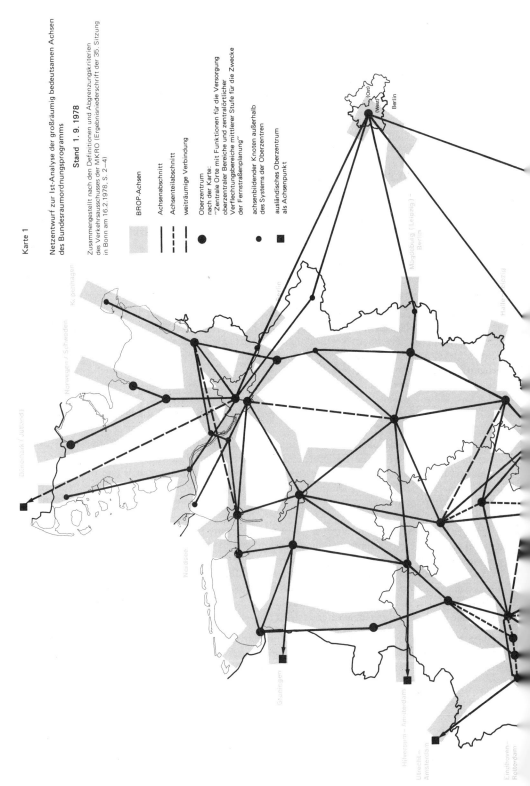

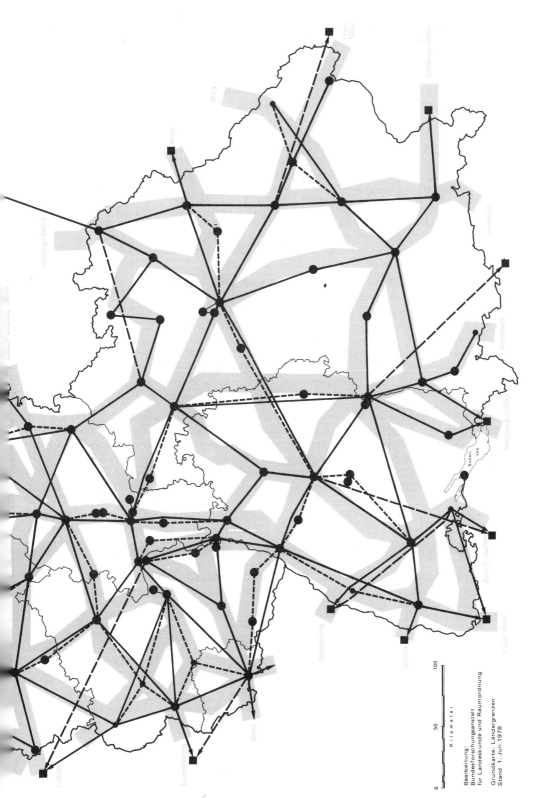

angestellt wurden[24]). Inzwischen sind derartige Sollgeschwindigkeitswerte für die Straßenverbindung zwischen zentralen Orten auch in die Richtlinien zur Straßennetzgestaltung eingeflossen[25]).

Die Bestimmung von Reisegeschwindigkeiten auf Schiene und Straße zwischen einer Vielzahl von Zentrenpaaren ist mit erheblichem technischem Aufwand verbunden. Dazu wurden innerhalb der Ressortforschung des BMBau in den Jahren zuvor umfangreiche Vorleistungen erbracht. Für die Ist-Analyse der BROP-Achsen standen daraufhin ein Fahrplanmodell des Schienenverkehrs der Deutschen Bundesbahn und ein Straßennetzmodell aller Mittelzentrenverbindungen in der Bundesrepublik zur Verfügung. Beide Modelle wurden wesentlich durch das Projekt „Informationssystem für Raumordnung und Landesplanung (ROLAND)"[26] entwickelt, mit dessen Programmsystemen zur Routensuche und Fahrplanauswertung die Analyserechnungen durchgeführt wurden. Dabei wurden auch spezielle Darstellungstechniken zur vergleichenden Auswertung von realen Verkehrsnetzen und Achsennetzen vorbereitet.

Während im Modell des Schienenverkehrs die exakten Fahrzeiten von Bahnhof zu Bahnhof auf der Basis des Winterfahrplans 1974/75 festgehalten sind, müssen im Straßenverkehrsmodell Annahmen über die erzielbaren Reisegeschwindigkeiten in Abhängigkeit vom Ausbauzustand und der Verkehrsbelastung der Straßen getroffen werden. Für die Analyserechnungen wurde die Geschwindigkeit eines Pkw im Normalverkehr unterstellt.

Die durchschnittliche Reisegeschwindigkeit, die auf einer Verbindung zwischen zwei Zentren erzielt wird, ist nicht ohne weiteres gleichbedeutend mit der Verbindungsqualität des Achsenabschnitts zwischen den beiden Zentren. Dies zeigt sich, wenn man die tatsächlich zurückgelegten Wegstrecken mit dem Verlauf der Achsenabschnitte vergleicht (siehe Karte 2). In einer ganzen Reihe von Fällen führt der zeitschnellste Weg zwischen zwei Zentren nicht über die direkt verbindende Achse, sondern über einen Umweg, der zum Teil aus anderen Achsenabschnitten besteht. Ein Beispiel ist die Relation Würzburg—Ulm, die als Achse über Aalen verläuft, durch den Bau der Autobahn zwischen Würzburg und Heilbronn aber einen zeitschnelleren Umweg (Würzburg—Heilbronn—Stuttgart—Ulm) besitzt. Insgesamt tritt dieser Fall im Achsennetz sechzehnmal auf.

Die hohe durchschnittliche Reisegeschwindigkeit auf den zeitschnelleren Umwegen täuscht eine Verbindungsqualität zwischen den Zentren vor, die vom Verkehrssystem der direkt verbindenden Achse nicht erbracht werden kann. Um mögliche Fehlschlüsse zu vermeiden, ist es notwendig, den Umwegfaktor in die Berechnung der Verbindungsqualitäten mit einzubeziehen. Von den verschiedenen methodischen Möglichkeiten, die hierzu bestehen[27]), ist die Berechnung der sogenannten „Luftliniengeschwindigkeit" der einfachste Weg. Dabei wird die Reisezeit nicht auf die tatsächlich zurückgelegte Wegelänge, sondern auf die euklidische Distanz („Luftlinie") zwischen Quelle und Ziel bezogen. Der resultierende Quotient hat ebenfalls die Dimension Stundenkilometer (km/h) und verhält sich zur realen Durchschnittsgeschwindigkeit wie 1 zum Wert des Umwegfaktors. Hohe Werte für die Luftliniengeschwindigkeit können nur erreicht werden, wenn eine Verbindung sowohl schnell als auch direkt ist.

Die Luftliniengeschwindigkeit bildet die tatsächliche Verbindungsqualität zwischen zwei Zentren auch dann ab, wenn der reale zeitschnellste Reiseweg nicht über die direkt verbindende Achse

---

[24]) Vgl. u. a.: VOIGT, F. et al.: Bestimmung der Versorgungs- und Erschließungsqualität von Fernverkehrsleistungen. Ges. f. wirtsch. u. verkehrswiss. Forschung (Hrsg.). Bonn 1976. Diskussionspapiere Heft 29. — WÖHNER, H.: Verfahren zur Planung und Bewertung der Struktur von Straßennetzen. Der Bundesminister für Verkehr (Hrsg.). Bonn 1976. Schriftenreihe Forschung, Straßenbau und Straßenverkehrstechnik H. 197. — Prioritäten im Fernstraßenbau. Der Bundesminister f. Raumordnung, Bauwesen und Städtebau. Bonn 1978. Schriftenreihe des BMBau Raumordnung, H. 06.016 (1978).

[25]) S. Richtlinien für die Anlage von Landstraßen (RAL). Teil: Straßennetzgestaltung (RAL-N). Forschungsges. f. d. Straßenwesen (Hrsg.), Bonn: Kirschbaum Verlag 1977.

[26]) Informationssystem für Raumordnung und Landesplanung (ROLAND). Forschungsvorhaben im Auftrag des Bundes; Projektträger: DATUM E. V., Bonn; Pilotanwender: Bayerisches Staatsministerium für Landesentwicklung und Umweltfragen und Bundesforschungsanstalt für Landeskunde und Raumordnung, Bonn. Bei den angesprochenen Erreichbarkeitsanalysen wurden das im Rahmen des ROLAND-Projektes entwickelte Programmsystem zur regionalen Erreichbarkeits- und Versorgungsanalyse (EVA-REGIONAL) und das Fahrplansimulationsmodell PIC-DM eingesetzt. Projektbearbeiter: K. HORN, DATUM E. V.

[27]) Vgl. WÖHLER, a. a. O., S. 60 f.

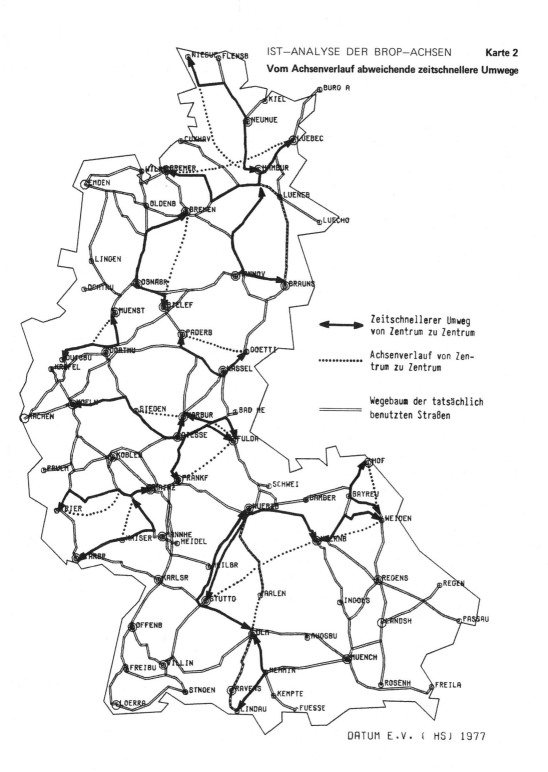

verläuft. Allerdings fehlt dann eine Information über die Verbindungsqualität der nicht benutzten Achse, von der nur bekannt ist, daß sie schlechter sein muß als diejenige des Umwegs. Dieses Problem kann umgangen werden, wenn die nicht benutzte Achse in Unterabschnitte unterteilt wird, für die keine zeitschnelleren Umwege über andere Achsenabschnitte mehr möglich sind. Im Fall der Achse Würzburg—Ulm wurde Aalen als Unterteilungsknoten gewählt. Dadurch erbringt die Analyserechnung für die Relationen Würzburg—Aalen und Aalen—Ulm Verbindungsqualitäten, die auf der direkt verbindenden Achse erreicht werden, während der Wert für die Relation Würzburg—Ulm auf der Reisezeit beruht, die auf dem Umweg über Stuttgart erzielt wurde. Alle drei Werte sind etwa gleich schlecht, was die reale Verbindungsqualität dieser Achse im Straßennetz 1975 auch korrekt wiedergibt.

Für die konkrete Reisezeitmessung im Straßenverkehrsnetz muß neben der Vorgabe „Pkw im Normalverkehr" auch berücksichtigt werden, daß an Quelle und Ziel im innerörtlichen Verkehrsnetz Verzögerungen eintreten, die nicht auf die Reisezeit angerechnet werden dürfen, da die Verbesserung der innerörtlichen Verkehrswege zu und von den Ortsmittelpunkten nicht Ziel der großräumig bedeutsamen Achsen ist. Verzögerungen wegen Ortsdurchfahrten zwischen den Achsenendpunkten wurden dagegen in vollem Umfang berücksichtigt, da sie eine Beeinträchtigung der großräumigen Verbindungsqualitäten bringen können.

Im Schienenverkehr müssen wegen der Fahrplanabhängigkeit und der Bedeutung der Bedienungshäufigkeit unterschiedliche Meßverfahren angewandt werden, um die Verbindungsqualitäten korrekt abzubilden.

Ermittelt wurden deswegen

1) die Reisezeit des schnellsten Zuges
2) die mittlere Reisezeit aller TEE/IC, DC/D und E-Züge
3) die „Erreichdauer", die zwischen den Achsenendpunkten bei Benutzung aller TEE/IC, DC/D und E-Züge zu veranschlagen ist (als Maß der Bedienungshäufigkeit auf der Achse) in einem Zeitintervall von 6.00 Uhr (früheste Abfahrt) bis 23.00 Uhr (späteste Ankunft) für jeweils beide Richtungen.

Erreichdauer ist dabei nach RUTZ[28]) als Summe von mittlerer Reisezeit plus mittlerer Wartezeit definiert. Es handelt sich um die tatsächlichen Reisezeiten bei fahrplanmäßigem Verkehr der benutzten Zugtypen unter Einbeziehung aller fahrplanmäßigen Zwischenhalte. Zusätzlich wurde für sämtliche Zugverbindungen zwischen zentralen Orten in der Bundesrepublik die Häufigkeit der verkehrenden TEE/IC, DC/D, E- und N-Züge festgestellt. Alle Reisezeitwerte wurden für die Ermittlung der Verbindungsqualitäten auf die Luftliniendistanz zwischen den Ortsmittelpunkten der Achsenknoten (Oberzentren) bezogen.

6. Exemplarische Ergebnisdarstellung

Die Karten 3, 4 und 5 zeigen die Ergebnisse von Beispielrechnungen bezogen auf den Ausbauzustand des Systems der großräumig bedeutsamen Achsen Ende 1975. Im Mittel aller 500 untersuchten Achsenabschnitte ergeben sich folgende bundesweite Verbindungsqualitäten jeweils gemessen als Luftliniengeschwindigkeit:

Schiene   — Geschwindigkeit des schnellsten Zuges   68,4 km/h

                 — Mittlere Geschwindigkeit aller TEE/IC, DC/D und E-Züge   51,5 km/h

Straße   — Geschwindigkeit im Pkw-Verkehr   66,6 km/h

Dies bedeutet, daß die jeweils schnellsten Zugverbindungen den Straßenverbindungen auf den großräumig bedeutsamen Achsen geringfügig überlegen sind, im Mittelwert aller Züge jedoch ein erheblicher Rückstand der Verbindungsqualitäten gegenüber der Straße zu verzeichnen ist. Ein Blick auf die Verteilung der Einzelwerte zeigt ferner, daß die Achsenabschnitte im Straßenverkehr

---

[28]) S.: RUTZ, W.: Erreichdauer und Erreichbarkeit als Hilfswerte verkehrsbezogener Raumanalyse. In: Raumforschung und Raumordnung, 29 (1971) 4, S. 145—156.

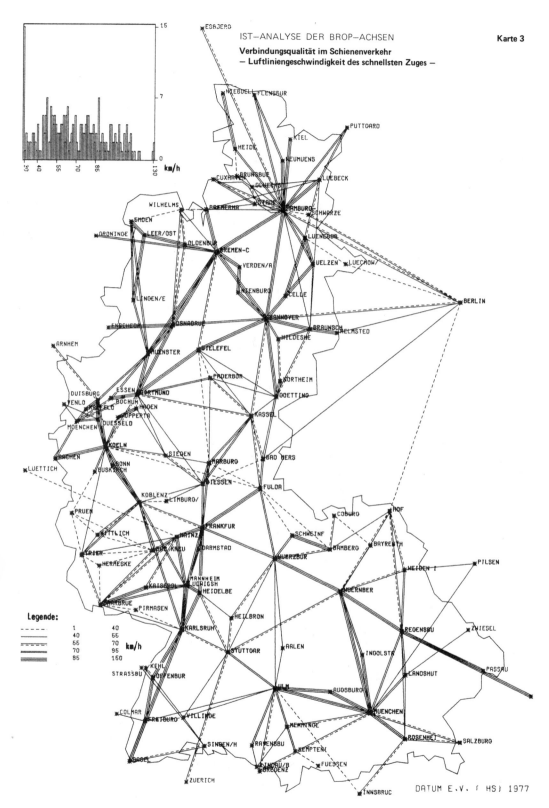

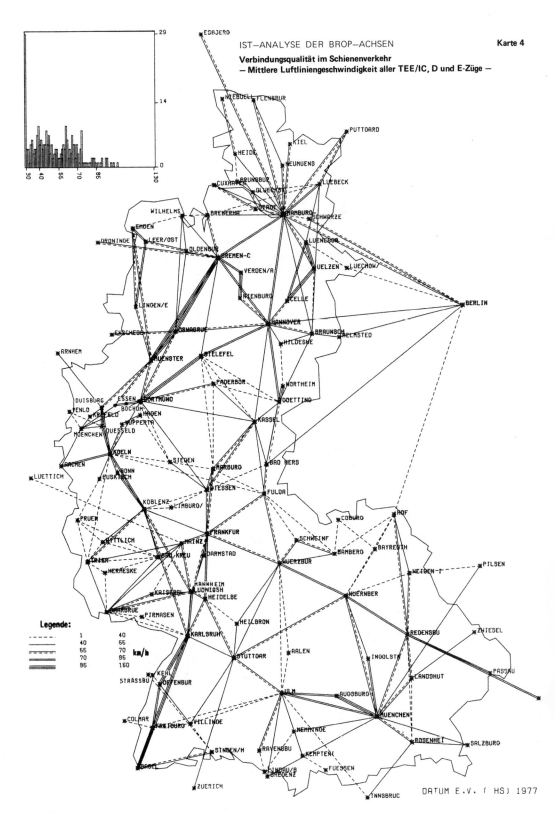

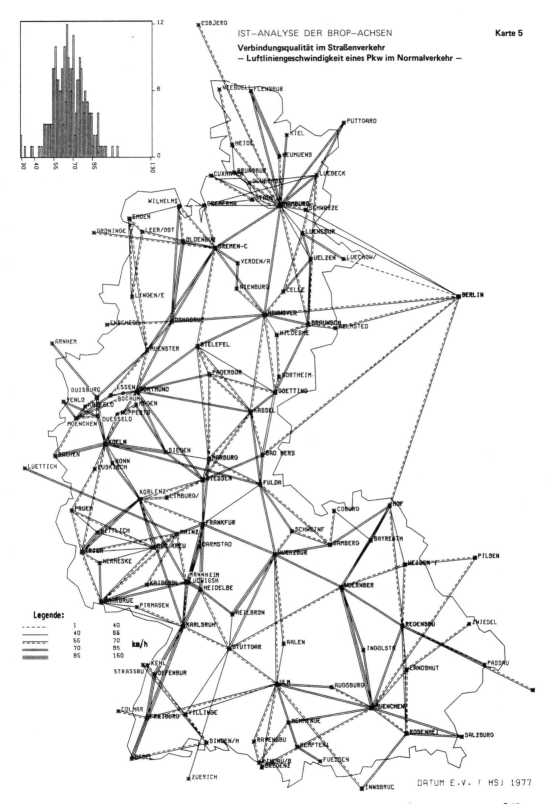

weitaus gleichmäßiger erschlossen sind als im Schienenverkehr. Im Schienenverkehr steht den sehr schnellen IC-Verbindungen auf den großen Magistralen eine große Zahl von sehr langsamen Verbindungen auf Achsenabschnitten zwischen mittleren und kleinen Oberzentren gegenüber. Das Straßensystem verbindet also zentrale Orte insgesamt wesentlich homogener. Die Häufigkeitsverteilungen bei den Abbildungen verdeutlichen diese Aussage.

Tabelle 2 *Beispiele für Verbindungsqualitäten auf BROP-Achsen*

Verbindungstyp	Luftliniengeschwindigkeiten (Luftliniendistanz/Reisezeit) in km/h		
— Relation	im Straßenverkehr mit Pkw im Normalverkehr	im Schienenverkehr schnellster Zug zwischen 6.00-23.00 Uhr	im Schienenverkehr Mittelwert der TEE/IC-D-E-Züge zwischen 6.00-23.00 Uhr
„Magistralen"			
Hamburg — Hannover	77	94	73
Köln — Koblenz	78	88	73
Nürnberg — München	86	89	67
„Ballungsraum — Umland"			
Hamburg — Lübeck	70	98	74
Frankfurt — Fulda	54	87	60
München — Rosenheim	66	98	69
„Oberzentrum — Oberzentrum"			
Emden — Lingen	56	79	60
Paderborn — Marburg	58	43	36
Würzburg — Ulm	60	47	39
Freiburg — Villingen	37	28	21
Weiden — Regensburg	55	77	61
„Bundesdurchschnitt"	66,6	68,4	51,5

Quelle: ROLAND-Erreichbarkeitsmodell, a. a. O., eig. Ber.

Sowohl im Schienenverkehr als auch im Straßenverkehr weisen die Achsen, die von den großen Ballungszentren wie Hamburg, Köln, Frankfurt oder München sternförmig ausgehen besonders gute Verbindungsqualitäten auf.

Einige Autobahnprojekte, die seit 1975 in Angriff genommen wurden, beheben gravierende Mängel der Verbindungsqualität zwischen Oberzentren. Neben der schon genannten Relation Würzburg—Ulm (A 7) sind dies zum Beispiel die Verbindungen Oldenburg—Emden (A 22), Trier—Köln (A 1) oder Stuttgart—Heilbronn—Nürnberg (A 6).

Die meisten Achsenknoten haben zwar die Funktion von Oberzentren, weisen jedoch nach Bevölkerungsstärke und Wirtschaftskraft sehr unterschiedliche Potentiale auf. Die Achsenabschnitte sind somit verschiedenen Kapazitätsanforderungen ausgesetzt. Der Ausbau der Straßen- und Schienenverbindungen zur Bewältigung der anfallenden bzw. der prognostizierten Verkehrsmengen führte bisher zur Schaffung von schnellen Verbindungen dort, wo die größten Mengen zu bewältigen sind. Dies entspricht technischer und ökonomischer Rationalität, da in der Summe eine möglichst große Reise- und Transportzeitverkürzung durch den Verkehrswegebau erreicht werden soll. Neben dem Potentialgesichtspunkt spielen auch die topographischen Verhältnisse eine wesentliche Rolle für die erzielbaren Verbindungsqualitäten. Besonders im Schienenverkehr wird deutlich, daß bei schwierigem Gelände auch zwischen bedeutenden Achsenknoten nur mittelmäßige Verbindungsqualitäten erzielt werden, während z. B. in der norddeutschen Tiefebene beinahe alle Achsenabschnitte auch zwischen zentralen Orten, die nur Teilfunktionen eines Oberzentrums aufweisen, mit schnellen Zugverbindungen ausgestattet sind. Schließlich spiegeln sich auch die historisch-politischen Entwicklungen der Verkehrssysteme in den unterschiedlichen Verbindungsqualitäten. So ist die deutliche Benachteiligung der Ost-West-Verbindungen gegenüber den Nord-Süd-Verbindungen in beiden Verkehrssystemen im wesentlichen historisch zu erklären.

7. Praktische Verwertung beim „Bundesverkehrswegeplan '80"

7.1 Das Planungssystem der Bundesverkehrswegeplanung

Kennzeichnend für die bisherige Entwicklung der Planungsverfahren für die Abstimmung der Bundesverkehrswegeplanung mit den Zielen und Grundsätzen der Raumordnung ist eine stetige Verfeinerung der Planungsmethodik. Der Weg führte von der eher unverbindlichen und in der Wirkung nicht nachprüfbaren „Berücksichtigung" von Erschließungs- und Verbindungsbedarf der bedeutenderen Wirtschaftszentren 1970[29] über die explizite Einbeziehung raumordnerischer Gebiets- und Achsenkategorien in die Nutzwertanalyse im Rahmen der 2. Fortschreibung des Bedarfsplans für die Fernstraßen 1975[30] bis hin zur vollen Integration raumordnerischer Nutzen-Kompo-

Tabelle 3   *Das System der Bundesverkehrswegeplanung*

Die systematische Planung der Bundesverkehrswege hat mit den Bundesfernstraßen begonnen. Dort wurde im Laufe der Zeit ein dreistufiges Planungssystem entwickelt:
— die Langfristplanung (Bedarfsplanung) für einen Zeitraum von 10 bis 15 Jahren;
— die mittelfristige Programmplanung für einen Zeitraum von 5 Jahren (Fünfjahresplan);
— die jährliche Haushaltsplanung für einen einjährigen Zeitraum (Straßenbauplan).
Die gesetzliche Grundlage für die langfristige Bedarfsplanung ist das „Gesetz über den Ausbau der Bundesfernstraßen in den Jahren 1971—1985" (30. Juni 1971).
Die erste langfristige Bedarfsplanung für die Bundesfernstraßen auf der Grundlage dieses Gesetzes wurde 1970 beschlossen. Im Rahmen des fünfjährigen Fortschreibungsrhythmus kam es 1975 zur ersten Fortschreibung. Bei dieser Fortschreibung wurden Ausbaumaßnahmen bis zum Jahr 1980 verbindlich festgelegt und darüber hinaus Dringlichkeitsprioritäten bis zum Jahr 1985 aufgestellt.
Parallel zur Bedarfsplanung für die Bundesfernstraßen auf gesetzlicher Grundlage hat die Bundesregierung erstmals im Jahr 1973 eine Programmplanung eingeführt mit dem Ziel, alle Verkehrsträger in eine koordinierte Infrastrukturplanung einzubeziehen. Es handelt sich um den Bundesverkehrswegeplan erste Stufe. Dieser wurde erstmals im Jahr 1977 in Form des sog. „Koordinierten Investitionsprogramms für die Bundesverkehrswege bis zum Jahre 1985 (KIP)" fortgeschrieben. Kurz danach wurde eine weitere Fortschreibung des Bundesverkehrswegeplans beschlossen.
Während beim Bundesverkehrswegeplan 1973 und beim koordinierten Investitionsprogramm 1977 die verkehrsträgerübergreifende Koordinierung lediglich durch die externe Vorgabe von Investitionsanteilen vorgenommen wurde, enthält der soeben verabschiedete „Bundesverkehrswegeplan 1980" ein Bewertungsverfahren, das den Vergleich einzelner Maßnahmen für Straße, Schiene, Luftverkehr und Wasserverkehr ermöglicht. Mit dieser Fortschreibung der übergreifenden Verkehrswegeplanung wurde auch der langfristige Bedarfsplan der Bundesfernstraßen fortgeschrieben. Die beiden ursprünglich parallel laufenden Planungssysteme für Bundesverkehrswege einerseits und Fernstraßenplanung andererseits wurden also integriert.
Ein wesentlicher Unterschied besteht jedoch darin, daß der Bedarfsplan für die Bundesfernstraßen auf gesetzlicher Grundlage aufgestellt und dem Parlament zur Beschlußfassung zugeleitet wird, der Bundesverkehrswegeplan dagegen lediglich eine programmatische Absichtserklärung der Regierung darstellt. Dieses ist von Bedeutung, da für die Planung des Schienenverkehrs zwar ein methodisch vergleichbares Planungsverfahren besteht, das jedoch keine vergleichbare gesetzliche Grundlage und damit einen anderen politischen Stellenwert besitzt. Die Bundesbahn definiert weitgehend eigenverantwortlich und damit im wesentlichen unter eigenwirtschaftlichen Gesichtspunkten ihre Investitionsvorhaben. Sie unterliegt bislang nicht der gesetzlichen Verpflichtung, ihre Planungen mit den Zielen der Raumordnung abzustimmen. Das Gesetz über den Ausbau der Bundesfernstraßen dagegen enthält ausdrücklich diese Verpflichtung im Rahmen einer Raumordnungsklausel.

---

[29] Raumordnung als Grundlage der Bundesfernstraßenplanung. Bundesforschungsanstalt für Landeskunde und Raumordnung. Bonn 1970. Mitt. aus d. Inst. f. Raumordnung, Heft 67.

[30] Vgl. dazu: Vollzug des Raumordnungsprogramms durch Fernstraßenplanung. Themenheft der Inform. z. Raumentwickl. — (1975) 8. Bewertungsmethodisch verlief die Einbeziehung der raumpolitischen Kategorien unbefriedigend. Die verkehrlichen Nutzen wurden explizit mit kardinalen Kennziffern gemessen. Die raumordnungspolitischen Nutzen wurden dagegen als nicht näher quantifizierte und wenig operationale Gebietskategorien über eine Zusatzgewichtung eingebracht. Vgl. dazu auch KISTENMACHER, H.: Zur theoretischen Begründung und planungspraktischen Verwendbarkeit von Achsen. In: Veröffentlichungen der AKADEMIE FÜR RAUMFORSCHUNG UND LANDESPLANUNG, FuS Bd. 113, Hannover 1976, S. 27 f.

nenten in die Kosten-Nutzen-Analyse des Bewertungsverfahrens bei der Erarbeitung des Bundesverkehrswegeplans 1980[31]).

Diese Methodenverfeinerung hat ihre wesentliche Ursache im wachsenden Legitimationszwang der Verkehrsplanungen gegenüber der Öffentlichkeit. Die verkehrliche Fachplanung kann ihre Investitionsvorhaben immer weniger mit Kapazitätsengpässen und Wachstum des Kommunikationsbedarfs begründen. Strukturpolitische Ziele müssen daher stärker zur Maßnahmebegründung herangezogen werden. Die Raumordnungspolitik ihrerseits sieht sich dadurch genötigt, Erschließungsdefizite und verkehrsbedingte Strukturschwächen räumlich genauer zu konkretisieren und die regionalen Wirksamkeiten des Verkehrswegebaus zu belegen. Dies gilt zunehmend mehr auch gegenüber den Argumenten des Umwelt- und Landschaftsschutzes.

7.2 Grundprobleme des Bewertungsverfahrens

Die gesamtwirtschaftliche Bewertung von Bundesfernstraßenprojekten und Streckeninvestitionen der Deutschen Bundesbahn ist Teil einer verkehrszweigeübergreifenden Bewertung, die alle Verkehrswegeinvestitionen des Bundes umfassen soll. Sie soll Hilfsmittel bei der Maßnahmenauswahl und bei der Ableitung der Investitionsstruktur des fortgeschriebenen Bundesverkehrswegeplanes (BVWP '80) sein. Um den Forderungen der Haushaltsordnung des Bundes zu genügen, wird versucht, alle anfallenden Kosten und Nutzen einer Maßnahme in Geldwerten zu erfassen. Dies führt besonders bei Nutzenelementen, die keinen Marktpreis besitzen — wie z. B. Verbesserung der Verbindungsqualität zwischen zentralen Orten oder Umweltschutz — methodisch zu erheblichen Unzulänglichkeiten des Bewertungsverfahrens.

Ursprünglich war vorgesehen, bei den Bundesfernstraßen nur eine begrenzte Zahl aussichtsreicher Großprojekte zu bewerten. Im Aushandlungsprozeß mit den Ländern wurde jedoch praktisch der gesamte Umfang des Bedarfsplans für die Bundesfernstraßen einschließlich des sog. „möglichen weiteren Bedarfs" in den Katalog der zu bewertenden Maßnahmen aufgenommen. Als Konsequenz daraus wurde das Bewertungsverfahren aufgeteilt. Etwa 460 Großprojekte (i. d. R. Autobahnen) wurden der ausführlichen Kosten-Nutzen-Analyse unterworfen; der Rest in einem stark vereinfachten Verfahren an Hand einer „Checkliste" von den Straßenbauämtern beurteilt.

7.3 Exkurs zum Schienenverkehr

Im Schienenverkehr standen wesentlich weniger Projekte zur Bewertung an. Es handelte sich dabei ausschließlich um Neu- und Ausbauvorhaben auf den großräumigen Verbindungen zwischen den Ballungszentren (siehe Karte 6). Zwar wurden diese Maßnahmen mit den gleichen regional- und strukturpolitischen Kriterien bewertet wie die Fernstraßenprojekte. Angesichts der bestehenden hohen Erschließungs- und Verbindungsqualitäten auf den Magistralen war davon jedoch keine Differenzierung nach raumordnerischen Prioritäten zu erwarten. Die raumordnerischen Kriterien hätten nur dann greifen können, wenn auch Ausbaumaßnahmen außerhalb des IC-Netzes in das Bewertungsverfahren einbezogen worden wären. Der Umstand, daß gerade dort besonders schlechte Verbindungsqualitäten anzutreffen sind, die weit hinter denen des Straßenverkehrs zurückbleiben, wird so nur in der Ist-Analyse der BROP-Achsen deutlich. Es wird deshalb bei zukünftigen Fortschreibungen des Bundesverkehrswegeplans darauf ankommen, auch Ausbaumaßnahmen des „sekundären" Schienennetzes zu definieren und gesamtwirtschaftlich zu bewerten. Die Bundesbahn erklärt ihre bisherige Weigerung, Investitionsplanungen auch nach den Zielen der Raumordnung auszurichten, mit dem absoluten Vorrang der Beseitigung von Kapazitätsengpässen im Kernnetz. Dabei wird übersehen, daß die geringe Inanspruchnahme des Schienenverkehrsangebots außerhalb des

---

[31]) Das Bewertungsverfahren ist dargestellt in: BVWP '80. Gesamtwirtschaftliche Bewertung von Investitionsvorhaben im Bereich der Bundesverkehrswege. Der Bundesminister für Verkehr. Bonn 1979 (unveröff. Manuskript). Einen Überblick über die bisherigen und das aktuelle Planungsverfahren zur Koordination von Verkehrswegeplanung und Raumordnung gibt der Raumordnungsbericht 1978 der Bundesregierung (Bundestagsdrucksache 8/2378 vom 11. Dezember 1978).

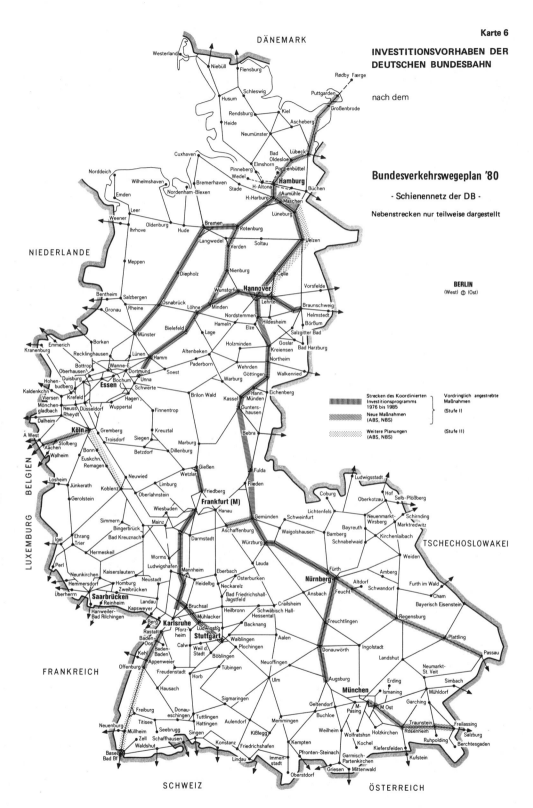

IC-Netzes zu einem Teil sicher auch auf die schlechten Verbindungsqualitäten zurückzuführen ist, die deutlich hinter denen des Straßenverkehrs zurückbleiben. Diese Gesichtspunkte sowie das ebenfalls raumordnungspolitisch relevante Problem einer „kalten" Netzkonzentration durch Bedienungsverschlechterung auf weniger frequentierten Strecken wurden in das Planungs- und Bewertungssystem des Bundesverkehrswegeplans '80 nicht einbezogen. Die Darstellung der Umsetzung des Bewertungsansatzes der Achsenanalyse im Planungsverfahren muß sich deshalb auf die Bewertung der Fernstraßenprojekte beschränken.

7.4 Das Bewertungsverfahren für die Fernstraßen

Im „gesamtwirtschaftlichen Bewertungsverfahren für Investitionsvorhaben im Fernstraßenbau" wird versucht, die Bauwürdigkeit und Dringlichkeit aller zweibahnigen und größeren zweispurigen Fernstraßenbauvorhaben zu ermitteln. Bewertungsmaßstab ist die voraussehbare Projekt-

Tabelle 4   *Übersicht zum gesamtwirtschaftlichen Bewertungsverfahren für Investitionsvorhaben im Fernstraßenbau*

Als Nutzen werden ermittelt	
(1) Primäre Kostenersparnisse bei	
— Fahrzeugvorhaltekosten und Betriebsführungskosten	= Fahrzeiteinsparungen gewerblich genutzter Kfz
— Verlagerung auf andere Verkehrsträger	= Kostendifferenz Schiene—Straße (positiv oder negativ)
— Erneuerungskosten und laufende Kosten der Wege	= Kosteneinsparung durch geringere Nutzung der bestehenden Straßen bei Verkehrsverlagerungen auf neue Straßen
(2) Beiträge zur Verkehrssicherheit	= Kosteneinsparung durch Vermeidung von Unfällen
(3) Verbesserung der Erreichbarkeit	= Fahrzeiteinsparungen im nichtgewerblichen Personenverkehr
(4) Regionalwirtschaftliche Vorteile	
— Beschäftigungseffekte während der Bauzeit	= Kurzfristige Einkommensverbesserungen
— Beschäftigungseffekte während der Betriebsphase	= Langfristige Einkommensverbesserungen, Schaffung von Arbeitsplätzen
— Regionale Präferenzierung	= Verbesserung von Straßenverbindungen schlecht erreichbarer, wirtschaftsschwacher Mittelzentren und Oberzentren
— Förderung internationaler Beziehungen	= Verbesserung grenzüberschreitender oder seehafenanbindender Straßenverbindungen
(5) Beiträge zum Umweltschutz	
— Vermeidung von Geräusch- und Abgasbelastungen sowie von Trennwirkungen	= Vermeidung von Lärm und Abgasbelastungen durch Ortsumgehungen
— Weitere Umweltwirkungen	= vorgesehen, jedoch nicht quantifiziert
Diesen, in Geldwerten errechneten Nutzen, wurden die Investitionskosten für Aus- und Neubaumaßnahmen gegenübergestellt. Dabei wird unterschieden nach:	
(1) Verkehrliche Investitionskosten	= Grunderwerbs- und Baukosten
(2) Investitionskosten zur Vermeidung negativer Wirkungen auf die Umwelt	= Schallschutzkosten

wirkung nicht nur im engeren Bereich des Verkehrsgeschehens, sondern darüber hinaus auch in der regionalen Wirtschaftsstruktur und im Umweltbereich. Bei der Abschätzung der Projektwirkung mit dem Anspruch Kosten und Nutzen in Geldwerten einander gegenüberzustellen, muß in erheblichem Umfang von generalisierenden Annahmen und Berechnungsverfahren Gebrauch gemacht werden.

7.5 Behandlung des raumordnungspolitischen Nutzens

Kernpunkt der Nutzenermittlung ist die Berechnung der Kostenersparnisse, die durch Reise- und Transportzeitverkürzungen eintreten. Raumordnerische Nutzen werden im Rahmen der Nutzenkomponente „Regionalwirtschaftliche Vorteile" als

— Beschäftigungseffekte während Bauzeit und Betriebsphase sowie

— durch „Regionale Präferenzierung"

ermittelt. Bei den Beschäftigungseffekten werden die kurz- und langfristig erzielbaren Einkommensverbesserungen in einer Region bilanziert. Eine regionale Differenzierung tritt dadurch ein, daß die Beschäftigungswirkung um so höher bewertet wird, je größer das prognostizierte Defizit an Erwerbsgelegenheiten in einer Region ausfällt.

In der regionalen Präferenzierung wird die Verbesserung von Straßenverbindungen schlecht erreichbarer und wirtschaftsschwacher zentraler Orte bewertet. Dabei wird nicht von einer unmittelbaren Wertschöpfung durch die Verbesserung an sich, sondern von einer mittelbaren Nutzenerhöhung der Komponenten

— Primäre Kostenersparnisse bei Fahrzeugvorhaltekosten und Betriebsführungskosten sowie Verlagerung auf andere Verkehrsträger

— Verbesserung der Erreichbarkeit

— Beschäftigungseffekte während Bauzeit und Betriebsphase

ausgegangen.

Ausgangspunkt ist dabei die These: Der verkehrliche Nutzen einer Maßnahme, gemessen in Zeit- und Kostenersparnissen, ist für die Gesellschaft umso wertvoller, je eher er in einer Region anfällt, die nach ihren Erreichbarkeitsverhältnissen und nach ihrer Wirtschaftskraft bisher benachteiligt ist.

Rechentechnisch geschieht die „Regionale Präferenzierung" im Bewertungsverfahren als Multiplikation der Geldwerte von Zeit- und Kostenersparnissen, Beschäftigungseffekten und Erreichbarkeitsverbesserungen mit einem Präferenzierungsfaktor. Dieser wird um so größer, je schlechter ein von einer Maßnahme betroffener zentraler Ort hinsichtlich seiner Erreichbarkeitsverhältnisse und seiner Wirtschaftsstruktur beurteilt wird.

Schlechte Erreichbarkeitsverhältnisse und Wirtschaftsstrukturschwäche müssen zusammen auftreten, um eine Präferenzierung auszulösen. Als Indikatoren dienen

— die Verbindungsqualitäten von einem zentralen Ort zu einer Anzahl benachbarter zentraler Orte und zu großen Verdichtungsräumen nach den Luftliniengeschwindigkeiten und seine Verkehrslage nach den Reisezeiten, die dafür aufzuwenden sind;

— der Rangplatz des zentralen Ortes nach den Indikatoren, die zur Bestimmung der Förderungswürdigkeit in der Gemeinschaftsaufgabe „Regionale Wirtschaftsförderung" verwendet werden[32]).

---

[32]) Es handelt sich um die Indikatoren Arbeitskräftereservekoeffizient 1980 — Löhne und Gehälter je Arbeitnehmer 1975 — Infrastrukturkapazitätsindikator 1970, die einheitlich für den Gebietsstand 1975 der Prognoseräume für die GRW berechnet sind. Vgl. dazu: MEHRLÄNDER, H.: Die Weiterentwicklung der Gemeinschaftsaufgabe „Verbesserung der regionalen Wirtschaftsstruktur". In: Innere Kolonisation, 24. Jg. (1975) H. 3, S. 106—110. Die Oberzentren wurden in eine ordinale Rangfolge nach ihren Indikatorenwerten ihrer Prognoseräume gebracht. Auf eine Abschneidegrenze der Förderungswürdigkeit wurde verzichtet.

Zur Ausfüllung dieses Bewertungsansatzes konnten aus dem Konzept für die Ist-Analyse der großräumig bedeutsamen Achsen das System der zentralen Orte und der Indikator „Luftliniengeschwindigkeit" zur Bestimmung der vorhandenen Verbindungsqualitäten übernommen werden[33]). Je nach dem Anwendungszweck können Verbindungsqualitäten auf Linien bezogen werden, wie dies in der Achsenanalyse geschieht, oder als Eigenschaften der Zentren an Quelle bzw. Ziel einer Verkehrsbeziehung erfaßt werden. Dieser Ansatz wurde für die „Regionale Präferenzierung" gewählt, um die Einbeziehung des zentrenbezogenen Indikators „Förderungswürdigkeit" in das Rechenverfahren bei der kosten-nutzen-analytischen Bewertung alternativer Einzelmaßnahmen zu vereinfachen. Er erschwert allerdings die Herstellung eines direkten Bezugs zwischen gemessenem Erschließungsdefizit und anzusetzender Kompensationswirkung eines Projekts.

7.6 Verdeutlichung an einem Beispiel

Nach durchschnittlichen Reisegeschwindigkeiten (luftlinienbezogen) und Reisezeitsumme zu den benachbarten Oberzentren und den nächstliegenden Ballungsräumen hat Braunschweig den Rangplatz 43 unter 88 Oberzentren (1 = bester Rang, 88 = schlechtester Rang). Nach der Förderungswürdigkeit (GRW-Indikator) nimmt es den Rang 31 unter den 88 Oberzentren ein. Fernstraßenprojekte, die Braunschweig berühren, werden nach dieser zentrenbezogenen Bewertung nicht überdurchschnittlich präferenziert[34]).

Die Liste der Verbindungsqualitäten Braunschweigs zu seinen Nachbarn zeigt folgendes Bild (die Werte sind im Gegensatz zur Ist-Analyse der Achsen auf das Jahr 1985 als Basisjahr des Bundesverkehrswegeplans '80 bezogen):

von Braunschweig	Luftliniengeschwindigkeit (km/h)
nach Hannover	77
Göttingen	88
Kassel	81
Lüneburg	73
Bremen	88
Bielefeld	75
Paderborn	65
Hamburg	76
Bad Hersfeld	74
Bundesdurchschnitt aller Oberzentrenverbindungen 1985	78

Quelle: ROLAND-Erreichbarkeitsmodell, a.a.O., eig. Berechnungen

Die Verbindungsqualität zwischen Braunschweig und Paderborn erweist sich hier als weit unterdurchschnittlich. Sie nimmt von allen 906 untersuchten Oberzentrenverbindungen in der Bundesrepublik Deutschland den Rang 780 ein (1 = bester Rang, 906 = schlechtester Rang). Danach wäre ein Ausbau etwa des Streckenzuges B 82 n, B 239 n und B 1 n raumordnerisch durchaus erwünscht.

---

[33]) Die Grundsätze der raumordnerischen Bewertung von Fernstraßenbaumaßnahmen sind vom Verkehrsausschuß der MKRO aus der Konzeption der Achsenanalyse entwickelt worden. Als Ergebnis liegt ein Beschluß des Verkehrsausschusses vom 15. November 1977 vor. „Methodische Überlegungen zur Ermittlung raumordnerischer Qualitätsanforderungen an die Straßenverbindungen zwischen zentralen Orten", abgedruckt im Materialband zum Raumordnungsbericht 1978 „Raumordnungsbericht und Materialien". Der Bundesminister für Raumordnung, Bauwesen und Städtebau. Bonn 1979, Schriftenreihe Raumordnung des BMBau, H. 06.040 (1979), S. 180.

[34]) Die 22 bestbewerteten Oberzentren erhalten überhaupt keine Präferenzierung, d. h. der in der Zeit- und Kosteneinsparungen erfaßte Nutzen einer sie berührenden Maßnahme wird nicht vermehrt. Vom 23. Rang bis zum 88. Steigt der Präferenzierungsfaktor linear auf Werte zwischen 1 und 1,3 bzw 1,5 je nach Gewichtungsvariante.

Allerdings kann der Ausbau dieser Strecke nicht mit einer generellen Benachteiligung des Oberzentrums Braunschweig begründet werden. Eine solche Benachteiligung liegt jedoch bei Paderborn vor, das zwar nach den Erreichbarkeitsverhältnissen mit dem 33. Rang ähnlich wie Braunschweig bewertet wird, aber nach der Förderungswürdigkeit den 56. Rang unter 88 Oberzentren einnimmt. Das zentrenbezogene Präferenzierungsverfahren verknüpft die Rangwerte beider Oberzentren bei der Bewertung der sie verbindenden Fernstraßenprojekte und bezieht noch analoge Indikatoren für die betroffenen Mittelzentren mit ein. Dies führt zwar zu einer objektiv vergleichbaren und sehr differenzierten Würdigung der regionalen Erschließungs- und Strukturverhältnisse, macht es aber schwer, das Zustandekommen des Präferenzierungsergebnisses im Einzelfall nachzuvollziehen.

Beide Vorgehensweisen — zentrenbezogene Präferenzierung wie Analyse der Verbindungsqualitäten — kennzeichnen denselben „harten Kern" von Zentrenverbindungen als raumordnerisch verbesserungswürdig. Es handelt sich dabei durchweg um Relationen des gleichen Typs, nämlich Verbindungen zwischen eher strukturschwachen Oberzentren außerhalb der Verdichtungsräume, deren Ausbau bisher wegen der verhältnismäßig geringen prognostizierten Verkehrsmengen und der meist schwierigen topographischen Verhältnisse nicht in Angriff genommen wurde. Als Beispiele wären etwa die Relationen

— Wilhelmshaven—Bremen—Hamburg

— Siegen—Marburg

— Trier—Bad Kreuznach

— Freiburg—Villingen/Schwenningen

— Rosenheim—Passau

zu nennen.

Für die große Mehrzahl aller als defizitär erkannten Zentrenverbindungen existieren Autobahnprojekte, denen wiederum gemeinsam ist, daß sie seitens des Natur- und Landschaftsschutzes auf mehr oder weniger heftigen Widerstand stoßen.

7.7 Berücksichtigung umweltpolitischer Ziele

Das Bewertungsverfahren leistete keine rechnerische Verknüpfung der Nutzen, die durch Erreichbarkeitsverbesserungen eintreten mit den Kosten, die für Landschaftsverbrauch, Beeinträchtigungen der Ökologie und der Erholungsfunktion anzusetzen sind. Diese Gesichtspunkte konnten nur extern untersucht und im nachhinein bei der Maßnahmebeurteilung eingebracht werden. Methodische Grundlage dafür war die Ausweisung von umweltempfindlichen Räumen[35]). Am Zustandekommen dieses Kriteriums und seiner Berücksichtigung im Planungsverfahren hatte der Verkehrsausschuß der MKRO wesentlichen Anteil.

Das keineswegs zufällige Zusammentreffen von

— Umweltempfindlichkeit,

— Erschließungsdefiziten und

— regionaler Strukturschwäche

ist bezeichnend für die Konfliktsituation bei der raumordnerischen Bewertung von Fernstraßenprojekten: Bei insgesamt sehr hohem Erschließungsniveau bleiben verhältnismäßig wenige Oberzentrenverbindungen erheblich zurück, deren Verbesserung sowohl aus Gründen der Verteilungsgerechtigkeit als auch zur Wahrung der Entwicklugnschancen gefordert werden muß. Genau diese

---

[35]) Siehe dazu: FRITZ, G.: Ermittlung und Berücksichtigung umweltempfindlicher Räume im Hinblick auf die Bundesfernstraßenplanung. In: Natur und Landschaft, Jg. 54, H. 10 (1979).

Verbindungen würden aber die noch verbleibenden großräumig unzerschnittenen Landschaftsräume am ehesten beeinträchtigen.

In dieser Situation erweist sich die Art der Indikatorendefinition für die raumordnerische Defizitanalyse als planungspolitisch bedeutsam. Sollwerte für Verbindungsqualitäten haben gegenüber Sollwerten für technische Infrastrukturausstattung den wesentlichen Vorteil, daß sie bei erkanntem Defizit die Art der einzusetzenden Maßnahme verhältnismäßig offenhalten. So muß die Konsequenz aus schlechten Verbindungsqualitäten zwischen Oberzentren in strukturschwachen Räumen nicht zwangsläufig der Bau einer Autobahn sein. Angesichts der geringen Verkehrsmengen wird vielfach schon der sorgfältige Ausbau des bestehenden Netzes eine Anhebung der Verbindungsqualität auf das Sollniveau ermöglichen.

7.8 Schlußbemerkungen

Neben diesem unmittelbaren Argumentationsvorteil im Bewertungsverfahren weist die Entwicklung des vorgestellten Konzepts der Achsenanalyse durch Bestimmung von Verbindungsqualitäten auch grundsätzliche positive Aspekte für das System der raumordnerischen Fachplanungskoordination im Bereich der Bundesverkehrswege auf. Zum einen konnte durch das Abrücken vom Ziel der bandartigen Siedlungsverdichtung und durch die Beschränkung auf das Ziel der gerechten Verteilung großräumiger Kommunikationschancen der Konfliktstoff zwischen Bund und Ländern vermindert werden. Zum anderen wurde durch die konkrete Festlegung eines Zentrensystems und die Definition eines quantifizierbaren Kriteriums für Verbindungsqualität die Überprüfbarkeit und Vergleichbarkeit raumordnerischer Zielaussagen verbessert.

Die Solidarisierung zwischen Bund und Ländern, die in den gemeinsam erarbeiteten Konzepten zur Achsenanalyse und zur Fernstraßenbewertung zum Ausdruck kommt, hat planungspolitisch sicher zu einer Stärkung der Position der Raumordnung gegenüber der verkehrlichen Fachplanung geführt. Nicht zuletzt dürfte dazu auch der hohe methodische Standard der Kriteriendiskussion beigetragen haben, der den „technischen Zutritt" zum fachplanerischen Bewertungsverfahren erleichterte. Bei der Weiterentwicklung der raumordnerischen Koordinierungsinstrumente wird es deshalb darauf ankommen, sowohl die Zielbegründungsdiskussion weiterzuführen und erreichte Positionen immer wieder sorgfältig horizontal und vertikal abzustimmen, als auch die Quantifizierungsbemühungen und die Methodenentwicklung voranzutreiben.

Bei allem methodischen Fortschritt soll abschließend nicht verschwiegen werden, daß die Operationalisierung der großräumigen Achsen und die Einbringung dieser raumordnungspolitischen Vorgaben in das Bewertungsverfahren für den Bundesverkehrswegeplan die politisch-praktischen Entscheidungen nur bedingt auf ein höheres Rationalitätsniveau heben konnten. Dies hat mehrere Gründe. Zum einen konnte wegen des hohen Komplexitätsgrades der gewählten Kosten-Nutzen-Bewertung im nachhinein nur schwer nachvollzogen werden, welche Rolle die einzelnen Nutzenkomponenten spielten. Die mangelnde Transparenz gilt auch für die regionale Präferenzierung. Selbst die mit dem Bewertungsverfahren einigermaßen Vertrauten mußten daher zu Plausibilitätsprüfungen auf Grund einfacher Indikatoren und Erfahrungen greifen. Um so mehr muß dies für Politiker gelten, die nicht gewillt sind, Bewertungsergebnisse, die für sie nicht nachvollziehbar sind, „blind" zu übernehmen und gegenüber dem Wahlbürger zu vertreten. Dies ist sicher mit ein Grund dafür, daß die politischen Entscheidungen bei der Fortschreibung des Bedarfsplans für die Bundesfernstraßen im wesentlichen abseits des Bewertungsverfahrens durch Verhandlungen zwischen den Länderverkehrsministern und dem Bundesverkehrsminister getroffen wurden.

Bei der wissenschaftlichen Weiterarbeit an der Problematik großräumiger Achsen sollte also vornehmlich darauf geachtet werden, daß die Maßzahlen einfach, durchschaubar und der realen Erfahrung entsprechend gewählt werden. Ferner gibt es offenbar Grenzen für die Komplexität und die Formalisierung von Bewertungsprozeduren.

Forschungs- und Sitzungsberichte
der Akademie für Raumforschung und Landesplanung

Band 113:

ZUR PROBLEMATIK VON ENTWICKLUNGSACHSEN

Aus dem Inhalt:

	Seite
Vorwort	1
Hans Kistenmacher, Hannover: Zur theoretischen Begründung und planungspraktischen Verwendbarkeit von Achsen	5
Rolf Gruber, Dortmund: Vergleichende Analyse von Entwicklungsachsen als Elemente landesplanerischer Konzeptionen (im Rahmen punktaxialer Systeme)	43
Alexander v. Papp, Bonn-Bad Godesberg: Achsen in der Raumordnungspolitik des Bundes — Überlegungen zur Präzisierung der Achsenkonzepte	69
Viktor Frhr. von Malchus, Dortmund: Entwicklungsachsen, Verkehrsachsen und Siedlungsachsen in der europäischen Raumordnungspolitik	103
Helmut Witt, Stuttgart: Entwicklungsachsen in Baden-Württemberg und ihre Ausformung in Regionalplänen	153
Til P. Koch, Kiel: Grundsätze für die Verwendung von Achsen in der Landesplanung auf Grund von Erfahrungen in Schleswig-Holstein	181
Gunter Kappert und Hartmut v. Hinüber, Hannover: Entwicklungsachsen im Niedersächsischen Landes-Raumordnungsprogramm?	195
Gerhard Bahr, Hamburg: Die Achsenkonzeption als Leitvorstellung für die städtebauliche Ordnung in Hamburg	201
Dieter Eberle, Kaiserslautern: Entwicklung eines komplexen theoretischen Erklärungskonzeptes für räumliches Verkehrsverhalten und seine Umsetzung in Forschungsansätze für Siedlungsachsen	241

Der gesamte Band umfaßt 253 Seiten; Format DIN B5; 1976; Preis 44,— DM

Auslieferung

HERMANN SCHROEDEL VERLAG KG - HANNOVER